山东省志

外事志

（1986—2005）

山东省地方史志编纂委员会　编

山东人民出版社

二〇一四年·济南

山东省地方史志编纂委员会

（2003 年）

山东省地方史志编纂委员会

（2006 年）

山东省地方史志编纂委员会

（2008 年）

山东省地方史志编纂委员会

（2012 年）

《山东省志·外事志》编纂委员会

（2012 年）

1986年4月3日，省长李昌安与澳大利亚南澳州州长班依在济南共同签署建立友好省州关系协议书。图为双方互赠礼品

1987年3月4日，美国国务卿舒尔茨率政府代表团一行140人访问山东。图为副省长马忠臣在机场迎接

1988年5月9—13日，洪都拉斯国民议会副议长何塞·安东尼奥·费尔南德斯率代表团一行19人访问山东。图为青少年在济南火车站向客人献花

1988年5月11—13日，爱尔兰总统帕特里克·约翰·希勒里及夫人访问山东。图为省长姜春云、济南市市长翟永溥陪同希勒里一行参观济南市青少年宫

1989年5月25日至6月7日，民主柬埔寨主席诺罗敦·西哈努克亲王及夫人莫尼克公主访问山东。图为西哈努克夫妇与副省长马世忠、济南市市长翟永溥在大明湖合影留念

1991年5月23—24日，巴基斯坦国民议会议长古哈尔·阿尤布·汗率国民议会代表团一行14人访问山东。图为古哈尔一行到济南南大寺做礼拜时，受到穆斯林信众的热烈欢迎

1991年6月1—4日，巴布亚新几内亚总督赛雷·艾里访问山东。图为艾里在副省长郭长才陪同下，参观济南康巴丝钟表厂

1992年5月26—28日，朝鲜最高人民会议议长杨亨燮访问山东。图为青少年在济南火车站向杨亨燮献花

1993年4月4日，奥地利总理弗拉尼茨基访问山东。图为弗拉尼茨基在中共中央政治局委员、山东省委书记姜春云，省长赵志浩陪同下参观中国重汽集团斯太尔汽车制造技术引进项目

1993年4月22—26日，新加坡总理吴作栋偕夫人一行访问山东。图为中共中央政治局委员、山东省委书记姜春云向吴作栋赠送礼品

1993年9月8日，省长赵志浩与韩国庆尚南道知事尹汉道在共同签署缔结友好省道关系协议书后握手致贺

1994年6月13—15日，澳大利亚副总理布赖恩·豪访问烟台。图为布赖恩·豪在副省长宋法棠陪同下参观烟台经济技术开发区

1994年8月28—29日，马来西亚副总理安瓦尔访问山东。图为副省长陈建国在机场迎接

1994年9月12日，韩国驻青岛总领事馆开馆仪式在青岛汇泉王朝大酒店举行。图为韩国外交部第一次官崔东镇、韩国驻华公使金夏中，山东省副省长吴爱英、青岛市市长俞正声等为开馆仪式剪彩

1994年10月8—10日，格鲁吉亚议会议长戈古阿泽访问山东。图为戈古阿泽与夫人在济南参观李清照纪念馆

1995年9月21—22日，奥地利总统托马斯·克莱斯蒂尔率政府暨经济代表团访问山东。图为青少年在机场向客人献花

1995年11月15—16日，德国总理赫尔穆特·科尔访问青岛。图为省长李春亭在机场迎接科尔一行

1996年10月16−18日，韩国新政治国民会议总裁、亚太和平财团理事长金大中偕夫人访问山东。图为金大中一行在省外办主任武钟恕陪同下参观曲阜孔府

1997年7月25—28日，美国前总统吉米·卡特访问山东。图为卡特在邹平县北禾村参观

1998年4月28—30日，吉尔吉斯斯坦总统阿斯卡尔·阿卡耶夫访问山东。图为副省长宋法棠在机场迎接阿卡耶夫一行

1999年4月14日，荷兰女王贝娅特丽克丝和克劳斯亲王一行，在中国驻荷兰大使华黎明陪同下访问山东。图为省长李春亭在曲阜会见贝娅特丽克丝

1999年5月23—25日，越南共产党中央政治局委员、常务副总理阮晋勇访问山东。图为阮晋勇在曲阜孔庙参观

1999年5月23—30日，中共中央政治局委员、山东省委书记吴官正率中国共产党代表团访问日本。图为日本首相小渊惠三在首相官邸会见吴官正一行

1999年5月25—26日，老挝人民革命党中央主席、国家主席坎代·西潘敦访问山东。图为副省长宋法棠在机场迎接客人

1999年11月15—16日，布隆迪总统皮埃尔·布约亚访问青岛。图为副省长宋法棠陪同布约亚总统参观海尔集团产品展示室

2000年4月22—25日，奥地利联邦议会议长、奥中友协监事会副主席哈塞尔巴赫女士访问山东。图为哈塞尔巴赫在中国人民对外友好协会常务副会长陈昊苏陪同下游览济南大明湖公园

2000年6月16—19日，韩国前总统卢泰愚一行访问山东。图为卢泰愚夫妇在长清县坟台村卢国国君墓前合影留念

2001年6月17—20日，中国山东·东北亚地方政府首脑经济发展研讨会在青岛召开。图为省长李春亭、副省长林书香与参加研讨会的各国地方政府领导人合影

2001年10月22—23日，马来西亚总理马哈蒂尔及夫人访问青岛。图为省长李春亭陪同马哈蒂尔和夫人参观海尔集团产品展示室

2001年11月22—23日，摩尔多瓦总理瓦西里·塔尔列夫率团访问烟台。图为塔尔列夫一行参观考察烟台张裕葡萄酒集团公司

2002年1月30—31日，第一届友好省州领导人峰会在德国慕尼黑举行。图为山东省副省长林书香、南非西开普省省长马瑞斯、德国巴伐利亚州州长施托伊伯、加拿大魁北克省副总督马罗、奥地利上奥州州长普林格共同发表联合宣言后合影留念

2002年5月22—23日，外交部组织阿拉伯国家驻华大使一行15人，在副部长杨文昌陪同下访问山东。图为省长张高丽在济南会见大使团并合影留念

2002年5月25日，塞浦路斯议会议长赫里斯托菲亚斯访问青岛。图为赫里斯托菲亚斯参观海尔集团

2002年8月28—30日，摩尔多瓦议会议长奥斯塔普丘克女士访问青岛。图为奥斯塔普丘克在省人大常委会副主任时立军陪同下参观青岛海尔集团

2002年10月20—23日，菲律宾北伊洛戈省省长费尔迪南德·马科斯率团访问山东。图为省长张高丽在济南与马科斯共同签署建立友好省际关系协议书

2002年11月19—20日，乌克兰总统列昂尼德·达尼洛维奇·库奇马访问山东。图为库奇马与济南市市长谢玉堂在中乌高科技合作园综合孵化大楼前共植中国—乌克兰友谊树

2003年9月13—16日，波黑塞族共和国副总统伊万·托姆连诺维奇率政府代表团访问山东。图为省委书记、省人大常委会主任张高丽会见客人

2003年10月16日，省长韩寓群陪同来访的乌克兰副总理兼乌中经贸混委会乌方主席塔巴奇尼克共同出席在济南举办的乌克兰科技周暨高科技成果洽谈交易会开幕式后观看展览

2003年10月29日至11月3日，省委书记、省人大常委会主任张高丽率山东省友好代表团访问日本。图为日本首相小泉纯一郎会见代表团并合影留念

2003年11月7—9日，赞比亚总统姆瓦纳瓦萨访问青岛。图为姆瓦纳瓦萨一行参观海尔集团产品展示室

2004年3月30—31日，瑞典沃尔沃集团总裁兼执行官雷夫·约翰松和瑞典驻华大使雍博瑞一行35人访问济南。图为省长韩寓群、副省长王仁元与外宾共同出席《中国重汽集团公司与沃尔沃卡车公司、沃尔沃动力公司技术合作框架协议》签约仪式

2004年5月28—30日，坦桑尼亚总统本杰明·威廉·姆卡帕及夫人访问山东。图为姆卡帕一行参观济南高新技术开发区

2004年7月16日，德国副总理兼外长约施卡·菲舍尔访问山东。图为省长韩寓群陪同菲舍尔参观力诺瑞特新能源有限公司

2004年12月8—10日，第二届友好省州领导人峰会在加拿大魁北克省举行，山东省省长韩寓群出席峰会

2005年4月21－29日，马来西亚前总理马哈蒂尔访问山东。图为马哈蒂尔一行参观寿光蔬菜大棚

2005年5月20—21日，冰岛共和国总统奥拉维尔·拉格纳·格里姆松及夫人访问青岛。图为省长韩寓群在青岛会见格里姆松

2005年7月14—18日，印度共产党总书记普拉卡什·卡拉特访问山东。图为省委书记、省人大常委会主任张高丽在济南会见卡拉特

2005年9月13日，委内瑞拉总统查韦斯在总统府会见到访的省委书记、省人大常委会主任张高丽一行

编 纂 说 明

一、本志以马克思列宁主义、毛泽东思想、邓小平理论、“三个代表”重要思想、科学发展观为指导，坚持辩证唯物主义和历史唯物主义的立场、观点和方法，实事求是地记述山东省外事工作的发展历程。

二、本志为首轮《山东省志·外事志》的续志，上限起自1986年，下限断至2005年。为体现记述事物的完整性，部分章节的内容适当上溯。

三、本志采用述、志、图、表、录等体裁，以志为主，随文插入图片，力求图文并茂；横排门类、纵述史实，设篇、章、节、目，篇、章下设无题述，概括提示要点；使用规范的语体文。

四、本志对有关法律、法规、文件及机关等名称的表述，初用全称，其后一般用规范化简称，如“山东省人民政府外事办公室”，简称“省外办”。

五、本志资料主要来自省外办各业务处室、档案室和有关涉外部门以及对当事人的专访；统计数字采用省外办及相关部门公布的统计数字。

目　录

第三篇 与亚洲国家的交往

第四篇 与欧洲国家的交往

第五篇　与美洲国家的交往

第六篇 与非洲大洋洲国家的交往

第七篇 国际多边合作与民间友好往来

概　　述

1986—2005年的山东外事工作是跨世纪的20年，是中国国际地位和国际影响力不断提高的20年，是山东对外开放持续深入、不断扩大的20年，是外事工作形成高峰，经历低谷而又重新走向高峰的20年。20年间，外事工作从小到大、由弱变强，逐步进入经济社会发展的主战场，是空前大活跃、大发展的重要历史时期。全省来访外宾与出访团组不断增加，外事工作领域不断扩大，外事队伍不断加强，外事工作地位不断提高。这期间发生了一系列重大的历史性事件，如1988年建立山东半岛经济开放区、1989年6月政治风波与9月东欧剧变、1991年苏联解体、1992年邓小平视察南方重要讲话、1997年7月香港回归并同时爆发亚洲金融危机、1999年5月美军轰炸中国驻南斯拉夫大使馆与12月澳门回归、2001年中国加入世贸组织、2003年“非典”爆发等，这一连串重大而特殊的历史事件，对山东外事工作产生了长远而深刻的影响。面对纷繁复杂的形势，山东省外事部门从容应对挑战，奋力开拓进取，努力扎实工作，为扩大对外开放、促进全省经济社会发展作出了新的贡献。

20年间，山东外事工作认真贯彻落实中央对外方针政策，努力增进与世界各国人民的了解和友谊，积极配合国家总体外交，与世界五大洲150多个国家建立了稳固的交流与合作关系，通过各种渠道争取外国地方政府、民间组织和友好人士对中国的理解和支持，不断优化对外开放的国际环境，为维护中央外交大局作出了应有的贡献；积极实施“请进来”“走出去”战略，派出因公出访团组130929批454259人次，其中由省级领导带队的重要团组283批；接待重要外宾40533人次，其中国家元首、政府首脑96人，有力推动了全省在政治、经济、科技、文化、教育等领域的对外交流与合作；不断拓宽对外交流合作渠道，国际友好关系由16对发展到131对，构建起从官方到民间、从机构到个人、从经济领域到社会领域的全方位、多层次的国际交流合作格局；接待来山东采访的外国记者4879人次，在省内举办大型国际活动270余场次，在国外举办展览、招商活动430余场次，向世界有力地推介了山东，提高了山东的国际知名度与影响力；在国际和地区事务中由被动适应转变为主动参与，积极搭建国际交流平台，实现了从双边合作向双边与多边合作并重的重大转变，扩大了交流范围，提高了交往层次，丰富了合作内容。

这20年山东的外事工作，可以划分为具有不同历史特点的4个阶段。1986—1988年，形成山东对外开放的第一个高峰期，外事工作方兴未艾，以山东半岛经济开放区的建立为其重要标志；1989—1991年，是中国对外开放受到严重干扰的低潮期，以美国为首的西方国家对中国实施的所谓制裁，使对外交流与合作受到严重影响，外事工作在极其不利的环境条件下艰难开拓；1992—2000年，以邓小平视察南方重要讲话为转折点，形成中国对外开放的第二个高峰期，是外事工作恢复发展并实现空前繁荣的时期，以外事工作社会化为其明显特点；2001—2005年，山东与世界各国交流合作更加密切，是地方外事蓬勃发展、整体提升，在国家外交大局中作用日益突出的一个重要历史时期，以地方多边国际合作平台的建立为其显著特征。

一、1986—1988年，对外开放的第一个高峰期

1984年4月，中国首批14个沿海城市实行对外开放，青岛市、烟台市位列其中。1988年3月，国务院批准建立山东半岛经济开放区，其范围涵括青岛、烟台、威海、潍坊和日照5市44个县（市、区）；1990年2月，国务院批准济南市5区5县整体列入山东半岛经济开放区，使山东半岛经济开放区面积和人口均占全省40%以上。山东省提出“东部开放，西部开发，东西结合，共同发展”的发展战略。1991年2月，国务院批准山东中西部44个县（市、区）对外开放。至此，全省除长岛县外全部对外开放。这一系列重大的战略部署，有力推动了山东外事工作的发展，全省呈现出多部门、多层次、多渠道、多形式的对外开放格局。外事工作得到迅速发展，外事队伍得到有力加强，全省15个地（市）建立健全了外事办公室，40多个经济较发达的县（市、区）建立外办，全省外事干部达到1500余人。山东省在国内率先提出了外事工作为经济建设服务的理念，率先制定了外事工作“七五”（1986—1990）规划，全省外事工作迅速发展。3年间，省外办接待重要外宾8423人次，其中国家级领导人16人；因公出国人员12777人次，其中省级领导16人；国际友好关系得到较快发展，新缔结友城关系12对，其中省级友好关系3对。招商引资的理念逐步深入人心，变为外事工作者的自觉行动。“让山东走向世界，让世界进入山东”成为全省外事系统上下实实在在的行动。山东基本形成了经济技术开发区——沿海开放城市——沿海经济开放区——西部内陆地区全面推进的对外开放格局。

二、1989—1991 年，特殊历史时期的山东外事工作

这一时期，不论是国家外交，还是地方的对外交往，都经历了相当大的困难和挑战。1989 年春夏之交的政治风波发生后，西方国家对中国实行“制裁”。1989 年开始的东欧剧变、1991 年苏联解体所产生的强大冲击波，影响波及世界，社会主义国家特别是中国首当其冲。受政治风波影响，山东对外交往渠道多数在短时间内一度中断，很多外国友人倍感压力，来访外宾直线下降，在鲁工作的外国专家绝大多数回国。面对严峻的国内外形势，山东外事工作按照邓小平提出的冷静观察、稳住阵脚、沉着应付、韬光养晦、有所作为的战略方针，顶住西方压力，顶着困难上，千方百计做工作，调动一切可以利用的力量，注意发挥民间交往优势，采取寄发公开信、介绍事实真相等多种形式，解惑释疑，变“政治寒流”为“友谊暖流”“经济暖流”，广交朋友，积极恢复并发展对外交往渠道。为尽快打破西方“制裁”，省政府领导带队去友好省州做工作，说明真相，消除误会，扩大交流合作。山东多数友城陆续表示了继续开展交流合作的意愿，友城成为山东在困难条件下保持对外联络和交流的主要渠道。日本的 9 对友城交往能够按年度计划正常进行，下关市、足利市举办了山东物产展和文艺演出等活动，下关市市长率领 250 余人的“友好之船”访问山东，澳大利亚南澳州州长如期来山东访问。

1990 年 8 月，省委、省政府召开全省对外开放工作会议，提出增强整体对外开放意识，全方位对外开放，所有部门、地方和单位都要对外开放。这对外事工作是一个有力推动。1990 年 9 月，举办首届“中国（曲阜）孔子文化节”，成为山东一个长期固定的国际交流平台。经过一个时期艰苦的工作，特别是经济交往的带动，山东对外交往逐步恢复，并且比预想的要快、要好。1991 年 10 月，朝鲜民主主义人民共和国主席金日成来访，成为山东外事工作走出低谷的一个重要标志。1991 年，山东接待的重要团组出现恢复性增长，因公出国团组人数比 1989 年增长 49%，达到 8853 人次；29 对友城中，有 28 对恢复了交往，同时新缔结了 3 对友城关系。山东外事工作总体上恢复到政治风波前的水平和规模。

三、1992—2000 年，对外开放的第二个高峰期

20 世纪 90 年代开始，经济全球化浪潮迭起，苏联解体导致两极格局终结，世界各种力量重新组合，中国面临前所未有的机遇，也面临严峻的挑

战。1992 年春天邓小平视察南方重要讲话发表后，全国出现了新一轮扩大对外开放的热潮。山东抓住这个有利的环境和机遇，以两国（日本、韩国）、两地（中国香港、台湾）为重点，大力推动全方位、多层次、多渠道、宽领域的对外开放。外事工作在促进山东同外国关系正常化和民间友谊的同时，把工作重点放在开拓渠道为经济建设服务上，积极为企业开展国际经贸活动牵线搭桥。同时，加强调研工作，及时分析研究国际经济发展的新情况、新变化，为企业提供信息咨询服务。

9 年间，全省外事工作取得重要进展，主要是：（一）人员交流异常活跃。全省共派出因公出访团组 76801 批，270701 人次；省外办共接待外国重要来访团组 2242 批，16737 人次，国际人员交流异常活跃，人流带来空前强大的信息流、资金流、物资流。（二）高层互访明显增多。奥地利总统克莱斯蒂尔、德国总理科尔、乌克兰总统库奇马等 44 批外国元首与政府首脑来访，是山东历史上接待外国政要最多的一个时期。同时还接待外国省部级团组 320 余批，外国使节团组 280 余批。山东省级领导带队出访团组 115 批，足迹遍及五大洲 80 余个国家，形成了招商引资的热潮。（三）各种友好关系发展迅速。新建友好城市关系 65 对，新建友好大学关系 296 对，新建友好港口等基层友好关系 98 对，是山东友好关系发展最快的一个时期。（四）外事工作为经济建设和社会发展服务取得积极进展，促成重大经贸合作 320 余项，重大项目 230 余个，聘请外国专家 4.3 万余人次，为全省经济社会发展作出了重要贡献。

四、2001—2005 年，重要战略机遇期的山东外事工作

2001 年 12 月，中国正式成为世界贸易组织成员国，对外开放进入一个新的历史时期。2002 年 11 月党的十六大召开，大会提出“21 世纪头 20 年，对我国来说，是一个必须紧紧抓住并且可以大有作为的重要战略机遇期。”这一时期，山东外事工作坚持以邓小平理论为指导，积极实践“三个代表”重要思想，全面履行参谋、管理、协调的职能，立足“两个服务”（为中央总体外交服务，为地方经济社会发展服务），紧紧抓住重要机遇期，不断解放思想，开拓进取，形成富有生机与活力的外事工作运行机制，为全省扩大开放和实施经济国际化战略创造了一个更为宽松、更为友好、更为有利的国际环境。5 年间，山东外事工作出现了新的发展变化：（一）构建了科学、统一、规范、高效的外事工作新机制，外事管理进一步制度化、规范化。随着改革开放的不断深化，山东省外事工作不断

加强统筹协调和宏观管理，建立了友好城市、涉外案（事）件处理、境外领事保护、外国记者管理等一系列联席会议机制。加强了对邀请外国人来华、举办国际会议、缔结友好关系等重要外事事项的规范化管理。认真贯彻以人为本、外事为民的新理念，努力保护海外中资机构和华人华侨利益，妥善处理了山东中资企业员工在巴基斯坦、阿富汗遭袭等735起涉外案（事）件，维护了全省对外开放的良好秩序。不断推进全省因公出国（境）审批制度改革，简化程序，提高效率，为因公出国（境）人员提供优质高效的服务。（二）拓宽了对外交往渠道，大力培育国际资源。5年间，全省建立国际友好城市34对，友城数量居全国第二位；积极开展多边国际合作，2002年与德国巴州共同倡议建立了“友好省州领导人峰会”多边长期合作机制；与日本、韩国、美国、俄罗斯、挪威、奥地利等国60多个民间友好组织建立了长期稳固的联系。5年共接待1105批13875人次的外国政府、议会、大企业等团组来访，其中副部级以上团组271批3523人次；派出因公出访团组42272批152136人次，其中副省级以上领导带队的团组140批980人次。（三）有力服务了全省经济社会发展。围绕黄河三角洲开发、半岛制造业基地和半岛城市群建设，全省外事部门把招商引资放在重要位置，积极推动国际经济技术合作，先后组织了世界500强企业峰会、东亚投资论坛、鲁韩经贸洽谈会、中日经贸洽谈会等大型涉外活动，向国外推介山东企业，吸引投资。特别是重点推动山东企业与世界500强企业合作，泰国正大、韩国现代、瑞典沃尔沃、美国国际纸业集团等一大批企业落户山东。

1986—2005年，世界上各种文化既相互碰撞又相互影响，各种思潮相互激荡，各种危机此起彼伏，各种利益既相互冲突又相互交融，对外工作比过去任何时期都要复杂得多、广阔得多、深入得多。

这一时期的山东外事工作呈现出鲜明的时代特点，取得了重要的历史性进步，主要表现为：（一）“统一领导、归口管理、分级负责、协调配合”的管理体制逐步健全。截至2005年底，除济南、莱芜两市外，省及其他15个设区市党委均建立了外事工作领导小组，外事工作体制与机制不断创新。（二）全社会对外交往的能力越来越强，外事部门的统筹协调和宏观管理能力不断提高。（三）工作领域不断扩大，工作重心成功转移，从过去服务国家总体外交大局的“一个服务”为主，转变为服务全省经济社会发展和服务国家总体外交大局并重的“两个服务”。（四）广交深交朋友，山东的国际知名度和影响力显著提高，实现了从双边合作为主到多边与双边并进的重大转变，在地方国际合作中的主导权和话语权明显上升。（五）不断拓展以友好城市为主体的国际渠道，积极打造国际交往平台，软实力不断增强，全省外事工作空前活跃。（六）全省各级外事部门坚持科学发展与可持续发展，统筹国内国际“两种资源”“两个市场”，妥善应对国际环境变化，积极推进全省国际化进程，成为推动山东经济社会发展的重要力量。

第一篇

外事机构与组织

改革开放以来，中共山东省委进一步完善了全省外事工作领导体制。1981 年 6 月 19 日，省委下发通知，决定成立省委外事工作领导小组，同时要求涉外事务较多的地、市也应建立党委外事工作领导小组。1988 年 9 月 10 日，省委决定，建立山东省外事工作领导小组。2003 年 5 月 16 日，按照中央统一要求，山东省外事工作领导小组更名为中共山东省委外事工作领导小组。

随着外事工作的开展，山东省人民政府外事办公室工作职能和内设机构不断完善，各市人民政府、各地区行署外事机构也渐次成立。截至 2005 年，全省 17 个设区市均设立了外事办公室。

山东省在建立和健全各级外事机构、积极开展官方对外交往的同时，注重发挥民间外交的作用，建立各级对外友好协会等民间友好组织。截至 2005 年，山东省建立健全了包括山东省人民对外友好协会、山东省中日经济交流促进会（后更名为“山东省国际交流合作协会”）以及设区市人民对外友好协会在内的各级民间对外友好组织，基本形成机构健全、职能完善的民间对外友好工作体系。

第一章　党委外事工作领导小组

山东省各级党委历来十分重视外事工作。改革开放后，为加强对全省外事工作的集中统一领导，1981 年 6 月 19 日省委下发文件，决定成立新一届省委外事工作领导小组，其任务为：指导和监督各有关部门贯彻执行中央的对外方针、政策；组织和推动各涉外部门之间的协作；讨论、审议各涉外部门的长远规划，处理和解决重大涉外事项；协助省委、省政府审批重要的出访计划和对外邀请；检查外事纪律、制度落实情况，总结交流外事工作经验，加强外事宏观指导；加强对外友好联络工作。1988 年 9 月 10 日，省委决定成立新一届山东省外事工作领导小组。2001 年 4 月 4 日，根据中共中央、国务院指示精神，省委、省政府明确规定全省外事工作实行统一领导、归口管理、分级负责、协调配合的管理体制和管理原则。2003 年 5 月 16 日，按照中央统一要求，省外事工作领导小组进行了人员调整，并更名为省委外事工作领导小组。领导小组下设办公室，负责日常工作，办公室主任由省外办主任兼任。

在全省各市（地）中，青岛市委外事工作领导小组成立较早，始于 1959 年。改革开放后，全省其他市地级党委先后成立外事工作领导小组。截至 2005 年，烟台、威海、潍坊、淄博、泰安、济宁、枣庄、东营、德州、聊城、滨州、临沂、菏泽、日照等市党委均成立了外事工作领导小组。县（市、区）级党委外事工作领导小组的设立，因各地外事工作实际的不同而有较大的差异。

第一节　省委外事工作领导小组

1981 年 6 月 19 日，根据对外开放形势和任务的需要，省委决定成立新一届省委外事工作领导小组。省委书记李子超任组长，副省长刘众前任副组长；成员有童辛、徐天瑞、张福增、李仲铭、张逊三、孙庆荣、祝友君。

1988 年 9 月 10 日，省委决定，省委外事工作领导小组进行调整，并更名为山东省外事工作领导小组。省委副书记、省长姜春云任组长，副省长马世忠任副组长；成员有阎琢、聂承厚、王科三、林振麟。

1991年11月21日，省委充实调整省外事工作领导小组。省委副书记、省长赵志浩任组长，省委副书记高昌礼，省委常委、副省长李春亭，副省长郭长才任副组长；省计委、省经贸委、省外办、省侨办等10个部门主要负责同志为成员。11月23日，省长赵志浩主持召开新一届省外事工作领导小组会议，研究进一步贯彻全国外事工作会议精神和中央有关文件精神。会议对全省外事工作提出五项要求：（一）加强对外事工作的集中统一领导。要高度重视外事工作，对一些重大问题，一把手要亲自抓。（二）加强外事工作的归口管理。进一步明确地方外事办公室职能，各有关部门、各民间对外交往团体要提高认识，服从管理。（三）加强外事纪律。认真学习中央的路线方针和政策规定，严格执行外事纪律，严肃处理重大违纪案件，做到纪律严明。（四）进一步树立为经济建设服务的思想。要根据全省长远经济发展目标，积极牵线搭桥，协助经贸等部门开展工作。（五）加强外事队伍建设。进一步加强各级外事部门领导班子建设，采取各种有效形式对外事干部进行培养培训。

1993年2月16日，省外事工作领导小组召开会议，组长赵志浩主持会议，副组长李春亭和领导小组成员出席会议。会议总结分析了1992年全省外事工作情况，研究讨论了1993年外事工作的重点任务和需要解决的问题。会议要求全省各级外事部门要进一步解放思想，积极适应扩大开放的需要，加强与世界各国的交往，开辟更多的对外交往渠道，更好地为全省改革开放服务，为领导决策和基层对外交往提供更多的信息和建议。

2001年4月4日，为贯彻落实中共中央、国务院《关于全国外事管理工作的若干规定》，省委、省政府印发《关于贯彻落实〈关于全国外事管理工作的若干规定〉的实施意见》，明确省委外事工作领导小组的主要职责是：负责处理全省外事工作中的重大问题，协调全省各部门的重要涉外事宜，统筹规划全省外事工作，研究和拟订全省外事规章制度。省政府外事办公室作为省政府外事工作的职能部门和省委及其外事工作领导小组的工作机构，是全省执行国家对外政策和处理重要外事工作的综合归口管理部门，在省委、省政府领导下，统筹协调全省重要外事事项。

2003年5月16日，省委下发《关于调整省委外事工作领导小组组成人员的通知》，将原省外事工作领导小组更名为中共山东省委外事工作领导小组，组长张高丽（省委书记、省人大常委会主任），副组长韩寓群（省委副书记、省长），副组长孙守璞（副省长）；成员有省委副秘书长兼办公厅主任刘忠泉、省外办主任张伟龄、省外经贸厅厅长周嘉宾、省公安厅厅长曲植凡、省政府副秘书长马越男等。领导小组下设办公室，负责日常工作，张伟龄兼任办公室主任。

2004 年 11 月 25 日，新一届省委外事工作领导小组召开第一次会议。领导小组组长、省委书记张高丽主持会议并作重要讲话。会议听取了省外办主任张伟龄的工作汇报，原则通过了《山东省处理重大敏感涉外案件应急机制》。会议指出，各级党委、政府要充分认识外事工作在经济社会发展中的重要作用，抓好事关全局的重大问题。会议要求，全省外事工作要树立科学发展观，大力整合外事资源，加强对外交往战略研究，全面提高外事干部的政治业务素质、行政能力和战略思维能力，为全省高水平、全方位扩大对外开放作出新的更大贡献。会议讨论通过了《中共山东省委外事工作领导小组工作规则》，明确省委外事工作领导小组的职责为：贯彻执行中央对外方针政策和中央有关外事部门的重要决定及重要指示，结合山东实际，提出贯彻落实意见；负责研究处理全省外事工作中遇到的重大情况与问题；负责整合全省外事资源，统筹协调全省各地各部门的重大涉外活动；指导全省国际发展战略研究，统筹规划全省外事工作；研究指导全省外事法规建设，推进依法行政。《规则》还对省委外事工作领导小组会议制度、主要研究事项、文件审批制度、办公室职责等作出明确规定。

第二节　设区市党委外事工作领导小组

1986 年前，全省各市（地）中只有中共青岛市委、中共潍坊地委成立了外事工作领导小组。1987 年后，有 5 个地区先后撤地设市，新设立威海、日照、莱芜 3 个地级市，形成省下辖 17 个设区市的行政区划。至 2005 年底，除济南、莱芜两市外，其他 15 市党委均成立了外事工作领导小组。

2005 年山东省设区市党委外事工作领导小组组成情况一览表

表 1－1

设区市	成立时间	2005 年领导小组组成
青岛	1981 年	市委副书记、市长夏耕任组长；市委副书记崔锡柱，市委常委、秘书长张泽忠，副市长于冲任副组长；市政府秘书长马泽及市外办、市经贸局、市公安局、市委组织部、市人事局、市委外宣办等部门分管负责人为成员

续表

设区市	成立时间	2005 年领导小组组成
潍坊	1981 年	市委书记张传林任组长；市委副书记、市长张新起，市委副书记赵兴涛，副市长蒋文彩任副组长；市委、市政府副秘书长及市外办、市经贸委、市财政局、市计委、市经委、市委组织部、市公安局、市侨办等部门主要负责人为成员
泰安	1988 年	市委书记、市人大常委会主任耿文清任组长；市委副书记、市长贾学英，市委副书记唐家品，市委常委、秘书长朱玉合，副市长林华勇任副组长；市政府秘书长及市委组织部、市委宣传部、市政府办公室、市外办、市公安局、市财政局等部门分管负责人为成员
日照	1990 年	市委书记李兆前任组长；市委副书记、市长于建成任副组长；市委常委、秘书长党英明，市委常委、组织部长周惠平，副市长侯成君，市政府秘书长及市外经贸局、市财政局、市公安局、市人事局、市外办等部门主要负责人为成员
威海	1990 年	市委副书记、市长崔曰臣为组长；市委副书记、组织部长王培廷，市委常委、副市长张璞为副组长；市委办公室、市人大办公室、市政府办公室、市政协办公室、市外办、市外经贸局、市公安局等部门分管负责人为成员
东营	1992 年	市委书记、市人大常委会主任石军任组长；市委副书记、市长刘国信，副市长曹连杰任副组长；市计委、市外办、市经委、市外经委、市外贸局、市财政局、市人民银行、市台办等部门主要负责人为成员
枣庄	1997 年	市委书记马金忠任组长；市委副书记、市长刘玉祥任第一副组长，市委常委、秘书长梁宪廷，副市长李守义任副组长；市政府秘书长以及市公安局、市财政局、市外办、市外经贸局、市侨办等部门主要负责人为成员
菏泽	1997 年	市委书记、市人大常委会主任陈光任组长；市委副书记、市长杜昌文，副市长杨永昌任副组长；市委办公室、市政府办公室、市外侨办、市外经贸局、市公安局等部门主要负责人为成员
济宁	1998 年	市委书记贾万志任组长；市委副书记、市长吕在模，常务副市长张兆启，副市长李信任副组长；市委副秘书长、市政府副秘书长、市委组织部副部长及市公安局、市财政局、市人事局、市外经贸局、市外侨办等部门主要负责人为成员

续表

设区市	成立时间	2005 年领导小组组成
德州	2001 年	市委副书记、市长孙永春任组长；市委常委、秘书长苗仲华，市委常委、组织部长张甲太，副市长郭宗治任副组长；市政府副秘书长及市外办、市外经贸局、市人事局、市科技局、市台办、市公安局、德州检验检疫局、德州海关、市人民银行等部门分管负责人为成员
烟台	2001 年	市委书记焉荣竹任组长；市委副书记、市长杨金镜，副市长李淑芹任副组长；市委副秘书长、市政府副秘书长、市委组织部副部长及市外办、市人事局、市财政局、市对外贸易经济合作局、市公安局等部门主要负责人为成员
淄博	2003 年	市委书记、市人大常委会主任张建国任组长；市委副书记、市长刘慧晏，副市长韩家华任副组长；市委副秘书长、市政府副秘书长及市对外贸易经济合作局、市公安局、市外办等部门主要负责人为成员
临沂	2004 年	市委书记、市人大常委会主任李群任组长；市委副书记、市长连承敏，副市长仇景阳任副组长；市委、市政府副秘书长及市委组织部、市委对外宣传办公室、市政府外事与侨务办公室、市外经贸局、市公安局等部门主要负责人为成员
滨州	2004 年	市委书记、市人大常委会主任孙德汉任组长；市委副书记、市长安世银，市委副书记裴建华，副市长王方正任副组长；市委办公室、市委组织部、市政府办公室、市人事局、市公安局、市财政局、市外事与侨务办公室、市对外贸易经济合作局、市台办、市招商局、滨州出入境检验检疫局、青岛海关驻滨州办事处等部门主要负责人为成员
聊城	2005 年	市委书记、市人大常委会主任郭兆信任组长；市委副书记、市长张秋波，副市长路广业任副组长；市委副秘书长、市政府副秘书长及市外事与侨务办公室、市外经贸局、市财政局、聊城检验检疫局、青岛海关驻聊城办事处、市公安局、市委外宣办等部门主要负责人为成员

第二章　政府外事机构

改革开放以来，山东省人民政府外事机构随着对外开放不断扩大，内设机构和工作职能不断完善，全省市地级人民政府外事机构随着外事工作的开展而渐次成立。

第一节　山东省人民政府外事办公室

1985 年，山东省人民政府外事办公室不再与省旅游局及省侨务办公室合署办公，基本上形成了现行体制。

1996 年，根据山东省人民政府办公厅文件规定，省外办作为省政府主管全省外事工作的职能部门，主要工作职责有 14 项。2000 年，山东省进行机构改革，省政府对省外办部分工作职能进行调整，有新增的职能，也有划出和转变的职能。调整后，省外办主要职责共有 17 项。

一、机构沿革

1985 年 5 月 21 日，省政府决定，省外办不再与省旅游局、省侨办合署办公，机构单列。省外办内设秘书处、接待处、涉外处、对外友协处、政治处，编制 40 人。9 月 27 日，政治处更名为宣传调研处，负责全省外事系统对外宣传和调查研究工作。

1986 年 7 月 15 日，经省政府机关党委研究同意，建立中共山东省人民政府外事办公室机关总支部委员会并授权审批接收新党员。11 月 14 日，经省政府机关党委同意，省外办机关党总支共由 5 人组成，王光铣任书记。

1987 年 4 月 1 日，经省编委批准，省外办增设对外友协办公室，增加编制 2 人。5 月 14 日，省外办成立山东外事服务处，为处级事业单位，编制 9 人，实行企业化管理。

1988 年 6 月 14 日，经省编委批准，山东外事服务处事业编制由 9 人增至 20 人。

1991 年 8 月 5 日，省外办建立中共山东省人民政府外事办公室机关委员会和中共山东省人民政府外事办公室机关纪律检查委员会，设机关党委专职副书记1人，纪委专职书记或副书记1人。9月23日，经省编委批准，外事服务处编制由20人增至35人；11月4日，增设调研处，宣传调研处更名为新闻文化处。

1992年4月11日，省外办内设秘书处、调研处、礼宾接待处、涉外处、对外友协办公室、友好城市处和新闻文化处共7个处室。10月3日，经省编委批准，行政编制由35人增至44人。11月17日，又增加2名军转干部编制，全办行政编制总额46人。

1993年，省外办党组向省编委请示，对机关秘书处和调研处的工作范围进行优化整合，撤销秘书处、调研处，组建综合处（负责情况综合、信息调研和文秘机要工作）和财务行政处（负责外事经费和机关内部行政管理工作），现有人员编制不变。3月9日，省编委批复同意。至此，省外办内设综合处、财务行政处、礼宾接待处、涉外处、对外友协办公室、友好城市处和新闻文化处共7个处室。

1995年4月14日，省外办向省编委提出关于调整部分内设处室的请示，将按工作职能划分的3个负责对外交往的业务处（礼宾接待处、友好城市处、新闻文化处）重新组合，按对外交往的地区划分为3个地区业务处（亚洲处、欧洲非洲处、美洲大洋洲处）。1995年5月29日，省编委同意省外办撤销礼宾接待处、友好城市处和新闻文化处，设立亚洲处、欧洲非洲处和美洲大洋洲处。至此，省外办内设综合处、财务行政处、涉外处、亚洲处、欧洲非洲处、美洲大洋洲处和对外友协办公室共7个处室，在职人员96人。

1996年6月5日，省政府办公厅下发《关于印发山东省人民政府外事办公室职能配置、内设机构和人员编制方案的通知》，《通知》规定，省政府外事办公室设秘书处（加挂人事处牌子）、调研宣传处、出国管理处、领事处、亚洲处、欧洲非洲处、美洲大洋洲处、对外友协工作处和机关党委，机关编制总额68人。设事业单位2个，分别是省政府外事办公室机关服务中心，编制18人；山东外事服务处，编制由46人减至26人。6月27日，经省编委批准，建立山东省外事翻译中心，编制20人，为全额预算管理的处级事业单位。

1997年5月30日，省外办机关服务中心增加1名军转干部编制。

1998年7月15日，省外事翻译中心增加2名军转干部编制。

2000年7月4日，省政府办公厅下发《关于印发山东省人民政府外事办公室职能配置、内设机构和人员编制规定的通知》，《通知》规定，省外事办公室设秘书处（加挂人事处牌子）、综合业务处、出国管理处（加挂领事处、省政府港澳事务办公室牌子）、亚洲处、欧洲非洲处、美洲大洋洲处和机关党委，机关行政编制50人。设省对外友好协会秘书处，处级建制，参照公务员管理，使用事业编制15名。3个事业单位保持不变。

2005年4月，经省编办批准，设立领事管理处。至此，省外办内设12个处（中心）。

二、主要职责

山东省人民政府外事办公室是山东省人民政府的职能部门和中共山东省委外事工作领导小组的办事机构，是执行外交政策和处理重要外事工作的归口管理部门。1993年前，省外办的主要职责是：

（一）贯彻执行中央对外方针政策和有关规定以及省委、省政府关于涉外工作的指示；会同省直有关部门研究、提出、执行有关外事政策的具体措施和办法；督促检查全省贯彻执行对外方针政策情况；负责处理全省重大涉外事项。

（二）协调省直各部门的涉外活动计划；研究、会签省直各部门涉外工作的请示和报告；协同省直各部门处理重大涉外事项；协助中央有关部门做好需要由地方配合进行的外事工作。

（三）了解和掌握全省外事工作情况和问题，了解和掌握外籍人员在山东省的活动情况和问题，了解友好城市、友好省州（县）或国（境）外毗邻地区交往的情况和问题并提出相应的建议和措施。

（四）负责组织接待来访的国宾、党宾以及其他重要外宾，来山东省进行公务活动的各国外交人员以及进行采访活动的外国记者；负责对外国驻本省领事机构的管理和交往；统筹办理省委、省人大、省政府和省政协领导人的对外交往事宜；指导全省的外事接待工作。

（五）按有关规定会签全省各部门派遣团组（人员）出国或邀请外国团组（人员）来访申请；按有关规定办理本省因公出国人员的护照和前来本省访问的外国人士的签证函电及其他领事业务；协助、督促有关部门对出国团组或人员进行政策纪律教育；了解出国团组或人员在国外的活动情况和出访结果。

（六）协同有关部门研究和处理有关边界事务以及边境和口岸涉外事宜；主持或参与边境会谈、会晤工作。

（七）管理全省与外国开展友好省（州、县）、友好城市以及友好基层单位的活动。

（八）会同有关部门做好外宾参观单位的开辟、调整和外事业务的建设工作。

（九）负责管理或协助省有关部门管理外国专家、留学生、实习生、外侨和外资企业单位或中外合资单位中的外籍人员的涉外事项。

（十）配合和协助省委宣传部做好对外宣传和群众性外事教育工作，根据中央和中央有关部门文件精神，提出关于国际形势、对外政策以及重大国际问题的宣传材料和表态口径，会审全省重要涉外报道和涉外稿件。

（十一）负责对全省外事干部的国际形势、对外政策、外事纪律和保密等方面的教育；组织外事干部短期培训工作，推动有关部门和单位加强对涉外人员政策、纪律教育。

（十二）负责指导全省各地、各部门和各单位的外事业务工作，总结交流全省外事工作经验，不断提高政策业务水平。

（十三）配合和协助省委纪律检查委员会及有关部门督促和检查外事纪律、保密制度的执行情况；处理违反外事纪律和保密规定的重大案件。

（十四）为全省的对外经济往来做牵线搭桥、提供信息和咨询、引进人才和资金等配合性工作。

1996 年，根据山东省人民政府办公厅《关于印发山东省人民政府外事办公室职能配置、内设机构和人员编制方案的通知》规定，省外办主要职责为：适应社会主义市场经济体制和深化改革、扩大开放的需要，省政府外事办公室要在巩固发展与发达国家、周边国家和亚洲其他国家关系的基础上，开拓发展与拉美、非洲、大洋洲、中欧及东欧国家的交往；加强对国际政治经济形势和国际关系中带有全局性和战略性问题的调查研究，及时了解掌握国际信息和外事工作中出现的新情况、新问题，为省委、省政府当好参谋和助手。将部分技术性、服务性工作移交给事业单位。主要职责是：

（一）贯彻执行党和国家对外方针政策、涉外法规以及省委、省政府关于外事工作的指示和决定，提出制订全省外事工作规章制度和工作规划的建议，检查有关部门和单位贯彻执行中央对外方针政策和涉外法规的情况，协调全省重大外事工作和涉外活动，协调处理全省重大涉外事务。

（二）围绕全省经济建设和对外开放进行调查研究，为省委、省政府的对外工作决策提出意见和建议；利用对外交往渠道，为全省经济建设和社会发展服务。

（三）审核各部门、各单位报请省委、省政府审批的外事文件；承办省级领导人出访和邀请外国相当于我国现职省部级官员来访的报批事宜；按照中央授权和省政府分工，审核、审批全省因公出国人员和邀请外国人来访的申请，并为上述出国人员出具出国任务批件；办理因公出国人员的护照、签证和应邀来访外国人的签证通知函电以及其他领事业务；对违反规定、弄虚作假的因公出国团组和人员拒发护照、拒办签证并通报有关部门查处。

（四）负责组织接待来山东访问的国宾、党宾和其他重要外宾，接待来山东进行公务活动的外国驻华人员，统筹安排省级领导人的外事活动。

（五）了解和检查全省因公出国团组和人员在国外活动情况；定期综合全省因公出国和邀请外国人来访的情况，每半年向省委、省政府和外交部、国务院外事办公室提出书面报告。

（六）负责外国驻山东领事机构的管理和交涉事宜，统筹安排和管理各部门、各单位与外国驻山东领事机构的交往活动，管理为外国领事机构服务的部门和单位。

（七）管理全省与外国友城以及其他友好单位的交往活动，办理对外结好的报批手续；指导全省民间对外交往工作。

（八）管理来山东采访的外国记者，指导省直有关部门和单位做好外国记者采访活动的安排；按照国务院及其有关部门的规定，管理外国驻山东的机构和常驻记者。

（九）指导有关部门管理外国专家和出国培训工作，处理或协助有关单位处理涉及外国人管理工作的重要事项。

（十）负责对全省外事干部以及其他涉外人员进行对外政策和外事纪律教育，组织对外事干部的政策和业务培训，总结交流外事工作经验。

（十一）配合和协助省委宣传部做好对外宣传和群众性外事教育工作；根据中央有关文件精神，向各部门提供有关国际形势、对外政策和重大国际问题的宣传材料和对外表态口径；协同审核全省重要涉外报道和有关文稿。

（十二）认真贯彻执行《涉外人员守则》，配合纪检、监察和保密部门检查外事纪律及保密制度执行情况，及时向有关部门提出对违反外事纪律问题的处理意见和建议。

（十三）负责省外事工作领导小组的日常工作。

（十四）办理省委、省政府和外交部以及中央其他涉外部门交办的其他工作事项。

2000 年，省政府办公厅下发《关于印发山东省人民政府外事办公室职能配置、内设机构和人员编制规定的通知》。《通知》规定，对省外办部分工作职能进行调整。新增的职能：负责因公赴香港、澳门人员的审核、审批、发证和签注等工作；划出的职能：将与国家外国专家局相对应的部分外国专家管理职能移交给省人事厅；转变的职能：将省对外友好协会的日常工作交由事业单位承担。规定省外办主要职责有 17 项：

（一）贯彻执行国家对外方针政策、涉外法规和省委、省政府关于外事工作的指示与决定。

（二）当好省委、省政府在外事工作中的助手和参谋。研究拟定全省外事工作规章制度和工作规则；检查全省有关部门和单位贯彻执行中央对外方针政策和涉外法规的情况；协调全省重要外事工作和涉外活动，负责处理或协助处理全省重大涉外事务。

（三）围绕全省经济建设和对外开放进行调查研究，为省委、省政府对外工作决策提出意见和建议；利用对外交往渠道，为全省经济建设和社会发展服务。

（四）审核各部门、各单位报请省委、省政府审批的外事文件；承办省委、省人大、省政府和省政协领导人出访和邀请外国相应人员来访的具体报批事宜；在中央授权范围内，审批全省县处级及以下人员因公出国（境）和邀请外国相应人员来访的有关事宜；审核全省正、副厅局级人员因公临时出国（境）和邀请外国相应人员来访有关事宜；办理全省因公出国（境）人员护照、签证和应邀来访外国人的签证通知函电以及其他领事业务。

（五）贯彻执行国家对港澳工作的方针、政策；负责因公赴香港、澳门人员的审核、审批、发证和签注等工作。

（六）负责组织接待来山东访问的国宾、党宾和其他重要外宾；接待来山东进行公务活动的外国驻华外交人员；统筹安排省委、省人大、省政府和省政协领导人的外事活动。

（七）了解和检查全省因公出国（境）团组和人员在国（境）外活动情况；定期综合汇总全省因公出国（境）和邀请外国人来访情况并向省委、省政府和中央主管机关报告。

（八）负责外国驻山东领事机构的管理和交涉事宜；统筹安排和管理各部门、各单位与外国驻山东领事机构的交往活动；管理为外国领事机构服务的部门和单位。

（九）管理全省与外国友城以及其他友好单位的交往活动，办理对外结好的报批事宜；指导全省民间对外交往活动。

（十）会同有关部门管理山东边界事务、边境地区和口岸的涉外事宜；协助我驻外使领馆处理领事保护案（事）件；指导并参与边防会谈、会晤工作。

（十一）管理来山东采访的外国记者；指导有关部门和单位做好外国记者采访活动的安排；按照国务院及其有关部门的规定，管理外国驻山东的新闻机构和常驻记者。

（十二）指导有关部门的外国专家管理和出国培训工作；处理或协助有关单位处理涉及外国人管理工作的重要事项。

（十三）负责对全省外事干部和涉外人员进行对外政策和外事纪律教育；组织外事干部对外政策和业务培训。

（十四）配合和协助有关部门做好对外宣传和群众性外事教育工作；根据中央有关文件精神，向各部门提供有关国际形势、对外政策和重大国际问题的宣传材料与对外表态口径；协同审核全省重要涉外报道和有关文稿。

（十五）贯彻执行《涉外人员守则》，配合纪检、监察和保密部门检查外事纪律及保密制度执行情况；向有关部门提出对违反外事纪律和保密制度等问题的处理意见和建议。

（十六）承办省外事工作领导小组日常工作。

（十七）承办省委、省政府和中央主管机关交办的其他工作事项。

1986—2005 年山东省人民政府外事办公室历任负责人一览表

表 1 - 2

姓　名	职　务	任职时间	备　　注
石　涛	主　任	1986. 03—1988. 01	党组书记
聂承厚	副主任	1983. 01—1988. 05	党组成员
	主　任	1988. 05—1991. 06	党组书记
	巡视员	1991. 07—1999. 12	
胡玉亮	主　任	1991. 07—1993. 06	党组书记
武钟恕	主　任	1993. 06—2000. 03	党组书记
张伟龄	副主任	1985. 07—1998. 06	党组成员（1985. 07—1994. 03） 党组副书记（1994. 03—1998. 06）
	主　任	2000. 03—	党组书记（2000. 03—　　）

续表

姓　名	职　务	任职时间	备　注
孙仲玉	副主任	1978.12—1983.01	党组成员（1978.12—1987.03）
王光铣	副主任	1985.07—1992.11	党组成员
商振永	副主任	1988.06—1997.02	党组成员
曹正寅	副主任	1990.05—1992.08	党组成员
王佑臣	副主任	1992.02—2005.02	党组成员（1992.02—2001.09） 党组副书记（2001.09—2005.02）
张先达	副主任	1992.08—2002.03	党组成员
崔乐生	副主任	1992.12—	党组成员
段毅军	副主任	1993.03—2005.12	党组成员
徐　涛	副主任	2000.06—	党组成员
张继刚	副主任	2004.05—	党组成员
冯兰海	纪检组长	1992.04—1998.06	党组成员
张志强	纪检组长	1998.06—2004.05	党组成员
马秀卿	副巡视员	1998.06—2004.05	
	纪检组长	2004.05—	党组成员

第二节　市、县级政府外事机构

随着外事工作的深入开展，各设区市人民政府外事机构渐次成立。截至2005年，全省17个设区市均成立有外事机构。除济南、青岛、淄博、烟台、威海5市外，其他市政府外事机构均与侨务办公室合署办公。

县级政府外事机构的成立相对较晚，根据其外事活动情况和工作需要有4种类型：单独设置外事办公室；外事、侨务、旅游办公室合署办公；外事、侨务、旅游、民族、宗教办公室合署办公；县（市、区）政府办公室下设外事科或外事侨务科。截至2005年，全省140个县（市、区）中，设有政府外事机构的91个，占县（市、区）总数的65%；49个县（市、区）政府未设外事机构。

2005年山东省设区市政府外事部门内设机构一览表

表1－3　单位：名

设区市	内设机构	编制数
济南	秘书处、出国管理处、亚洲非洲处、欧洲美洲大洋洲处	29
青岛	秘书处、综合处、领事处、礼宾处（加挂新闻处牌子）、亚洲处、欧洲非洲处、美洲大洋洲处、出国管理处、友协秘书处	62
淄博	人事秘书科、宣传调研科（加挂友好城市科牌子）、涉外综合科、出国管理科（加挂市政府港澳事务办公室牌子）	19
枣庄	与侨办合署办公。设秘书科（加挂人事科牌子）、综合科、出国管理科（加挂市政府港澳事务办公室牌子）、涉外科	14
东营	与侨办合署办公，设秘书科、涉外管理科（加挂市政府港澳事务办公室牌子）、国际交流科、经济联络科（加挂UNIDO项目联络科牌子）、侨政科	17
烟台	秘书科、出国管理科（加挂领事科、市政府港澳事务办公室牌子）、亚洲非洲科、美洲大洋洲欧洲科	24
潍坊	与侨办合署办公，设秘书科、出国管理科（加挂领事科、市政府港澳事务办公室牌子）、亚洲科、欧非美大科、侨务科（加挂经济联络科牌子）	26
济宁	与侨办合署办公，设综合科、涉外管理科（加挂市政府港澳事务办公室牌子）、侨务工作科、亚洲科、欧洲非洲科、美洲大洋洲科	19
泰安	与侨办合署办公，设人事秘书科、美大科、欧非科、亚洲科、侨政科、出国管理科	20
威海	秘书科、涉外科、护照签证科、友好城市科	17
日照	与侨办合署办公，设人事秘书科、涉外综合科、出入境管理科、友城外事科、侨务工作科	20
莱芜	与侨办、民族宗教办合署办公，设外事科、侨务科、民族宗教科（加挂人秘科牌子）、旅游科	14
临沂	与侨办合署办公，设人事秘书科、涉外综合科、出入境管理科、侨政科	14
德州	与侨办合署办公，设综合科、外事科、侨务科	13

续表

设区市	内　设　机　构	编制数
聊城	与侨办合署办公，设秘书科、外事科、侨务科	20
滨州	与侨办合署办公，设人事秘书科、外事综合科、出国管理科、侨务科	24
菏泽	与侨办合署办公，设秘书科、外事科、侨务科	18

第三章　民间对外友好组织

改革开放以来，山东省在积极开展政府间对外交往的同时，重视加强民间对外交往，对外民间友好工作蓬勃发展。以省、市人民对外友好协会为主体的众多民间对外友好组织，在推进民间友好工作中，遵循“以民促官，官民并举”的指导思想，在政治、经济、文化、教育、卫生、体育、社会公益事业、妇女和青少年交流等众多领域，全面配合地方政府间的交往，大力发展与世界各国对华友好组织和友好人士的交流与合作，广交、深交朋友，为山东对外开放营造了良好的国际环境。截至 2005 年，除临沂市外，全省 16 个设区市均陆续建立了民间对外友好团体。

第一节　山东省人民对外友好协会

1986 年 12 月，中国人民对外友好协会山东省分会改称为山东省人民对外友好协会（简称省对外友协）。1987 年 3 月 31 日，省对外友协第一届理事会议召开。选举理事 46 名，石涛为会长，隋文晓为副会长，高锡隆为秘书长。山东省人民对外友好协会与山东省人民政府外事办公室在同一党组的领导下，对外挂两个牌子，工作各有侧重。省对外友协下设一个处级办公室，负责处理日常工作。

1989 年 4 月 11 日，省对外友协第一届理事会第二次会议召开。推选梁步庭为名誉会长，陆懋曾为会长；聂承厚、隋文晓、商振永、王光铣、张伟龄为副会长，高锡隆为秘书长；特聘马忠臣、高昌礼、许森、马世忠、吴富恒为顾问；新增补理事 46 人，连同原有理事 46 人，共有理事 92 人。

1993 年 9 月 17 日，省对外友协第二届理事会议召开。推选姜春云、赵志浩为名誉会长，陆懋曾为会长；宋法棠为常务副会长；武钟恕、王玉中、王克玉、李木、董香菊、胡玉亮、王科三、班开庆、王春涛、李万柱、王军民、迟范民、刘福田、商振永、张伟龄、王佑臣、张先达、崔乐生、段毅军为副会长，李德峰为秘书长；共有理事 119 人。

2002 年 3 月 29 日，省对外友协第三届理事会议召开。推选吴爱英为名誉会长，张伟龄为会长；张先达为常务副会长；王敏、谭鹏飞、王玉芬、袁义法、刘玉功、王兆成、黄天俊、王佑臣、崔乐生、段毅军为副会长，李德峰为秘书长；共有理事116人。本次会议上，省对外友协第一次设立正厅级常务副会长。2005年12月31日，省委任命段毅军为常务副会长。

2002年3月29日，山东省人民对外友好协会第三届理事会议在济南召开。会议通过《山东省人民对外友好协会章程》，确定山东省对外友协是山东省省一级的人民团体，是中国人民对外友好协会的团体会员。其宗旨是，增进山东人民同世界各国人民之间的了解和友谊，促进相互间在各个领域的交流与合作，为经济建设、社会发展以及保护生态环境服务，维护世界和平。《章程》确定山东省对外友协的任务是：同各国对华友好组织、社会团体和各界人士广交朋友，发展友好合作关系。通过相互访问，举行多种形式、富有民间特色的交往活动，增进了解，加深友谊；为经济、科技和人才交流与合作牵线搭桥；派出和接待各类团组，促进友好合作的开展；组织不同形式的纪念、庆祝和联欢活动，举办展览等；积极做好交流资料、提供信息等方面的工作；承担全国友协安排的接待等任务；配合有关单位开展同外国建立和发展各类友好关系的工作；开展其他有关山东人民同世界各国人民之间友好关系的工作。《章程》规定，山东省对外友协理事会每届任期4年。全省各设区市应建立人民对外友好协会，重要县（市）也可建立人民

图1－1　2002年3月29日，山东省人民对外友好协会第三届理事会议在济南召开。省委副书记、省政协主席吴爱英出席会议并讲话

对外友好协会，但必须向设区市对外友协备案。各地人民对外友好协会的业务工作受上一级对外友协指导。

第二节　山东省国际交流合作协会

1992 年，山东省中日经济交流促进会成立，省外办主任武钟恕任会长。2004 年 10 月 18 日，省民政厅批准同意山东省中日经济交流促进会更名为山东省国际交流合作协会。

2004 年，省委组织部批复，省外办主任张伟龄兼任山东省国际交流合作协会会长，徐涛、闫作溪、张国敏、刘晓江、庄立桂兼任副会长。

2005 年 10 月 14 日，山东省国际交流合作协会成立大会在济南召开，63 名会员单位的理事出席会议。会议通过了协会新的章程，选举产生新的会长、副会长、秘书长。协会特邀山东省原省长、全国人大常委、全国人大农村与农业委员会副主任委员李春亭任名誉会长，选举省外办主任张伟龄任会长。

该协会是由山东省国际友好城市交流事业发展基金会和山东省中日经济交流促进会合并成立的。协会在保留原“两会”主要业务的基础上，业务领域和工作范围都比过去有较大的扩展，从对单一国家和单纯经济交流调整为面向世界各国，全面致力于山东省科学技术、文化教育、经济贸易、医疗卫生、社会福利、公益事业等的对外交流与发展，为全省对外开放和现代化建设服务。

第二篇

政策与管理

山东省人民政府外事办公室作为省政府外事工作的职能部门和省委外事工作领导小组的办事机构，是执行中央外交政策和处理全省重要外事工作的归口管理部门。

1986—2005 年，省委、省政府严格遵照党中央、国务院有关文件精神，加强对全省外事工作的管理，同时结合本地实际，出台了一系列对全省外事工作具有指导意义的重要文件，明确了全省外事工作管理体制。

为及时总结经验，推动工作，省外办每年召开 1 ～ 2 次全省外事工作会议。在因公出国管理方面，调整和完善了相应的规章制度，既严格把关，又简化手续，提高了因公出国审批质量和团组出访效率，确保了全省因公出国工作的良好秩序。在领馆管理方面，逐步完善了管理原则、管理体制、职责分工等制度，认真履行职责，建立了涉外案件处理联席会议和境外领事保护联席会议等机制，积极保护海外中国公民的合法权益。在领事认证、对外邀请、国际会议审批和外国专家管理等方面，依法管理，热情服务，维护了国家形象和对外信誉。在友城工作方面，服从和配合政府中心工作，开展实质性交往，不断促进友城工作健康发展。在外国记者管理方面，解放思想，树立开放意识，积极借助外国媒体宣传山东，精心组织，热情服务，保证了工作的顺利开展。

第一章　制度建设

1986—2005年，随着改革开放的深入发展，外事工作逐渐融入到经济社会的各个方面，省外办职责范围不断扩大，业务范围日益拓展，新任务、新要求不断增加。为了及时贯彻落实党中央、国务院的对外方针政策，进一步加强对全省外事工作的统一领导和管理，规范各级各部门有序开展对外交往，省委、省政府先后制定下发了多个文件，其中1996年印发的《关于加强全省外事工作的若干规定》、2001年印发的《关于贯彻落实全国外事管理工作的若干规定的实施意见》，加强了对全省外事工作的宏观指导和管理，明确了“统一领导、归口管理、分级负责、协调配合”的外事管理体制，成为一个时期内全省外事工作的纲领性文件。

为了统筹协调全省外事工作，使之方向更明确、工作更主动、秩序更规范，山东省从1986年开始制定外事工作五年规划，成为全国各省、自治区、直辖市制定外事工作五年规划的一个先例。同时，省委、省政府及省外办每年都召开不同专题和形式的外事工作会议，及时研究解决工作中遇到的新情况、新问题，部署安排近期和中长期的外事工作。

第一节　全省外事工作指导性文件

1986年9月，省委、省政府召开全省市地外办主任会议，省委书记梁步庭作了重要指示。各市（地）外办主任及省直各部门外事负责人80余人参加会议。会议审议通过了《全省外事工作“七五”规划》《关于加强地方外事工作管理的具体规定》《关于友好城市交往中适当放宽政策的建议》和《关于外国人在我省旅行管理的暂行规定》4个文件。

为进一步加强对外事工作的统一归口管理，1987年，省外办着重抓了政策指导、政策把关和干部培训工作，先后制定了《关于加强省级机关外事经费管理工作的实施细则》《关于处理外国人病、伤、亡问题注意事项》《关于贯彻〈中共中央、国务院关于严格控制党政机关干部出国问题的若干规定〉的通知》，编印了《出国文件汇编》《专家工作文件汇编》

《出国人员须知》等。

1988年，省政府印发《关于加强地方外事工作统一管理的若干规定》，要求地方外事工作统一归口于各级外办管理，因公出国团组由省外办统一预审，各级外办做好当地党委、政府处理涉外工作的参谋和助手。

1991年，省外办制定《进一步改进省领导同志会见、宴请外宾的意见》《关于进一步做好外事接待工作的若干规定》《关于简化部长级以上外宾免检、免验、方便卫生检疫手续的报告》《关于外国记者来我省采访的管理规定》《山东省对外参观点建设和管理工作暂行条例》《关于进一步加强外事服务工作归口管理的规定》等政策性文件。

1992年，省委办公厅、省政府办公厅下发《关于进一步做好省领导同志会见外宾和加强涉外宴请工作管理的通知》，对省领导会见外宾的报批制度、会见时间、新闻报道提出了明确要求。同年，省外办制定印发《县市区外办职责范围》《关于进一步做好全省友城工作的意见》《关于加强我省外事服务工作管理的通知》《山东省简化因公出国审批手续规定》等政策性文件。

1993年，为加强对全省因公出国审批工作的指导，省委、省政府授权省外办出台了《关于调整派遣临时出国人员和邀请外国人来华审批权限的办法》，并建立了按月统计汇总全省因公出国情况的制度。同年，省外办印发《关于邀请外国记者来访的几个问题》，提出了加强外国记者管理工作的指导性意见。

1994年，为理顺出国审批关系，严格审批程序，利用护照签证实施“二次把关”，省委、省政府授权省外办出台《山东省因公出国审批管理工作细则》。同时，按照中央关于开展反腐败斗争、严格清理在出国工作中存在的公费旅游等不正之风的要求，省外办下发《关于贯彻中央16号文件精神，严格禁止公费出国（境）旅游的通知》，对进一步严格出国审批手续，压缩控制赴新马泰等热门国家团组，严禁各种形式的出国旅游活动作出具体明确的规定。省政府印发《山东省关于对外公务活动的若干规定》《关于授予外国友人“荣誉公民”称号的有关规定》《关于国际友城交往实行优惠政策的意见》，省外办与省教委联合下发《关于加强对外建立友好校际关系工作管理的通知》等，进一步统一和规范了全省对外交往活动。

1995年，省政府印发《山东省关于对外公务活动的有关规定》，对全省涉外公务活动的各个方面提出具体、规范的要求。省外办会同有关部门转发外交部等五部门《关于严格控制因公出国（境）团组和人员问题的通知》，下发《关于规范我省自办签证管理工作的通知》，对驻京签证处的申办签证权限、手续及有关管理工作提出明确要求，建立了定期报告制度。下发《关于济南、青岛两市副省级干部临时因公出国报批办法的通知》，对组团原则、申报程序作出明确规定。针对山东省有外派劳务权单位增多的情况，省外办下发《关于进一步加强全省外派劳务护照签证工作的通知》；针对部分单位对涉外事件处理程序不了解、权限不明确、汇报不及时，影响处理效果的问题，制定了《关于规范处理涉外事件的实施办法》。为规范对外国经济专家的管理，制定了《外国经济专家来华工作管理办法》实施细则。

1996 年，是地方外事工作进一步规范和发展的一年。3 月，中共中央办公厅、国务院办公厅印发《关于地方外事工作的若干规定》，这是此后一个时期内地方外事工作的纲领性文件，对于加强新形势下地方外事工作的集中统一领导和严格管理，保证外事工作更加健康有序发展具有十分重要和深远的意义。5 月 9 日，根据中央文件精神，结合全省实际，省委办公厅、省政府办公厅印发《关于加强全省外事工作的若干规定》，要求切实加强党委和政府对外事工作的集中统一领导。（一）根据外交大权在中央的原则，全省外事工作必须在中央和省授权范围内开展。（二）各级党委和政府（行署）要加强对外事工作的领导。要有一位主要领导同志主管外事工作，重大问题“一把手”要亲自抓。党委和政府（行署）其他领导同志在处理其分管工作遇有涉及对外政策的重要问题时，要与分管外事工作的领导同志协商，防止政出多门。（三）市地党委和政府（行署）要按照“站稳立场、掌握政策、熟悉业务、严守纪律”的标准，努力建设一支德才兼备的外事干部队伍。《规定》还明确了市地外事工作体制、市地外事办公室基本任务、全省对外交往应严格遵守的原则等。同年，省外办印发《关于加强全省外事部门系统建设的若干规定》《关于进一步加强申办因公出国护照签证纪律的通知》《关于进一步加强护照管理工作的通知》《山东省外国专家管理职责》和《外国专家证颁发与管理规定》等。

1997 年，省外办下发《关于进一步加强出国（境）团组和人员管理的通知》。为贯彻中共中央办公厅、国务院办公厅《关于签发〈往来香港特别行政区通行证〉有关问题的通知》和国务院港澳办公室《关于签发往来香港通行证及赴港签注细则的通知》精神，省委办公厅、省政府办公厅印发《关于签发〈往来香港特别行政区通行证〉的暂行规定》。省外办会同省外经贸委、省经贸委、省体改委等制定《关于贯彻〈关于国有企业和国有控股的公司派遣临时出国（境）人员和邀请外国经贸人员来华审批办法〉的实施意见》。为解决山东省跨地区、跨部门组团出访问题，省政府办公厅下发《关于转发国务院办公厅〈关于印发关于跨地区跨部门因公出国（境）团组管理办法的通知〉的通知》。

1998 年，为了抓好理论学习，提高政治素质，使之制度化、经常化、规范化，省外办党组制定《省外办党组关于加强自身政治理论学习的决定》，坚持每月一次的党组理论学习中心组集体学习制度；贯彻落实《中国共产党党和国家机关基层组织条例》；及时传达贯彻中纪委二次会议、省纪委九次全会精神，印发《党风廉政建设工作意见》。

1999 年，省外办总结近年外国记者管理工作经验，根据外交部的要求，结合全省实际，印发《山东省外国记者管理办法》。

2000 年 3 月，省外办按照省委的部署，结合深入开展“三讲”教育和“回头看”活动，印发《2000 年省外办理论学习计划》《省外办关于加强和改进思想政治工作的实施细则》等。为加强机关党风廉政建设，研究制定了《省外办关于落实党风廉政建设责任制的实施细则》和《省外办反腐败抓源头工作实施办法》。

进入 21 世纪后，外事工作面临的外部环境发生了许多新变化，原有的外事工作政策规定已不能适应新形势、新任务的需要。为贯彻落实中共中央、国务院《关于全国外事管理工作的若干规定》，2001 年 4 月 4 日，省委、省政府印发《关于贯彻落实全国外事管理工作的若干规定的实施意见》。《实施意见》规定，省委成立外事工作领导小组，组长由省委主要领导同志兼任。《实施意见》对省外办工作职责和其他部门外事工作授权作了进一步界定，明确了需报送中央外事工作领导小组和省委、省政府审批的事项，规范了省内跨地区、跨部门组团出国的申报与审批程序，明确了外事工作的纪律与监督措施。为促进上述文件的贯彻落实，省外办下发《关于进一步做好因公出国管理工作几个具体问题的通知》，基本上解决了多年来因公出国审批工作中存在的多头管理、体制不顺的问题，各级外办的综合归口管理职能得到加强。

2002 年 3 月，省外办印发《关于政府“提速”工作实施方案》，制定了外事工作精简审批事项、提高审批效率、实行政务公开、转变机关作风的有关措施。

2005 年，省外办出台《关于进一步加强因公出国管理工作有关问题的通知》。针对外国记者管理工作中出现的新情况，省外办下发《关于加强外国记者管理的通知》。针对全省劳务人员涉外案件中出现的新情况、新问题，省外办制定《外事系统突发事件应急预案》，对及时协调处理重要涉外案件起到了重要的指导作用。

第二节 外事工作规划和五年计划

随着对外开放的深化和经济社会的发展，省委、省政府注重制订外事工作规划这项具有战略意义的基本建设。1986 年 9 月审议通过了《山东省外事工作“七五”规划》，这是统筹协调全省外事工作的新开端。外交部有关领导同志对此予以充分肯定，指出：“地方制定外事工作规划是个创举，也很重要，山东在这方面带了头。”此后，省外办又制定了《山东省外事工作“八五”规划纲要》和《山东省外事工作第十个五年计划纲要》。

一、“七五”规划（1986—1990 年）

《规划》总结了党的十一届三中全会以来全省外事工作的发展变化：1978 年至 1985 年，共接待外宾 42.11 万人次，开放城市增至 7 个，参观游览点 332 个，涉外市、地和单位显著增加，接待服务设施有较大改善；与 7 个国家的 19 个州（县、区、道、市）建立了友好关系，友好港口、学校发展到 33 对；累计聘用外国文教专家 164 人次，工程技术人员 852 人次；联合国及有关国际性组织在山东省建立合作中心 7 个，世界银行、世界粮食组织、世界卫生组织对山东省的双边、多边援助项目 9 个，其中贷款约 4400 万美元，援助资金约 3800 万美元，对外经济合作和进出口贸易都有较大幅度增长。

《规划》提出了“七五”时期全省外事工作的指导思想和主要任务：遵循对内搞活经济、对外实行开放的总方针，围绕中国“和平友好干四化”的对外工作总目标，以改革创新和开拓前进的精神，做好全省对外开放工作；正确处理对外工作中政治与经济的关系和外事工作集中统一管理与涉外部门分工协作的关系，抓大事，统筹协调各涉外部门的对外活动，不断扩大对外交往的途径；外事部门自身建设要适应当前改革、开放、搞活的形势，要为 90 年代经济社会的继续发展做好组织和人才准备；搞好外事工作改革，充分发挥青岛、烟台两市对外开放的优势，同时积极发展内陆市、地的对外工作，为加快全省对外开放的步伐，逐步建立开放性、外向型经济而努力。

《规划》提出的工作目标：（一）加强外事队伍建设，改变全省外事队伍数量不足、素质不高、不适应对外开放形势要求的现状。5 年内把在职外事干部普遍轮训一次。(二) 大力开展对外宣传，促进对外合作交流。最大限度地增进外国人和港、澳、台同胞对山东的了解，以争取更多的朋友，吸引更多的合作者。(三) 加快参观旅游点的建设。在巩固提高现有参观旅游点的基础上，每个市、地的各行各业都要新辟 3 ～ 5 个有代表性的参观旅游点。参观旅游点要从现在主要供外国人参观转为参观和洽谈合作并重。1987 年完成基层点的定级工作，把全省参观旅游点划分为一、二、三级，分别提出不同的要求。(四) 进一步扩大友好交往，增进山东与外国地方政府和人民之间的了解和友谊，促进双方交流。1990 年前，全省县级以上开放城市都要与外国建立 1 ～ 2 对友好关系。利用友城渠道促进经济、技术合作交流。(五) 大力引进国外智力，扩大科技交流。多渠道选派科技人员和高校教师出国进修和攻读学位，有目的地选派人员参加国际学术会议；有计划地选派技术工人以研修生的形式，到友好城市学习生产技能。5 年累计邀请外国专家2000 人以上并充分发挥他们的作用。(六) 根据中央的部署和要求，搞好全省翻译专业职务的聘任和任命工作。

《规划》提出的主要措施：(一) 加强党委和政府对外事工作的领导。(二) 加强外事工作的统一管理。(三) 加强信息调研工作。(四) 改革现行礼宾制度。(五) 改进机关作风，提高工作效率。(六) 改善接待条件，提高服务质量。

二、“八五”规划（1991—1995 年）

《规划》进一步明确“八五”时期外事工作的指导思想：全省外事工作必须坚持党的基本路线；坚持独立自主的和平外交政策，坚定不移地贯彻执行党中央、国务院关于地方外事工作的一系列方针政策；“面向现代化，面向世界，面向未来”；在促进中国同外国正常关系和人民间友谊的同时，将着眼点主要放在开拓经贸、科技合作与交流，积极为地方经济建设服务上，为实现全省国民经济和社会发展十年规划及“八五”规划的总体目标而努力奋斗。坚持生产力标准，大胆解放思想，更新观念，不断实践，不断探索，推动扩大对外开放；牢固树立外事工作为经济建设服务的思想，深入经济，参与经贸，积极开拓多元化国际市场；加强全省外事工作的协调和管理，增强涉外工作的合力，提高整体效能，增强整体开放意识，发挥综合优势，加强对全省外事工作的统一管理、协调、指导和监督；增强服务意识，提供高效优质服务，尽可能地简化手续，提高办事效率，疏通对外交往渠道，为全省对外开放提供咨询服务；努力加强全省外事系统功能，增强为经济建设服务的本领和后劲，逐步理顺关系，加强指导，健全职能，形成上下协调一致、运行通畅的外事工作体系。

《规划》提出了“八五”时期全省外事工作的奋斗目标和主要任务：(一）始终把为经济建设服务作为头等大事来抓，积极推动外向型经济发展。坚持外事工作服从、服务于全省国民经济和社会发展十年规划和“八五”计划的方向，把工作着眼点主要放在开辟国际经济技术合作渠道、积极参与国际市场多元化上。吸引国外资金要有较大幅度的提高；促成“三资企业”数量比“七五”期间翻一番；开辟对外经济合作和进出口贸易渠道，争取合作项目与贸易额有较大幅度增长。（二）加强外事工作宏观管理，协调、指导各级外办、各有关涉外部门做好外事工作。（三）积极开辟对外交往渠道。帮助设区市（地）、县和各部门结识更多的外国朋友，帮助基层单位与外国建立各种友好关系；积极邀请外国高规格团组、外国驻华使节，国际大财团、大商社、跨国公司等来访。（四）加强信息调研工作，当好对外开放的智囊和参谋。强化信息观念，创办《外事信息》，为各级决策部门、出口生产企业、基层涉外单位提供服务。根据全省经济社会发展和对外开放的实际，对全局性、苗头性的新情况新问题进行调查研究，及时向省领导提供有针对性、有指导作用的意见建议和调研报告。（五）加大力度，延伸触角，进一步强化对外宣传。（六）加快发展友城关系，推动友城间实质性交往。巩固和深化友城关系，促进实质性交往。向外国友城的周边地区和所在国辐射，发展建立新的联系；大力提倡友城间对口交流；建立国际友城交流事业发展基金会；扩大结好范围，加快结好速度，“八五”时期再建立 30 对友城关系，使全省友城总数达到 60 对。（七）加强出国审批和外国专家管理服务工作。（八）充分发挥民间外交的作用。（九）强化服务意识，加强基础设施建设，努力改善外事部门的办公条件。（十）大力引进国外智力，扩大科技合作交流。“八五”时期从外国引进各类人才 1 万人以上，鼓励海外留学人员学成归国，积极选派专家学者参加国际学术会议。每年选派 1000 ～ 2000 名科技人员和高校教师出国进修和攻读学位。

《规划》提出了实现“八五”规划的保障措施：（一）进一步解放思想，更新观念，强化大开放意识。（二）进一步加强各级党委、政府对外事工作的领导。（三）牢固树立为经济建设服务的思想。（四）强化职能作用，加强系统建设，提高外事系统整体效能。（五）加强外事队伍建设，不断提高干部素质，提高外事工作水平。（六）严肃外事纪律，确保党的方针政策的贯彻执行。

三、“九五”时期（1996—2000年）

“九五”时期未制定外事工作五年规划。这期间，全省外事工作严格执行中央和全省的规划要求，始终把开辟渠道、建立联系、广交朋友作为工作的重点，官民并举，全社会共同努力，形成了以民间友好交往为基础，以政府间友好往来为主线，以建立友好城市和基层友好关系为依托的全方位、多层次对外交往格局。全省外事部门主动为经济建设和社会发展服务，坚持把重大国际合作项目直接抓在手上，跟踪落实，积极为企业开展国际经贸活动牵线搭桥，提供信息服务。加强国际调研工作，及时分析研究国际经济、社会发展的新情况、新变化，提出意见和建议，为领导决策服务。积极开展对外宣传，加强窗口建设，构筑外宣阵地，不断扩大山东对外影响。

“九五”时期，在全省各级外事部门的共同努力下，外事工作取得重要进展。（一）对外交往取得突破性进展。5年来全省外事系统共接待来访团组6479批，6万多人次；派遣因公出访团组3.7万批，13万人次。（二）高层互访明显增多。共接待外国副总理以上来访团组26批，省部级来访团组243批，外国使节团组222批。由省级领导带队的出访团组106批。（三）新建友城数量有较大增加。5年间，全省新缔结友好城市30对，新结友好学校、友好医院等基层友好关系80对。截至“九五”时期末，全省友城关系发展到93对，基层友好关系达到600多对，民间友好关系20多对。（四）涉外管理水平不断提高。在出国审批、办理护照签证、对外邀请、处理涉外案件等方面建立健全了一系列规章制度，严格管理，依法行政，热情服务，保证了对外交往健康有序进行。（五）外事工作为经济建设和社会发展服务取得积极进展。共促成重要经贸合作项目208个，总投资近56亿美元。促成文化、教育、体育、卫生等领域重大交流合作项目156个，聘请外国专家42810人次，为促进全省经济建设和社会进步作出了积极贡献。

四、“十五”计划纲要（2001—2005年）

《山东省外事工作第十个五年计划纲要》共分三个部分，第一部分是“九五”时期全省外事工作的回顾和总结；第二部分是“十五”时期全省外事工作的主要任务和奋斗目标；第三部分是实现“十五”计划的保障措施。

围绕全省工作大局，《纲要》提出“十五”时期山东外事工作的主要任务是：以邓小平理论和“三个代表”重要思想为指针，全面履行参谋、管理、协调的职能，加强外事工作的集中统一管理，官民结合，大力拓展国际交流渠道，立足“两个服务”，突出重点，开拓创新，加快发展，干出特色，形成富有生机与活力的外事工作运行机制，为全省扩大开放和实施经济国际化战略创造更为有利的国际环境。为实现上述任务，在工作指导上应注意把握好以下几点：（一）坚持生产力标准，进一步解放思想，更新观念，积极探索外事工作为经济建设服务的新思路、新方法，深入经济，参与经贸，提供有效服务。（二）坚持“有为、有效、有序”的工作要求，增强大局意识，提高办事效率，勇于开拓进取，使外事工作在全省对外开放中发挥更大作为。（三）坚持按国际惯例和行为准则办事，依法行政，加强全省外事工作的综合归口管理和协调。（四）坚持全方位对外交往战略，加强高层互访，加大友城工作力度，加强民间友好往来。（五）坚持以人为本，着眼于最大限度地激励和调动人的积极性和创造性，加强制度创新和管理创新，全面提高管理水平。

《纲要》提出，要继续大力开拓全方位、多层次、宽领域的对外交往渠道，全面构筑面向21世纪的对外交往体系，向外事大省迈进，为山东省实施经济国际化战略架设更多的桥梁。主要措施是：积极推动高层互访，邀请更多的党宾、国宾和其他高层次团组到山东访问，有计划、有重点地安排省级领导率团出访，提高出访效益；继续巩固、发展友城关系，拓展友城交往渠道，推动实质性合作；积极与国际组织建立联系，探索开展区域性、多边性的合作；进一步推动基层友好关系和民间友好往来，为山东国际化进程创造条件；加强与上级有关部门和我驻外使领馆、外国驻华使领馆的联系沟通，积极争取举办一些重要的国际活动，活跃山东的国际交流。《纲要》对“十五”时期发展建立新的友城关系提出了明确的要求：到2005年，争取全省友好城市数量达到120对，其中省级友城达到30对，17个设区市不留空白，60%的县级市至少有1对友城关系。友好院校、友好医院、友好港口等基层友好关系的数量达到1000对。民间友好关系达到30对。

根据全省外事工作实际，《纲要》对每一地区的工作有重点地提出了具体要求。对亚洲地区，主要是做好周边国家的工作，重点加大与日本、韩国的实质性交往合作力度，积极做好与印尼、泰国、印度、以色列等国地方政府的交流工作，开辟交往渠道，建立友好关系。对欧洲地区，重点是开拓与俄罗斯、西班牙、丹麦、芬兰等国的交往渠道，加强与友好城市间的经贸、科技交流与合作，加强与欧洲各跨国公司的联系与合作，引进先进设备和技术，引进和培训人才。对非洲地区，重点是开辟交往渠道，加强与埃及、摩洛哥、尼日利亚、肯尼亚等国的交流与合作，开发利用好非洲潜在的市场，为山东企业“走出去”牵线搭桥，提供信息服务。对美洲地区，重点是加强与美国、加拿大和南美地区的交往与合作。推动与美国康州和得州的友好省州关系，疏通交往渠道，加大实质性合作力度。开拓和扩大已与山东省建立一定联系的华盛顿州、马里兰州和加利福尼亚州的关系。推动与加拿大安大略和魁北克省的交往联系，加强经贸、科技、教育等方面的合作。进一步做好南美地区的工作，协助山东省有实力的企业进入南美市场，协助有关部门落实好省领导出访南美的合作项目。对大洋洲地区，重点是加强与澳大利亚、新西兰的交往，畅通与这两个国家地方政府和经济组织的联系渠道，继续巩固和发展与澳大利亚南澳州、巴布亚新几内亚东赛皮克省的友好关系，推动经贸合作。

围绕与各地区的交流与合作，《纲要》强调，“十五”时期要突出抓好以下几个方面的工作：（一）加强调研，及时研究国际形势的新发展、新变化，为全省对外开放提供准确的国际信息，为省委、省政府涉外决策提供有效服务。（二）配合山东省实施经济国际化战略，加强与各地区跨国公司的联系，积极创造条件，为我省企业“走出去”服务。（三）切实抓好与友好省州间的重大合作项目，推动各项合作项目的落实。（四）积极承办重大国际活动，扩大山东的对外影响，提升全省外事工作的层次和水平。

“十五”时期的外事管理工作，重点是贯彻落实好中央《关于全国外事管理工作的若干规定》精神，加强全省外事工作的综合归口管理和统一领导。《纲要》要求，按照中央有关文件规定，进一步理顺全省外事工作管理体制，落实外事部门管理职能，强化系统整体功能，建立既符合中央总体外交要求，又适应全省扩大开放实际需要的外事管理机制。要适应入世后的要求，加强外事政策法规建设，加快与国际惯例接轨的步伐，建立健全外事管理规章制度，使外事工作有法可依，依法办事。进一步做好出国审批和护照管理工作，理顺关系，明确责任，规范管理，提高审批质量和管理水平，努力为出国人员提供高效优质服务。加强领事工作，完善领事工作实施办法和操作规程，改进领馆管理工作，坚持管理与利用并重，密切与领馆的联系、沟通和配合。及时稳妥地处理好各类涉外案（事）件，坚持预防为主的方针，发现问题，及时解决。完善联席会议制度，探索新的联合处理涉外案（事）件的方法和思路，加大外事部门在涉外案件中的参与力度，充分发挥外事部门在涉外案（事）件处置工作中的指导、协调作用。进一步做好外国记者管理工作，建立海外新闻宣传联系点，掌握一批对我友好、热心宣传山东的外国记者队伍。配合重大涉外活动，主动邀请外国记者来访，借助外力宣传山东，增强对外宣传效果。

为顺利完成“十五”时期的各项任务，《纲要》从组织领导、系统建设、队伍建设、基础建设四个方面提出了具体的保障措施。（一）各级党委、政府要切实加强对外事工作的领导，把外事工作作为地方对外开放工作的重要组成部分来抓。各市地要成立外事工作领导小组，加强对外事工作的集中统一领导。要定期听取外事部门的工作汇报，研究外事工作重大问题，及时帮助解决工作中遇到的困难，支持外事部门严格管理，依法行政，充分发挥外事部门作为党委和政府对外交往的参谋和助手作用。（二）进一步加强系统建设，提高外事系统整体功能。建立信息互通和工作协作配合制度，相互支持，上下联动，资源共享，在全省外事部门形成顺畅有效的工作运行机制。加强东西部地区外事工作的合作与交流，加大对西部地区外事工作的扶持力度，促进全省外事工作协调发展。（三）加强队伍建设，不断提高全省外事干部的整体素质。按照“三个代表”重要思想和“讲学习、讲政治、讲正气”的要求，加强干部队伍思想政治建设，牢固树立正确的世界观、人生观和价值观，坚定理想信念，增强事业心和责任感，始终保持奋发向上的精神状态。根据外事工作发展的要求，加强外事业务培训，计划用5年时间，分期分批对干部轮训一次，努力使全省外事干部的业务水平和工作能力有一个大的提高。（四）加强基础资料和基础设施建设，健全和完善外事资料信息库，积极改善办公条件，提高办公自动化水平，实现全省外事部门计算机联网，建立“山东外事”网站，更好地为全省对外工作提供信息服务。

第三节 外事工作重要会议

1986—2005年，随着经济社会的不断发展，对外交往不断扩大，国际形势风云变幻，全省外事工作在空间日益拓展的同时，也不断遇到一些新问题、新挑战。为了落实中央外交政策方针，统筹全省外事工作，省委、省政府及省外办每年都召开各种类型的外事工作会议，部署安排近期和中长期的外事工作。

一、“七五”时期

1986年9月，省委、省政府召开全省市地外办主任会议。各市（地）外办主任，省直各厅、局分管领导和外事部门负责人共80余人参加会议。会议审议通过《全省外事工作“七五”规划》。省委书记梁步庭作了重要指示。与会代表认为，制定《规划》是山东省外事工作的一项具有战略意义的基本建设，将使山东省的外事工作方向更明确、目标更准确、工作更主动，对于提高全省外事工作水平具有积极的推进作用，是省外办抓大事、统筹协调全省外事工作的新开端。会议还审议通过《关于加强地方外事工作管理的具体规定》《关于友好城市交往中适当放宽政策的建议》和《关于外国人在我省旅行管理的暂行规定》。12 月 18—22 日，全省外事接待工作会议召开，这是山东省第一次召开外事接待工作会议。省外办主任石涛作报告，回顾了全省外事接待工作发展的基本情况，总结了外事接待工作取得的主要成绩，分析了存在的问题。会议邀请外交部、中联部有关负责同志就接待工作、礼宾工作、国际共运形势和中共对外联络方针作了专题报告。石涛在总结讲话中，对进一步做好外事接待工作讲了意见。会议决定，从 1987 年 1 月起，实行省直行政单位外事经费统由省外办管理的办法。会议还讨论了省外办提出的《关于改进接待工作的若干规定》。

1987 年 2 月 11 日，华东地区外事干部培训班在济南开班，副省长马忠臣、外交部部长助理唐龙彬出席会议并讲话，外交部、国家旅游总局、中国对外经济贸易大学的专家讲授了国际形势与中国对外政策、对外宣传与外国记者接待、外事接待工作、领事工作、联合国以及中国与联合国经济机构的交往、旅游与经济、国际经济合作等专题。华东六省一市 80 多名外事干部参加培训班。省外办主任石涛作总结发言。3 月 27 日，全省外事工作会议在济南召开，副省长马忠臣出席会议并讲话，强调了外事工作的归口管理问题。针对当时外事工作中存在的头绪多、管理乱、政出多门、各行其是等突出问题，要求各有关涉外部门共同努力，加强协调，充分发挥外事部门归口管理职能作用。各市（地）、各有关部门要认真贯彻执行党中央、国务院指示精神，按照规定设置外事机构，不能降低规格。同年，省外办召开专家、留学生工作座谈会，对外宣传工作座谈会，研修生座谈会，友城工作座谈会等专业性会议。

1988 年 2 月，中央决定沿海城市列为经济开放区后，山东省有 5 个设区市和 1 个县级市被列入经济开放区。但这 5 个设区市所辖的 15 个县仍属“控制开放区”和“非开放区”，外国商人仍不得随便出入。为解决这个问题，省外办召集有关部门召开联席会议，提出经济开放区内的县（市）全部开放的意见（军事禁区除外），得到省政府批准，促进了这些地区外向型经济的发展。同年初，省外办举行“如何为外向型经济服务”问题大讨论。3 月 16—18 日，全省外事工作研讨会召开。省及各市（地）外办主任，胜利油田、齐鲁石化外办主任，外交部办公厅参赞周跃东参加会议。省外办副主任聂承厚主持会议。会议传达学习了中央一号文件和中央领导同志在沿海地区对外开放工作会议上的讲话以及省委书记梁步庭、省长姜春云在全省对外开放工作会议上的讲话，围绕外事工作为实施沿海地区经济发展战略服务，促进全省参加国际经济大循环等问题进行了研讨。

1989 年春夏之交，国内发生政治风波，国际形势出现剧烈变化，外交工作遇到暂时困难，地方外事工作受到很大影响。国务院及时召开驻外使节会议。随后，省外办和各市（地）外办及时组织学习讨论，总结 10 年改革开放和外事工作的经验，坚定扭转外事工作被动局面的信心，认识到外事工作必须坚持“两手抓”，即一手抓改革开放，一手抓反渗透、反颠覆、反“和平演变”的斗争。全省外事工作应充分发挥地方和民间两个优势，以贸易为突破口，迅速恢复原有交往渠道。

1990 年 2 月 28 日，全省市（地）外办主任会议召开。会议传达贯彻了第四次全国地方外办主任会议精神，学习江泽民总书记、李鹏总理的讲话，研究本年度全省外事工作问题。7 月 24 日，省委书记姜春云、副省长马世忠出席在烟台召开的青岛、烟台、威海对外开放座谈会，要求全省上下解放思想、勇于开拓，把开放的步子迈得更好更大。8 月 31 日，全省对外开放工作会议在青岛召开。省委副书记、省长赵志浩出席会议并讲话。

二、“八五”时期

1991 年 1 月 24—26 日，全省外办主任会议在济南召开，副省长马世忠作重要讲话。7 月 22—26 日，全国外事工作会议在北京召开。会议学习讨论了中共中央、国务院《关于进一步加强外事工作的领导和管理的通知》等。省政府副秘书长、省外办主任胡玉亮参加会议。全国外事工作会议结束后，山东省分别在 8 月和 9 月召开省直各部门负责人、各市（地）外办主任会议，传达学习会议精神。9 月 19 日，省委书记姜春云主持召开省委常委会，听取全国外事工作会议精神汇报，提出在全省贯彻落实全国外事工作会议精神的意见和要求。11 月 23 日，省委副书记、省长赵志浩主持召开调整后的省外事工作领导小组会议，研究进一步贯彻全国外事工作会议精神。11 月 29 日至 12 月 1 日，在青岛召开全省外事工作会议。全省 16 个市（地）的市长（专员）、外办主任和省直 79 个部门、单位负责人共 120 余人参加会议。会议统一了对国际形势的认识，加深了对中央外交方针政策的理解，明确了外事工作的总任务和工作重点。会议明确规定，省外办作为全省外事工作职能部门和省外事工作领导小组的办事机构，主要任务是统筹规划、综合协调、审核把关、制定规章、督促检查，进行宏观调控；全省外事工作要进一步实行集中统一领导下的归口管理、分级负责、协调配合的管理体制。

1992 年 4 月 14—18 日，全省对外开放工作会议在济南召开。省委书记姜春云作重要讲话，省委副书记、省长赵志浩主持会议。会议讨论研究了全省进一步扩大对外开放，加快发展外向型经济的重大问题和主要措施。

1993 年初，召开省外事工作领导小组会议，研究解决了一些长期困扰全省外事工作的问题，推动了全省外事工作的顺利开展。7 月 20—25 日，全省外事工作学习班在济南举行。各市（地）、县（市、区）分管涉外工作的负责人共 150 余人参加。省委副书记、省长赵志浩发来贺信。省委副书记、副省长李春亭到会讲话。副省长宋法棠出席结业典礼并讲话。外交部、中联部、经贸部和国家外专局的有关领导和专家授课。第二季度全省外事情况通报会与学习班开幕式同时举行。通过举办学习班，增强了市（地）、省直单位和外事部门负责人对外事工作和中央外交方针政策的理解，丰富了涉外知识，提高了宏观管理和领导外事工作的水平。同年，省外办召开外国记者管理工作研讨会，印发《关于邀请外国记者的几个问题》，提出关于加强外国记者管理工作的意见。召开了第二届山东省人民对外友好协会理事会会议，进一步健全了省友协组织领导工作。

1994 年 2 月 21—22 日，第七次全省外事情况通报会和市（地）外办主任座谈会在济南召开。会议传达了李鹏总理、钱其琛副总理兼外长在全国第六次省、市、区外办主任会议上的讲话和会议纪要，交流了 1993 年的工作情况、存在的问题和 1994 年工作的打算。3 月 26—28 日，全省对外开放工作会议在济南召开。会议强调，要进一步动员广大干部群众解放思想，抓住机遇，加大措施，全面实施外向带动战略，以更大的胆略、更大的气魄和更加扎实的措施，加大开放力度，推动全省国民经济再上新台阶。省委书记姜春云在讲话中，就如何全面实施外向型带动战略，扩大对外开放讲了 10 个问题，要求树立“大外事”“大外经”“大外贸”（以下简称“三大”）的观念。省委副书记、省长赵志浩讲话指出，改革开放特别是邓小平视察南方重要讲话发表以来，全省开放型经济开始进入持续快速发展的轨道。全方位、多层次对外开放的新格局基本形成，对外开放的范围不断扩大，层次日益提高。外向型经济发展实现较大突破，利用外资两年迈上两个新台阶，对外友好交往取得显著成绩。5 月 5—11 日，外交部第三期地市外办主任培训班在青岛举办。来自全国各地的120余名地市外办主任参加培训。外交部副部长万永祥作关于当前国际形势和中国对外方针政策的报告。12月23—24日，省外办组织召开全省市地县外办主任会议，对全省外事工作作了总结和部署，深入探讨了“三大”思路及其做法，丰富和提高了“三大”的内容和含义。省委副书记、常务副省长宋法棠到会讲话，充分肯定了外事工作取得的成绩。

三、“九五”时期

1996年2月13—14日，全省地市及部分县（市）外办主任会议在邹平召开。会议传达了全国第七次地方外办主任会议精神，讨论了《关于加强全省外事部门系统建设的意见》。省外办主任武钟恕通报了1995年全省外事工作、1996年工作设想以及完成工作任务的几项重点措施。4月26日，全省市地外办主任座谈会在济南召开。省外办主任武钟恕出席会议并讲话。全省17市（地）外办主任参加会议。会议传达学习了中共中央办公厅、国务院办公厅《关于印发〈地方外事工作的若干规定〉的通知》，并就如何贯彻落实文件精神提出要求。6月18—24日，华东外事工作会议在山东省召开。出席会议的有上海、江苏、浙江、安徽、江西、福建、山东等省市及应邀与会的海南、湖南、青海、新疆、内蒙古等省区的代表38人。省委副书记李文全出席会议并讲话，省委副书记、副省长宋法棠会见了与会代表。外交部部长助理陈健作关于当前国际形势和我国外交工作的报告，全国友协常务副会长陈昊苏、国家外专局副局长张宇杰、外交部办公厅副主任马恩汉、中联部研究室副主任阮家潘分别介绍有关情况。会议重点交流和讨论了贯彻落实中央关于地方外事工作文件的情况。

1997年5月13—14日，全省外事调研、新闻工作座谈会在济南召开。各市地以及曲阜市外办分管领导和有关科（处）长参加会议。外交部新闻司派员作关于当前国际舆论对华报道倾向和外国记者管理工作的报告。会议对外事调研和新闻工作进行了安排。5月19—20日，全省外事工作会议在济南召开，各市（地）分管外事工作的领导和外办主任、省直有关部门负责同志以及高等院校和大企业负责人等130余人参加会议。这是继1991年以来召开的又一次全省性外事工作会议。省委书记吴官正，省委副书记、省长李春亭，副省长杜世成到会讲话。外交部部长助理杨文昌出席会议并作报告。会议学习了《关于地方外事工作的若干规定》文件精神，研究外事工作中出现的新情况、新问题，对今后一段时间外事工作作出安排。会议传达学习了省委办公厅、省政府办公厅《关于印发〈加强全省外事工作的若干规定〉的通知》，印发了《关于加强厅局级干部因公出国管理的几个问题》《关于进一步加强因公出国护照签证管理的意见》《关于邀请外国人员来华的若干规定》《关于同外国领馆交往的若干规定》和《关于加强全省友好城市管理工作的若干规定》5个征求意见稿，进行了对外方针政策和外事业务知识培训。9月9日，全省市地外办主任座谈会召开。会议通报了华东六省一市外事工作会议情况和各市地贯彻落实全省外事工作会议精神情况，安排部署了编辑出版《山东省国际友好城市》的有关事宜。

1998年5月5—6日，全省外办主任座谈会在烟台召开，省市外办负责人参加会议，省外办主任武钟恕到会讲话。会议要求，要进一步解放思想、转变观念，不断完善和丰富“大外事”思路。会议指出，要切实重视调查研究，进一步加大为经济建设和社会发展服务的力度和措施，继续贯彻落实《关于加强全省外事部门系统建设的若干意见》，切实抓好自身建设。

1999年3月11—12日，全省外办主任座谈会在济南召开，17市（地）外办主任参加会议。会议主要传达外交部第九次驻外使节会议精神以及钱其琛副总理、唐家璇外长重要讲话。会议要求，结合省里机构改革，认真做好前期论证工作，进一步优化外事干部队伍结构，发挥外事部门综合归口管理职能，正确处理职能交叉问题。

2000年8月1—2日，全省外办主任座谈会在济南召开，主要讨论外事工作为经济建设和社会发展服务问题。济南、青岛、烟台、潍坊4市外办，山东社科院、山东大学、青岛大学外事处的有关同志共30余人参加会议。会议认为，近年来全省外事部门为经济建设和社会发展服务取得了可喜成绩，积累了一些经验：（一）始终坚持把重大国际合作项目作为重中之重。（二）注重跟踪落实，提供全方位服务。（三）积极牵线搭桥，提供信息服务。会议提出，要努力实现由“办外事”向“管外事”的历史性转变，贯彻“两个服务”精神，保证管理体制的顺畅和政令的畅通。会议提出了新世纪外事工作为经济建设和社会发展服务的设想。12月28日，全省外办主任座谈会在济南召开，传达中央《关于全国外事管理工作的若干规定》精神，通报省外办2000年工作总结和2001年工作要点，讨论《山东省外事工作第十个五年计划纲要》。省外办、各市地外办负责人参加会议。会议认为，新世纪的外事工作面临着新的机遇与挑战。世界多极化、经济全球化、高科技发展日益加快，中国即将加入WTO的新形势以及山东省“十五”计划，都对外事工作提出了新的更高的要求，全省的对外交往将呈现更加活跃的局面，外事工作将处于更加重要的地位。同时，外事工作也面临新的挑战。如何适应加入 WTO 带来的变化，如何更加有效地做好“两个服务”，如何在扩大开放的情况下切实加强宏观管理，如何把中央 17 号文件精神落实到位，这些都需要认真思考，以创新的精神作出应对。会议强调，做好新世纪的外事工作必须切实抓好以下几个方面的工作：（一）要加强学习，不断优化知识结构。（二）面对即将“入世”的新形势，要不断研究、适应形势发展，适时调整工作角度，使外事工作在“两个服务”的过程中发挥最佳效果。（三）要加强队伍建设，不断提高干部队伍的总体素质，着力培养“复合型”人才，以更好地适应形势需要。（四）要进一步强化系统功能，加强信息沟通和经验传递，不断提高全省外事工作的总体水平。

四、“十五”时期

2001 年 2 月 21 日，全省外事工作会议在济南召开。会议的主要任务是总结“九五”期间的外事工作，安排部署“十五”外事工作计划，贯彻落实中共中央、国务院《关于加强全国外事管理工作的若干规定》。中共中央政治局委员、山东省委书记吴官正出席会议。外交部党委书记、副部长李肇星出席会议并作关于国际形势的报告。省委副书记、省长李春亭，副省长林书香出席会议并讲话。省委常委、常务副省长韩寓群，副省长林书香分别主持会议。省外办主任张伟龄作关于全省外事工作的报告。会议印发《山东省外事工作第十个五年计划纲要》和省委、省政府《关于贯彻落实〈关于加强全国外事管理工作的若干规定〉的实施意见》。济南、青岛、烟台、潍坊、济宁、泰安六市代表在会上作了典型发言。省直部门、各市、驻济各高校和大企业有关领导共 160 人参加会议。会议要求各级党委、政府要认真贯彻中央 17 号文件，按照“统一领导、归口管理、分级负责、协调配合”的管理体制，加强对外事工作的集中统一领导，要防止在机构改革中削弱外事工作的倾向，在内设机构、编制、人员和经费上予以保障。要把外事工作作为对外开放工作的重要组成部分来抓，在更大范围和更高层次上充分发挥外事部门的作用。各级各部门的对外工作要逐步形成以外事部门为主体和牵头单位，协同对外的工作格局。外事部门要进一步增强大局意识和政治意识，发挥主动性和创造性，当好党委、政府对外工作的参谋和助手。这次会议是全省外事系统承前启后、继往开来的一次盛会。

2002 年 1 月 25—26 日，全省外办主任座谈会在济南召开。会议的主要议题是总结 2001 年全省外事工作情况，表彰先进，研究部署 2002 年工作。

省人大常委会副主任王道玉出席会议。省政府副秘书长王玉芬到会讲话，省外办、省人事厅有关负责同志和各市外办负责同志共120人参加会议。会上，对全省外事系统22个先进集体和58名先进个人进行了表彰。省外办主任张伟龄作《适应入世要求，与时俱进，努力开创全省外事工作的新局面》的报告。9月5—6日，全省外事工作为“三个亮点”服务座谈会在济南召开。省和各市外办55人参加会议。省委常委、常务副省长林廷生出席会议并讲话。省外办主任张伟龄作《与时俱进，开拓创新，努力为“三个亮点”服务》的报告。省外经贸厅、省中小企业办公室、省科技厅作了情况介绍。泰安、青岛、济宁、潍坊、烟台、枣庄、济南、淄博8市代表分别发言。

2003年2月27—28日，全省外办主任会议在济南召开。省市外办领导和省外办各处（中心）负责人参加会议。受代省长韩寓群委托，副省长邵桂芳出席会议并讲话。省外办主任张伟龄作工作报告。邵桂芳在讲话中要求各级党委和政府要充分认识外事工作的极端重要性，创造性地做好工作。越是扩大开放，越要加强外事工作。张伟龄在工作报告中指出，新一年的外事工作要紧紧围绕全省经济和社会发展大局，积极主动地发挥外事工作优势，不断探索新形势下外事管理的新思路，创造性地做好全省外事工作，为全面提高全省对外开放水平作出新贡献。同年，省外办举办了世界500强座谈会，研究探讨如何加强与以世界500强为代表的跨国公司的联系与交往。举办了驻鲁友城代表座谈会，探讨进一步扩大深化友城经贸合作的途径。

2004年4月13—14日，全省外办主任会议在济南召开。副省长孙守璞出席会议并讲话。省外办主任张伟龄作《求真务实，开拓创新，全面开创山东外事工作新局面》的报告。省政府副秘书长马越男，省市外办负责人共60人参加会议。会议的主题是深入贯彻落实中央和省委、省政府关于外事工作的指示精神，总结上年工作，安排本年工作。孙守璞副省长要求各级外事部门要抓住20世纪头20年重要战略机遇期，在山东形成大开放、大招商、大发展的局面。张伟龄要求全省外事工作要坚持以服务科学发展为中心，充分发挥职能作用，突出创新、务实、规范、效益的理念，进一步加大国际交流与合作力度，全面开创全省外事工作新局面。9月27日，全省外办主任座谈会在济南召开。会议传达了中央第十次驻外使节会议精神，省外办主任张伟龄就全省外事部门贯彻落实十六届四中全会和第十次驻外使节会议精神谈了意见。17市外办主任参加会议。11月9—12日，华东地区外事工作交流会议在济南举行。副省长孙守璞出席会议并讲话。外交部、中联部等部门负责同志到会讲话。全国友协办公厅，上海、江苏、浙江、安徽、福建、江西、北京、广东、深圳外办，山东省以及济南、青岛、淄博市外办负责同志参加会议。同年，召开了省委外事工作领导小组第一次会议，省委书记张高丽作重要讲话。

2005 年 3 月 17—18 日，全省外办主任会议在潍坊召开。副省长孙守璞到会讲话，要求各级外事部门要认真贯彻党中央、国务院的方针政策，坚定不移地为国家总体外交服务，同时要把本部门工作放到全省对外开放的大局中研究、思考、部署和展开，把外事工作和经济结合这篇文章做大、做好。张伟龄主任在《开拓创新，争创一流，为全方位高水平扩大开放作出新贡献》的报告中强调：（一）要牢牢把握好地方外事工作服从服务于党和国家总体外交战略的原则。（二）要做足做好发挥外事部门优势这篇大文章，为经济社会发展办大事、办实事。（三）要紧紧围绕党委政府的中心任务，创造性地开展工作。（四）要为全方位扩大对外开放构建更加科学、合理的对外交往网络布局。（五）要围绕构建“和谐社会”，提高外事工作宏观管理水平。同年，召开领事管理工作座谈会、全省涉外案件联席会议，要求妥善处理山东省劳务人员涉外案（事）件，维护海外山东籍公民的合法权益。

第二章　因公出国（境）管理

因公出国（境）管理是整个外事管理工作的重要组成部分，是与中国社会制度和外事管理相适应的特殊的行政审批管理制度。1986年后，山东省出国（境）审批管理部门认真执行党中央、国务院和省委、省政府的有关政策规定，坚持为改革开放服务，为经济建设服务，通过健全和完善规章制度，改进工作方式方法，注意严格把关，简化手续，提高办事效率，改进管理和服务质量，使审批质量和团组出访成效不断取得进步。因公出国（境）管理工作主要任务是因公出国（境）任务审批、出国（境）人员政治审查、为出国（境）人员颁发因公护照、赴港澳通行证，申办外国签证，办理赴港、澳签注以及出国（境）团组和人员使用经费管理、执行外事纪律监督检查和出访成果督察落实等。随着形势的发展变化，山东省因公出国（境）管理工作在政策规定上先后数次进行了相关的改革和调整。以中共中央、国务院2000年12月3日印发《关于全国外事管理工作的若干规定》为标志，可划分为前后两个阶段。前一个阶段的主要特征是：以贯彻落实邓小平视察南方重要讲话为动力，适应全方位、多领域、多层次加快对外开放的新形势，省政府下放了临时因公出国（境）部分审批权限，审批部门和单位大量增加，因公出国（境）团组和人员数量激增，对外交往日趋活跃。后一个阶段的主要特征是：随着我国社会主义市场经济体制的初步建立，特别是中国加入世界贸易组织后，面临着因形势变化而带来的新情况和新问题，山东外事工作确立了“统一领导、归口管理、分级负责、协调配合”的管理体制，因公出国（境）管理机制进一步科学规范，实现了新跨越、新发展。

第一节　政策规定

一、领导干部因公出国（境）

领导干部临时因公出国（境），是政治性、政策性很强的涉外工作。加强领导干部因公出国（境）管理，历来为党中央、国务院和省委、省政府所重视，各级各部门曾多次印发文件加以规范，逐步形成了一整套较为完备的审批管理制度，为确保领导干部临时因公出国（境）工作的规范有序发挥了重要作用。

1995—2005 年，中共中央、国务院和省委、省政府转发或印发的相关文件规定主要有：中央外办、国务院外办《关于从严掌握省部级领导干部出访的通知》，中共中央办公厅、国务院办公厅《关于调整国务院外事机构的通知》，中共中央、国务院《关于全国外事管理工作的若干规定》，国务院港澳办《关于调整副省、部级以上领导干部出国访问经香港转机办文程序的通知》，外交部《关于减少报送国务院外事请示件份数的通知》，中共中央办公厅、国务院办公厅《关于印发〈关于省部级人员因公临时出国的若干规定〉的通知》，省委、省政府《关于贯彻落实全国外事管理工作若干规定的实施意见》，省委办公厅、省政府办公厅《转发〈省政府外事办公室关于做好省级领导干部因公出国办理工作的意见〉的通知》等。

根据以上文件规定，山东省在审批领导干部因公出国（境）方面坚持的基本原则是：

（一）领导干部出访必须有明确的公务目的和实质内容，必须是为执行自己主管的工作范围，不得以任何理由进行非其主管公务所必须的、与职级身份不相称的出访；凡与出国（境）任务无直接关系、不属其主管有关业务范围的，一律不得借故出访；凡可由较低级别人员完成的任务，不得派较高级别人员出访；凡可由专业人员完成的任务，不得派非专业人员出访。

（二）出访团组人数总数不得超过 5 人，个别团组如因特殊情况需要超过规定人数的，应专门报批；出席多边、双边国际会议或其他专业会议的团组人数，根据实际需要报批。

（三）出访时间应尽可能压缩，访问一个国家（地区）一般限于 3 ～ 5 天，最长不超过 1 周；一次访问一般不多于两个国家（地区），在外停留时间最多不超过 12 天。

（四）除工作上特殊需要外，领导干部出访一年不得超过一次；不得把出国执行公务当作一种待遇，搞轮流派出、照顾出访。

（五）同一地区、同一部门的主要领导，原则上不得同团出访或同时分别率团出访同一国家或地区。

二、普通团组因公出国（境）

山东省普通团组因公出国（境）管理，经历了不断创新发展的过程，总的趋势是简化手续，减少环节，提高效率，为出国（境）人员提供高效优质服务。同时，积极创造条件，按照“纵向适度放权，横向适当集中”的指导思想和原则，积极探索适应管理科学规律和全省因公出国（境）实际需要的管理工作新途径，不断推动因公出国（境）审批管理体制的改革和发展。

2001 年前，山东省因公出国（境）审批工作，执行省委、省政府 1994 年印发的《关于调整因公出国审批权限，严格出国审批管理的通知》以及省政府办公厅 1994 年 6 月印发的《山东省因公出国审批管理工作细则》的有关规定。上述两个文件的基本精神是，在中央授权范围内，本着既提高工作效率，又便于宏观管理的原则，对全省长期执行的因公出国（境）审批管理权限作了适当调整，对县处级及以下人员因公出国（境）执行公务的审批权限重新作了界定。主要内容是：省政府授权省政府外事办公室审批由县处级及以下人员带队的非经贸团组；授权省对外经济贸易委员会审批由县处级以下人员带队的经贸团组和不具有行业管理职能的大型企业负责人带队的经贸团组；授权省科学技术委员会审批省直属科技单位组派的由县处级以下人员带队的科技交流团组；委托省计划委员会、省经济委员会负责审核省管重点基建、技改项目需要出国考察的由县处级人员带队的出国团组，报省对外经济贸易委员会办理手续；计划单列市（青岛）、实行沿海开放城市政策的省会城市（济南）、沿海开放城市（烟台）和沿海经济开发区的部分设区市（威海、潍坊、淄博、日照、东营）人民政府，审批本市县处级及以下人员出国事项。省政府委托非开放地区设区市人民政府、地区行署审批本市（地）县处级及以下人员出国事项。20 人以上的大型出国团组，分别由省政府外事办公室、省对外经济贸易委员会和省科学技术委员会审核后，报省政府审批。根据省政府授权，省直机关、单位由处级以下干部带队的非经贸团组，由省外办审批（其中，高校组派的团组和文化交流团组，分别由省教委、省文化厅审核后，由省外办审批）；省直机关、单位由处级以下干部带队的经贸团组、不具有行业管理职能的大型企业负责人带队的经贸团组，由省外经贸委审批；省直属科技单位组派的由县处级以下人员带队的科技交流团组，由省科委审批。

2001 年 4 月，省委、省政府印发《关于贯彻落实〈全国外事管理工作的若干规定〉的实施意见》。《实施意见》规定：

（一）省政府外事办公室负责审批全省（有权自行审批的设区市除外）由县处级及以下人员带队的非经贸团组，负责审核全省县处级及以下20人（含）以上大型出国团组和我省组织的有省外人员参加的跨地区、跨部门出国团组，统一办理全省（济南、青岛两市副厅局级及以下人员除外）随省外部门、单位组团出国的事先审核、确认及报批手续；负责全省出国培训团组的审核审批事项。

（二）省对外贸易经济合作厅负责审批全省（有权自行审批的设区市除外）县处级及以下人员带队的经贸团组出国事项；负责审批厅直属单位处级及以下人员的出国事项；负责境外企业常驻人员的审核、审批事项，负责审核、审批境外工程承包及外派劳务人员的出国事项。

（三）省科学技术厅负责审批省直属科技单位处级及以下科技人员的出国事项；负责审批厅直属单位处级及以下人员的出国事项。

（四）沿海开放城市、沿海经济开发区设区市、其他被授权的设区市负责审批的县处级及以下经贸、科技人员出国，经市政府外事办公室审核后，报市主管领导审批；副厅局级及以上人员出国，由市政府外事办公室统筹规划、综合协调，经市政府审定后，报省政府审批。

（五）其他未获得授权的设区市的因公出国（境）人员，经市政府外事办公室审核、市政府审定后，副厅局级及以上人员报省政府审批，县处级及以下人员执行非经贸任务的出访团组报省政府外事办公室审批，执行经贸任务的出访团组报省对外贸易经济合作厅审批。

（六）经国务院批准具有出国任务审批权的企业，除该企业领导人以外的其他人员出国，由本企业自行审批；企业领导人出国，根据管理权限，报有出国任务审批权的部门审批。

2004年，省政府将有关审批权限下放，委托省外办审批省属高等院校副职（副厅级）领导出访团组以及县处级及以下20人（含）以上的大型出国团组。山东省组织的有省外人员参加的县处级及以下跨地区、跨部门团组，由省外办根据有关规定办理审批手续。同时，省政府办公厅不再保留和使用“鲁政出字”出国任务批件、“鲁政出认字”出国任务确认件。同时还规定：副厅局级以上出访团组经省领导审批后，申报材料返还省外办，由省外办统一以“鲁外出字”“鲁外出认字”印发出国任务批件和确认件，减少了中间环节，提高了工作效率。

三、设区市和企业外事审批权

省外办本着精简、高效的原则，积极争取为符合条件的设区市和大企业申请一定的外事审批权。总的指导思想是：纵向适当放权，横向相对集中，有重点地扶持龙头企业发展外向型业务。2000 年后，省外办通过积极工作，在外交部外管司的大力支持下，经国务院批准，山东省先后有 6 个设区市、4 家企业获得外事审批权。山东省在国务院授权范围内，在外交部的指导支持下，对各授权市、企业派遣因公临时出国（境）人员和邀请外国相关人员来华事项的审批工作加强指导、监督和检查。各授权市、企业在国务院授权范围内，按照中央有关规定，加强管理，严格把关，做好派遣因公临时出国（境）人员和邀请外国人员来华事项的审批工作。

国务院批准授予各设区市的外事审批权主要有：一定的派遣因公临时出国（境）人员和邀请外国相关人员来华事项的审批权，即根据人员管理权限，本市县处级及以下经贸、科技人员因公临时出国（境）和邀请外国相关人员（不含在外国企业中兼职的前政要）来华，经设区市人民政府外事办公室审核后，报市人民政府审批；县处级以上人员和县处级及以下非经贸、科技人员因公临时出国（境），须按有关规定报批；邀请外国副省部级及以上人员和前政要来访，须按规定程序办理报批手续。

国务院批准授予有关企业的外事审批权主要有：有关企业在本公司业务范围内，根据人员管理权限，自行审批本公司及所属分公司、子公司人员因公临时出国（境）和邀请外国经贸人员（不含在外国企业中兼职的前政要）来华事项。公司正、副职领导人员因公临时出国（境），按隶属关系报有出国任务审批权的地方人民政府审批。

截至 2005 年，全省有 15 个设区市先后被国务院批准授予一定的外事审批权，分别是：济南、青岛、烟台、威海、淄博、东营、潍坊、日照、济宁、泰安、临沂、枣庄、聊城、滨州、菏泽市；同时有 14 家企业获得外事审批权，分别是：中国轻骑集团、重汽集团、山东水产企业集团、济钢集团、山东国际合作总公司、潍柴集团、潍坊新立克集团、新华鲁抗医药集团、兖矿集团、海信集团、海尔集团、绮丽集团、五矿进出口集团和机械进出口集团。

四、因公赴港、澳审批政策

各地方外办是本地区因公赴港、澳工作的归口管理部门。长期以来，因公赴香港、澳门的审核、审批、办证和签注（系指在因公赴港、澳人员获得的赴港、澳通行证上加盖的入境许可证明）工作一直由省外办及其有关授权设区市外办负责。在省委、省政府的领导下，在国务院港澳事务办公室的具体指导下，各级外事部门认真贯彻执行党中央、国务院关于香港和澳门的方针政策，积极开展审批办证工作，圆满完成了各项任务。

山东省因公赴香港和澳门的管理工作，以中国恢复对香港、澳门行使主权为分界。1997 年 7 月 1 日以前，由于香港在政治经济方面所具有的特殊性，为避免内地人员大量涌入香港可能造成的不良影响，经国务院批准，国务院港澳事务办公室、外交部、公安部对持中华人民共和国护照过境香港的人员及团组出境作出规定：凡持外交、公务和因公普通护照的中国公民因公出国或回国，原则上不得从香港过境。如确有需要过境香港的，由各有出国任务审批权的单位按规定从严审批。如同意过境香港，必须在批件中注明。发照机关依据出国任务批件，为因公出国（境）人员出具注明允许过境香港的“证明”。

1997 年 6 月，中共中央办公厅、国务院办公厅印发《关于签发〈往来香港特别行政区通行证〉有关问题的通知》，规定自 1997 年 7 月 1 日起，内地因公赴港人员持因公通行证前往香港，不再获发因公类护照。在此之前已持有因公类护照并获得前往香港签证者，可在其原有签证有效期内使用至 1997 年 12 月 31 日。自 1998 年 1 月 1 日起，各口岸边防检查机关对持因公类护照前往香港人员不予放行出境。国务院港澳事务办公室对因公前往香港以及签发因公通行证的有关事务实行归口管理，授权各地方人民政府外事办公室负责处理本地区因公赴港审批、发证工作。《通知》明确规定：与香港特别行政区政府及其有关部门进行官方往来，包括签订协议及商谈有关事项等，须报国务院港澳事务办公室按规定程序审批。因公派驻香港任职、工作（包括从事贸易、投资、合作研究、任教、就读、接受培训等）的人员以及申请 6 个月以上多次进出香港的因公人员，须报国务院港澳事务办公室审批。因公出国途经香港人员，须按审批权限获得批准后，由护照签发机关在护照上另纸加注《途经香港证明》，与本人护照、前往国家（地区）有效签证及飞机票一并办理出境手续。对经批准因公前往香港的内地人员，须在其持有的因公通行证上载有相应类别的赴港签注，各口岸边防检查机关在赴港签注有效期内放行出境。

1999 年 12 月，国务院港澳办印发《关于签发〈因公往来香港澳门特别行政区通行证〉及签注细则的通知》，规定：经国务院批准，内地因公赴香港、澳门两个特别行政区人员将统一持用《因公往来香港澳门特别行政区通行证》前往香港或澳门，根据前往的目的地签发相应的签注。之前因公赴港人员持用的《往来香港特别行政区通行证》自 2000 年 12 月 20 日起停止使用。因公派往港澳常住人员（包括从事贸易、投资、合作研究、任教、就读、接受培训和从事劳务等）的通行证，由国务院港澳事务办公室负责签发；各地方因公临时赴港澳访问人员的通行证，由所在地方授权单位负责签发。《因公往来香港澳门特别行政区通行证》分为红皮、蓝皮两种。红皮通行证（48 页，有效期 5 年）原则上发给中央和地方副省部级以上领导干部。蓝皮通行证分为两种，48 页本有效期 5 年，发给因公派往港澳常住人员；32 页本有效期 2 年，发给因公临时赴港澳人员。《通知》还对签注种类、签发机关、签注样式、通行证的管理等作出明确规定。

第二节　因公出国（境）团组

一、省级领导干部出访

2001 年 4 月前，山东省在办理省级领导干部出访有关报批事项时，执行省委、省政府 1994 年印发的《关于调整因公出国审批权限，严格出国审批管理的通知》和省政府办公厅 1994 年 6 月印发的《山东省因公出国审批管理工作细则》的有关规定。主要内容有：正、副省级领导同志出国，由省政府外事办公室会同省有关部门提出意见，报省委、省政府审核同意后，由省政府报国务院或中央外事工作领导小组审批。其中，在党委和国家机关以外的单位担任副省级职务的专家学者，以专家学者身份出国从事与本人专业有关的学术活动，由省政府外事办公室会同省有关部门提出意见，报省委、省政府审批。副省级以上领导干部带队的出访团组，由省政府外事办公室统筹协调，会同有关部门代省政府起草请示，经省委、省政府审核同意后，报国务院或中央有关部门审批。

2000 年 12 月中共中央、国务院印发的《关于全国外事管理工作的若干规定》中明确规定：党中央审批各省、自治区、直辖市党委书记、副书记、常委和副省级市党委书记、人大及政协等副省级以上人员出访；国务院审批各省省长、副省长，自治区主席、副主席，直辖市市长、副市长以及副省级市市长等副省级以上人员出访。2001 年 4 月，省委、省政府印发《关于贯彻落实〈全国外事管理工作的若干规定〉的实施意见》，规定：省委书记、副书记、常委，副省级市市委书记以及人大、政协等副省级以上人员出访，经省委、省政府审定后，由省委报中央外事工作领导小组审批。省长、副省长、副省级市市长等副省级以上人员出访，经省委、省政府审定后，由省政府报国务院审批。在省人大和省政协担任副省级职务的专家学者，以专家学者身份出国从事与本人专业有关的学术活动，由省委、省政府审批，报中央外事工作领导小组备案。省级领导干部出访的统筹规划、综合协调和具体报批事宜，由省政府外事办公室负责。

省级领导干部因公出访涉及香港、澳门时，执行1999年1月外交部《关于副省部级以上领导干部出访涉及香港特区、澳门请示办理程序的通知》的有关规定，即：省级领导干部因公出访上报国务院的请示，如只涉及香港特区和澳门，由国务院港澳办承办；涉及港澳的出访请示，在上报国务院时应抄送国务院港澳办。外交部收到请示后，由外管司负责书面征求国务院港澳办意见。有关请示征得国务院港澳办同意后，由外交部审核并呈国务院审批。2003年1月，国务院港澳办印发《关于调整副省、部级以上领导干部出国访问经香港转机办文程序的通知》，规定：经商中央外办、外交部并报国务院领导同志同意，对副省部级以上领导干部出国访问往返经香港转机的办文程序作适当简化，副省部级以上领导干部出国访问往返需经香港转机，如在港停留不超过24小时且不进行官方或其他公务活动的，由主办单位在请示中说明情况，直接上报中共中央或国务院审批并抄送国务院港澳办，不再会签该办或征求该办意见。

2005年，中共中央办公厅、国务院办公厅印发《关于省部级人员因公临时出国的若干规定》，就省部级人员因公临时出国的审批权限、出访原则和要求、审核部门及其职责、报批办法和要求、出访期间的管理和注意事项、经费和用汇的财务管理以及纪律与监督等，作出全面具体的规定。随着山东省对外开放不断扩大、国际交往逐渐深入，省级领导干部出访数量总体上呈逐年增多趋势。1997年出访27批，1998年22批，1999年23批，2000年31批，2001年35批，2002年36批，2003年29批，2004年40批，2005年46批。

二、市厅级领导干部出访

市厅（局）级领导干部因公出国（境）在全省因公出国（境）团组和人数中占有相当大的比重，是因公出国（境）管理工作的重点之一。

1995—2005 年，每年因公出国（境）的市厅（局）级团组约为 800 至 1000 个，出访的市厅（局）级领导干部约为 1100 人至 1500 人。审批工作执行省委、省政府 1994 年印发的《关于调整因公出国审批权限，严格出国审批管理的通知》规定及省政府办公厅印发的《山东省因公出国审批管理工作细则》，即：由各市地和省直各委办厅局、人民团体、事业单位正、副厅局级干部带队的出国团组，具有行业管理职能的大型一类企业负责人和大型二类企业主要负责人带队的团组，分别由省政府外事办公室、省对外经济贸易委员会和省科学技术委员会审核，报省政府审批。其中，党务部门的正、副厅局级领导干部出国，经省政府同意后，报省委审批。

2002 年 12 月，中共中央、国务院印发《关于全国外事管理工作的若干规定》后，市厅（局）级领导干部因公出国（境）审批管理体制发生了重大变化。《规定》要求：各省、自治区、直辖市党委、人大、政府、政协的正、副厅局级人员出国，由省、自治区、直辖市外事办公室审核后报党委或政府审批。2001 年 4 月，省委、省政府印发《关于贯彻落实〈全国外事管理工作的若干规定〉的实施意见》，规定：省外办负责审核须由省委、省政府审批的全省正、副厅局级人员和企业领导人出国事项。这一规定的实施，从根本上扭转了以往因不同部门参与而形成的多头审核、多头报批以及团组审批标准不一等问题。

三、因公出国团组审批

山东省因公出国审批管理，始终围绕省委、省政府确立的全省经济建设和社会发展总体战略目标任务，按照地方服从中央、局部服从整体、当前利益服从长远利益的原则开展各项工作，落实有关政策规定，注意加强协调配合，审批质量和管理水平不断提高。从因公出国（境）人员结构看，各级党政机关和事业单位人员约占 35%，企业人员约占 60%；从审批情况看，团组结构比较合理；从因公出访团组和人员在境外执行公务情况看，友好访问约占 6%，经贸活动约占 62%，教育、科技、文化、体育交流约占 24%，其他约占 8%，出访公务活动比较务实；从出访目的地看，以出访欧美发达国家为主，约占 45%，出访邻近国家和地区（主要是日本、韩国和中国香港地区）约占 25%，出访其他国家和地区约占 30%，出访国家和地区分布比较合理。

第三节 护照与签证

一、护照管理

20 世纪 80 年代，山东省外办获得护照颁发权；90 年代，青岛市、烟台市、威海市外办先后获得护照颁发权。为切实做好护照颁发和管理工作，省外办和有关市外办按照外交部关于护照颁发管理的要求，认真研究制定护照颁发与保管的规章制度，不断简化手续，提高办事效率，加大护照收缴力度，及时发现和解决在护照颁发过程中遇到的各种问题，利用护照颁发实行“二次把关”，严格查验护照申请人员的身份，严防漏洞弊端，有效维护了因公护照的信誉，确保了全省因公出国（境）工作的良好秩序。

（一）护照颁发制度规定

1978 年 9 月 27 日，外交部授予山东省外办因公护照颁发权，1979 年 5 月 5 日开始颁发护照。其后，青岛市外办（1984 年）、烟台市外办（1985 年）、威海市外办（1988 年）先后被外交部授予护照颁发权。按照地域管理权限，省外办负责为青岛、烟台、威海三市之外的因公出国（境）人员颁发证照。按照授权规定，山东省各护照颁发机关的因公护照颁发和管理工作受外交部领导和监督，并严格按照党中央、国务院和省委、省政府的有关规定，根据人员隶属关系、出国（境）人员的实际对外身份，为全省因公出国（境）人员颁发相应的因公证照。

1995 年 6 月，外交部印发《关于省（自治区、直辖市）党委常委和广州等 16 个副省级城市的领导人临时因公出国持用护照种类的规定》。内容有：根据国务院关于《中华人民共和国护照签证条例》及有关规定，外交护照发给各省、自治区、直辖市担任现职的党委书记、副书记，省长、副省长，主席、副主席，市长、副市长，人大常委会主任、副主任，政协主席、副主席，外事办公室主任、副主任。考虑到广州等 16 个市已被批准为副省级市，经报国务院批准，同意该 16 个副省级市的市委书记、市长、市人大常委会主任、市政协主席在以现任职务作为对外身份率团或参团出国（境）访问时，可持用外交护照，由各相关省外办按有关手续核发；如以其他身份出国（境），应按其实际出国（境）身份发给相应的护照。并规定：鉴于我国的外交护照颁发范围已经过宽，不宜再扩大到省（自治区、直辖市）党委常委。

1997 年 1 月，教育部、公安部、外交部下发《关于公派留学人员出国留学同意持用因私普通护照的通知》。考虑到国家对出国留学人员的政策趋于宽松，出国留学人员无论在外时间长短，均可视为个人行为，且国际上留学人员多持用因私护照的情况，决定从 1997 年 3 月 1 日起，公派留学人员出国留学，不论在境外停留的时间长短，原则上均持用因私普通护照。

1999 年 11 月，外交部印发《关于地方发照机关因公护照颁发和管理的暂行规定》，明确了各类护照的颁发对象。（一）外交护照的颁发对象为：各省、自治区、直辖市担任现职的党委正、副书记，正、副省长，正、副主席，正、副市长，纪律检查委员会副省级书记、副书记，人大常委会正、副主任，政协正、副主席，外事办公室正、副主任，副省级市的市委书记、市长、市人大常委会主任、市政协主席。（二）公务护照颁发对象为：地方党政机关县、处级（含副县、处级）以上因公出国人员以及各省、自治区、直辖市、副省级市党委、人大、政府、政协派出的代表团中在党政机关任职的人员。（三）其他因公出国人员颁发因公普通护照。2000 年 6 月，外交部下发《关于进一步明确地方发照机关外交、公务护照颁发范围的通知》，对外交、公务护照颁发范围作了进一步界定。2001 年 2 月，外交部下发《关于为各省、自治区、直辖市党委常委颁发外交护照的通知》。《通知》规定：考虑到省、自治区、直辖市党委常委一般都兼任党政重要职务，经国务院批准，从 2001 年 3 月 1 日起，各省、自治区、直辖市党委常委出国可持用外交护照。

2002 年 8 月，省外办印发《山东省因公护照颁发和管理工作实施细则》，规定：外交护照颁发给担任现职的省委书记、副书记、常委，省政府省长、副省长，省纪律检查委员会副省级书记、副书记，省人大常委会主任、副主任，省政协主席、副主席，省外办主任、副主任；济南、青岛两市的市委书记、市长、市人大常委会主任、市政协主席。公务护照颁发给党政机关县、处级（含副县、处级）以上因公出国（境）人员，包括：各级人民政府和党委机关工作人员中，现职县、处级（含副县、处级）以上人员，人大日常办公机构、政协日常办公机构机关工作人员中，现职县、处级（含副县、处级）以上人员；人民法院、人民检察院机关工作人员中，现职县、处级（含副县、处级）以上人员；工会、共青团、妇联机关工作人员中，现职县、处级（含副县、处级）以上人员；省级民主党派的主席、副主席，主任、副主任。另外规定，在党政机关任职的副县、处级（不含）以下人员，参加省级领导以现职身份率领的代表团出国（境）访问时，可持用公务护照，但出访返回后其所持公务护照应予注销。《实施细则》还对颁发护照的程序及要求，因公护照的收缴、保管、遗失和申请换发因私护照的处理以及空白护照管理、监督与处罚等作出明确规定。

2002 年 3 月 18 日，外交部领事司下发通知，指出：为适应改革开放的新形势，决定自 2002 年 4 月 1 日起，新派出劳务人员改持因私普通护照。

（二）护照颁发情况

因公护照分为外交护照、公务护照、公务普通护照三类。因公护照的颁发主体是外交部及其授权的各省、自治区、直辖市外办以及其他有关设区市外办。因公护照的颁发对象是党政机关、人民团体、企事业单位出国从事友好访问、经济贸易、科技、教育、文化、体育交流等公务活动人员。根据外交部《因公护照颁发条例》，外交护照颁发给副省部级以上人员，由外交部统一颁发；公务护照颁发给党政机关副处级以上人员；公务普通护照颁发给其他出国（境）从事公务人员。

为适应改革开放的需要，外交部于 1978 年 9 月 27 日下发通知，授权各省、自治区、直辖市外办为本地从事“三来一补”（来料加工、来件装配、来样加工和补偿贸易）项目的因公出国人员颁发护照。省外办于 1979 年 5 月 5 日颁发了全省第一本因公护照。此后，外交部先后于 1985 年和 1988 年，分别授权青岛、烟台、威海 3 市为本市因公出国人员颁发护照，为山东省全方位、多渠道、多层次对外开放提供了极大便利。山东省发照工作迅速发展，发照数量由最初的几十本，逐渐增加到上万本，护照颁发对象由原来仅从事“三来一补”项目人员，逐步扩大到从事友好访问、经济贸易、科技交流、文化体育交流、留学进修、培训学习、外派劳务、出席国际会议等各行各业人员，为全省改革开放发挥了重要作用。

随着对外交往的不断扩大，因公护照的发照量逐年增加，在因公护照颁发和管理方面发生了一些问题。主要是：一些地方和单位审批把关不严，通过劳务渠道从事非法移民、异地办照等问题时有发生；个别外办公务护照颁发范围过宽，护照收缴保管工作措施不力，因公护照流失严重等。为纠正这些问题，规范颁照工作，切实加强管理，1999 年 11 月，外交部印发《关于地方发照机关因公护照颁发和管理的暂行规定》，进一步明确了颁发护照的授权范围、各类护照的颁发对象、颁发护照的程序要求、因公护照的收缴保管和违反规定的处罚措施等。为认真贯彻《暂行规定》，2002年8月，省外办印发《山东省因公护照颁发和管理工作实施细则》，进一步规范全省因公护照的颁发和管理工作。

为切实加强护照颁发管理工作，自1991年开始，省外办在各市（地）外办实行因公出国护照专办员制度，后又陆续在出国任务较多的省直有关部门、大型重点企业、外派劳务公司和高等院校中推广专办员制度，使之经过业务培训持证上岗。青岛、烟台、威海市先后在市直部门和重点企业建立了专办员队伍。

1995年后，因公护照的制作和收缴保管工作的自动化建设不断加强。外交部为省外办装备了微机，培训了工作人员，结束了长达十几年的人工书写护照资料时代，跨入电脑打印护照时代，大大提高了工作质量和效率。护照版本相应革新，由过去的大本护照逐步改为国际民航组织推荐的标准尺码小本护照，便于携带、查验，初步实现了与国际接轨。在此基础上，研制开发了与发照工作有关的出国任务审批和护照签证信息管理系统，规范了办案程序，减轻了劳动强度，方便了查询统计。1998年8月底，外交部领事司电脑网络安装组来山东，为省外办和青岛、烟台、威海市外办4个发照机关安装了新一代《全国因公出国电脑管理系统》；9月初，省外办实现了颁发护照与外交部领事司护照颁发系统联网。

为适应信息化建设需要，2003年，省外办组织力量，自主研发《山东省因公出国管理系统》。项目立足于全省因公出国管理工作的需要，应用计算机网络、信息管理和通信技术，建立了一个覆盖全省的因公出国管理系统。该系统在实用性和系统扩展性、安全和保密性能方面均有较大突破，标志着山东省护照颁发工作进入了自动化、信息化新阶段。

二、签证管理

1991年6月，外交部印发《关于申办外国签证体制、机构及人员配备的有关规定》，进一步加强对因公出国人员申办外国签证工作的管理，完善申办外国签证体制、机构及人员配备，理顺关系，保证申办签证工作的顺利进行。基本内容有：（一）理顺申办签证体制及内部关系。一是在外交部统一领导下，外交部领事司负责主管、指导全国因公出国人员申办外国签证工作；各省、自治区、直辖市外办负责主管、指导本省（区、市）因公出国人员申办外国签证工作；在省、自治区外办指导下，各计划单列市、经济特区和沿海开放城市外办负责本市因公出国人员申办外国签证工作。二是外交部授权各省、自治区、直辖市、计划单列市和经济特区外办，可自行向外国驻华使领馆申办签证，沿海开放城市外办归口由本省、自治区外办向外国驻华使领馆申办签证（以下称自办签证单位）。（二）健全自办签证机构，加强人员配备。一是各省、自治区、直辖市外办对申办外国签证工作要全面负责，建立健全必要的规章制度，认真抓好落实；各外办主管签证的处、室应配备同工作量相适应的人员，并应选派政治素质好、组织纪律性强、懂外语并且有一定外事工作经验的干部从事签证工作。二是各自办签证的外办应对本省（区、市）驻京签证申办机构实行直接领导，对其工作负全责；外办至少派一人在京主持申办签证工作。三是各自办签证的外办不得委托其他任何中、外机构和人员代办签证。1994 年 2 月，外交部办公厅印发《关于自办单位申办签证管理办法》；1995 年 5 月，印发《关于自办单位申办签证管理办法实施细则》，对申办签证工作有关问题作出更加明确的规定。

1991 年 7 月 27 日，省外办印发《山东省外派劳务人员申办护照签证工作实施细则》。规定：（一）山东省国际经济技术合作公司派遣的劳务人员和中央各部委、总公司以及其他省、自治区、直辖市公司派遣的山东省劳务人员（青岛、烟台除外）由省外办颁发因公护照。（二）青岛、烟台、威海 3 市国际经济技术合作公司派遣的本市劳务人员和中央各部委、总公司以及其他省、自治区、直辖市公司派遣的青岛、烟台、威海 3 市人员，由 3 市外办颁发因公护照。（三）青岛、烟台、威海 3 市公司派遣的省内其他市、地的劳务人员，凭 3 市经贸委的外派劳务人员任务批件和省经贸委出具的确认书，由省外办颁发因公护照。

1991 年 8 月 16 日，省外办召开全省第五次护照签证工作会议，传达外交部两个文件精神，就如何开展护照签证工作，与青岛、烟台、威海市外办以及省政府驻北京办事处进行具体协商。会议确定：为了加强业务归口管理，协调全省护照签证工作，由省外办涉外处主管这项工作。青岛市外办可按规定申请自办签证；烟台、威海市外办的签证工作，原则上归省里统一管理。关于全省申办签证问题，确定：全省护照签证工作由省外办涉外处统一管理，派 2 人驻北京专职申办签证。

1986—2005年山东省颁发因公出国护照、申办外国签证统计表

表2－1

年份	护照（本）	签证（人次）	年份	护照（本）	签证（人次）
1986	3804		1996	24457	33770
1987	4261		1997	23945	32778
1988	5817	1032	1998	20498	23180
1989	5788	3040	1999	21248	25856
1990	6802	4831	2000	23449	22414
1991	11601	6871	2001	21003	31572
1992	24227	18377	2002	21329	31060
1993	29455	25302	2003	14562	22923
1994	24137	30138	2004	16007	26908
1995	24833	30687	2005	14360	28808

第三章　领事管理

随着改革开放的日益深化，山东省与各国之间的交流与合作日趋频繁，领事管理的工作范围、职责、活动不断扩大，呈现多样化、复杂化、规范化和制度化的特点。其中，领馆管理的对象是韩国在青岛设立的总领事馆，这是中华人民共和国成立后，外国在山东设立的第一家领事机构，山东省人民政府及省外办及时与之建立了联络机制；在涉外案件处理方面，为了保持社会稳定，维护当事人的合法权益，及时建立了涉外案件处理联席会议机制，修订完善了相关制度规定；在海外领事保护方面，为了适应出国务工、留学、经商和旅游者急剧增加而导致境外涉及山东省人员和机构的案（事）件相应增加的新形势，建立了境外山东省人员和机构安全保护工作联席会议制度，及时处理海外领事保护案（事）件；在领事认证、国际会议审批与对外邀请方面，根据国家法律和外交部授权，依照国际惯例，建章立制，认真履行职责；在外国专家管理方面，坚持有计划、有重点、有选择地从国外或境外邀请现代化建设急需的外国专家和专门人才，积极合作，虚心学习，用其所长，设立了“齐鲁友谊奖”和“山东省外国专家日”。

第一节　领事馆管理

1992 年中国与韩国建交后，山东与韩国在经济、政治、文化等方面的交流与合作迅速发展。1994 年，经国务院批准，韩国在青岛设立了总领事馆，辖区为山东省。

一、政策规定

领馆管理的主要依据是《维也纳领事关系公约》、中外双边领事条约、中国相关法律和规定以及国际惯例。

《维也纳领事关系公约》于 1963 年 4 月 24 日在维也纳签订。《公约》就领馆定义、领事官员分类、一般领事关系、领事官员及其他领馆人员的特权等进行了规定，公约于 1967 年 3 月 19 日生效。中国于 1979 年 7 月 3

日加入该公约，自1979年8月1日起公约对中国发生效力。根据《公约》，领馆是指任何总领事馆、领事馆、副领事馆或领事代理处；领馆馆长也相应分为总领事、领事、副领事、领事代理人4级。领事官员分职业领事官员与名誉领事官员两类，领事官员享有管辖之豁免以及不得随意予以逮捕或羁押等特权，同时也有尊重所在国法律规章、不干涉所在国内政的义务。

根据有关领事条约和国际公约，中国政府对驻华领馆和领事人员享有的有关权利进行了进一步明确。对于领馆人员的身份证件，规定领馆人员及随任配偶和未成年子女（未满18周岁、持单独护照者，下同）到任后，应持有中华人民共和国外交部领事司颁发的“领事官证”或“公务人员证”。其中，领事官员（持外交护照）及其配偶和未成年子女持“领事官证”；行政技术人员、服务人员（持公务护照）及其配偶和未成年子女持“公务人员证”。规定领事官员遇特殊情况可到领区外执行领事职务，但应事先通过省级外办或驻华使馆征得外交部领事司的同意；遇特殊情况可代表第三国在中国境内执行领事职务，但应事先通过省级外办或驻华使馆征得外交部领事司的同意；可探视被拘留、逮捕或正在监狱服刑的本国国民，探视申请应事先向当地省级公安机关、检察院、法院或司法机关的监狱管理部门提出；领事官员可旁听中国法院开庭审理派遣国民的案件或索要有关判决书副本等材料，事先须向省高级人民法院提出申请；领馆或领馆人员及其随任亲属可在馆外自行举办或与其他单位联合举办活动，但需事先向省外办提出申请征得同意；领馆在中国大众传媒刊登领馆有关领事业务、公民布告、公益和商务信息广告的，须将有关内容通报省外办；领馆遇派遣国大选时，经省外办同意，可在领区内派遣国国民集中的地方设立临时投票箱。

另外，根据有关领事条约和公约，中国还对外国领馆馆舍和住所的购买、携带货物免税和通关等作了详细的规定。

二、韩国驻青岛总领事馆

（一）馆址变迁

1994年9月12日上午9时，韩国驻青岛总领事馆在青岛市南海路9号汇泉王朝大酒店正式开馆。韩国外交部第一次官崔东镇、韩国驻华公使金夏中等专程赴青岛参加开馆仪式。山东省副省长吴爱英、省外办主任武钟恕、17市（地）外办负责人以及韩国驻青岛商社代表等200余人参加开馆仪式。

2001 年 5 月 1 日，该馆迁至青岛韩中商务中心（崂山区秦岭路 17 号）。

随着韩国与山东交往的不断扩大和领事业务的不断增加，韩国政府决定，为驻青岛总领事馆建设新馆舍。2004 年 6 月 20 日，韩国驻青岛总领事馆在青岛市香港东路 101 号举行新馆开工奠基仪式。中国外交部部长李肇星、韩国外交通商部长官潘基文、山东省副省长孙守璞、青岛市市长夏耕、韩国驻华大使金夏中、韩国驻青岛总领事辛亨根、省外办主任张伟龄出席奠基仪式。

图 2－1　2004 年 6 月 20 日，韩国驻青岛总领事馆新馆奠基仪式在青岛举行

2006 年 4 月 27 日，总领事馆迁往领世华府（青岛市崂山区香港东路 101 号），并于 5 月 1 日正式启用。5 月 26 日，领馆举行新馆舍开馆仪式。韩国外交通商部次官柳明桓、山东省政府秘书长周齐等 500 多名中韩两国嘉宾参加了新馆舍开馆仪式。

（二）历任总领事

1994—2005 年，共有 6 位总领事在韩国驻青岛总领馆任职。

第一任：金浩泰　任期为 1994. 08. 06—1996. 08. 10

第二任：韩和吉　任期为 1996. 08. 29—1998. 08. 27

第三任：全鍙洙　任期为 1998. 09. 23—2000. 03. 06

第四任：琴秉穆　任期为 2002. 03. 10—2002. 08. 19

第五任：朴钟先　任期为 2002. 08. 22—2004. 03. 10

第六任：辛亨根　任期为 2004. 03. 15—2006. 09. 22

历任总领事均积极参与并推动鲁韩交流活动，第五任总领事朴钟先因其在推动鲁韩交流方面的突出贡献，被授予青岛市“荣誉市民”称号。

第六任总领事辛亨根的夫人金金龙女士积极参与山东慈善事业。2004 年，创建“幸福爱心屋”，举办义卖活动，救助贫困心脏病儿童和白内障老人；加入青岛市立医院国际门诊国际红十字志愿者服务基地，为外国患者提供翻译、导医服务。2004 年，金金龙女士获青岛市“博爱大使”和“红十字勋章奖”；2005 年 10 月 20 日，获民政部和中华慈善总会颁发的“全国慈善奖”，成为第一个获此殊荣的外国友人。省委副书记、省长韩寓群专门致信表示祝贺。同年，金金龙女士当选“2005 感动青岛十佳人物”。

（三）总领馆参与的重大活动

自建馆至 2005 年，韩国驻青岛总领事馆举办、参与了许多重大活动。2000 年 12 月 25 日，在胶州市举办了韩中经济文化遗址交流活动。2004 年 6 月 20—23 日，总领事辛亨根陪同韩国外交通商部长官潘基文、韩国驻华大使金夏中参加在青岛举行的亚洲合作对话会议。8 月 19 日，参加由韩国产业资源部与中国商务部共同主办的“2004 在华韩企经营与支援交流会”。韩国产业资源部国际合作投资审议李承勋、中国外经贸部外资司副司长尤小春等参加会议。9 月 15—17 日，出席山东生态省建设高层论坛暨第一届绿色产业国际博览会。韩国环境部次官朴仙淑、中国国家环保局副局长王玉庆以及省内 17 市负责人和国内外 200 余位专家，900 余位企业代表参加开幕式。9 月 21 日，总领馆在丽晶大酒店举行开馆 10 周年庆典。省外办主任张伟龄，青岛市委副书记、市长夏耕出席庆典活动。省委书记、省人大常委会主任张高丽，省委副书记、省长韩寓群致信表示祝贺，对领馆开馆以来对促进山东省与韩国多方面的交流与合作给予高度评价。12 月 10 日，总领馆与山东省政府联合举办鲁韩经贸合作恳谈会，副省长孙守璞出席活动。

2005 年 2 月，时任总领事辛亨根分别拜会了省委书记、省人大常委会主任张高丽，省委副书记、省长韩寓群。6 月、12 月，两次拜会了副省长赵克志。9 月 5—6 日，总领馆与山东省政府在青岛共同举办了第一届中韩 8 + 8 城市会议，中韩 16 个城市代表出席会议。10 月，与山东省外办共同筹办了韩国企业在山东省投资研讨会。11 月，山东省外办与韩国驻青岛总领馆在济南举行领事会晤。

第二节 涉外案（事）件处理

随着改革开放的不断深入和对外合作与交流的不断扩大，外国人来鲁经商、旅游、学习、探亲和工作的人数与日俱增，各类涉外案（事）件逐步上升，涉及范围越来越广，案情也越来越复杂。为维护中国主权和利益，维护外国法人、公民在华的合法权益，山东省根据中央有关指示和文件要求，结合自身实际，及时建立了涉外案（事）件处理联席会议等机制，修订完善了相关制度规定。

一、涉外案（事）件处理联席会议

为了加强协调，提高效率，及时、妥善处理和解决重大涉外案（事）件，山东省于1996年建立了由省外办、省高级人民法院、省检察院、省公安厅、省司法厅、省教育厅、省民政厅、省劳动与社会保障厅、省海洋与渔业厅、省监狱管理局、海关、省边防局等有关部门参加的涉外案（事）件工作联席会议制度，定期召开会议，适时组织学习有关政策规定，及时通报涉外案（事）件及处理情况，在协商处理重大敏感、突发性涉外案（事）件等方面做了大量工作，发挥了积极作用，截至2005年12月，共召开联席会议14次。

二、涉外案（事）件的范围界定和处理依据及原则

涉外案（事）件是指在山东省境内发生的涉及外国、外国人（自然人或法人）的刑事、民商事、海事、行政、治安等案件及死亡事件，大致分为以下几类：（一）外国人由于种种原因而罢工、罢课、绝食、游行集会和较大范围的中外纠纷及政治性涉外事件；（二）从事特务、间谍活动，窃取重要机密，危害中国国家安全的案件；（三）刑事犯罪活动，如进行凶杀、抢劫、强奸、盗窃、诈骗、走私、贩毒等活动；（四）妨害社会治安案件，如打架斗殴、嫖宿卖淫、吸毒、酗酒闹事以及交通事故等；（五）外国人正常活动受阻，人身安全受到危害，人员失踪及贵重财物丢失等；（六）外国人发生的非正常死亡，中国人在外资企业、外国常驻机构和港口、外轮上作业过程中发生的非正常死亡；（七）外国人违反《中华人民共和国外国人入境出境管理法》的行为；（八）涉外民事纠纷，如代理债权、人身权、知识产权、资产、继承、婚姻、收养等方面的纠纷；（九）涉外经济纠纷，如中

国企业、组织同外国企业、组织之间发生的财产、合同、海事等方面的纠纷以及由于物资短缺、设备破损、产品质量低劣等原因，使中方遭受重大经济损失的案件；（十）其他涉外案（事）件，如闯馆、偷渡、叛逃、政治避难等。

处理涉外案（事）件的相关法律、法规和政策依据：国内法律、双边条约、国际公约以及其他有关规定。处理涉外案（事）件必须遵循以下原则：（一）必须依照规定和分工，密切配合，相互协调，严格执行请示、报告和通报情况等制度。（二）各地、各部门必须加强对处理涉外案（事）件工作的领导，把处理涉外案（事）件工作作为维护国家利益、促进对外开放和经济社会发展的大事来抓。（三）各有关部门和单位要确定专门的处室和人员，对本部门、本单位涉外案（事）件的处理工作实行归口管理。

三、重大涉外案（事）件及其处理情况

（一）1988 年 11 月 16 日，在齐鲁石化公司工作的瑞士贝特拉姆公司技术工人弗兰克凯博尔（44 岁，联邦德国籍），在氯碱车间烧碱装置试车时进入设备内部，被热水严重烫伤，经抢救无效死亡。事故发生后，公司领导迅速赶到现场组织抢救并及时向上级有关部门报告。国家外国专家局、中国石化总公司、省市外办、公安等有关部门迅速赶到现场，认真调查事故原因，细致周密地做好各项善后工作，尸体在当地火化，骨灰由其夫人携带出境，事故得以比较圆满的处理。

这起非正常死亡事故，在山东是首次。为引起各聘用外国专家单位的重视，省外办随即发出紧急通知，提出 3 项要求：1. 立即召开本地区所有聘用外国专家、技术人员单位负责人会议，通报外国专家伤亡事件的情况。2. 协同公安及安全生产部门立即对所有聘用外国专家单位进行一次全面的安全检查。3. 指导各有关单位制定《外国专家现场工作条例》。各市（地）外办接到紧急通知后，对上述 3 项要求逐一进行了贯彻落实。齐鲁石化公司制定了《关于保护在现场工作的外国专家安全的紧急措施》《翻译人员岗位责任制》和《卖方技术人员现场工作安全守则》。这些措施针对性强，严格周密，切实可行，省外办转发全省，要求各地区、各单位制定相应的措施。

（二）1991 年 9 月 5 日，山东师范大学通过南京爱德基金会聘请的美国教师本·麦克尔·卡特（Ben Michael Carter），在到淄博市参加陶瓷琉璃艺术节期间，酒后殴打中国人，造成很坏影响。学校念其初犯，仅对其进行了批评教育，未作严肃处理。9 月 11 日，卡特又在济南市酒后闹事，多名过

路人遭其无故拳打脚踢，围观群众很多，致使交通堵塞。群众对其无视中国法律、侵犯中国公民人身权利的行为非常愤慨。事件发生后，山东师范大学非常重视，立即通知南京爱德基金会派人来山东共同研究处理。经双方研究决定，立即将卡特辞退并限其于9月27日离境。

（三）1993年3月18日，一艘悬挂巴拿马国旗的俄罗斯森特航运公司“潘·玛丽”号轮非法进入山东荣成落凤岗渔业公司海带养殖场，毁坏海带约200亩，造成重大损失。落凤岗渔业公司经理上船交涉赔偿事宜时，发现16辆涉嫌走私的韩国产“现代”牌轿车。19日16时，该轮逃逸，被荣成市公安局、边防大队发现堵截，该轮船员用6支高压水枪等袭击干警，拒绝停船。干警鸣枪示警，将该轮带至荣成湾国际锚地。3月20日，威海市委、市政府派出由市公安局牵头，威海海关、边防大队等组成的工作组与荣成市委、市政府联合召集石岛公安、海关、海上安全监督、卫检、边检等有关部门举行联席会议，决定由石岛海上安全监督局协同有关部门调查处理海事纠纷问题；由石岛海关、边检等部门调查汽车走私问题。在调查处理过程中，该轮一直不予配合。为此，石岛海关依法查抄该轮。22日，落凤岗渔业公司向青岛海事法院提出海事保全申请。23日，青岛海事法院依法裁定扣押该轮并于4月9日责令船方提供50万美元担保。因该轮置之不理，海事法院24日裁定将拍卖该船，然后依法审理。同日，石岛海关依法裁定没收该船16辆走私汽车并处以45万元罚款（未交）。28日，俄驻华使馆以说帖、备忘录和照会的形式，向中国外交部提出交涉。6月10日，外交部以复照的方式，向俄方回应事实真相和中方的立场。外交部领事司以山东省省长赵志浩的名义复函俄罗斯驻华大使，要求俄方尊重中国的司法主权，建议通过司法途径解决问题。

（四）1993年6月26日与7月5日，潍坊开发区白云国际贸易公司委托黑龙江省进出口公司与俄罗斯布拉茨克市杰罗公司先后签订易货贸易合同，中方以毛巾被等轻纺产品换取俄方1000吨钢轨。合同生效后，中方依约发货（折合185441美元），但俄方却迟迟不给中方发货。几经催促，俄方三次供货仅折合63691美元。此后，俄方提出用1000立方米板材代替原易货合同中折合的价值93000美元的钢轨。经中方同意后双方重新签订合同，但俄方未履行该合同。

1994年5月至11月，潍坊开发区白云国际贸易公司委托黑龙江省进出口公司与俄罗斯布拉茨克市杰罗股份公司先后签订9份购销合同，约定中方向俄方提供饼干、苹果、梨、挂面、糖果、电扇、沙发等。同时规定，在中方货到贝加尔斯克站之日起，俄方须在45天内付清货款。但俄方收到货后，除退回一车饼干，用刨花板抵顶4万美元外，尚有847092美元未向中方公司支付。中方为追回货款，多次派人去俄罗斯交涉，但俄方未履行还款义务。

1995年2月23日，潍坊开发区白云国际贸易公司委托潍坊进出口公司与俄伊尔库茨克州金融工业公司签订猪肉供货合同。中方供货后，俄方尚欠545600美元货款。

1996年3月25日，中方就上述三案分别向潍坊市中级人民法院提起诉讼。法院依法立案并根据《外国人出入境管理法》，依法扣留被告俄方两公司总裁瓦西里和谢里钦科的护照，限制其出境。后经法院主持调解，中方与俄方就偿还猪肉欠款达成协议，俄方偿还中方货款与利息损失共615285美元，其他利息损失173911美元由俄方以木材抵顶，该协议基本履行；中方与俄方杰罗股份公司亦达成调解协议意向，但俄方未履行。当起诉杰罗公司欠款纠纷案文书送达俄方后，因数目巨大，俄方态度消极并向俄驻华使馆以及中国外交部门和最高法院谎称被限制人身自由等，干扰法院正常办案。3月26日，俄驻华使馆领事参赞以备忘录的形式致函中国外交部。此后，俄驻华使馆和俄外交部以为叶利钦访华创造良好气氛为由，分别向中国外交部欧亚司和驻俄使馆交涉，要求中方从速解决俄罗斯两位公民问题。6月19日，中国副外长在会见俄驻华大使时告知俄方，只有在俄方提供担保后，两被告方可离境。经外交交涉，俄方表示将尊重中国的司法裁决。在整个案件处理过程中，各相关部门互相协调，密切配合，依法办案，维护了中方的合法权益。

（五）1995年4月，美国格罗瑞国际有限公司在淄博市淄川区设立独资企业——淄博格罗瑞工艺精品有限公司，法人代表为美籍华人莫彪。该公司聘用淄博市工艺美术研究所原所长赵庆林为副经理，负责办理独资企业的有关手续并主持公司日常的生产、技术及经营管理工作。赵庆林在受聘期间，未经美国格罗瑞国际有限公司同意，于1996年6月伪造假委托书以及莫彪的签名和手印，骗取申办了祥瑞公司并擅自挪用资金投资建厂。赵庆林因违法侵权建合资企业与莫彪发生纠纷，由此引发了莫彪护照被淄川区人民法院扣留、赵庆林等人非法对格罗瑞公司封门等事件。

事件发生后，省、市有关部门责令依法查处。5月24日，由淄博市政法委、市外经委、市法院、市信访局组成联合调查组，对此案进行了调查处理：由工商局依法吊销“祥瑞”合资公司营业执照，依法恢复格罗瑞工艺精品有限公司正常的生产经营；由有关部门做莫、赵的工作，对此案进行调解；由市外办通过省外办，向美驻华使馆提供书面材料，澄清事实，消除不良影响。

（六）1996 年 1 月 2 日，朝鲜大兴船务公司“汤根艾库”轮在威海市刘公岛东北附近海域触礁搁浅，造成燃油泄漏污染。1 月 7 日，威海港务监督向大兴船务公司发函，要求肇事方提供 300 万美元的油污染损害担保。在朝方没有提供经济担保的情况下，1 月 8 日，受损方联合向青岛海事法院提出海事保全申请。1 月 9 日，青岛海事法院依法扣押了大兴船务公司在威海港锚泊的“顺航”轮。同日，威海港务监督向朝方发文，要求限期打捞“汤根艾库”轮以及清除泄漏燃油。在事件处理过程中，朝使馆多次与中国外交部交涉，强调情况特殊，不希望通过司法程序解决，并派团去威海处理此事。在中国外交部、最高法院、山东省外办的协调下，4 月 10 日，朝鲜公使提出通过银行担保的形式解决。经青岛海事法院调解，威海方面同意银行担保，担保金额 50 万美元。6 月 10 日，受损方撤诉。11 日，青岛海事法院下达解除扣押令，朝方“顺航”轮于 18:30 离开威海港。

（七）1996 年 3 月，韩国独资企业烟台大和艺品有限公司（简称大和公司）在芝罘区只楚镇西牟村正式投产。由于该项目未经中方环境保护部门审批，没有执行国家规定的制度，致使其产生的固体废物无法妥善处理。1997 年 8 月 4 日至 9 日上午，其倾倒在生活垃圾堆放点的固体废物燃烧产生有毒有害气体，造成西牟村近百名村民身感不适，60 多人住院治疗、1 人因诱发旧病死亡的重大环境污染事故。事故发生后，烟台市和芝罘区政府高度重视，及时依法公正处理。8 月 12 日，区环保局依法对大和公司罚款 3 万元并责令其停产整顿。同时，市、区领导多次到医院看望住院人员，稳定村民情绪，防止事态扩大。最后，大和公司和西牟村达成协议，签订了《关于只楚镇西牟村村民受有害气体污染损害赔偿的协调意见》，市、区两级环保部门指导大和公司妥善处理了固体废物排放问题，该公司于 10 月 2 日恢复正常生产。

（八）1996 年 9 月 24 日，韩国仁川中区警察署向中国驻韩使馆通报称，9 月 23 日 23 时左右，在中韩合资威东航运有限公司“金桥”轮上的集装箱内发现吉林省张永根等 5 名朝鲜族偷渡人员的尸体。接到中国驻韩国使馆电报后，省口岸办牵头成立以省公安厅、省外办、省边防局、青岛海关组成的联合调查组，于 10 月 8 日赶赴威海，协助当地有关部门进行现场调查并就与涉案有关的问题进行了督查。经查，“9・22”偷渡案是由中韩犯罪嫌疑人事先相互勾结，有预谋地组织运送他人偷越国境的涉外犯罪案件。5 名偷渡者在偷越国境过程中，因缺氧、冷冻窒息而死。公安机关依法拘捕了中国籍犯罪嫌疑人。在对死者尸体进行处理时，一方面由中方公安部门依法要求韩方警察署提供案件发现经过、证人材料、死者照片和死因鉴定结论以及韩方犯罪嫌疑人等方面的资料；另一方面由中方外事部门加强与死者亲属的联系，商讨善后事宜。经有关部门协调，死者亲属同意尸体在韩火化，骨灰由其在韩亲属接收。在整个事件的处理过程中，中国驻韩使馆以及山东省外事和公安等有关部门相互协调、密切配合，侦破了这起偷渡案件，依法逮捕了犯罪嫌疑人，妥善处理了相关善后事宜。

（九）1996 年 10 月 12 日，山东省科学技术委员会所属的名泉大酒店因自动喷雾灭火装置自爆发生火灾，造成就餐人员中包括加拿大籍华人朱洪文在内的 9 人死亡。事故发生后，省公安厅、省科委，济南市政府办公厅、市公安局负责人立即赶赴现场，部署抢救工作。省科委成立事故处理领导小组，全力做好遇难者家属接待、安抚和善后工作。省委召开由各相关部门参加的专题会议，部署处理事宜，成立了理赔处理、思想教育说服、预先防范 3 个工作组。在事故处理过程中，槐荫区检察、司法、劳动等部门相互协调，分工负责，对遇难者家属进行走访慰问，听取意见。对受害人的理赔工作特别是朱洪文的赔偿事宜，采取在法律规定范围内就高不就低的原则，根据每个家庭的实际情况，确定理赔方案，使事故善后工作得到妥善解决。

（十）1997 年 4 月 28 日，联合国药品控制项目官员徐丽娜女士与山东医科大学科研人员在赴临沭进行丝虫病课题研究途中，路经临沂市岚山区白砂镇时无故遭人袭击，驾驶员被打伤。车上人员当即报警并与随后赶到的白沙埠派出所干警一起，将其中一名肇事人扭送公安机关。29 日，市、区公安局即将案情查清。依照《中华人民共和国治安管理处罚条例》，对 3 名肇事者予以行政拘留 30 天，赔偿车辆损失费及医疗费 5000 元的处理。外方对处理结果表示满意。

（十一）1998 年 4 月 9 日晚 23:45，英国加信氏（青岛）家庭用品有限公司土木建筑工程师卢大卫（David Earle）在青岛市东海路 15 号太平洋花园公寓内被害。与其同室居住的英国人吴加利（Garry Wood）外出返回发现后，立即报警并通知了英国公司本部。接到报警后，青岛市公安局分管副局长迅速赶赴现场指挥侦破工作，同时向省公安厅汇报，由省公安厅向英驻华使馆通报。10 日凌晨 2:40，青岛市外办领导赶赴现场，代表市政府向青岛加信氏负责人和受害人家属表示慰问。3:30，青岛市外办向外交部，省委、省政府办公厅，省外办值班室分别作了汇报。上午 8:30，副市长周嘉宾召集市公安局、市外办、益青公司负责人召开紧急会议，进行专门部署。11 日上午，青岛市外办召集市公安局外管处刑侦、法医以及市南分局负责人与加信氏（青岛）公司英国代表和中方总经理进行会谈，协商并研究具体处理方案。16 日上午，英驻华使馆官员和英国加信氏公司董事凯思赫伯特一行与青岛市外办、青岛市公安局有关负责人进行会谈。青岛有关方面就英方提出的问题进行答复并做了如下工作：青岛市外办向英方通报了省、市领导和有关方面对此案采取的积极措施；青岛市公安局向英方提供了法医对卢大卫死因的尸检报告、安全保卫措施以及案件侦破进展情况；双方就被害人遗体运回英国的问题进行了细致的协商。18 日，被害人遗体在青岛封棺，由青岛海关出具铅封后运送北京。19 日上午 11:20，英国航空公司将被害人遗体运送回国。英方公司董事凯思赫伯特和卢大卫的夫人对中方所做的工作表示满意和感谢。

（十二）2001 年 12 月，韩国人宣贤奎到青岛经商，聘请中国朝鲜族女青年金今玉担任翻译。2002 年 3 月，宣贤奎与金今玉在青岛市崂山区金岭新村 29 号楼 2 单元 202 户租房同居，后金今玉之姐金今女亦搬来同住。2002 年 11 月 11 日零时许，宣贤奎与金今玉因感情问题在租住处发生争吵，宣贤奎遂持斧头将金今女、金今玉砍死并将 2 人尸体肢解。后在处理尸块时被缉拿归案。2003 年 7 月 29 日，青岛市中级人民法院一审判处宣贤奎死刑。经山东省高级人民法院复审并报最高人民法院核准，宣贤奎于 2004 年 5 月 28 日上午 10 时在青岛崂山区北宅刑场以注射方式被执行死刑。骨灰由韩国驻青岛总领馆取走。

第三节 海外领事保护

进入 21 世纪以来，随着山东省改革开放的深入发展，与各国间合作交流活动日趋频繁，出国务工、留学、经商和旅游者逐年增加，境外涉及山东省人员和机构的案件相应增加，并呈多样化和复杂化趋势。中央和地方各级政府以及公众、媒体对海外中国公民领事保护工作的关注和要求进一步提高。新形势下，海外领事保护工作逐步成为地方外事工作的一项重要内容。

一、境外山东籍人员和机构安全保护工作联席会议制度

为切实保护境外山东籍人员、机构的安全和合法权益，统一指挥、协调重大事件的处置工作，2005 年 1 月，省政府建立了境外山东籍人员和机构安全保护工作联席会议制度。联席会议由省外办、省发改委、省教育厅、省科技厅、省公安厅、省民政厅、省财政厅、省人事厅、省劳动和社会保障厅、省国土资源厅、省交通厅、省农业厅、省经贸委、省外经贸厅、省文化厅、省卫生厅、省国资委、济南铁路局、民航山东安全监督管理办公室、省旅游局、省宗教局、省侨办、省台办、省新闻办和济南军区司令部等单位组成。办公室设在省外办，省外办主要领导为召集人，分管领导任秘书长，各成员单位有关负责同志为联席会议成员。联席会议的主要职责是：传达国家有关境外中国公民和机构安全保护工作方针、政策，指导有关部门制订应急预案并监督实施；协调处理各类涉及境外山东籍人员和机构安全保护的重大事件；跟踪、分析、研判涉及境外山东籍人员和机构安全形势，指导有关部门和单位对境外山东籍人员和机构进行安全教育；承办省委、省政府交办的其他事项。

为加强海外领事保护，省政府下发文件，要求各地、各有关部门和单位充分认识加强境外山东籍人员和机构安全保护工作的重要性，加强对出境人员的培训和教育，提高防范能力。要求各地、各有关部门和单位牢固树立安全意识，及时查找和解决存在的隐患和薄弱环节，指导、督促基层单位把每项安全保护措施落实到每位出境人员和每个驻外机构。坚持“谁派出，谁负责”的原则，由派出单位负责处理善后事宜；无派出单位的，要根据“属人管辖”的原则，由当事人户籍所在地政府负责处理善后事宜。通过加强境外山东籍人员和机构的安全保护工作，确保“平安山东”建设和山东省“走出去”战略的顺利实施。

二、海外领事保护重要案（事）件及其处理情况

（一）2002 年 1 月 16 日晚，外交部电报通知：一架澳大利亚包机将于 17 日至青岛，遣返中国 114 名因越界捕鱼被扣船员。根据省领导指示，省外办会同省直有关部门赴青岛，协调处理相关事宜。17 日 18:25 飞机降落，18:35 联检人员上机办理交接和联检手续，为 114 名船员相继进行了卫生检疫并办理了入境手续。整个过程进展顺利，各方面配合密切，船员情绪稳定，澳方未提出异议。18 日上午 114 名船员全部离开青岛。

（二）2002 年 1 月 24 日 20 时许，荣成市“鲁荣渔”7302、7303 号渔船持中韩过渡水域作业证在中韩过渡水域（118 海区）航行中少许越界到韩水域（未进行捕捞作业），但韩警方登船检查并以渔网网扣过密、手续不全为由，将两船扣至韩国木浦。2 名船长和 14 名船员被扣，韩方决定罚款 30 万美元。经外事部门核实，在缴纳全额罚款后，两船及全体船员于 2003 年春节前安全回国。

（三）2002 年 2 月 12 日与 14 日，中国驻日本长崎总领馆分别电报告知，台湾道南公司所属巴拿马籍“TRIUMPH KAOHSIUNG”（胜利高雄号）货轮 2 月 8 日由上海吴淞口起航，经由韩国浦项港载货后，于 11 日在驶往台湾高雄港途中遇大风浪，货舱进水，经抢修无效于 23:30 沉没。货轮发出 SOS 求救信号并得到日本海上保安部直升机及巡视船救助，船上 13 名船员获救，1 人失踪，6 人死亡（其中山东籍 2 人）。省外办收到电报后，立即与有关市外办及船员派出公司山东国际经济技术合作公司取得联系。该公司立即组成事故善后小组并与台湾道南船务代理股份公司保持 24 小时联系，向获救船员发去慰问电；派员公司与台湾合作公司按合同及政策规定，就获救船员回国、死难船员遗体处理和赔偿等具体事宜进行协商并妥善处理。获救船员 7 人（山东籍 5 人）乘机安全返回，船员的工资支付、赔偿等事宜均与台湾船主达成共识。

（四）2002 年 5 月 18 日 8 时许，“冀乐渔”0011、0012 号渔船在东经 123°59′，北纬 37°36′附近海域作业准备起网时，被韩国海警阻止。0011 号船通过电台向“鲁荣渔”1205 号船联系求助。10 分钟后，“鲁荣渔”1205 号赶到该海域，在与“冀乐渔”0011 号渔船帮靠时，韩国海警持枪警告加以阻止，同时该艇 4 名海警（其中 3 人着救生衣）乘橡皮艇强行登上“鲁荣渔”1205 号，持枪先后打伤 2 名船员和 1 名船长，然后离去。9 时许，“鲁荣渔”1205 号向中国海警求助。中国海警 37023 艇立即出海救助，并请地方医务人员随艇前往。12 时许，受伤 3 名船员被接到艇上进行紧急救护，下午 2 时 45 分返回。

（五）2002 年 11 月 30 日，山东工艺品进出口公司海外发展部俄罗斯项目部负责人向中国驻哈巴罗夫斯克总领馆报告：因俄方拖欠工资，该公司派出的 86 名建筑工人在俄罗斯滨海边疆区乌苏里斯克陷入困境。工人停工，要求尽快回国，工人内部发生纠纷及殴斗，已有 1 人重伤，3 人被拘留。总领馆要求山东方面尽快派人前去处理。经省外办协调，山东工艺品进出口公司派人前往俄罗斯，妥善处理了善后事宜。

（六）2003年7月7日，威海鲁文水10号在韩国釜山公海发生海难，致3人死亡，6人失踪。事件发生后，省外办速报外交部领事司并商请韩国驻青岛总领馆协助救援和事故调查工作。

（七）2003年10月15日晚，在俄罗斯海参崴远东经济大学学习的中国留学生高伟（广饶县大王镇人）被抢劫。搏斗中高伟头部受重伤，21日死亡。中国驻哈巴罗夫斯克总领馆要求俄方尽快破案，切实保障中国公民的生命和财产安全，同时派任震寰副总领事专程处理。

（八）2003年11月28日，省外办接到外交部电：即墨市39名农民被骗赴老挝，在外生活无保障，请使馆帮助回国。外交部要求山东方面派工作组前往解决劳工回国事宜。经查实，39名劳务人员分别以出国旅游、探亲等事由办理护照出国。12月4日，中国驻老挝使馆电：已安排部分山东劳工分4批先后回国，但最后1批因无力支付费用，需要山东方面派人接回。根据省领导指示，青岛市、即墨市外办和公安局派人将最后18人接回，12月7日返回青岛。

（九）2004年1月16日，省外办接到中国驻印尼使馆电：有4批共18名山东人到使馆求助，他们声称每人被骗交介绍费49000元人民币到印尼船厂工作，护照也被骗走。在使馆的帮助下，被骗人员拿回了护照。后经使馆多次交涉，印尼移民局最终同意该18人免交罚款，尽早遣返。

（十）2004年1月20日，省外办接到中国驻马来西亚使馆电：141名中国非法劳工（其中山东籍24人）到使馆求助。这些人持旅游签证在马打工，已逾期2～6个月不等。一些人打工数月拿不到工钱，同时担心被抓坐牢，便纷纷到使馆求助。使馆一方面安置人员，一方面积极做马方工作，中国大使亲自做马来西亚外交部、总理署、内政部等高层工作。1月19日，马移民厅最终向141人签发出境准证。

（十一）2004年12月7日，省外办接外交部通报："翔强136号"渔船因涉嫌非法捕鱼在巴西被扣，其中山东省5名船员因此滞留巴西。根据外交部要求，省外办立即提出处理意见，责成有关地市外办督促派出单位立即采取措施，稳定船员及其家属情绪，妥善解决好船员的工资问题并及时安排合同期满船员轮换回国。

（十二）2005年2月2日，中国驻迪拜总领馆两次传真通知山东省政府办公厅、省公安厅、省外经贸厅和省外办：潍坊昌大建设集团公司外派迪拜的劳务人员因劳务纠纷集体罢工，已引起当地警察严重关注和介入，要求山东省尽快派人去迪拜处理此事。3日、5日，外交部领事司要求山东省从速派联合工作组赴迪拜处理此事，以免酿成更为严重的后果。6日，省外经贸厅、省外办、潍坊市外经贸局和潍坊昌大建设集团公司召开协调会，组成由省外经贸厅牵头的联合工作组赴迪拜，妥善处理了纠纷。17日，工作组返回济南。

（十三）2005年3月9日，中国驻毛里求斯使馆通知山东省政府：毛里求斯一纺织厂1名中国工人因病死亡，引起中国劳工罢工并围堵中国驻毛使馆，毛方为此动用了防暴警察。罢工人员中有山东海华对外劳务经贸合作有限公司外派劳工，使馆要求山东省立即派人前往处理。10日，省劳动厅派人前往处理。15日，省劳动厅通报结果：死者系因急性肺炎死亡，死者家属对善后事宜表示满意，罢工工人已复工，事件得到妥善解决。

（十四）2005年4月18日，青岛市外办报告：胶州市3艘渔船因非法越界捕鱼被韩方扣留，并处4500万韩元（约合36万元人民币）罚款。青岛市有关部门与韩国驻青岛总领馆、韩国警察厅多次交涉，争取减少罚款数额，但因韩国检察院已结案未果。

（十五）2005年8月8日，东营市双丰海洋捕捞有限责任公司报告外交部并山东省外办：该公司2艘渔船及船上24名船员在朝鲜东海岸北部海域捕捞作业时，被俄罗斯海军押至海参崴港。12日，中国外交部告知：已转农业部处理，并通知中国驻外总领馆协助。同日，省外办将有关情况通报省海洋与渔业厅。经省外办督促和协调，东营双丰海洋捕捞公司26日派员赴海参崴协助我驻海参崴领事办公室，妥善处理了该事件。

（十六）2005年12月27日，中国驻迪拜总领馆通报：由山东建工公司派往迪拜阿拉伯森泰克建筑公司的111名江苏籍工人，25日到公司总部要求解决工资发放问题，中途被防暴警察拦阻。工人不听规劝且个别人有不当举动，被当场逮捕110人，另有1人被扣押在警察局。省外办、省外经贸厅高度重视，敦促当事单位迅速妥善解决。经多方工作，111人均被释放并分两批回国。

第四节 领事认证、国际会议审批与对外邀请

一、领事认证

（一）基本情况

经外交部授权，山东省外办于1994年12月1日起办理本省各企事业单

位及公民个人发往韩国使用的各类商业单据及公证文书的领事认证。1996年5月1日起经授权，代办外交部、外国驻华使馆的领事认证业务。2005年8月起办理省内各企事业单位及公民个人发往希腊使用的各类商业单据及公证文书的领事认证。办理领事认证的公证书主要送往乌克兰、俄罗斯、西班牙、爱沙尼亚、奥地利、韩国、捷克、德国、比利时、阿根廷、意大利、阿联酋、法国等国家使用。公证书内容涉及婚姻、留学、探亲、劳务、移民、诉讼、遗产继承、商务等。

自开展领事认证以来，办证数量一直呈上升趋势，2000年办证360本，2001年办证531本，2002年办证1113本，2003年办证2091本，2004年办证2133本，2005年办证2348本。

（二）法律依据和认证程序

《中华人民共和国公证法》第33条规定，公证书需要在国外使用，使用国要求先认证的，应当经外交部或外交部授权机构和有关国家驻华使（领）馆认证。按照国际惯例和中国领事实践，发往外国使用的公证书以及原产地证、发票、商检证、屠宰证和商业票据等，应先由外交部领事司或其授权机关办理领事认证，确认属实，再由文书使用国驻华使馆或领馆办理领事认证，确认属实。如文书使用国与中国未建交，或虽已建交但未设使馆，则应先办妥外交部认证，再办理与中国和文书使用国均有外交关系的第三国驻华使馆认证。外国有关文书在送中国使用前，也需办理相应的领事认证。

至2005年，美国、加拿大、法国、日本、澳大利亚等少数国家对中国文书或部分种类文书免除认证。另外，中国与一些国家签订的有关司法协助协定中对特定种类的文书免除认证。除此之外，中国文书送往国外使用，均需事先按上述程序办妥领事认证。

（三）办理机构

山东省可办理领事认证的机构为省外办、青岛市外办（只办理本市辖区内的认证）。代办领事认证的机构有省外办和济南、青岛、烟台、威海市外办。省外办负责全省领事认证工作，济南、青岛、烟台、威海市外办负责代办本市领事认证工作。

办理领事认证，由省外办主任和分管副主任签字后方可生效。

（四）办理认证文书的范围

1. 山东省各涉外公证处出具的公证书。

2. 一些特定机关出具的证书：（1）中国国际贸易促进会山东分会出具

的原产地证、发货清单、形式发票、规格证明、重量证明、装箱单、提货单、保险单等。(2) 出入境检验检疫局（山东）出具的商品检验、动植物出口检疫证明书和产地证明书等。(3) 法院的判决书、调解书。法院判决书是具有法律效力的文件，如当事人对外使用，无需再办理公证，可直接认证原件。如当事人需保留判决书原件，亦可办理影印件与原件相符的公证并进行领事认证。

二、国际会议审批

20 世纪 90 年代后，随着改革开放的扩大，在山东举办的各种国际会议逐年增多，对扩大对外交流与合作，促进经济和科学技术的发展起到了积极作用。但也出现举办国际会议过多、过滥，礼宾规格过高、过繁等问题。为此，1997 年 3 月 5 日，省委办公厅、省政府办公厅下发《关于从严控制在我省举办国际会议的通知》，要求各单位举办国际会议要从国情、省情和扩大对外交流的实际需要出发，贯彻以我为主，讲求实效，量力而行，少而精的原则，严格遵守外事纪律。2001 年 8 月 20 日，省外办印发《关于在我省举办国际会议的管理规定》(以下简称《管理规定》)，对举办国际会议应具备的条件、申报单位、申报内容、报批程序等作出明确规定。

根据《管理规定》，国际会议的适用范围为：与会者来自 3 个或 3 个以上国家和地区（不含港、澳、台地区）的会议、论坛、研讨会、报告会、交流会等。各种国际体育比赛、国际博（展）览会和涉外文艺演出不适用国际会议范围。

举办国际会议应具备的条件是：（一）举办单位应具有一定的工作基础，对内对外有一定影响。(二) 会议主题与内容符合中国改革开放和经济社会发展的需要。(三) 属研讨性的国际会议，举办单位能组织具有一定数量和质量的学术论文。（四）举办单位具有一定的外事工作经验和接待力量，能妥善安排会议场所以及食宿、交通、安全等工作。(五) 会议经费有保证。

举办国际会议的申报单位，单独举办的，由举办单位负责申报；几个单位联合举办的，由牵头单位协调后负责申报；中外联合举办的，由联办的中方单位负责申报。申报内容要求明确说明：会议名称、举办日期；举办会议的背景、主要议题与内容、会议的学术价值和经济、社会意义；外方协办或联合主办单位的情况；会议规模、中外代表人数，筹备委员会成员及主要代表的姓名、身份、国籍；会议联系及筹划进展情况；会议活动的初步安排；

邀请我党、国家和省领导人、中央有关部门负责人出席会议的情况；会议经费预算及来源；需要请示的涉外问题。

报批程序：申办国际会议，由申报单位按照有关规定，在征得省级业务主管部门同意后，将审核意见书面通知省外办，由省外办代拟批复并报请省委或省政府下达；举办联合国下属机构和各专门机构的大会与特别会议、联合国系统以外的政府间和非政府间重要国际组织的大会与特别会议、涉及重大敏感问题或重要国际问题的国际会议以及有外国政府现职部长级以上官员、卸任政要、有重要影响的人士出席的国际会议，或与会外宾在150人以上的国际会议，须经省委或省政府同意，报国家主管部门和外交部会签后，呈中共中央或国务院审批。凡根据规定需按系统报中共中央和国务院审批的，按有关规定程序报批，同时抄送省外办。

三、对外邀请

省外办是山东省邀请外国人来华工作的综合归口管理部门，负责对全省邀请外国人来华情况的监管和工作指导，具有对授予、暂停和取消邀请外国人来华审批和签证通知的建议权。改革开放以来，省外办遵循“集中领导、归口管理，分级负责、协调配合”原则，严格按照国家有关规定对全省对外邀请工作进行管理。根据党中央、国务院以及外交部、国家外国专家局等有关文件精神，2001年，省外办制定了《关于邀请外国人来华若干问题的暂行规定》，对审批原则和程序、报批事项等有关问题作出严格规定，进一步规范了全省邀请外国人来华工作，促进了山东省对外邀请工作健康有序发展。

为促进全省对外开放与国际交流，方便省内大型国有企业邀请外方人员来访交流，省外办积极向外交部申请对外邀请权（限副部级以下人员）和被授权注册编号，指导和帮助各设区市外办、大型企业开展对外邀请工作。截至2005年，山东省有一类被授权单位6个，二类被授权单位28个，其中有9个企业获得对外邀请授权注册编号。

2000年，省外办签发对外邀请函电1010批3898人次；2001年，签发对外邀请函电2422批4150人次；2002年，签发对外邀请函电3316批4954人次；2003年，签发对外邀请函电3499批4399人次；2004年，签发对外邀请函电5121批6840人次；2005年，签发对外邀请函电6023批8397人次。

（一）审批原则

邀请外国人来华要符合中国的外交方针政策，坚持独立自主，维护中国国家尊严、主权和领土完整，确保国家安全和利益；要有利于全国、全省的对外开放和社会主义现代化建设。

邀请外国人来华要有具体的实质性内容，严禁弄虚作假，严禁邀请无实质性内容的团组和个人来访。邀请单位要有相应的机构和人员从事外事工作，具有相应的接待能力和保密措施。被邀请人必须是中国规定允许入境的人员。

（二）报批事项

正式访问。邀请外国前国家元首、政府首脑和联合国秘书长来访，在书面征求外交部同意后，由省政府报国务院批准；邀请外国前国家副元首、政府副首脑或个别重要国家的前外交、国防部长来访，在书面征求外交部同意后，由省政府审批；邀请外国前参、众两院议长来访，由省政府审批，必要时征求全国人大外事局和外交部意见。邀请外国现任副部级以上官员正式来访，由省政府审定后，报国务院审批。

非正式访问。邀请外国前政要、现任副部长级以上人员非正式来访，有关单位应请示省政府，分两种情况审批：1. 外国前副总理级以上官员，在书面征得外交部同意后，由省政府报国务院审批。2. 外国现任正、副部长级官员，在书面征得外交部同意后，由省政府审批。上述人员不以公职身份来访、不从事公务活动的，由省外办审核后报省政府审批，报外交部备案；来华旅游须由省旅游局请示国家旅游局同意。邀请外国驻华使馆和外国驻山东总领事馆官员来访，邀请或接待单位须提前报省外办。

（三）邀请外国现职副省部级（不含）以下人员来访有关要求

省外办和被授权的各设区市政府、市外办负责审批本地邀请外国现职副省部级（不含）以下人员来访事宜；被授权企业负责审批到本企业或下属企业活动的外国经贸人员的邀请事宜。除被授权部门外，任何单位或个人均不得擅自对外发邀请函电或通知签证函电。否则，由此造成工作失误或对外产生不良影响的，由发函电单位领导负责并按违反涉外纪律追究责任。被邀请人来山东主要从事访问、考察、经商、讲学、任职、采访、进行科技文化交流、参加国际会议等活动。邀请外国现职副部级以下人员来华，邀请单位须提交邀请外国现职副部级以下人员来华报批表。经省外办审核后，签发被授权单位签证通知表等函电。有以下来访内容的，邀请单位须获得主管部门批准：1. 邀请外国人参加在山东省举办的国际会议的，须出具省委或省政府的批件。2. 邀请外籍人员考古的，须出具国家文物局的批件；进行文化交流活动的，须出具文化部或省文化厅批件；在全省范围内搞社会调查的，须有省统计局批件，在设区市或县（市、区）范围内进行调查的，须提供设区市统计局批件。3. 邀请外国神职人员来华从事宗教活动的，须提供国家宗教事务局的批件。4. 邀请外国人在山东省设立涉外纪念馆、纪念碑、纪念像等，须经省外办报外交部审批或审核。5. 邀请非建交国家人员来华从事经商、考察、旅游等活动，无论其身份如何，均须持普通护照办理邀请函电。

山东省被授外国人来华邀请权单位名单

（截至 2005 年）

表 2 －2

单　　位	类　别
山东省人民政府	一类
山东省人民政府外事办公室	一类
山东省人民政府对外贸易经济合作厅	一类
青岛市人民政府	一类
青岛市人民政府外事办公室	一类
青岛市人民政府对外经济贸易委员会	一类
山东省旅游局	二类
济南市人民政府	二类
济南市人民政府外事办公室	二类
东营市人民政府	二类
日照市人民政府	二类
日照市人民政府外事办公室	二类
威海市人民政府	二类
威海市人民政府外事办公室	二类
潍坊市人民政府	二类
潍坊市人民政府外事办公室	二类
烟台市人民政府	二类
烟台市人民政府外事办公室	二类
淄博市人民政府	二类
淄博市人民政府外事办公室	二类

续表

单　　位	类　别
海尔集团	二类
山东省外贸局	二类
山东省水产企业集团	二类
潍坊柴油机有限责任公司	二类
山东省机械进出口总公司	二类
中国轻骑集团有限公司	二类
济宁市人民政府	二类
济南钢铁集团总公司	二类
泰安市人民政府	二类
新华鲁抗药业集团有限责任公司	二类
中国山东国际经济技术合作公司	二类
临沂市人民政府	二类
滨州市人民政府	二类
聊城市人民政府	二类

第五节　外国专家管理

山东省是聘请外国专家较早、聘请数量较多的省份之一。外国专家为山东的文化教育、科技、经济等方面的发展作出了贡献。1986—2005 年，山东省聘请外国专家工作全面展开，经济专家和文教专家明显增多，其国别日益多样化，在全省各地区、各行业的分布也更为广泛。

一、管理职能

山东省外国专家工作实行分级负责、归口管理。根据中共中央、国务院有关规定，省外办是全省外国专家工作归口管理部门，是外国专家资格认定机关；各聘请外国专家单位和外商投资企业负责本单位外国专家的日常管理和服务工作。省外办认真履行归口管理职能，加强政策指导，完善管理制度，积极做好外国专家的管理与服务工作。为进一步加强各省级外事办公室对外国专家工作的归口管理职能，1999 年，国家外国专家局、外交部、公安部联合下发《关于进一步加强外国专家管理工作的通知》，明确规定：外国专家工作是地方外事工作的重要内容之一，地方外办负有管理或指导本地有关部门管理外国专家工作的职能。省级外事办公室要认真做好聘请外国专家确认件、外国专家证的签发和外国专家管理工作。国家外国专家局印发《关于认真执行〈关于进一步加强外国专家管理工作的通知〉的意见》，要求地方外事办公室切实负担起管理当地外国专家工作的责任。外国专家管理工作成为山东省外籍人员管理工作的重要组成部分。2000 年机构改革后，外国专家管理工作职能从省外办调整到省人事厅。

二、管理职责

为进一步规范全省外国专家管理工作，明确省外办及各业务部门对外国专家工作的管理职责，根据中共中央办公厅、国务院办公厅《关于地方外事工作的若干规定》、国务院办公厅《关于外国专家管理工作有关问题的通知》以及国家外国专家局、外交部有关文件规定，结合山东实际，1996 年省外办制定《山东省外国专家管理职责》。省外办职责为：（一）传达贯彻中共中央、国务院以及国家外国专家局关于外国专家工作方针、政策和规章制度；会同有关部门，结合山东实际，制定全省外国专家工作规划、规章制度和管理办法。（二）指导督促行业主管部门、市地归口管理部门建立健全外国专家工作管理机构和配备外国专家工作人员；牵头组织外国专家工作干部培训。（三）根据国家外国专家局授权，会同有关部门，负责全省聘请外国文教专家单位的资格认可、年检注册；负责文教专家、经济技术专家的资格认定工作；为来山东省工作的外国专家签发外国专家证、聘请外国专家确认件和来鲁工作签证通知函电。（四）指导全省外国专家工作，负责情况统计、调度、总结、报告，组织全省外国专家工作经验交流、表彰先进；牵头研究解决外国专家管理工作中存在的问题。（五）积极做好外国专家中重点人物的工作，经常听取外国专家的意见和建议，组织实施对外国专家的表彰、奖励，会同有关部门解决外国专家在工作、生活中遇到的问题，牵头或协调处理与外国专家有关的涉外事宜。（六）牵头组织全省性外国专家重大节日及联谊活动，会同有关部门做好对外国专家的宣传工作，审查省级报刊涉及外国专家报道的稿件。

三、聘请外国文教专家单位资格认可

为加强对外国文教专家的规范化管理，强化归口管理力度，促进聘请效益发挥，根据国家外国专家局、外交部、公安部《关于实行〈聘请外国文教专家单位资格认可办法〉的通知》，山东省自1992年起对聘请外国文教专家的单位实行资格管理。2002年，省外办制定《聘请外国文教专家单位资格认可暂行管理办法》，界定外国文教专家工作领域，对聘请单位的资格申请、审批以及年检注册等作出规定。截至2005年，山东省聘请外国文教专家资格认可单位共443家。

四、外国专家聘请

随着山东省改革开放的不断深入，国际交流与合作不断扩大，全社会对引进国外人才和智力工作越来越重视，外国专家的聘请效益得到广泛肯定，邀请来山东工作的外国专家数量逐年增多。1986—1991年，每年邀请来山东工作的外国专家数量约为300～400人次。1992年，省外办审批在鲁工作半年以上的外国专家160余人；2000年，审批500余人。2001—2005年，平均每年审批1500人左右。

五、年检注册与表彰

根据国家外国专家局有关规定，聘请外国文教专家资格单位须按规定参加年检注册。在获得聘请外国文教专家单位资格认可证书并注册盖章后，方可继续聘请外国文教专家。省外办牵头，会同公安、业务主管部门按照国家外国专家局年检注册工作要求，共同研究部署和实施年检注册工作，提出对聘请单位免检、注册、升级、表彰和处分意见，报国家外国专家局审定。根据工作实际，省外办也可委托各设区市外办牵头负责对本市资格单位的检查，省外办会同有关部门对各市进行抽查。2001—2003年，省外办牵头会同省公安厅、省教育厅连续3年联合召开3届全省聘请外国文教专家单位资格年检会议，对资格单位的外国专家管理工作进行评比，共评选出先进单位102家，先进个人97名，推荐发表经验交流文章20余篇。根据工作情况，经3部门研究，决定此后每3年召开一次全省年检会议，但每年评比和表彰不变。

六、聘请外国专家单位专办员制度

为全面提高外国专家管理干部业务技能和管理水平，规范办事程序，提高服务效率，2001年，省外办、省公安厅、省教育厅研究建立聘请外国文教专家资格认可单位“专办员”培训制度和专办员持证上岗制度。对聘请单位的外专工作管理人员进行业务培训，颁发专办员证，建立专办员培训档案。要求专办员持证办理聘请外国文教专家的相关手续，并负责做好本单位外国文教专家的管理与服务、协调联络工作，专办员至少在岗位上稳定工作3年。省外办牵头组织培训，省外办、省教育厅、省公安厅以及部分公安局和大专院校等派员授课。截至2005年，举办专办员培训班9期，对全省443个聘请外国文教专家资格单位以及各市外办、公安、教育等部门共900余人进行了培训，共有547人获得专办员证书。

七、“非典”防治期间的外国专家工作

2003年“非典”疫情发生后，省外办沉着应对，积极与各有关部门配合，采取多种预防和防治宣传措施，“非典”涉外防治工作取得显著成绩。（一）及时制定《关于做好我省外国专家、留学生等常驻人员非典型肺炎防治工作的通知》等11个文件，对外籍人员的测量体温、消毒、回国、度假等情况和可能出现的问题提出明确要求，指导各市外办和聘请单位做好外国专家的“非典”防治工作。（二）省外办及各市外办建立24小时英语值班制度，确保信息畅通。（三）加大宣传，争取外方人员理解和配合。针对韩国在鲁投资项目多、人员数量大的特点，副省长林廷生专门会见韩国驻青岛总领事朴钟先，通报“非典”防治情况。省外办还及时向17个国家和地区的48个官方机构、友好城市、大学、经济团体和民间友好团体以及在山东省任教、考察、投资、洽谈、经商的外籍人士通报山东省“非典”防治情况，消除不实传闻。“非典”期间，在山东省长期工作、学习的各类外籍人员10273人中，仅有1283人因“非典”回国，没有发生“非典”患者或疑似病例。

八、“齐鲁友谊奖”

1993年，省政府设立“齐鲁友谊奖”，对作出突出贡献的外国专家给予奖励。省外办制定印发《山东省“齐鲁友谊奖”奖励实施办法（试行）》，对奖励范围、评选条件、申报程序和奖励方式进行规范和明确。1993—1998年，省外办举办了六届“齐鲁友谊奖”评选活动，共有141名外国专家

获奖。

“齐鲁友谊奖”每年国庆节前颁发，发给奖章、证书并给以适当的物质奖励。对其中贡献特别突出的，推荐申报国家“友谊奖”，也可向有关部门申报授予“荣誉公民”“人民友好使者”等称号。

“齐鲁友谊奖”的评选和颁发，受到驻鲁外国专家的欢迎，成为外国专家们非常看重的一种荣誉。已回国的德国啤酒专家汉斯·海因茨·斯特克尔先生在得到获得“齐鲁友谊奖”的消息后，特地偕夫人专程从德国赶到山东领奖。日本专家涟猛在获奖后，日本公司本部立即给聘请单位齐鲁石化总公司致信，感谢山东省人民政府对他们的信任和给予的荣誉，表示将进一步加强双方合作。

自1999年第七届开始，“齐鲁友谊奖”评选工作改由省人事厅外国专家局负责。

山东省第一至六届“齐鲁友谊奖”获奖外国（地区）专家名单

表2－3

届次	姓　名	国　籍 （地区）	工　作　单　位
一九九三年第一届	理查德·格拉夫	德国	小鸭集团
	千田全孝	日本	济南市槐荫区
	桑信彦	日本	青岛海尔集团
	扎克·拉松	以色列	莱阳市农业局
	崔永模	韩国	烟台市
	家昼田进	日本	诸城市服装针织股份有限公司
	福斯特	德国	山东金曼克电气集团公司
	格哈特·卢特哈德	德国	泰安市啤酒厂
	克劳德·辛格	法国	威海市荣皎纸业集团公司
	阿利·雅茨丹·普尔法尔德	德国	郓城县苏阁皮革有限公司
	罗伯特·克瑞斯汀	秘鲁	山东省农业科学院
	D·C·盖迪谢克	美国	山东省医学科学院
	傅尔曼	美国	山东大学
	高崎长男	日本	山东师范大学
	竹泽卓	日本	烟台师范学院

续表

届次	姓　名	国　籍（地区）	工　作　单　位
一九九四年第二届	涟猛	日本	齐鲁石化公司
	瓦格纳	德国	省水利厅
	白沙德	德国	省水利厅
	莱丝·海曼	加拿大	淄博加华新材料资源有限公司
	琳达·欣克尔	美国	山东工程学院
	瓦黑德·艾斯卡波	加拿大	山东中医学院
	维·阿·康恰连柯	俄罗斯	曲阜师范大学
	诺格斯特·沙哈姆	英国	山东建筑工程学院
	帕特丽夏·布里顿	美国	山东经济学院
	卡琳娜	俄罗斯	山东大学
	里奇纳德·斯泰德曼	新西兰	烟台师范学院
	阿尔布莱希特·弗劳尔	德国	潍坊柴油机厂技工学校
	井利昭夫	日本	青岛三美电机有限公司
	权星基	韩国	青岛泰昌纤维有限公司
	疋田和生	日本	省卫生防疫站
	帕特丽沙·梅	美国	山东师范大学
	田中大作	日本	烟台黄海家具有限公司
	吉米·布朗里奇	加拿大	济南联合大学
	海因茨·迪特尔·马尔海纳克	德国	山东水泥厂
	汉斯·海因茨·斯特克尔	德国	济宁啤酒厂
一九九五年第三届	汤姆·多纳勒	美国	烟台电子有限公司
	安东尼·卡特	英国	烟台龙凤钢琴有限公司
	折居忠寿	日本	青岛松下电子部品有限公司
	傅礼赐	德国	省水利厅
	小松昭男	日本	潍坊亚星化工集团总公司
	张凯	德国	济南维卡塑料有限公司
	吉冈敏范	日本	淄博旭硝子电熔材料有限公司
	爱德华·利西	美国	滕州约翰逊旋转接头制造有限公司

续表

届次	姓 名	国 籍（地区）	工 作 单 位
一九九五年第三届	金时亨	韩国	威海时光渔具集团公司
	兰德默·赞凡迪克	加拿大	山东轻工业学院
	五十岚昌行	日本	山东大学
	本尼昂	美国	山东师范大学
	谷口敬三	日本	齐鲁石化公司
	马考	意大利	莱芜钢铁总厂
	斯蒂芬·索那赫德	瑞典	临沂师范专科学校
	菅井胜英	日本	山东省引智办
一九九六年第四届	嘉乐文	德国	省水利厅
	鲁森	荷兰	烟台市引进办
	海茵茨·瓦尔特·亨宁	德国	山东省引进办
	雅各布·拉德马赫斯	德国	山东省引进办
	上野正雄	日本	山东松下映像产业有限公司
	沃尔夫·门兹尔	德国	西门子变压器有限公司
	洪豆熹	韩国	青岛世原鞋业有限公司
	赵富平	韩国	青岛现代集装箱制造有限公司
	白土健治	日本	烟台三菱水泥有限公司
	丸山靖昭	日本	烟台三菱水泥有限公司
	金湖哲	韩国	一汽—大宇汽车发动机有限公司
	陈锡永	韩国	烟台柯尼精密有限公司
	濑川昌弘	日本	烟台首钢日本电装有限公司
	菊永胜也	日本	盛海滨田印刷机械有限公司
	择江哲则	日本	山东华菱电子有限公司
	黄国眉	中国香港	潍坊定民建设开发有限公司
	平田耕三	日本	安丘福华食品有限公司
	斯蒂芬·沃德鲁	德国	诸城烟叶复烤厂
	金尚勋	韩国	大宇水泥（山东）有限公司
	中谷兼武	日本	小松山推工程机械有限公司

续表

届次	姓　名	国　籍（地区）	工　作　单　位
一九九六年第四届	美马孝通	日本	淄博华绵制衣有限公司
	藤原英利	日本	鲁泰纺织有限公司
	鲁勃·帕斯夸利	意大利	山东高威化工有限公司
	木下重治	日本	聊城新星蔬菜脱水有限公司
	陈再源	中国香港	聊城嘉明实业有限公司
	雷蒙德·格拉夫	美国	临沂市人民医院
	杜威	美国	临沂市棉纺染织总厂
	沈一光	新加坡	滕州爱心诊所
	阿南布尔	西班牙	东营班尼卡奇龙家具有限公司
	亚力桑德鲁·伯特利	意大利	莱芜钢铁总厂
	今井光裕	日本	山东中医药大学
	清水幸雄	日本	青岛开发区自立职业中专
	于尔根·维尔克	德国	平度市职教中心
	顿·沃尔特	美国	山东财政学院
	昆腾·布鲁克斯	加拿大	济南联合大学
	旺达·克劳姆篷勃格	美国	山东农业大学
	劳埃德·米尔	加拿大	青岛远洋船员学院
	平石泉	日本	山东师范大学
一九九七年第五届	李绍华	泰国	青岛正大有限公司
	侯安利	法国	山东蒂森电梯有限公司
	林洋幸	日本	济南冠世时装有限公司
	小山天	日本	青岛三美电机有限公司
	何伟伦	英国	青岛汽巴颜料有限公司
	沈艺中	美国	青岛 AT&T 公司
	权纯赞	韩国	山东三星通讯设备公司
	大谷吉治	日本	威东日食品有限公司
	大卫·鲍特鲁兹	意大利	莱芜钢铁总厂
	伊藤利昭	日本	淄博旭硝子有限公司

续表

届次	姓名	国籍（地区）	工作单位
一九九七年第五届	杉山龙司	日本	山东日清食品有限公司
	多比亚斯·贝克尔	德国	东营市环保局
	箭内吉夫	日本	小松山推工程有限公司
	奚海德	德国	S E S 中国项目
	大泽实	日本	曲阜师范大学
	川岛荚子	日本	曲阜市阙里宾舍
	海因里希·马克罗特	德国	山东鲁西兽药有限公司
	乔·凯瑟	美国	聊城师范学院
	清水新二郎	日本	青岛大学
	爱德华·玛格丽特	加拿大	烟台师范学院
	金德均	韩国	山东师范大学
	安丽德	美国	滕州爱心诊所
一九九八年第六届	陈顺才	澳大利亚	
	白村浩邦	日本	
	松冈秀雄	日本	
	盐崎三郎	日本	
	多尔蒙	澳大利亚	
	吉武哲夫	日本	
	阿尔福耐切夫·瓦列里·彼得罗维奇	俄罗斯	
	威斯利·布来克莫尔	澳大利亚	
	松山功	日本	
	柳济允	韩国	
	田义章	日本	
	金济民	新西兰	
	王允国	韩国	
	殷锺赫	韩国	
	苏丽婉·布朗布丝	澳大利亚	

续表

届次	姓　名	国　籍（地区）	工　作　单　位
一九九八年第六届	永仓胜	日本	
	马里奥·乍德	意大利	
	国光嘉彦	日本	
	格里恩·布雷克	加拿大	
	刘易斯·史密斯	美国	
	欧·史密特	美国	
	维诺利·巴希奇尼科	俄罗斯	
	朱迪·玛塞尔曼	美国	
	艾丽丝·克拉克	美国	
	巴·巴拉·维尔克	德国	

说明：省政府印发的《第六届“齐鲁友谊奖”获奖外国专家名单》中未注明专家工作单位

九、山东省外国专家日

为充分体现山东省对驻鲁外国专家工作的重视与关怀，激励外国专家工作热情，进一步扩大对外影响，经省政府批准，设立山东省外国专家日。确定自 1994 年起，每年 5 月第二个周末为山东省外国专家日，由省外办组织实施。

第一届山东省外国专家日为 1994 年 5 月 14 日。主要活动有：（一）省委副书记、省长赵志浩在济南会见来自美国、瑞士、英国、德国、日本等国家的 15 名专家代表，介绍了山东省改革开放和经济建设情况，感谢外国专家为山东经济社会发展所作的贡献，要求在全省营造尊重外国专家、支持外国专家的社会风尚。（二）省外办、省教委、山东电视台联合组织 10 个国家的 50 余位外国专家到邹平农村参观村办工厂、学校，在农家与农民共进午餐，使他们亲身领略了中国农村的风土人情、生活习惯以及改革开放后农村发生的巨大变化。（三）录制了第一届全省外国专家、留学生文艺汇演专题节目《相聚在山东》，约 70 位外国专家、留学生参加演出。山东电视台在外国专家日当天的黄金时段播出，受到社会广泛关注和好评。

第二届山东省外国专家日为1995年5月12日。主要活动有：（一）省外办组织约80名驻济南、淄博和东营市的外国专家到胜利油田参观游览。很多外国专家对油田的壮观场面以及取得的成绩赞赏不已。（二）省外办、省教委、山东电视台联合录制了第二届全省外国专家、留学生专题文艺节目《天下朋友是一家》。在胜利油田参观的当晚，外国专家们观看了自己表演的节目。

第三届山东省外国专家日为1996年5月11日。主要活动有：（一）省外办组织驻济南的70多名外国专家到济南市清河村参观。专家们通过看录像了解到，这里曾经是落后荒凉的城郊村庄，而现在已变成集农、工、商、贸为一体的现代化城镇，无不赞叹该村10年间发生的翻天覆地的变化。（二）观看了清河集团自己编排的形式多样的文艺节目，领略了中国新型农民的风采。

第四届山东省外国专家日为1997年5月11日。主要活动有：（一）副省长杜世成会见10位专家代表，听取外国专家对山东经济建设、社会发展、改革开放及外国专家工作的意见和建议。（二）外国专家观看了由省外办、省教委、省政府新闻办、省国际文化交流中心以及济南市外办联合主办的文艺晚会。山东电视台对前四届山东省外国专家日活动录像进行了回顾展播。

第五届山东省外国专家日由全省各地自行组织活动。

第六届山东省外国专家日为2001年5月26日。省外办、潍坊市外办组织来自美国、加拿大、俄罗斯、英国、法国、澳大利亚、德国、日本和韩国9个国家的驻济外国专家100余人在蔬菜之乡——寿光举行活动。外国专家参观了蔬菜大棚、钓鱼台村农户、山东晨鸣纸业集团股份有限公司和寿光开发区、蔬菜市场等，对寿光的蔬菜大棚表现出极大的兴趣和热情，纷纷在大棚里与蔬菜合影留念。

第七届山东省外国专家日为2004年5月14日。主要活动有：（一）组织70余名驻济外国专家参加了“慈心一日捐”，外国专家捐款、捐物共计人民币8万元。副省长、省慈善总会会长谢玉堂会见了捐款外专代表，向大宇水泥公司董事长金在庸先生颁发了“爱心使者”纪念杯和证书。（二）组织百名外国专家到济南市特殊教育中心参观，观看残疾儿童演出。演出后参加活动的外国专家向该中心现场捐款5000余元。

第八届山东省外国专家日为2005年5月14日。省外办组织驻济百名外国专家与驻枣庄外籍人员共同参观了工业园、企业和农户，游览了石榴园、汉画像石馆、墨子研究中心，观看了文艺演出并同枣庄学院师生联欢。

截至2005年，在8届山东省外国专家日活动中，省外办共组织了800余名外国专家参加，得到广大驻鲁外国专家的普遍认可和好评，取得了良好的社会效益和广泛的社会影响。

省外办还积极组织有外国专家参加的其他活动200余次。其中有每年举办的国庆招待会、国庆文艺晚会、新年音乐会等；还有不定期组织的活动，如泰山登山节、龙山文化节、山东文物古迹游、孔子周游列国首游式、济南市金秋经贸洽谈会、中外妇女庆“三八”联欢会、外国人唱中国歌曲大奖赛、“山东省外国友人看山东、话山东”系列活动、植树造林建立“外国专家林”以及部分市举办的活动。省外办还与有关部门联合制作了十几部外国专家在鲁工作、活动专题片和专辑，如《情系齐鲁》《相聚在山东》《天下朋友是一家》《外国专家在山东》等。

第四章　友城管理

1986—2005 年，山东省十分注重开拓、发展和巩固友城工作渠道。20 年间，共发展友城 116 对，是山东友城的大发展时期（此间，由于受 1989 年政治风波的影响，1989—1990 年，全省仅发展友城关系 1 对），奠定了全省友城工作的基本格局。在宏观管理方面，省外办坚持服务与管理相结合，寓管理于服务之中。注意双方结好地区的优势和特点，使之能够优势互补，相互受益，共同发展。注意友城的地区分布，积极引导和拓展新的对外交往渠道，成熟一个，发展一个，巩固一个。坚持“大外事”“大友城”思路，探索出了友城优势互补、渠道共享，一方结好、多方受益的工作经验。利用友城渠道，扩大对外交流，在配合国家总体外交的同时，促进了山东省经济发展和社会进步，增进了与世界各国人民的了解与友谊，提高了山东的国际影响力。截至 2005 年底，山东省已与五大洲 61 个国家的 318 个地方政府建立了稳固的关系，建立了东北亚地方政府联合会、友好省州领导人峰会等几个重要的多边合作平台，有效拓展了山东省国际合作空间。2005 年，山东省被中国人民对外友好协会、中国国际友城联合会授予中国国际友城工作最高“成就奖”，济南市和青岛市被授予友城工作“贡献奖”，成为获奖最多的省份之一。

第一节　管理政策

1979 年 5 月，全国人大常委会副委员长、中日友协会长廖承志率“中日友好之船”代表团访问日本，提议山东省青岛市与山口县下关市结为友好城市。10 月，双方正式签署协议，这是山东省与国外缔结的第一对友好城市。此后，山东省积极开展友城工作，制定了一套日趋完善的管理制度，友城工作得到健康较快发展。

一、友城工作的方针政策

全国友好城市工作由中国人民对外友好协会主管，外交部领导。凡有关友城工作的重大事项，均须报送全国对外友协，再由其按照中央有关规定，报外交部或国务院审批。

山东省开展友城工作的总方针是：态度积极，步骤稳妥；友好当先，注重实效。友城工作必须贯彻中央的对外政策，必须从中国实行的独立自主的和平外交政策出发，服从和配合中央总体外交。选择友城对象，应采取先交往，后结好，以山东为主，兼顾对方的工作方针。在友城交往中，要讲友谊、讲互利、讲实效。友城工作要加强归口管理，严格执行审批制度。开展友城活动，要坚持节约办外事的原则，人员互访费用采取对等原则。友好城市间不互设官方、半官方性质的常驻机构（经济实体或公司代表处除外），不互派地方政府常驻代表。

二、友城工作的组织管理

按照外交部《关于友好城市工作若干规定》，山东省友好城市工作由省政府外事办公室主管，具体工作内容是：负责省级友城的结好工作和审核各城市结好计划并上报全国友协；审批各基层单位结好请示；认真制定和实施协议书及友城间的交流计划；组织好团组的出访和对方来访接待工作；承办友好城市间的联络和接待工作。

三、友城工作的管理规定

1991 年 2 月，外交部发文，调整友城结好国别政策。1992 年 11 月，全国友协发起成立中国国际友好城市联合会，负责对全国的友城工作进行宏观管理。当年，全国友协下发《关于适当放宽友好城市间交往审批权限的通知》，适当放宽了友城间的人员互访、人才交流、经贸科技合作等方面的审批权限。

1992 年，经省民政厅批准，山东省国际友好城市交流事业基金会成立。省外办原主任石涛任会长。2005 年 6 月 27 日，该基金会注销。

1993 年 8 月 14 日，外交部转发全国友协《友好城市工作管理规定》。《规定》明确了“友好城市”的定义、宗旨、工作方针以及主管单位，对与外国建立友好城市的条件、程序以及友好城市间的人员交往、友好城市间的交流作出规定，对友好城市工作国别政策进行了阐述。山东省及时将《规定》转发全省各地，使全省友城工作进入规范化、法制化的轨道。

1994 年 12 月，省政府办公厅转发省外办《关于国际友城交往实行优惠政策的意见》，提出各地各部门的对外贸易和经济技术合作项目，在同等条件下由友城间优先选择；引进先进技术与设备，应首先从友城渠道寻找和引进。国外友城来山东建立工业园区，在地点选用、资金配套等方面享有优先权等10条优惠政策，鼓励各地友城不断扩大相互间经贸、科技、文化等领域的实质性交流。

1996年，根据国务院总理李鹏的指示，山东省采取“统筹规划，总量控制，讲求实效，稳步发展”的审批原则，制定了友城发展的新措施。

1998年9月，经省委、省政府同意，全省友好城市对外宣传工作研讨会在济南召开。外交部新闻司、国务院新闻办一局、全国友协友城办的负责同志参加会议。省委常委、宣传部长王修智出席会议并讲话，对提高友城外宣工作的档次和水平提出明确要求。

图2-2 1998年9月，全省友好城市对外宣传工作研讨会在济南召开。图为省委常委、宣传部长王修智在会上讲话

2000年3月，外交部转发《友好城市工作管理规定》，对1993年的《规定》进行了修订。修订后的《规定》，要求各地在与敏感或热点国家的城市探讨结好前，须事先请示外交部和全国友协，获准后方可进行。《规定》第二十八条和二十九条，明确要求未经国家主管部门批准，不得同对口友好城市商谈有关通航、边界等涉及国家主权和领土的事宜，不得同外国地方政府签订政治、经济、贸易、科技、文化、体育、广播电视、旅游等方面的综合性长期交流计划和协议。

2003年5月12日，省外办与省教育厅联合制定《山东省中外友好校际

图 2-3　2000 年 9 月，中国人民对外友好协会在北京举办 2000 中国国际友好城市交流展暨经贸洽谈会。图为山东省展区

关系暂行管理办法》，进一步加强对全省中外友好校际关系的管理，规范申报审批程序，促进了国际教育交流的深入发展。

2005 年 4 月，外交部转发第二次修订的《友好城市工作管理规定》。《规定》明确要求，在申请与建立友好城市关系时，必须得到驻该国使领馆的同意。原实行的结好"一对一"原则有所突破，中国两个或两个以上城市与外国同一个城市结好，可根据习惯做法和国家总体外交及经济社会发展整体需要区别对待。《规定》所提供的协议书范本中，增加了"本协议书有效期为 5 年。有效期满后，如无一方提出终止，可顺延。"5 月 12 日，《全国友协友好城市工作管理、审批办法》正式施行，友城审批工作的分工、程序更加明晰。

第二节　友城缔结

从 1979 年青岛市与日本山口县下关市结成山东省第一对友城开始，全省友城工作不断发展。至 1985 年底，全省与日本、英国、朝鲜、墨西哥、法国、美国、加拿大建立友城关系 15 对。

1986 年，全省缔结友城关系 8 对（其中省级 2 对），分别是：山东省与澳大利亚南澳州、山东省与美国康涅狄格州，东营市与美国米德兰市、烟台市与新西兰陶朗加市、烟台市与日本别府市、潍坊市与日本日向市、泰安市与日本桥本市、威海市与英国彻特纳姆市；结成友好合作城市1对、友好学校7对、友好港口1对、友好媒体1对。

1987年，全省缔结友城关系4对（其中省级1对），分别是：山东省与德国巴伐利亚州，枣庄市与德国施普洛克赫弗尔市、潍坊市与意大利皮亚琴察市、潍坊市与德国弗赖辛地区；结成友好学校17对、友好医院2对。

1988年，全省缔结友城关系1对：济南市与巴布亚新几内亚首都地区；结成友好学校14对、友好医院1对、友好媒体1对。

1989年，全省缔结友城关系1对：威海市与意大利比拉市；结成友好学校5对、友好港口1对、友好医院1对。

1990年，全省没有对外缔结友城关系和友好合作城市关系；结成友好学校12对、友好医院2对。

1991年，全省缔结友城关系3对，分别是：淄博市与法国拉罗什市、潍坊市与美国普韦布洛市、日照市与土耳其特拉布松市；结成友好学校8对、友好港口1对。

1992年，全省缔结友城关系2对（其中省级1对），分别是：山东省与意大利马尔凯大区，威海市与日本宇部市；结成友好合作城市1对、友好学校23对、友好港口1对、友好团体3对、友好医院1对。

1993年，全省缔结友城关系19对（其中省级3对），分别是：山东省与斯里兰卡西北省、山东省与韩国庆尚南道、山东省与美国得克萨斯州，烟台市与俄罗斯陶利亚蒂市、曲阜市与日本多久市、烟台市与韩国群山市、威海市与美国加州圣塔巴巴拉市、枣庄市与日本美祢市、青岛市与乌克兰敖萨德市、肥城市与日本一宫町、济南市与韩国水原市、威海市与俄罗斯索契市、胶南市与亚美尼亚阿保夫扬市、淄博市与日本加茂市、曲阜市与美国加州戴维斯市、平度市与澳大利亚休斯维尔市、青岛市与韩国大邱市、枣庄市与澳大利亚新英格兰西北地区、聊城市与俄罗斯谢罗夫市；结成友好合作城市3对、友好学校33对、友好港口4对、友好团体3对。

1994年，全省缔结友城关系5对（其中省级1对），分别是：山东省与荷兰北荷兰省，招远市与美国加州富乐顿市、威海市与韩国丽水市、文登市与美国密苏里市、济南市与俄罗斯下诺夫哥罗德市；结成友好合作城市2对、友好学校37对、友好港口1对、友好媒体3对、友好团体3对、友好医院1对。

1995年，全省缔结友城关系6对（其中省级2对），分别是：山东省与瑞典韦斯特曼省、山东省与乌克兰赫尔松州，潍坊市与韩国安养市、济宁市与美国弗吉尼亚州劳顿郡、邹城市与瑞典阿布戈市、淄博市与俄罗斯诺夫哥罗德市；结成友好合作城市 9 对、友好学校 39 对、友好港口 1 对、友好媒体 2 对、友好团体 5 对、友好医院 3 对。

1996 年，全省缔结友城关系 7 对（其中省级 2 对），分别是：山东省与越南岘港市、山东省与奥地利上奥州，济宁市与法国米卢斯市、胶南市与韩国庆山市、威海市与新西兰蒂玛鲁市、日照市与新西兰吉斯本市、泰安市与韩国泰安郡；结成友好合作城市 4 对、友好学校 40 对、友好媒体 3 对、友好团体 1 对、友好医院 1 对。

1997 年，全省缔结友城关系 6 对（其中省级 1 对），分别是：山东省与罗马尼亚克鲁日县，德州市与日本新居浜市、淄博市与格鲁吉亚巴统市、青岛市与以色列耐茨奥纳市、潍坊市与澳大利亚东吉普斯兰郡、烟台市与泰国普吉府；结成友好合作城市 8 对、友好学校 34 对、友好港口 1 对、友好媒体 1 对、友好团体 1 对。

1998 年，全省缔结友城关系 11 对（其中省级 4 对），分别是：山东省与巴布亚新几内亚东赛皮克省、山东省与密克罗尼西亚科斯雷州、山东省与秘鲁拉利伯塔德省、山东省与南非西开普省，泰安市与德国施瓦本地区、莱芜市与澳大利亚西托伦斯瑟巴顿市、东营市与韩国三陟市、平度市与韩国九老区、烟台市与英国安格斯市、青岛市与英国南安普敦市、青岛市与荷兰维尔森市；结成友好合作城市 8 对、友好学校 47 对、友好团体 1 对。

1999 年，全省缔结友城关系 5 对（其中省级 1 对），分别是：山东省与巴西巴伊亚州，泰安市与澳大利亚麦克阿瑟地区、潍坊市与以色列贝尔谢巴市、青岛市与智利蒙特港市、青州市与澳大利亚斯图亚特市；结成友好合作城市 14 对、友好学校 23 对、友好港口 1 对、友好医院 2 对。

2000 年，全省缔结友城关系 4 对，分别是：济南市与法国雷恩市、莱州市与韩国北济州郡、枣庄市与美国马萨诸塞州布罗克顿市、济南市与芬兰万达市；结成友好合作城市 7 对、友好学校 23 对、友好港口 1 对、友好团体 1 对、友好医院 2 对。

2001 年，全省缔结友城关系 7 对（其中省级 2 对），分别是：山东省与菲律宾北伊洛戈省、山东省与古巴哈瓦那省，聊城市与韩国宜宁郡、济宁市与瑞典法格什塔市、聊城市与柬埔寨磅清扬市、泰安市与意大利都灵市、淄博市与菲律宾万那威市；结成友好合作城市 13 对、友好学校 16 对、友好团体 4 对、友好医院 2 对。

2002 年，全省缔结友城关系 7 对（其中省级 1 对），分别是：山东省与委内瑞拉苏利亚州，日照市与日本室兰市、青岛市与乌拉圭蒙德维的亚市、临沂市与韩国镇海市、泰安市与巴西永贾伊市、淄博市与南非新堡市、烟台市与瑞典厄勒布鲁市；结成友好合作城市 6 对、友好学校 18 对、友好港口 1 对。

2003 年，全省缔结友城关系 4 对，分别是：聊城市与澳大利亚布莱克敦市、青岛市与法国南特市、济南市与澳大利亚郡德勒普市、淄博市与韩国广州市；结成友好合作城市 8 对、友好学校 11 对、友好团体 2 对。

2004 年，全省缔结友城关系 6 对（其中省级 1 对），分别是：山东省与突尼斯苏斯省，济南市与德国奥格斯堡市、章丘市与日本柳井市、青岛市与西班牙毕尔巴鄂市、青岛市与立陶宛克莱佩达市、威海市与突尼斯苏斯市；结成友好合作城市 9 对、友好学校 15 对、友好团体 1 对。

2005 年，全省缔结友城关系 10 对（其中省级 2 对），分别是：山东省与委内瑞拉安索阿特吉州、山东省与委内瑞拉莫纳加斯州，德州市与韩国始兴市、烟台市与保加利亚布尔加斯市、菏泽市与韩国金浦市、菏泽市与乌拉圭弗来宾多市、青岛市与美国佛州迈阿密市、乳山市与韩国河南市、青岛市与法国布雷斯特市、日照市与墨西哥夸察夸尔科斯市；结成友好合作城市 19 对、友好学校 11 对、友好团体 2 对。

第三节 友城布局

截至 2005 年底，山东省共有友好城市 131 对、友好合作城市 112 对、友好学校 473 对、友好港口 14 对、友好媒体 11 对、友好团体 27 对、友好医院 18 对。

131 对友城分布于世界 39 个国家，分别是：亚洲的日本、韩国、朝鲜、斯里兰卡、越南、泰国、柬埔寨、菲律宾、以色列、格鲁吉亚、亚美尼亚 11 国；欧洲的英国、法国、德国、奥地利、意大利、西班牙、瑞典、荷兰、芬兰、俄罗斯、乌克兰、立陶宛、罗马尼亚、保加利亚 14 国；美洲的美国、加拿大、智利、巴西、古巴、秘鲁、委内瑞拉、乌拉圭、墨西哥 9 国；大洋洲的澳大利亚、新西兰、巴布亚新几内亚、密克罗尼西亚 4 国以及非洲的南非。

友城分布相对集中的国家有 3 个，分别是：日本 17 对、韩国 17 对、美国 15 对，占友城总数的 37．4%。另外，澳大利亚 9 对，法国 6 对，俄罗斯和德国各 5 对，意大利、英国和瑞典各 4 对，新西兰和委内瑞拉各 3 对；巴西、巴布亚新几内亚、菲律宾、荷兰、墨西哥、南非、突尼斯、乌克兰、乌拉圭和以色列各 2 对；奥地利、保加利亚、朝鲜、芬兰、格鲁吉亚、古巴、加拿大、柬埔寨、立陶宛、罗马尼亚、秘鲁、密克罗尼西亚、斯里兰卡、泰国、土耳其、西班牙、亚美尼亚、越南、智利各 1 对。

友好城市在山东省的分布情况为：省级 28 对、青岛 19 对、济南 13 对、烟台 11 对、威海 10 对、淄博和潍坊各 8 对、济宁和泰安各 7 对、枣庄、日照和聊城各 4 对、东营、德州和菏泽各 2 对、莱芜和临沂各 1 对。滨州没有友城关系。

在合理规划友城布局的同时，山东省还注重整合友城资源，搭建国际友城大平台。2000 年，为推动多边合作，促进共同发展，山东省与德国巴伐利亚州共同倡议建立友好省州领导人峰会机制。2004 年 4 月 23 日，山东省正式加入由中国、日本、韩国、俄罗斯 4 国 29 个地方政府组成的东北亚地区地方政府联合会。

第五章　外国记者管理

1986—2005年，山东省经济建设持续增长，“三资”企业和进出口贸易位居全国前列，各项社会事业都有长足的发展，加之拥有泰山、黄河、“三孔”等自然和历史文化遗产，山东省成为对外交流与合作最为活跃的地区之一，吸引了大批外国媒体和记者前来采访，其批次和人数逐年攀升。由于外国媒体和记者各自的政治背景和角度不同，其采访内容既有较为客观地反映改革开放和经济建设成就的，也有涉及政治、经济、文化等方面敏感问题的负面报道。面对新时期出现的新情况、新问题，省外办一直高度重视做好外国记者管理工作。坚持管理、服务、引导并举的工作方针，结合山东实际，制定一系列规章制度，使外国记者管理工作有法可依，有章可循。调整相关处室的职责，成立新闻文化处，为做好外国记者管理工作提供组织保障。认真执行政策，严格审批把关，变被动接待为主动邀请，引导外国记者宣传山东经济社会发展所取得的成就；利用重大活动，举办新闻发布会，提供招商指南和政策咨询，拓展对外宣传渠道；积极牵线搭桥，促进中外媒体合作；积极防范和应对突发事件，准确把握政策，为山东省经济社会发展营造了良好的国际舆论环境。

第一节　政策规定

1986—1990年，外国记者管理工作主要依据国务院1981年3月9日发布的《关于管理外国新闻机构常驻记者的暂行规定》。20世纪90年代后，根据国内、国际形势的变化，中共中央、国务院审时度势，对加强外国记者管理工作提出新的要求，制定了新的管理政策。1990年1月19日，国务院下发《关于加强外国记者管理的通知》，同时以国务院第47号令发布《外国记者和外国常驻新闻机构管理条例》。《条例》颁布施行后，成为中国境内管理外国记者和外国常驻新闻机构的主要依据。

《条例》的主要内容包括：（一）中华人民共和国政府依法保障外国记者和外国常驻新闻机构的合法权益，并为其正常业务活动提供方便。外国记者和外国常驻新闻机构必须遵守中华人民共和国的法律、法规。（二）外交部是外国记者和外国常驻新闻机构的主管部门。外国新闻机构派遣常驻记者，应当向外交部新闻司提出申请。（三）派遣常驻记者的申请经批准后，该记者应当在抵达中国后七天内，持该机构总部负责人签署的委任书和本人护照，到新闻司办理注册手续，领取《外国记者证》。驻北京以外地区的外国常驻记者，应当在抵达中国后七天内，到新闻司委托的地方人民政府外事办公室办理前款规定的手续。（四）外国新闻机构设立常驻新闻机构，应当向新闻司提出申请。申请书应当由该机构法定代表人签署，并包括相应内容和文件。（五）设立常驻新闻机构的申请经批准后，该常驻新闻机构负责人应当在抵达中国后七天内，持外国新闻机构法定代表人签署的委任书和本人及其他人员的护照到新闻司办理注册手续，领取《外国常驻新闻机构证》。驻北京以外地区的外国常驻新闻机构，其负责人应当在抵达中国后七天内，到新闻司委托的机关办理前款规定的手续。（六）外国常驻记者应当每满一年到新闻司或者新闻司委托的机关办理一次《外国记者证》送验、延期手续。无正当理由逾期三十天不办理送验、延期手续的，自行丧失外国常驻记者资格。外国常驻新闻机构更换负责人、增减人员或者作其他重大变更，应当向新闻司提出申请，经批准并办理变更注册手续。（七）外国记者随国家元首、政府首脑或者外交部长来中国访问，应当由该国外交部事先统一向中国外交部申请并经批准。（八）外国短期采访记者、记者团组到中国采访报道，应当向中国驻外使领馆或者中国国内有关部门提出申请，经批准后，到中国驻外使领馆或者外交部授权的签证机关办理签证。应中国国内单位邀请的外国短期采访记者、记者团组，应当持邀请函电到中国驻外使领馆或者外交部授权的签证机关办理签证。（九）外国短期采访记者在中国境内的采访活动由接待单位负责安排、提供协助。外国短期采访记者因正当理由需要延长采访时间的，须经接待单位同意并按规定办理延长签证手续。（十）外国记者和外国常驻新闻机构应当在注册的业务范围或者商定的采访计划内进行业务活动，应当遵守新闻职业道德，不得歪曲事实、制造谣言或者以不正当手段采访报道，不得进行与其身份和性质不符或者危害中国国家安全、统一、社会公共利益的活动。（十一）外国记者采访中国主要领导人，应当通过新闻司提出申请，并经同意；采访中国的政府部门或者其他单位，应当通过有关外事部门申请，并经同意。外国记者赴中国开放地区采访，应当事先征得有关省、自治区、直辖市人民政府外事办公室同意；赴中国非开放地区采访，应当向新闻司提出书面申请，经批准并到公安机关办理旅行证件。

（十二）外国常驻记者和外国常驻新闻机构应当依照中国的有关规定，租用房屋设立办公场所，通过当地外事服务单位可以聘用中国公民担任工作人员或者服务人员；聘用本国或者第三国公民担任工作人员或者服务人员，须经新闻司同意。（十三）外国记者和外国常驻新闻机构不得在中国境内架设无线电收发信机和安装卫星通信设备；在中国境内使用对讲机及类似通信设备，须向中国政府通信主管部门提出申请，并经批准。外国短期采访记者因特殊情况，需要携带和安装卫星通信设备，须向外交部提出申请，并经批准。（十四）外国常驻记者应当于离任前三十天书面通知新闻司，并在离境前到新闻司或者新闻司委托的机关注销《外国记者证》。外国常驻新闻机构应当于关闭前三十天通知新闻司，并在关闭后到新闻司或者新闻司委托的机关缴销《外国常驻新闻机构证》。（十五）外国记者和外国常驻新闻机构违反本条例规定的，新闻司可以视情节，分别予以警告、暂停或者停止其业务活动、吊销《外国记者证》或者《外国常驻新闻机构证》等处罚。违反《中华人民共和国外国人入境出境管理法》或者其他法律、法规的，由中国有关主管机关依法处理。（十六）除本条例规定的外国记者和外国常驻新闻机构外，其他外国人和机构不得在中国境内从事新闻业务活动，违者由中国公安机关视情节予以相应处罚。

1992 年，外交部下发《关于外国记者短期来访事宜的通知》。山东省根据国务院和外交部有关文件精神，1992 年制定了加强来访外国记者管理工作的有关规定。省外办 1993 年编印了《外事法规汇编·新闻部分》。这一系列文件和规章的制定和下发，使全省的外国记者管理工作走上法制化、规范化、制度化的轨道，为顺利开展外国记者管理工作奠定了基础。

第二节 管理办法和审批程序

一、管理办法

改革开放以来，每年都有大批外国记者来山东省进行各种形式的采访活动。为加强对外国记者的管理工作，山东省制定了一系列政策规定，主要有：（一）山东省人民政府外事办公室归口负责来山东采访的外国记者的审批和管理工作。（二）外国常驻记者要求来山东省采访，须向省外办提出申请，由省外办审批。其他部门、单位及地区均不得直接受理外国常驻记者采访的申请。如收到此类申请，应及时转交省外办处理。（三）邀请外国常驻记者来山东省采访，由省外办按规定办理。邀请外国常驻记者来山东集中采访，由省外办提出方案，经省政府同意后，通过外交部统一邀请。全省性重大涉外活动，由省外办或由省外办会同有关部门提出境外记者邀请方案，经省政府同意后，由省外办统一办理邀请事宜。各地重大涉外活动，由各地外办会同有关部门提出邀请方案，经所在地人民政府同意后报省外办，由省外办审理并按规定报省政府和外交部同意后，统一办理邀请事宜。（四）境外外国记者来山东省采访的申请，由省外办统一受理。经省外办审核同意并征得我驻外使领馆和中央主管部门意见后，报外交部审批。省直部门、单位及各市地一般不邀请境外记者来鲁采访。如有特殊需要，有关部门、市地外办提出方案报省外办，由省外办报省政府主管领导审核同意并征得我驻外使馆意见后，报外交部审批。中外合资、外国独资企业、外国驻鲁办事机构对外国记者的邀请以及外国代表团随行记者的报批，按上述第（三）（四）条执行。（五）外国常驻记者因特殊需要赴非开放地区采访，须向外交部提出书面申请，经外交部商地方和有关部门同意后方可前往。外国短期采访记者赴山东省非开放地区采访，需由接待部门征得省外办和济南军区或总参作战部同意，报外交部审批。外国记者前往非开放地区旅行，需按国家有关规定向公安机关申办《外国人旅行证》。（六）外国记者来鲁后，由接待部门负责管理。接待单位应有专人全程陪同，绝不可放任自流。外国记者、党宾国宾随行记者以及由省外办邀请或由中国驻外使领馆推荐并经外交部批准来鲁短期采访记者和来自友好省州的记者，由省外办接待。中央有关部门邀请的外国短期采访记者，由本省对口部门接待或与省外办联合接待。省或市地部门、单位邀请的外国记者，邀请单位应会同省、市地外办共同接待、管理。接待单位应及时将接待计划和接待情况简报报省外办。（七）被采访单位或个人要凭外事部门或接待单位的通知接受外国记者采访。未接到通知，概不得接受采访。对以不正当手段从事非法采访活动或从事与记者身份不符的活动的记者，接待单位和陪同人员应予批评、制止并报告当地外事、公安和有关部门。（八）外国记者的采访活动应严格按接待计划进行，限在被批准的采访范围和时间内（代表团随访记者的采访应在代表团活动范围内）。如需改动计划或增加采访内容、延长采访时间，要报经审批部门同意。（九）以旅游者、商人身份来华的外国记者，不能从事采访活动。旅游部门和省有关单位要加强对改变身份的外国记者的管理，防止其从事非法采访报道活动。（十）公职人员接受外国记者采访，需得到本单位领导批准或授权。除省政府及其外事部门（包括其授权单位）的指定人员外，任何单位和个人不得接受外国记者的电话采访。任何单位和公职人员不得接受境外外国记者的国际长途电话采访。外国记者要求采访省级领导，须向省外办提出申请并提交采访提纲，经批准后由省外办统一安排。

二、审批程序

山东省人民政府授权省政府外事办公室归口负责来山东省采访的外国记者的审批和管理工作，审批依据为国务院1990年发布施行的《外国记者和外国常驻新闻机构管理条例》等。外国常驻记者要求来山东省采访，需向省政府外事办公室提出书面申请。

外国常驻新闻机构的记者来山东省采访，必须具备以下条件：（一）有我外交部颁发的《外国记者证》。（二）记者所在的新闻机构名称、姓名、联系方式。（三）采访地、采访时间及要求。（四）外国新闻机构负责人签名。

审批程序：（一）外国记者向省外办提出书面申请。（二）由省外办综合处负责人审核，在征求有关部门、单位或市地的意见后，上报办领导。（三）省外办领导审批。

根据外交部要求，由省外办派员迎送并陪同外国记者采访。对非法采访的外国记者，依照外交部有关规定进行处理。

第三节 外国记者来鲁采访

改革开放以来，每年都有大批外国记者来山东省进行各种形式的采访活动。“七五”时期，山东省共邀请了40多个国家和地区的300多名外国（境外）记者来鲁采访。1984—1991年，山东省先后邀请了20多个国家的50多名驻华新闻官来鲁访问。

1992年，有来自16个国家和地区的外国（境外）记者计42批142人次来山东省采访。

1992年后，随着邓小平视察南方重要讲话精神的贯彻落实，全国改革开放掀起新高潮，来自世界各国和地区的外国（境外）记者来山东省采访的批次和人数大幅度增加，涉及领域更加广泛。

1993年来山东省参观采访的外国记者共有93批343人次，其中常驻北京或上海的记者17批43人次，临时采访的非常驻记者76批300人次。采访批数依次为：日本记者，24批84人次；韩国记者，15批78人次；美国记者 9 批 16 人次；英国记者 5 批 16 人次；新加坡记者 4 批 19 人次；德国记者 4 批 7 人次。外国记者采访有如下特点：（一）采访记者的批数、人数增幅大、国别多，西方记者占近半数，著名新闻机构的资深记者较多。（二）韩国、新加坡等周边国家采访记者猛增。（三）采访内容以山东省改革开放和经济建设为主，占来访记者总数的 95% 以上。采访孔子及儒家文化对当代中国影响的外国记者也明显增多。与此同时，采访内容越来越触及到中国政治、经济的某些敏感问题和改革开放中的一些现实问题，如农民负担、计划生育、反腐败、打击走私、打击拐卖妇女儿童以及东西部差距、大中型企业转换机制等问题。（四）采访地区由东向西扩展，对鲁西乡村越来越感兴趣。

1994 年，来山东省采访的外国记者共有 109 批 291 人次，来自 22 个国家和地区。其中常驻北京、上海的记者 28 批 41 人次，短期采访的记者 81 批 250 人次。采访批数依次是日本记者 24 批 63 人次，韩国记者 18 批 55 人次，德国记者 11 批 31 人次，新加坡记者 9 批 25 人次，美国记者 4 批 5 人次，加拿大记者 3 批 4 人次，澳大利亚记者 3 批 3 人次。外国记者采访有如下特点：（一）采访记者的批次较上年稳中有升，越南、蒙古、泰国、马来西亚的记者也开始来山东省采访。报道内容主要涉及山东省改革开放和经济建设成就以及良好投资环境，比较积极、客观。（二）受国家关系的影响，德国、新加坡采访记者激增，而英国采访记者骤减。1994 年中德两国政府首脑会晤后，德国人对胶东半岛尤其是青岛表现出浓厚的兴趣，采访记者增加了近 2 倍。（三）采访以经济为主，占总批数的 77%，其次为文化旅游类，占 18%，政治类采访占 5%。经济采访以报道山东省改革开放和经济发展以及投资环境为主，但越来越多地触及宏观调控对改革开放的影响，改革中的国有大中型企业、农业以及工人、农民、妇女问题等。青岛、烟台、威海仍是外国记者采访的热点地区。（四）西方国家知名新闻机构的记者增多，如美国之音、美国《商业周刊》，日本广播公司、日本共同社、朝日新闻、经济新闻，英国独立报，德国德新社、电视一台、广播协会，加拿大电视网有限公司，澳大利亚广播公司等新闻机构都曾数次派记者来鲁采访。（五）报道比较深入客观。美《商业周刊》、英《金融时报》、新加坡《联合早报》资深记者和主笔为撰写中国特刊和《龙的世界》特辑，来山东进行了专题采访；德《外贸新闻》记者通过采访，编写了《山东投资指南》，向德工商业界广为散发；韩广播公司通过采访，制作了《韩中经济关系展望》特别节目，在金泳三总统访华前播放，制作完成了 6 集电视片《中国——觉醒的巨人》；德国电视一台来采访，制作了《青岛旅游风光》；日本共同制片公司拍摄制作了全面介绍青岛情况的专题节目，播放后引来大批日商投资；加拿大电视网通过对山东省街道居委会妇女干部的采访，向加拿大人民介绍了中国妇女的社会地位和社会义务；美国之音记者详细采访报道了山东省金融体制、财税制度改革情况及投资环境。这些报道，对山东省吸引外资起到了较好的作用。（六）不服从管理、非法采访的事情屡有发生。有 4 批外国记者擅自入境进行非法采访，另有 4 名外国记者入境后擅自变更采访路线和计划，被勒令限期离境。

1995 年，来山东省采访的外国记者 47 批 167 人次。省外办积极引导报道。同时，与国外多家新闻机构建立了稳定的交流关系，通过国外新闻机构宣传山东。

1996 年，来山东省采访的外国记者 46 批 102 人次，其中常驻记者 21 批 44 人次，临时采访的 25 批 58 人次。

1997 年，来山东省采访的外国记者 56 批 212 人次，其中常驻记者 26 批 44 人次，临时采访的 30 批 168 人次。从采访记者的国别看，来自美国、英国、德国、加拿大等西方国家的记者 23 批 36 人次，来自日本、韩国、新加坡等周边国家和地区的记者 25 批 281 人次，还有尚未与中国建交的巴拉圭记者 1 批 3 人次。日本记者来访最多，实际到访 5 批 19 人次，其次是德国记者 5 批 12 人次。从采访地点看，外国记者的采访地主要集中在青岛、济南、威海、烟台、潍坊等城市，只有 5 批记者到过济宁、德州、东营和聊城。从反馈信息看，外国记者对山东省的报道大都比较客观公正，对宣传山东起到了积极作用。如德国《图片报》主编海尔穆特、摄影记者迪尔格专程来山东，为山东—巴伐利亚州结好 10 周年拍摄《我眼中的山东朋友》专题片，在德国社会产生了积极影响，取得了利用友城宣传山东的良好效果。日本 NHK 电视为迎接 12 月 9 日世界残疾人日，两次来济南采访张海迪，编辑了一部残疾人身残志坚、奋发向上的节目，在日本引起强烈反响。联合国亚太经济社会委员会残疾人问题专家、日本残疾人中西由起子对张海迪进行了专访。1998 年 1 月 4 日，日本 NHK 电视向 130 多个国家和地区播放了此节目。

1998 年，来山东省采访的外国记者 60 批 302 人次，采访人数比上年同期上升 42%。其中常驻记者 42 批 102 人次。从国别看，来自日本、美国、英国等西方国家的记者批数、人数呈大幅上升趋势。日本占总数的 35%，仍占第一位。美国、英国记者来访批数、人数上升。其他记者分别来自法国、澳大利亚、荷兰、奥地利、韩国等国家。韩国记者明显减少。采访地点主要集中在青岛、济南、烟台和济宁。从反馈信息看，外国记者比较客观的报道对宣传山东起到了积极作用。如《华尔街日报》记者客观介绍海尔集团的发展和追求，引起巨大影响。从采访的内容看，主要涉及山东省经济建设情况，特别是关注对外投资环境建设和有地方特色的旅游文化，有的采访涉及揭露日军侵华罪行的有关题材。

1999 年，来山东省采访的外国记者 61 批 145 人次，其中常驻记者 13 批 34 人次。分别来自 13 个国家，日本、美国、德国和英国记者较多。其他记者来自新加坡、印尼、哈萨克斯坦、澳大利亚、芬兰等国家。来自美国、英国的记者采访了山东省及济南、青岛市主要领导人以及省地税局、省黄河河务局等部门负责人。美国《每日新闻》记者就山东省如何解决新生儿性别比例失衡问题以及相关人士如何看待新生儿性别失衡问题进行了采访。有 7 批记者对山东省孔子文化及人文、自然景观较感兴趣。

2000 年，来山东省采访的外国记者 72 批 237 人次，分别来自 16 个国家和地区。其中美国、日本、法国、德国、英国记者较多，其他记者来自欧盟、加拿大、新加坡、韩国、澳大利亚、白俄罗斯、罗马尼亚、南非等。美国《今日美国》《纽约时报》，日本《朝日新闻》，韩国 KBS 的采访报道涉及青岛啤酒进军国际市场、海尔能否逃脱价格战。美国之音记者来烟台、威海采访主要涉及两市与韩国经贸关系等。《华盛顿邮报》记者采访报道了菏泽地区经济发展情况。外国记者采访报道对山东省近几年的经济发展给予较高评价。

2001 年，来山东省采访的外国记者 121 批 396 人次，其中常驻记者 43 批 117 人次。主要来自美国、日本、韩国、德国等 15 个国家。从采访内容分布看，一是多集中于省内各城市的重大节庆活动，如青岛国际电子家电博览会、烟台 APEC 国际会议、潍坊国际风筝会、孔子国际旅游文化节、泰山国际登山节、淄博陶瓷博览会等。二是采访省、市两级领导人以及海尔等省内著名企业负责人的记者比较集中。三是大多数记者采访的是出口企业、环境保护、农业与农民、水利建设、社会保障等问题。其中，白俄罗斯新闻代表团一行 7 人来济南、青岛、济宁参观采访；希腊新闻团磋商建立雅典—淄博“友好电台”，探讨长期合作意向；日本和歌山县电视台记者就两省县结好以来的经济、科技、文化、体育等方面的交流成绩以及未来的发展展望，采访了李春亭省长；日本 NHK 电视记者拍摄了《面向世界的中国家用电器》电视专题片；日本《朝日新闻》专程来山东省拍摄了《遣唐使——慈觉大使东渡》电视专题片。

2002 年，来山东省采访的外国记者 192 批 473 人次，来访批数及人数创历史新高。其中常驻记者 71 批 194 人次。日本记者 78 批 124 人次，韩国记者 63 批 89 人次，美国记者 21 批 25 人次，德国记者 17 批 23 人次，涉及 16 个国家和地区。省外办协助有关市外办邀请日本 HNK 电视、韩国 KBS、美国之音、美国 CNN、时代华纳等世界主流媒体的外国记者 79 批 216 人次，对青岛国际电子家电博览会、烟台 APEC 国际会议、淄博陶瓷博览会、济南国际信息博览会、潍坊国际风筝会、威海东北亚论坛进行了专题报道。美国之音记者就入世后对山东中西部农业发展策略等问题，在东营、济宁、聊城进行了实地采访。德国巴伐利亚电视台台长阿门特率团来山东访问期间，省外办主动与山东电视台联系，制作了长约 15 分钟的电视专题片《山东》。日本 NHK 拍摄了两部电视专题片《21 世纪的开拓者》《中国的新纪元》，韩国 KBS、SBS、朝鲜日报对威海市进行了全方位的报道。

2003 年，来山东省采访的外国记者 104 批 376 人次。由于“非典”疫情影响，较上年下降 43.4%。其中，常驻记者 64 批 138 人次。日本记者 49 批 127 人次，韩国记者 25 批 87 人次，美国记者 8 批 25 人次，德国记者 7 批 23 人次。青岛啤酒节期间，省外办协助青岛市外办邀请了韩国《中国经济新闻》社负责人以及韩国最大的两家纺织企业的社长考察了城阳、平度和胶州 3 市（区）。通过实地考察，韩国泰昌集团与青岛签订了投资 1200 万美元的合作意向。为让更多的韩国企业了解济宁市的投资环境，在省外办的协调下，韩国《中国经济新闻》社积极帮助济宁市邀请了韩国百名企业家前来考察，同时该社还邀请韩国第一大媒体《朝鲜日报》等 5 家媒体的 12 名记者对此次活动进行报道，促成了签订 20 多项合作意向协议，投资额达 1.5 亿美元。韩国《中国经济新闻》在宣传山东投资环境的同时，利用自身优势，积极向韩国企业界推荐山东省企业，促成了韩国希杰公司在聊城市投资赖氨酸生物技术项目，投资额达 1 亿美元。

2004 年，来山东省采访的外国记者 142 批 278 人次，分别来自日本、韩国、美国、德国、英国、法国、挪威等国家。采访的主要内容是：山东省大型企业及外资企业的生产经营情况。泰山、曲阜受到外国记者格外关注。省外办邀请《今日美国》记者林奇采访了海尔集团首席执行官张瑞敏，发表了《把中国海尔成就为世界品牌的首席执行官》的报道。省外办组织韩国《中国新闻社》记者分别采访了烟台、日照、济宁市长以及开发区主任，撰写了《投资山东》一文。省外办接待了英国《金融时报》总编安德鲁·

高尔斯和乌克兰国家电视台摄制组，采访了省黄河河务局、济南钢铁集团总公司、魏桥纺织股份有限公司、青岛港、青岛啤酒集团。乌克兰国家电视台拍摄了《美丽山东》电视专题片。

2005 年，来山东省采访的外国记者 187 批次 389 人次。其中，主动邀请的外国媒体 46 家，大型记者团 4 批。青岛市外办在境外和北京举办推介会及新闻发布会，邀请外国媒体 40 家 54 人次。来访 15 批次以上的国家依次为，日本记者 49 批，韩国记者 38 批，法国记者 19 批，美国记者 18 批，德国记者 16 批。外交部信息显示：山东省的外国记者受理接待规模在全国位居前 3 位。3 月，省外办主动安排曾在 15 年前来昌邑县考察访问、比较了解中国农村发展状况和人民生活水平的英国《经济学家》杂志社记者麦杰思来邹平县采访。经过 2 周的采访，发表了《中国农村现状》一文，被《参考消息》转载。日本《读卖新闻》《朝日新闻》、韩国 KBS、华尔街日报、美国之音、英国 BBC、英国《经济学家》、英国金融时报、德国商报等世界主流媒体共 187 批记者前来山东省采访。省外办先后为济南“韩国周”、潍坊潍县集中营解放 60 周年活动、泰安“韩国周”、潍坊蔬菜博览会、青岛“德国周”、青岛啤酒节、孔子文化节等活动邀请外国媒体 107 批次 178 家，为省外办有史以来一年内邀请外国记者最多的年份。外国记者主要采访对象为济钢、兖矿、山东力诺集团、万杰集团、海尔集团、青岛啤酒集团、青岛港务集团等大型企业。为配合山东省名牌发展战略，提高品牌效益，省外办还主动向外国媒体介绍情况，建议他们采访山东省重点开放区域和其他大型企业。一些媒体接受了建议，临时增加采访内容，如采访青钢集团、莱钢集团、红领集团、海信集团、青岛保税区等，扩大了山东企业的影响和知名度，为进一步拓展国际市场，扩大国际市场份额作出了贡献。

第三篇

与亚洲国家的交往

亚洲是山东省对外开放的重点地区。发展与亚洲国家的交流与合作，山东具有独特的地缘和文化优势。1992 年，中国与韩国建交后，国务院明确山东省外事工作的重点是积极开展与日本、韩国的交流与合作。山东省充分利用环渤海经济圈、中日韩经济合作、东北亚合作论坛等区域性合作平台，大力拓展与日本和韩国的合作空间。其间，高层互访频繁，经贸往来密切，友城关系众多，民间友好顺畅。交往内容之多，合作范围之广，超过了亚洲其他国家。

在重点推动与日本、韩国全方位合作的同时，山东省重视发展与朝鲜的传统友谊并保持高层交往，较早建立了友好省道关系；开拓与越南的友好关系，交流党的建设经验，推动实质性合作；积极发展与新加坡的友好合作与交流，共同组织经济贸易理事会；推动与泰国在文化、旅游、农业等领域的实质性合作。同时，建立和巩固与东南亚其他国家的友好关系，开拓与南亚国家和西亚国家的交往渠道，有力配合了国家总体外交战略的实施。

第一章　日　本

改革开放后，日本一直是山东省重点交往的国家之一，双方人员往来和经贸合作长期居于山东省对外交往的第一位。1979 年，青岛市与日本山口县下关市结为友好城市，成为山东省建立的第一对友城。1982 年和 1984 年，山东省又分别与山口县、和歌山县代表团一行建立了友好省县关系，进一步推动了双方交往。此后，山东与日本的交往日趋活跃，双方高层互访日益频繁，在经贸、文化、科技、教育、环保等领域的交流合作不断扩大，民间友好活动广泛开展，取得大量合作成果。

第一节　来　访

一、国家官员与议员来访

1990 年 9 月 12 日，以日本众议院议员贵志八郎为团长的和歌山县友好访华团一行 13 人访问山东。中共山东省顾问委员会主任梁步庭会见了客人。

2002 年 8 月 6 日，日本众议院议员山本有二一行访问山东。省人大常委会副主任莫振奎在济南会见了客人。

2002 年 9 月 20 日，为庆祝中日建交 30 周年，日本众议院议员、保守党干事长二阶俊博率和歌山县代表团一行 300 人访问山东。省委书记吴官正在济南会见了客人。省政协副主席王久祜以及中日双方旅游、教育、科技、文化界代表参加了欢迎酒会。

2003 年 8 月 24—28 日，日本参议院议员福岛启史郎一行 5 人访问青岛、潍坊、济南等地，探讨促进山东与日本教育交流等事宜，了解山东农畜产品生产、出口情况，就中日间农副产品贸易问题进行沟通和交换意见。副省长陈延明在济南会见了客人。

2005 年 10 月 21—23 日，日本总务省审议官荒木庆司及自治体国际化协会北京事务所一行 9 人访问山东，参加了中国山东（济南）友好城市旅游大会。

二、驻华使馆官员来访

1997 年 10 月 6—10 日，日本驻华大使佐藤嘉恭及夫人一行 3 人访问济南、泰安等地。省委副书记、省长李春亭会见了大使一行。

1998 年 9 月 9—12 日，日本驻华大使谷野作太郎及夫人一行 3 人访问济南、青岛、泰安、曲阜等地。中共中央政治局委员、山东省委书记吴官正，省委副书记、省长李春亭分别会见了大使一行。9 月 25—26 日，谷野作太郎大使再次访问山东，参加中国（曲阜）国际孔子文化节和中日友好交流周活动。

2000 年 2 月 16—18 日，日本驻华使馆公使宫本雄二一行 2 人访问山东，考察日本与山东省的合作情况。

2002 年 2 月 6—8 日，日本驻华使馆经济公使目贺田周一郎一行 2 人访问山东，出席日本利民工程无偿援助项目赠款签字仪式并对 2000 年项目执行情况进行了考察。

2002 年 7 月 5—7 日，日本驻华大使阿南惟茂一行 2 人访问济南、青岛、青州等地。中共中央政治局委员、山东省委书记吴官正，省委副书记、省长张高丽分别会见了大使一行。

2004 年 3 月 18—21 日，以三菱商事中国总代表武田胜年为团长、日本驻华大使馆农业参赞校本真彻为顾问的日本驻华机构代表团一行 13 人访问济南、泰安、曲阜等地。省委副书记、省长韩寓群在济南会见了客人。

2004 年 4 月 14—16 日，日本驻华大使阿南惟茂访问山东，在山东大学发表题为“21 世纪日中关系”的演讲并参加青岛市日本人学校开校仪式。省委书记、省人大常委会主任张高丽，省委副书记、省长韩寓群在济南分别会见了日本客人。省委常委、秘书长杨传升，副省长孙守璞参加会见。

三、地方政府与议会来访

（一）山口县

1. 县级领导人来访

1986 年 10 月，山口县副知事中村率团访问山东，祝贺山东省文物展在山口县成功举办。

1991 年 4 月 22—29 日，以山口县知事平井龙为团长的山口县友好代表团一行 9 人访问山东，先后参观了淄博丝绸厂、曲阜“三孔”，游览了泰山。省委书记姜春云会见了代表团一行。

1992年11月1—8日，为庆祝山东省与山口县缔结友好省县关系10周年，以平井龙知事为团长的山口县代表团一行9人访问山东，出席了山口县赠送给山东省的“防长亭”竣工落成剪彩仪式。中共中央政治局委员、山东省委书记姜春云，省委副书记、省长赵志浩会见了代表团一行。

图3-1 1992年11月1—8日，日本山口县知事平井龙率团访问山东，出席两省县结好10周年庆祝活动和“防长亭”落成剪彩仪式。图为省长赵志浩与平井龙知事在剪彩仪式后交谈

1992年11月4—5日，以山口县议长河野博行为团长的山口县议会友好代表团一行7人出席山东—山口县缔结友好省县关系10周年庆祝活动，参加了“防长亭”落成剪彩仪式。省委副书记、省长赵志浩，省人大常委会主任李振会见了客人。

1995年4月27日至5月3日，山口县知事平井龙率山口县友好代表团一行7人访问山东。省委副书记、省长李春亭会见了客人。山东省政府授予平井龙知事“友好城市功勋奖”。

1997年4月23—29日，山口县议长伊藤博彦和新任知事二井关成分别率山口县议会、政府友好代表团及240余人组成的县民友好之翼访华团访问山东。随行的日本NHK电视、《读卖新闻》等6家报社和电视台就两省县结好15周年庆祝活动以及山东省经济社会发展和对外开放情况进行了采访报道。代表团会见了山东省委、省人大、省政府以及青岛市的主要领导人，举行了工作会谈并签署了会谈纪要。

1998 年 1 月 11—15 日，由山口县副知事小河启佑，下关市市长江岛洁、议长白井健司率领的山口县暨下关市友好访华团一行 4 人访问山东，参加了青岛港—下关港定期航班“理想之国”号首航庆典并与有关部门就进一步加强双方经贸合作事宜进行商讨。省委副书记、省长李春亭，省政协主席、省友协会长陆懋曾，副省长宋法棠在济南分别会见了代表团一行。

1998 年 10 月 30 日至 11 月 2 日，以副知事小河启佑为团长、农林部长岗野幸男为副团长的山口县政府友好代表团及志愿植树团等一行 87 人来长清县参加“绿色黄河友好林”开工仪式和植树活动。省委副书记、省长李春亭会见了小河启佑团长和部分团员。

2000 年 11 月 1—5 日，以副议长横山丰治为团长的山口县志愿植树团、山口县林业协议团一行 110 人访问山东。

2002 年 10 月 31 日至 11 月 3 日，为庆祝两省县缔结友好关系 20 周年，山口县知事二井关成和议长岛田明分别率山口县政府、议会友好代表团以及 400 余人组成的县民友好代表团访问山东，参加了“绿色黄河友好林”竣工仪式和“日本浮世绘版画精品展”开幕式等活动。省委副书记、省长张高丽与代表团举行会谈并签署了会谈纪要。

2003 年 9 月 22—24 日，山口县国际交流协会会长、山口县原知事平井龙一行 7 人访问山东，考察了山东省文物资源和山口县投资企业等。省委书记、省人大常委会主任张高丽，省委副书记、省长韩寓群分别会见了客人。韩寓群代表省政府授予平井龙“山东省荣誉公民”称号。

2004 年 11 月 3—7 日，山口县副知事绵屋滋二率山口县政府代表团、林业代表团和“绿色桥梁”志愿者植树团一行 110 人访问济南、泰安等地。省委副书记、省长韩寓群会见了代表团一行。省政府秘书长刘宗元参加活动。

2. 其他重要团组来访

1989 年 10 月 23—31 日，以泉田芳次市长为团长的下关市友好访问团一行 28 人访问山东。省委副书记、省长赵志浩会见了客人。

1992 年 3 月 25—31 日，以山口县议会议员村田哲熊为团长的山口县议会友好代表团一行 4 人访问济南、泰安、曲阜等地。省人大常委会副主任萧寒会见了日本客人。

1994 年 3 月 26 日至 4 月 2 日，以山口县议员藤谷光信为团长的山口县议会友好访华团一行 6 人访问山东。

1994年11月2—7日，以山口县商工劳动部副部长田中佑二为团长的山口县经济考察团一行12人访问山东，考察了山口县在山东的投资企业。

1995年11月12—19日，以山口县教育委员会教育长小河启佑为团长的儒家思想学术交流团一行8人来山东参加“儒家思想与21世纪”国际学术研讨会。

1996年4月26—30日，山口县商工劳动部长汤田克治一行4人访问山东。

1996年5月1—6日，山口县柳井市市长河内山哲朗一行4人访问山东。

1997年3月24—31日，日中友好山口县议会议员联盟访华团一行11人访问山东。

1997年8月31日至9月6日，以山口县商工劳动部长汤田克治为团长的山口县经济考察团一行18人访问山东，与有关部门进行了座谈。

1998年7月27—31日，以山口县柳井市市长河内山哲朗为团长的柳井市青少年友好交流团一行14人访问山东。

1998年8月26—29日，以山口县水产部长宫本义则为团长的水产代表团一行5人访问山东，与有关部门就两省县水产交流合作进行协商，签署了《加强两省县水产交流与合作备忘录》，商讨了山东省国际鲜销协会在日本设立办事机构的有关事宜。

1999年9月22—28日，以山口县气化振兴部参事澄川芳夫为团长的山口县国际课友好访问团一行3人访问山东，参加“1999山东日本友好交流周”活动和孔子文化节，考察山东省文化体育设施。

2001年9月18—27日，以山口县环境生活部长小仓淑夫为团长的山口县环保技术交流团一行3人访问青岛、潍坊、东营、泰安、曲阜等地。

2002年3月25—28日，以山口县议员松原守为团长的山口县议会代表团一行7人访问济南，参观了农业高新技术开发区。

2003年11月10—14日，山口县农林部长清弘和义率林业协议团访问山东。商定自2004年起，用4年时间，在泰山林场区营造250～300公顷林地。副省长蔡秋芳会见了客人。

2005年11月5—9日，山口县农林部审议监玉木和雄率政府、林业及“绿色桥梁”志愿者植树团一行110人访问济南、泰安。省人大常委会副主任王道玉在济南会见了代表团一行。来宾在泰山脚下进行了“中日绿色桥梁地球环境林”植树活动。

（二）和歌山县

1. 县级领导人来访

1990 年 5 月 25—29 日，以和歌山县议会议长门三佐博为团长的和歌山县议会友好访问团一行 4 人访问济南、泰安、曲阜。省人大常委会主任李振在济南会见了客人。

1994 年 5 月 8—12 日，和歌山县知事仮谷志良率代表团一行 5 人访问济南、青岛。省委副书记、省长赵志浩在济南会见了代表团一行。

1996 年 10 月 6—8 日，和歌山县知事西口勇率和歌山港湾代表团一行 20 人出席青岛港与和歌山县下津港交流会。

2001 年 6 月 14—19 日，和歌山县知事木村良树一行 6 人访问济南、青岛、泰安、曲阜等地，与山东省签署了两省县会谈纪要，参加了东北亚地方政府首脑经济发展研讨会和青岛国际电子家电博览会。中共中央政治局委员、山东省委书记吴官正，省委副书记、省长李春亭会见了客人。

2003 年 11 月 19—22 日，和歌山县副知事中山次郎一行 18 人访问济南等地。省委书记、省人大常委会主任张高丽会见了客人。副省长孙守璞与访问团进行了工作会谈，双方探讨了日本大阪国际机场与济南机场通航事宜。

2004 年 5 月 22—25 日，为庆祝两省县结好 20 周年，和歌山县知事木村良树、议长尾崎要二率团访问山东。在济南黄河公园举行了“中日友好林”

图 3－2　2004 年 5 月 23 日，省委副书记、省长韩寓群与木村良树知事共同签署会谈纪要

纪念植树活动及纪念碑揭幕仪式。省委书记、省人大常委会主任张高丽在济南会见了代表团主要成员。省委副书记、省长韩寓群与木村良树知事举行会谈并共同签署会谈纪要。在济南举行了两省县结好20周年庆祝大会。韩寓群省长、木村良树知事、尾崎要二议长在会上致辞，副省长孙守璞主持大会。

2004年11月8—11日，以副知事小佐田昌计为团长的和歌山县航线促进团一行17人访问济南等地，与山东航空公司探讨了大阪国际机场与济南机场通航事宜。

2. 其他重要团组来访

1986年8月30日至9月5日，由和歌山县日中友好议员联盟会长山崎利雄率领的山崎利雄后援会友好之翼访华团一行120人访问山东。

1989年5月6—14日，由和歌山县日中友好议员联盟会长铃木俊男任总团长、和歌山县日中友好协会会长贵志八郎等任顾问的大型友好之翼访华团访问山东、北京、上海等地。

1992年2月14—21日，以和歌山县商工劳动部副部长中原武夫为团长的经济考察团一行9人访问青岛、济南、曲阜。

1992年11月21—27日，以和歌山县商工劳动部副部长中水文夫为团长的经济贸易考察团一行8人访问山东。

1994年5月8—17日，以和歌山县参事山添利夫为团长的和歌山县农林技术交流团一行5人访问山东，考察了山东省蔬菜、果树、花卉生产和流通以及园艺作物育苗情况，与山东省有关部门就今后农林技术的交流进行了商谈。省委副书记、省长赵志浩会见了代表团一行。

1995年1月21—26日，以和歌山县商工劳动部长中山次郎为团长的和歌山县经济考察团一行12人访问山东。考察了青岛啤酒厂、海尔冰箱厂、浪潮集团以及济南、青岛、烟台经济技术开发区。

1995年8月2—9日，为庆祝山东省与和歌山县结好10周年，以和歌山县议员门三佐博为团长的友好之翼代表团一行200人访问济南、青岛。

1996年2月28日至3月3日，以和歌山县农林水产部副部长吉村昌彦为团长的10周年纪念物赠送团一行5人访问山东。受西口勇知事委托，向山东省赠送结好10周年纪念物——配套生物科研设备（价值400余万元人民币），安装在省科学院中试基地并设立中日友好生物试验中心。

1996年8月18—24日，以和歌山县商工劳动部副部长海野和浩为团长的经济交流团一行8人访问山东，考察山东经济发展情况，建立行业合作关系。

1996 年 9 月 11—20 日，以和歌山县商工劳动部副部长上山意彦为团长的旅游考察团一行 7 人考察山东旅游资源。

1997 年 2 月 19—26 日，以和歌山县生活文化部副部长本松国博为团长的和歌山县交流协议团一行 5 人参观潍坊风筝博物馆、青州博物馆、淄博中国古车马馆、省博物馆等，面试了 1997 年度赴和歌山县技术研修生。

1997 年 7 月 12—18 日，以和歌山县商工劳动部副部长增田充孝为团长的和歌山县经济交流团一行 9 人访问山东，参加在青岛举办的 1997 中国青岛对外经济贸易洽谈会，考察了经济开发区及日资企业。

1998 年 4 月 27—29 日，以和歌山县教育委员会教育长小关洋治为团长的和歌山县文化交流团一行 5 人访问山东。

1999 年 1 月 26—31 日，以和歌山县知事公室长中山次郎为团长的和歌山县友好交流团一行 4 人访问山东。

1999 年 7 月 13—19 日，以和歌山县知事公室理事藤谷茂树为团长的和歌山县行政交流团一行 7 人访问山东，参加了赠送结好 15 周年纪念物仪式，参观访问了青岛、济南等地。

2000 年 5 月 19 日，以和歌山县议会议员门三佐博为团长的和歌山县民观光团一行 164 人访问山东。省人大常委会副主任王玉玺会见了客人。

2002 年 9 月 30 日至 10 月 2 日，以和歌山县总务委员会委员长新岛雄为团长的议会友好考察团一行 13 人访问济南、泰安。

2002 年 11 月 13—16 日，和歌山县出纳长大平胜之一行 8 人访问泰安、济南、莱州。副省长林廷生会见了代表团一行。

（三）高知县

1997 年 6 月 11—14 日，高知县知事桥本大二郎率高知县港湾、经济界人士一行 10 人访问青岛。

1997 年 8 月 28—31 日，高知县知事桥本大二郎率高知县政府代表团访问青岛，与有关部门就加强双方港口间交流进行了商谈。

1999 年 10 月 16—19 日，高知县知事河野八郎率高知县政府代表团一行 8 人访问山东。

（四）岐阜县

1998 年 7 月 25—26 日，岐阜县知事梶原拓率政府暨信息产业代表团一行 17 人顺访山东。

（五）广岛县

1998 年 11 月 5—7 日，以广岛县总务部长渕上俊则为团长的广岛县政府友好代表团一行 5 人访问泰山、青岛等地。

1999 年 9 月 5—10 日，以广岛县副知事西村清司为团长的广岛县政府友好代表团一行 6 人访问济南、青岛、烟台等地。

（六）福冈县

1986 年 10 月 22—25 日，福冈县知事松平勇雄一行 18 人访问济南、泰安、曲阜。

（七）大阪府

1996 年 10 月 27 日至 11 月 2 日，以大阪二上山文化博物馆馆长石野博信为团长的史游会中国考古之旅访问团一行 13 人访问山东，考察文物发掘、保护等方面的情况。

1997 年 3 月 1—6 日，以大阪府弥生文化博物馆馆长金关恕为团长的日本—山东文化之旅访问团一行 130 人访问山东。

四、企业界团组来访

1990 年 6 月 30 日，日中经济协会理事长诸口昭一行 3 人访问山东。省委书记姜春云会见了客人。

1993 年 6 月 7—12 日，山口县新南阳市德机株式会社社长冈田干矢、业务部长高桥政男以及山口县日中友好协会代理会长松村章一行 3 人访问山东。

1993 年 11 月 17—24 日，以山口县笠户机械工业株式会社社长佐藤丰为团长的山口县产业贸易访华团一行 8 人参观访问青岛、烟台、威海经济开发区、高新技术开发区。

1995 年 1 月 19—23 日，日本大晃机械工业株式会社总裁木村贞明一行 6 人来山东考察，洽谈建立鼓风机合资企业项目。省委副书记、省长赵志浩会见了代表团一行。

1996 年 8 月 13—15 日，以董事长岩崎琢弥为团长的日兴证券株式会社访华团一行 6 人访问山东。

2001 年 1 月 12—13 日，NEC 软件公司专务董事小又富士夫一行 3 人访问山东，与济南高新技术开发区负责人举行座谈。

2004 年 2 月 14—17 日，朝日啤酒株式会社最高咨询主席濑户雄三一行 6 人访问青岛、烟台、济南等地。省委书记、省人大常委会主任张高丽，省委副书记、省长韩寓群会见了代表团一行。

2004 年 2 月 25—27 日，三菱商事执行副总裁、中国总代表武田胜年一行 6 人访问淄博、济南等地。省委书记、省人大常委会主任张高丽，省委副书记、省长韩寓群会见了代表团一行。

2004 年 6 月 9—13 日，朝日啤酒株式会社农业考察团一行 10 人访问济南、淄博、潍坊、烟台、临沂等地，就拟在山东省建立中日农业示范基地进行了考察。

2004 年 11 月 29—30 日，以东京证券交易所常务董事飞山康雄为团长的日本金融证券代表团一行 33 人访问济南，召开了“中国山东省企业在日本上市与融资研讨会”新闻发布会。

2004 年 12 月 22—24 日，三菱商事企业考察团一行 5 人访问济南、淄博，考察济南钢铁集团并洽谈设备及项目合作等。

2005 年 11 月 20—21 日，朝日啤酒主席濑户雄三一行 4 人访问山东。省委书记、省人大常委会主任张高丽在济南会见了客人。

五、全国性机构人员来访

1986 年 6 月 24 日，以日中友协全国妇女委员会副委员长山村英莎为团长的日中友协妇女代表团一行 7 人访问青岛。

1987 年 8 月 19—21 日，以日本亚洲交流协会理事长北村博昭为团长的友好代表团一行 9 人访问东营、烟台。

1992 年 5 月 10—11 日，以松木春一为团长的日本山东渤海友好访华团一行 4 人，在全国人大常委、外事委员会副主任符浩陪同下访问济南。

1996 年 6 月 17—21 日，以日中友好交流会事务局局长荻园贞治为团长的友好交流会访华团访问山东。

1996 年 7 月 18—30 日，以日中经济协会业务部副部长中村一诚为团长的投资环境调查团一行 4 人访问山东，考察了济南、淄博、潍坊、青岛高新技术开发区。

1997 年 10 月 30 日至 11 月 7 日，日本 NHK 电视摄制组一行来济南拍摄《世界五大杰出残疾人》专题片。

1999 年 4 月 25—27 日，以日本绅士服装设计协会名誉会长今津辰男为团长的服装交流访华团一行 8 人访问山东，与山东省服装界探讨交流合作项目，考察岱银集团并对其进行授课培训。中共中央政治局委员、山东省委书记吴官正在济南会见了客人。

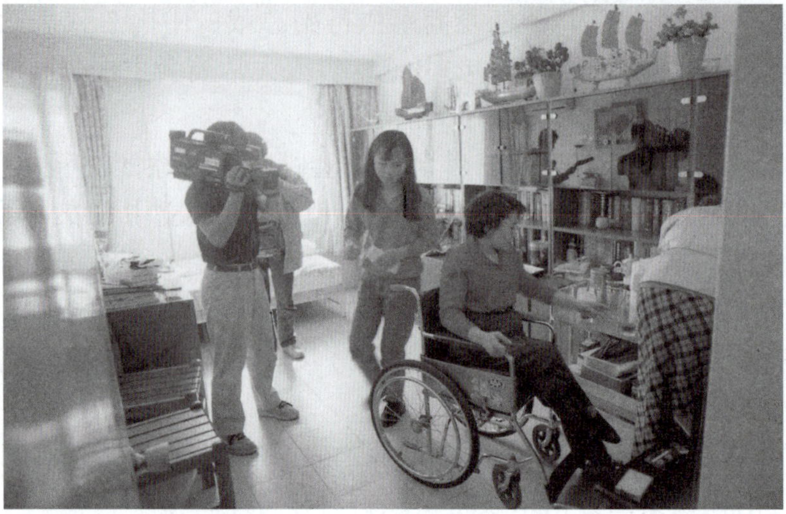

图 3－3 1997 年 10 月 30 日至 11 月 7 日，日本 NHK 电视摄制组来济南拍摄《世界五大杰出残疾人》专题片。图为记者在张海迪家中采访

2005 年 3 月 7—9 日，日本自治体国际化协会考察团一行 3 人访问山东省林业局，到泰安了解与山口县“绿色桥梁”项目的有关情况。

六、协会等其他团组来访

（一）山口县

1986 年 9 月 15—25 日，以藤井信为团长的山口县新闻访华团一行 5 人访问济南、泰安、曲阜。

1992 年 5 月 27 日至 6 月 10 日，日本电视山口报道制作局播送部部长小林真人率采访团一行 6 人来山东省实地采访、参观。

1992 年 8 月 18—24 日，山口县高中生吹奏乐团一行 59 人访问山东。副省长宋法棠会见了演奏团一行。

1993 年 4 月 26 日至 5 月 3 日，山口县高级专家志愿者协会副会长田中雅人率团访问山东，与有关部门就该协会首批专家来鲁工作进行了协商，参观了济南、淄博、泰安等地拟聘请专家的企业。

1993 年 8 月 26—31 日，以山口县老人俱乐部联合会副会长难波治为团长，山口县民生部次长舛繁嘉郎为副团长的山口县“老年友好之翼”访华团一行 140 人访问山东，游览了名胜古迹，与山东省老年人进行了交流。

1994 年 3 月 26 日至 4 月 7 日，山口县退休志愿者协会 3 名专家访问山东，帮助济南化工二厂解决技术难题，协商5月在山东举办专题讲座等事项。

1995年11月5—14日，以山口县埋藏文化财中心所长中村徹也为团长的山口县文物考察团一行4人访问山东，探讨两省县间文物交流事宜。

1996年11月15—24日，以山口县食品卫生协会常务理事木彰为团长的食品考察团一行5人考察山东省食品加工、水产品养殖等有关情况。

1998年3月7—19日，山口县立萩美术馆馆长足立明男一行6人访问山东。

1998年3月25—31日，山口县日中友好促进山口县议会议员联盟访华团一行4人访问山东。

1999年7月5—14日，以山口县长寿社会发展中心土井吉五郎为团长的山口县老年人友好代表团一行20人访问山东。

2000年4月29日至5月3日，山口县日中沂山教育基金会理事长小林达志郎一行12人访问青岛、济南、沂南，参加援建沂南希望小学竣工仪式。

2004年4月28—30日，山口县日中沂山教育基金会访华团一行18人访问沂南、济南，参加日中沂山教育基金会沂南县第三所援建小学竣工仪式。

（二）和歌山县

1987年11月2—7日，和歌山县日本中国友好青年委员会自行车访华团一行14人，骑自行车来青岛、平度、潍坊、青州、章丘、济南进行友好访问和交流。

1988年5月10—18日，和歌山县日中友好协会会长山崎利雄一行2人访问济南、青岛。

1992年9月26日至10月4日，以和歌山县商工会议所会长小林谦三为团长的和歌山县经济访华团一行23人来山东，访问了省企业家协会、省企业管理协会、省航运局以及济南家具总厂、济南树脂厂等9家企业。

1993年11月15—21日，以和歌山县文化协会联合会会长合中光次为团长的和歌山县文化交流团一行5人访问山东，参观考察文化设施，了解山东省历史文化遗产保存和民族文化发展现状。

1994年4月23日至5月2日，为庆祝山东省与和歌山县结好10周年，以和歌山县山东省友好都市协会会长山崎利雄为团长的和歌山县第三次樱花友好访问团一行29人访问山东，向青岛、潍坊、曲阜赠送了樱花。

1995年8月2—6日，以和歌山县山东省都市友好协会会长山崎利雄为团长的友好访华团一行14人访问青岛、潍坊、济南、莱阳、烟台等地。

1996 年 4 月 17—24 日，以和歌山县山东省都市友好协会会长山崎利雄为团长的友好访华团一行 32 人考察青岛、烟台等沿海城市改革开放现状和投资环境，寻求合作机会。

1996 年 7 月 7—11 日，以和歌山县山东省都市友好协会会长山崎利雄为顾问、副会长东冈富一为团长的和歌山县御坊市友好访华团一行 42 人访问山东。

1999 年 8 月 5—8 日，以和歌山县山东省友好都市协会会长山崎利雄为团长的和歌山县下津町友好代表团一行 18 人访问山东，参加济南市胜利大街小学与下津町小学结好签字仪式，为邹平县西董镇中学捐资助学等。

2000 年 4 月 11—18 日，以和歌山县山东友好都市协会会长山崎利雄为团长的友好访问团一行 39 人访问山东。

2000 年 11 月 15—19 日，以和歌山县县友会会长冈本保为特别顾问、和歌山县山东省都市友好协会会长山崎利雄为团长的友好访华团一行 20 人访问山东。

2002 年 4 月 19—20 日，和歌山县山东省都市友好协会会长山崎利雄一行 30 人访问青岛、青州，考察旅游环境。

2003 年 3 月 20—24 日，以和歌山县水墨画协会会长小川加代子为团长的和歌山县水墨画交流团一行 8 人访问济南、曲阜、泰安、青岛等地，与相关单位进行了书画交流。

2003 年 10 月 6—11 日，和歌山县山东都市友好协会会长山崎利雄率友好代表团一行 17 人访问青岛、济南、泰安、曲阜等地。

2005 年 4 月 20—25 日，和歌山县山东省都市友好协会会长山崎利雄率友好代表团一行 21 人访问济南、临沂、青岛等地。副省长谢玉堂会见了代表团一行。

2005 年 12 月 1—5 日，以和歌山县文化协会会长伊藤孝文为团长的文化交流团一行 8 人访问济南、泰安、曲阜、青岛等地。

（三）鸟取县

1996 年 8 月 2—5 日，鸟取县石田真三子女士率书法代表团一行 26 人访问济南、泰安、曲阜等地。

（四）广岛县

1998 年 12 月 30 日至 1999 年 1 月 1 日，广岛县强制押送中国劳工交流促进会一行 2 人来访，参观济南新华院。

（五）岐阜县

1999 年 2 月 29 日至 3 月 4 日，岐阜县国际交流中心副理事长片冈希夫一行 2 人来济南、青岛，与山东省协商青年交流事宜。

2004 年 2 月 6—8 日，岐阜经济交流中心上海事务所首席代表小岛光则一行 4 人访问济南、泰安、曲阜。

（六）高知县

1999 年 8 月 9—11 日，高知县友好人士高桥正六携家人访问山东，参观了乐陵县小学并捐赠资金。

（七）群马县

2005 年 4 月 24—27 日，以获原荣一为团长的群马县产业人俱乐部一行 14 人访问济南、泰安、青岛等地，考察投资环境和相关企业，探讨与山东省对口企业进行合作交流事宜。

（八）兵库县

2002 年 3 月 5—9 日，兵库县皮革产业代表团一行 10 人访问青岛、淄博、菏泽，探讨贸易和原料加工等方面的合作。

第二节　出　访

一、省级领导人出访

（一）主要领导

1987 年 3 月 17—28 日，以省委副书记、省长李昌安为团长的山东省政府代表团一行 7 人访问山口县、和歌山县、大阪府和东京等地。

1990 年 5 月 13—20 日，以省委副书记、省长赵志浩为团长的山东省政府代表团一行 5 人访问日本。访问期间，代表团会见了日本众议院议长、国际贸易促进会会长樱内义雄。与山口县、和歌山县领导人就今后的交流与合作交换了意见，出席了山口县举办的山东省经济研讨会，同东京、大阪等地金融、企业界人士进行了广泛接触。

1992 年 5 月 10—18 日，以省委书记姜春云为团长、副省长王裕晏为副团长的山东省代表团一行 7 人，先后访问考察了山口县、大阪府、神户市、名古屋市、东京都和筑波科技城，参加了山东省与山口县建立友好关系 10 周年庆祝活动，出席了山东省向山口县赠送的“泺亭”落成剪彩仪式。

1994 年 9 月 10—22 日，以省委副书记、省长赵志浩为团长的山东省友好代表团访问和歌山县，出席了双方结好10周年庆典活动以及和歌山国际旅游博览会。

1994年10月6—25日，以省人大常委会主任李振为团长的省人大友好代表团访问山口县等地。考察了日本地方议会工作，拜访了日本国会，参观了重要经济团体。

1999年5月23—30日，中共中央政治局委员、山东省委书记吴官正率中国共产党代表团访问日本。

2000年5月9—19日，以省委副书记、省长李春亭为团长的山东省政府代表团一行17人访问日本山口县、和歌山县、东京等地，探讨了双方交流合作事宜，分别与山口县、和歌山县领导人签署了加强友好交流备忘录。

2003年10月29日至11月3日，省委书记、省人大常委会主任张高丽率山东省友好代表团访问日本。

2004年4月19—25日，省委副书记、省长韩寓群率团访问日本，分别访问了日本经济团体联合会、日中经济协会、日本贸易振兴机构、伊藤忠商事、朝日啤酒、名村造船等十几家大企业、大商社，就进一步扩大合作交流交换了意见。

（二）其他领导

1990年11月21—30日，省人大常委会副主任卢洪率山东省人大友好代表团一行6人访问和歌山县等地。拜会了县厅和县议会，与县议会议长门三佐博和部分议员进行了座谈交流。

1992年9月1—8日，省委副书记高昌礼率山东省农业代表团一行6人访问日本，会见了和歌山县知事仮谷志良、议长马头哲弥，考察访问了和歌山县日中友好协会、农业协同组合联合会、都市友好协会、国际旅游胜地博览会促进局、商工会议所联合会以及和歌山县农业试验场、桃山果汁加工厂、东洋精米机厂等。

1993年11月8—18日，应日本全国知事会邀请，以湖北省省长贾志杰为团长、山东省副省长陈建国等组成的中国第四次省长代表团访问日本。分别拜会了日本众议院议长土井多贺子、参议院议长原文兵卫等政要。

1994年3月中旬，副省长李春亭率代表团一行5人访问日本，参加日本国际综合技术事业协同组合在东京召开的300家中小企业代表恳谈会，介绍山东省投资环境和国家投资政策，参加山东日本国际综合技术开发中心成立大会和日本山东部分重要合作项目签字仪式。

1995年6月10—19日，副省长王玉玺率第五次中国市长代表团一行12人访问日本东京、大阪府、山口县和福冈县，拜访了日本前首相竹下登等前政要。

1996年7月8—17日，省人大常委会副主任苗枫林一行4人访问日本，参加了山口县国际综合中心开业典礼。

1999年4月2—10日，副省长杜世成率山东省政府代表团访问日本。在东京、广岛举办山东省投资环境说明会。访问友好省县山口县，出席了山东省经贸洽谈会。与山口县知事二井关成就进一步发展双方友好关系进行了会谈，签署了会谈纪要。

1999年6月29日至7月7日，以副省长邵桂芳为团长的山东省政府代表团一行7人访问和歌山县、东京等地，出席了山东省与和歌山县结好15周年庆祝仪式，考察了日本教育情况。

2001年7月29日至8月3日，省人大常委会副主任张宗亮率山东省友好代表团访问山口县，拜会二井关成知事和岛田明议长，探讨了两省县的交流与合作，出席山东山口经贸洽谈会，参观山口未来博览会。

2002年5月7—16日，副省长赵克志随全国友协组派的第六次中国省长代表团访问日本。拜会了日本政界、经济界、科技界等有关方面高层人士，与日本经济团体联合会中国委员会进行座谈。

2002年8月24—30日，省政协副主席王久祜率山东省友好代表团访问日本，出席了为庆祝山东与山口县结好20周年举办的经贸洽谈会。

2003年7月21—26日，副省长蔡秋芳率省政府赴日韩旅游促销团访问日本。这是山东首次由政府领导人带队赴国外开展旅游高层促销招商活动。

2003年8月2—7日，副省长孙守璞率省政府经贸代表团访问日本。先后访问了东京、大阪和名古屋，访问了伊藤忠、奥林巴斯、日中经济协会等企业和机构，签署了一批合作项目。

2005年1月18—27日，副省长孙守璞率省政府经贸代表团访问韩国、日本。

二、其他团组出访

1986年4月23—27日，省政府副秘书长胡玉亮作为省长代表率团访问山口县，参加山东省文物展《大黄河文明展》开幕式。

图3－4 1986年4月23—27日，山东文物展《大黄河文明展》在日本山口县举办。图为山口县知事平井龙、山东省政府副秘书长胡玉亮、山口县放送株式会社社长野村幸祐为展览剪彩

1991年10月19—25日，原被日本军队抓往日本的中国劳工、现居高密县井沟镇草泊村农民刘连仁，应日本共同电视制作公司邀请，赴日本继续拍摄电视专题报道片《雪山逃亡十三年》。

1992年7月上旬，以菏泽地区行署副专员李玉祥为团长，菏泽、临沂、德州、聊城4地区分管工业的副专员组成的山东省中小企业考察团一行7人赴日本和歌山县，考察中小企业管理情况，洽谈部分合作项目。

1992年8月8—14日，为庆祝山东省与山口县结好10周年，以省体委主任王广玉为团长、省外办纪检组长冯兰海为副团长的山东省青少年体育友好代表团一行40人访问山口县。访问期间，省青少年体育友好代表团男子足球队、女子排球队分别与山口县男子足球队、女子排球队进行了两场友谊比赛。

1992年9月，以山东省人才研究会副理事长国家森为团长的招聘人才团组一行6人赴日进行人才招聘、劳动人事制度考察。

1992年10月，以省审计局局长方向为团长的山东省审计工作考察团一行6人考察日本审计体制、法规等。

1992年11月，以省经济体制改革委员会副主任张龙为团长的山东省经济体制考察团访问日本，考察日本县级经济管理体制。

1993 年 5 月 12—21 日，以省公安厅副厅长、省消防协会副理事长吕玉明为团长的山东省消防协会赴日考察团一行 5 人对山口县、东京都进行考察访问。

1993 年 6 月 21—30 日，以省工商行政管理局副局长刘恒升为团长的山东省经济监督考察团访问日本。

1993 年 8 月 1—8 日，为庆祝山东省与山口县缔结友好省县关系 10 周年，省文化厅副厅长张长森、山东画院院长刘宝纯一行 8 人访问日本，在山口县举办了“山东省现代书画精品展”，参展书画作品 80 幅。

1993 年 8 月 3—12 日，以省人事厅副厅长杨传升为团长的山东省人事考察团一行 6 人访问日本，考察和歌山县公务员制度和成人教育以及企业人事管理等情况。

1994 年 1 月 16—25 日，省科学院院长朱关兴一行 5 人赴日协商接受和歌山县赠送生物工程设备等事项。

1994 年 6 月 6—16 日，由共青团山东省委、山东省青年联合会组织的山东省青年工商考察团一行 6 人考察山口县。

1994 年 9 月，省计划委员会副主任薛克一行 4 人赴日考察经济发展特点及管理体系。

1994 年 9 月，省化工厅副厅长张东泉一行 6 人赴日考察化工合作项目。

1994 年 12 月，省体委副主任梁文生一行 7 人赴日进行考察交流。

1995 年 3 月，以省政府办公厅副主任高占坤为团长的山东省综合交流团访问日本，协商 1995 年交流计划，考察机构设置。

1995 年 6 月 11 日，中国人民银行山东省分行副行长王进诚率山东省金融考察团一行 6 人访问日本。

1995 年 11 月 25 日至 12 月 10 日，为庆祝山东省与和歌山县结好 10 周年，双方商定互赠永久性纪念物（日方赠送山东省价值 7000 万日元的生物工程研究设备，山东省赠送和歌山县玉雕孔子像和六艺图屏风）。以省外办主任武钟恕为团长的山东省友好工作代表团一行 5 人赴日参加纪念物赠送仪式等活动。

1996 年 3 月 22—31 日，以省人事厅副厅长杨照亮为团长的人事行政管理考察团一行 4 人访问日本。

1998 年 4 月，应日本广岛强制押送中国劳工交流促进会邀请，二战期间劳工吕学文、宋继尧再次赴广岛，代表 360 名受害劳工向日本广岛地方法院进行了陈述。

1998年8月3—12日，以省菜篮子工程办公室副主任刘学敏为团长的山东省蔬菜考察团一行6人，赴日本山口县考察蔬菜生产、流通、加工等，与山口县农林部长冈野幸男、次长吉田敦等举行座谈。

2002年2月24日至3月8日，省外办主任张伟龄率工作组访问日本，与友城和友好组织等协商交流计划，访问了经济团体。

2002年8月26日至9月2日，以省外办助理巡视员马秀卿为团长的山东省友城经贸团一行58人，赴日参加由双方政府在山口县下关市举办的山东山口食品纺织经贸洽展会。

2002年10月，省长助理孙光远率山东省旅游代表团访问和歌山县、山口县，举办了山东省旅游促销说明会。

2003年10月3—11日，山东省人大办公厅代表团一行8人访问和歌山县，拜会了和歌山县议长。

2003年10月20—27日，省外办副主任崔乐生率经贸洽谈团一行18人访问和歌山县和岐阜县，在两地分别举办了经贸洽谈会。

2003年10月27日至11月3日，以省外办副主任崔乐生为团长的山东省友城经贸代表团参加了在日本山口县下关市举办的中国山东出口产品展示洽谈会，并赴山口和滋贺等地知名公司参观访问，达成20余项合作意向，合同金额100多万美元。

2004年3月17—25日，省友协常务副会长张先达率友协工作组访问日本。

2004年9月7—15日，省发展改革委主任倪永康、省外办副主任王佑臣一行6人率日韩500强企业工作组访问日本，考察了伊藤忠商事等5家企业。

2005年1月19—25日，省外办主任、省友协会长张伟龄率工作组访问和歌山县、山口县、大阪府、德岛县、福冈县等地。

第三节　友好关系

一、山东省与山口县

（一）结好情况

1982年8月12日，山东省与山口县缔结了友好省县关系。截至2005年，山东省共向山口县派遣各种访日代表团300余批，4000余人次，考察内容涉及文化、教育、体育、环保、化工、水产、经济等多个领域。与山口县的友城关系成为山东省改革开放以来对日交流的一条重要渠道。同时，山口县通过政府和民间渠道来山东访问2万余人次。双方人员的互访与交流增进了中日人民的理解和友谊，也有力配合了国家总体外交。

2002年10月31日至11月3日，为纪念山东省与山口县结好20周年，山口县知事二井关成、议长岛田明分别率政府、议会代表团访问山东。省长张高丽、省人大常委会主任韩喜凯分别会见了代表团。张高丽省长和二井关成知事举行了工作会谈，共同签署了《会谈纪要》，共同举办了“中日绿色黄河友好林”开工仪式。山口县在山东省首次举办“日本浮世绘版画展”。11月1日，省政府在济南举办大型招待酒会和联欢晚会。省长张高丽、省人大常委会主任韩喜凯、省政协主席吴爱英和省市各界代表以及山口县代表团共计500余人出席。

在友好省县关系带动下，双方其他友好关系逐步增加。截至2005年底，共建立市级友城4对，友好校际关系12对，友好医院、协会、电视台、港口等关系6对。

（二）经贸交流

山口县政府非常重视与山东省开展经贸交流，每年都组织县内经济界、企业界、金融界人士访问山东。截至2005年，已有近20家企业入驻山东，涉及建材、食品、金融、汽车修理、模具铸造、机械、化工、纺织、运输等十几个行业。其中，山口银行青岛分行、山东章晃机械工业有限公司成为山东省对日经贸合作影响力较大、具有代表性的企业。

山口县有100余家企业与山东省在水产品鲜活运输和加工、机械、化工、蔬菜、肉类、纺织、石材等领域建立了长期的贸易关系，年贸易额过百亿日元。以水产贸易为例，中国共有280艘鲜活运输船往来于下关、福冈、长崎等地，其中山东省有240艘，占85%；下关作为日本重要的水产品集散地，为山东水产品进入日本市场提供了诸多方便，促进了双方水产贸易的发展。

山东省日中经济交流促进协会、青岛市国际经济技术合作公司、青岛渔业公司、荣成市等在山口县设立了办事处。

2002年8月26日至9月4日，山东省与山口县在山口县下关市联合举办山口—山东经贸洽谈会。此次洽谈会由省外办、山口县商工劳动部主办，山东省中日经济交流促进协会、山口县日中经济交流促进协会、日本贸易振兴会山口分会协办。

（三）文化交流

1987 年，为庆祝山东—山口结好 5 周年，山东省在山口、大阪、东京等地举办了“大黄河文明展”，在日本引起很大轰动。山口县在山东举办的山口县风物展也取得成功。1992 年结好 10 周年时，双方政府互赠了“泺亭”和“防长亭”，成为两省县人民友谊的象征。1997 年，山口和大阪举办了山东省文物展并在山口县美术馆开设山东省文物长期展厅。山东省相继在山口县立萩美术馆、浦上纪念馆举办双乳山汉墓展、黄河酒神展、木版年画展等。2002 年，为庆祝两省县缔结友好省县关系 20 周年，双方联合在山东省博物馆共同举办了“山口县浮世绘精品展”。

（四）人才技术交流

1982—2005 年，山东省根据经济发展、企业改造对人才、技术的需求情况，先后向山口县派遣技术人员，在机械、化工、水产、环保、金融、企业管理等领域学习研修。学员们学以致用，各尽所长，回国后活跃在经济建设的相关领域，取得了显著的经济效益和社会效益。据不完全统计，共发表科技论文、译文 260 多篇，出版专著 23 本，76 项科研成果获国家、省、市科技成果奖或科技进步奖，多项成果填补了国内空白并获得国家专利。

省外办通过山口县政府有关部门、山口县退休专家志愿者协会、山口县日中经济交流促进协会等单位，引进农业、林业、化工、文教等领域 20 余名专家，对蔬菜病虫害防治、养鸡、水稻和果树栽培、病毒防治、溴素系列等方面进行技术指导，提高了山东工业产品和农副产品在国际市场上的竞争力。

两省县相互交流良种取得良好的经济效益。山口县赠送山东省农林部门西红柿、黄精、草莓、菜椒等 10 余种蔬菜种子和 20 余种树种，其中引进的大草莓和珍珠西红柿已成为畅销全国的名产。林业部门引进大核银杏和无刺花椒等具有较高经济推广价值的树种。山东省赠送山口县的肥城桃树种已在山口结果，深受山口人民的喜爱；赠送山口县的其他 26 种树种，均在山口扎根成长。

（五）友好捐赠

1987 年，山口县向山东省赠送一艘渔政船，取名“双山号”。1992 年，山口县向山东省赠送双方结好 10 周年永久性纪念物——不锈钢质“防长亭”，价值 6000 余万日元。1993 年，山口县向山东省外办赠款 500 万日元用于购买外事接待车辆，定名“友好号”。1994 年，山口县赠送山东省外办日文电脑。1992—1998 年，山口县向山东省多次赠送环保设备共 15 台（价值1000万日元)。1990—2005年，山口县多次为山东希望工程捐款共800万日元，援建希望小学3所。1997年，山口县赠送山东省文物科研仪器价值300万日元。1998年，山口县赠款500万日元，设立中日友好奖学基金。

（六）中日“绿色黄河友好林”

从1998年开始，山口县援助2800万日元，与山东省共同营建“绿色黄河友好林”，建设年限5年。1998年10月30日至11月2日，以山口县副知事小河启佑为团长、农林部长岗野幸男为副团长的山口县政府友好代表团及志愿植树团等共87人来长清县参加“绿色黄河友好林”开工仪式和植树活动。省委副书记、省长李春亭会见了小河启佑团长及部分团员。1999年10月30日至11月7日，以山口县农林部长龙井用、山口县议员龟永恒二为团长的山口县林业协议团、日中友好议员联盟代表团、山口县民志愿植树团一行149人来山东参加“绿色黄河友好林”植树活动。2000年11月1—5日，以山口县议会副议长横山丰治为团长的山口县志愿植树团、山口县林业协议团一行110人来山东参加“绿色黄河友好林”植树活动。2001年10月31日至11月4日，以山口县农林部长原田公平为团长的山口县志愿植树团、山口县林业协议团一行110人来山东参加“绿色黄河友好林”植树活动。2002年10月31日至11月3日，为纪念山东省与山口县结好20周年，山口县知事二井关成和议长岛田明分别率山口县政府、议会友好代表团及400余人组成的县民友好代表团访问山东。其间，出席了“绿色黄河友好林”竣

图3-5　1998年10月，“绿色黄河友好林”开工仪式及植树活动现场

工仪式。

二、山东省与和歌山县

（一）结好情况

1984 年 4 月 18 日，以山东省省长梁步庭为团长的山东省友好代表团访问和歌山县，与和歌山县知事仮谷志良共同签署了友好协定。20 余年间，山东省共向和歌山县派遣各种代表团 100 余批 2000 人次，促进了两省县在各个领域的交流与合作，增进了两国、两省县人民之间的理解和友谊。

在两省县友好关系带动下，截至 2005 年，与和歌山县建立市级友城 2 对，县级友好关系 1 对，友好校际关系 10 对，友好医院、协会、港口等关系 4 对。

（二）领导人互访

自缔结友好关系以来，双方非常重视并多次组织高层互访。山东省主要领导人苏毅然、梁步庭、李昌安、赵志浩、吴官正、张高丽、李春亭等先后率团访问和歌山县；和歌山县知事仮谷志良、西口勇，议长松本计一、门三佐博，副知事中山次郎等也多次访问山东。

1994 年，山东省与和歌山县建立友好省县关系 10 周年。双方以此为契机，组织了一系列庆祝活动。1 月，双方互赠永久性纪念物。山东省赠送和歌山县玉雕孔子立像一尊并配木制浮雕。和歌山县赠款建设山东省农业科研楼一栋。9 月中旬，省委副书记、省长赵志浩率代表团一行 78 人访日，参加 1994 和歌山国际旅游博览会开幕式和两省县结好 10 周年庆祝活动以及永久纪念物目录交换仪式。随后，和歌山县知事仮谷志良率团访问山东。

（三）经贸交流

两省县缔结友好关系以来，双方一直非常重视在经贸领域的交流与合作。双方多次互派经贸考察团组，达成一批合作交流项目。山东省曾多次在和歌山县成功举办经贸展、山东省物产展及旅游观光展等。双方还在对方设立长期物产展览橱窗，进一步宣传各自的产品技术，促进了经贸交流合作。山东省与和歌山县商工劳动部、商工会议所等保持着良好的合作关系，先后 10 多次邀请并接待其组织来访的经贸团组。在派团出访中主动拜会这些机构组织，积极宣传山东省的投资环境、优惠政策，促成了农产品、纺织品进出口等合作项目。

通过两省县友城渠道，促成了山东省一些厂家积极与和歌山县交流合作，引进先进生产设备或技术，提高了生产效率，增强了企业实力。1984

年，山东电影机械厂引进和歌山县立普乐精工株式会社快速印刷机。在日方协助下，又成功生产开发了其他产品，取得很好的经济效益，年产值由 80 万元提高到 1800 万元。1994 年大阪与青岛直航后，和歌山及其周边地区与山东省的联系更加紧密，人员往来与合作日益频繁。2003 年 10 月，省外办副主任崔乐生率山东省经贸代表团赴和歌山县举办经贸洽谈会暨投资说明会。2004 年 2 月，和歌山县知事公室长小佐田昌计率和歌山县政府暨经贸代表团访问山东，参加山东省—和歌山县经贸洽谈会，进一步推动了两省县间的经贸交往。

（四）文化和体育交流

1998 年 1 月，山东省实验中学与和歌山县那贺高中正式缔结友好校际关系，使两省县间的友好校际关系达到 8 对。从大学到中小学，展开多层次、多途径的教育文化交流，促进了教学水平和教师、学生素质的提高。山东省曾在和歌山县举办书画展，产生良好反响；和歌山县也多次派遣文化交流团访问山东，与山东省书画界进行交流。山东省杂技团曾多次赴和歌山县访问演出，受到热烈欢迎。山东省排球、足球、武术、柔道队也多次赴和歌山县访问比赛。和歌山县少年足球队、和歌山县著名舞蹈家金崎二三子等也曾访问山东。和歌山县还先后多次派旅游考察团来访，推动了双方在该领域的合作与交流。

（五）农业交流

农业是双方共同的优势产业，在农业生产、良种培育、栽培技术等方面，双方都有丰富的经验，有很多值得交流之处。和歌山县曾多次派遣农林技术交流团来山东省考察农业发展情况，进行农业技术交流。结合自身发展战略，山东省也有针对性地派出花卉代表团等。通过互访，宣传了山东省农业发展的成就，在良种、技术交流等方面取得良好的成果，为促进全省农业全面快速发展起到了积极的作用。

（六）技术人才交流

自 1984 年两省县缔结友好关系以来，结合经济社会发展战略，根据重点产业、行业对人才技术的需求，山东省先后向和歌山县派遣技术人员及行政人员研修，专业包括农业、水产、环保、金融、卫生、建筑设计等领域，人数在 50 人左右。派出人员学成归国后，在各自岗位上发挥了重要作用。

（七）友好互赠

1986 年 2 月，山东省向和歌山县赠送一头鲁西黄牛。1991 年 8 月，和歌山县桥本市向泰安市赠送轿车 2 部，向泰安市中心医院捐赠 33 万日元。

1992 年，为庆祝中日邦交正常化 20 周年，和歌山县—山东省友好城市协会向山东省赠送樱花树价值 225 万日元，该协会及山崎利雄先生还先后赠送助学款近 50 万日元。1995 年 11 月，山东省向和歌山县赠送双方结好 10 周年永久纪念物——孔子玉雕像。1996 年 2 月，和歌山县向山东省赠送双方结好 10 周年纪念物配套生物科研设备（价值 400 余万元人民币）。1999 年，为庆祝两省县缔结友好关系 15 周年，和歌山县向山东省赠送一辆考斯特中型客车，山东省向和歌山县赠送由刘宝纯创作的山水画一幅。济南市金牛公园与和歌山县白洪野生动物园结好后，双方多次互赠动物。

第二章　韩　国

山东与韩国隔海相望，地缘相近。早在两国正式建交之前，山东省与韩国就开始了往来。1988 年，山东省对外贸易促进会会长李瑜率团访问韩国。1992 年 8 月 24 日中韩建交，揭开了两国关系史上具有历史意义的一页。中共中央、国务院明确山东省是与韩国交往的重点省份。两国建交时，恰逢山东省委副书记、副省长李春亭率山东省经贸代表团在韩国访问（1992 年 8 月 20 日至 9 月 5 日）。1992 年 12 月，山东省与庆尚南道签署建立友好关系意向书，1993 年 9 月，两省道主要领导人正式签署结好协议书。1993 年 8 月 27 日至 9 月 3 日，中韩国际经济贸易技术洽谈会在烟台举行。1992—2005 年，韩国到山东访问的代表团有 100 多批 1000 多人次，山东省访韩团组共 21 批 160 余人次，双方交流与合作涉及政治、商贸、农业、科技、教育、文化、环保等多个领域，加深了彼此了解和友谊。截至 2005 年，中国已成为韩国最大贸易伙伴和投资对象国，韩国也已成为中国第三大贸易伙伴和第二大外资来源国。

第一节　来　访

一、有关部门官员与国会议员来访

1993 年 7 月 25—27 日，韩国递信部长尹东润一行 8 人访问威海，参加中韩卫星通信开通仪式和山东三星 SDX 农用交换机生产线开业典礼。省委副书记、省长赵志浩，邮电部部长吴基传会见了韩国客人。

1994 年 3 月 5—6 日，以韩国山林厅长官（副部级）赵南照为团长的韩国林业代表团一行 4 人，参观访问文登市中韩合资石材企业——山石实业株式会社。

1996 年 10 月 16—18 日，韩国新政治国民会议总裁、亚太和平财团理事长金大中一行 18 人及随行记者 15 人访问山东。省委书记、省人大常委会主任赵志浩会见了代表团一行。

1998 年 4 月 27 日至 5 月 1 日，韩国国会议员金弘一（韩国总统金大中长子）一行 11 人访问山东。副省长邵桂芳会见金弘一并向其颁发了“山东省荣誉公民”证书。

1999 年 1 月 22—26 日，韩国国会议员、韩中文化协会会长李荣一等 2 人访问青岛、济南、曲阜，协商在韩国举办孔子文化展事宜，参观了青岛三能建设有限公司等。

1999 年 3 月 31 日至 4 月 6 日，应中联部邀请，以韩国国会议员李世基为团长的超导派国会议员代表团一行 10 人来华访问。其间，4 月 3—5 日访问泰安、曲阜等地。

2001 年 10 月 17—18 日，韩国海洋水产部次官洪胜龙和京畿道知事林昌烈访问荣成市。

2003 年 3 月 25—27 日，韩国国会议员许云那访问济南，参加济南高新区中韩软件及 IT 产业协力会。

2005 年 8 月 25—28 日，中韩第 11 轮外交政策磋商在济南举行。外交部政研司司长杜起文和韩国外交通商部政策企划官金垣洙率团与会并对山东进行考察访问。副省长孙守璞会见了客人。

2005 年 11 月 4—7 日，韩国国/会议员郑钟福一行 8 人访问山东，探讨韩国与山东观光文化产业交流以及在烟台市莱山区建设韩国城事宜。

二、前政要、友好人士及团组来访

1999 年 6 月 6—18 日，韩国前总统金泳三一行 20 人访华。其间 6 月 17—18 日访问青岛。

1999 年 6 月 16—19 日，韩国前总统卢泰愚一行 21 人在外交学会副会长金桂华夫妇陪同下访问山东，参观了泰安、曲阜、淄博和青岛等地。省委副书记、省长李春亭在济南会见了卢泰愚一行。

2000 年 6 月 17—18 日，韩国前总统金泳三及夫人一行访问青岛。省委常委、青岛市委书记张惠来会见了客人。

2001 年 5 月 26—27 日，应中共中央邀请，以韩国新千年民主党代表最高委员金重权为团长的韩国新千年民主党代表团一行 25 人及随行记者 33 人，由中联部副秘书长刘洪才陪同，访问曲阜和泰安。

2001 年 6 月 23—27 日，韩国外交通商部前部长李廷彬及夫人一行访问济南、青岛、泰安、曲阜等地。副省长邵桂芳会见了客人。

2001 年 9 月 25—29 日，韩国外交通商部前部长孔鲁明访问青岛、济

图 3－6　2000 年 6 月 17—18 日，韩国前总统金泳三及夫人一行访问青岛。图为省外办主任张伟龄在流亭机场迎接客人

图 3－7　2001 年 5 月 26—27 日，韩国新千年民主党代表最高委员金重权率团访问山东。图为金重权在曲阜孔庙参观

南、泰安、邹城、曲阜等地，参加了祭孔活动。

2002 年 8 月 14—21 日，韩中亲善协会教师研修团一行 71 人访问济南、威海、淄博、泰安、济宁、临沂、青岛等地。

2004 年 7 月 28 日，韩中亲善协会副会长赵炳仁一行 2 人访问济南，与省外办负责人洽商了双方交流合作事宜。

三、驻华使馆官员来访

1994 年 4 月 25—28 日，韩国驻华大使黄秉泰一行 4 人访问泰安、邹城、曲阜等地。省委副书记、省长赵志浩会见了大使一行。副省长宋法棠参加会见。

1994年11月21—24日，韩国驻华大使黄秉泰一行3人访问山东，参加山东师范大学韩国语系开学典礼并到韩国驻青岛总领馆视察。省委副书记、省长赵志浩会见了大使一行并共同出席了开学典礼。副省长张瑞凤参加活动。

1999年10月16—18日，韩国驻华大使权丙铉一行12人访问济南、泰安、烟台等地。省委副书记、常务副省长宋法棠在济南会见了大使一行。

2000年11月9—12日，韩国驻华大使洪淳瑛一行6人访问济南、济宁、泰安、青岛等地。中共中央政治局委员、山东省委书记吴官正，省委副书记、省长李春亭在济南会见了大使一行。

2001年11月29日至12月1日，韩国驻华大使金夏中一行5人访问烟台、青岛、济南等地。中共中央政治局委员、山东省委书记吴官正，省委副书记、省长李春亭在济南会见了大使一行。

2003年3月24—26日，韩国驻华使馆参赞兼副总领事李英百访问济南、烟台，拜会了省有关部门，阐述韩国政府对韩国死刑犯宣镜善以及待判决韩国人石宰玄、崔永勋事件的观点并探望了上述3人。省外办主任张伟龄、省政府副秘书长刘长允、省公安厅副厅长孙克谦在济南会见了李英百。

2003年9月3—5日，韩国驻华大使金夏中一行4人访问山东。省委书记、省人大常委会主任张高丽，省委副书记、省长韩寓群在济南会见了大使一行。

2004年6月17—18日，韩国驻华大使金夏中一行3人访问济南、青岛。省委副书记、省长韩寓群在济南会见了大使一行。韩国驻青岛总领事辛亨根参加活动。

四、地方政府与议会高层代表团来访

（一）汉城市（2005年更名为首尔）

2003年4月23—25日，汉城市市长李明博访问山东，出席在烟台举办的亚太经合组织（APEC）电子商务博览会。

（二）京畿道

2001年4月24—26日，京畿道知事林昌烈一行17人访问山东。省委副书记、省长李春亭在济南会见了客人。

2001年10月17—18日，京畿道知事林昌烈访问荣成市。

2005 年 7 月 17—21 日，京畿道政务副知事金成植一行 4 人访问山东，会晤济南、青岛有关部门领导人并游览泰山、曲阜等地。副省长孙守璞会见了代表团一行。

2005 年 12 月 26—27 日，京畿道议会事务处长洪泳表一行 3 人访问山东，探讨两省道人大、议会间合作交流。

（三）庆尚南道

1. 知事、议长来访

1993 年 9 月 8—10 日，庆尚南道知事尹汉道、议长朴命石率庆尚南道政府友好代表团一行 13 人访问济南、泰安、曲阜等地，出席在济南举行的两省道建立友好关系协议书签字仪式。中共中央政治局委员、山东省委书记姜春云，省委副书记、省长赵志浩在济南会见了代表团一行。

1994 年 10 月 20—25 日，庆尚南道知事金爀珪、议长朴命石率庆尚南道政府、议会以及经济代表团一行 105 人访问济南、威海、青岛、胶南，出席山东省—庆尚南道土地成片开发区奠基仪式。中共中央政治局委员、山东省委书记姜春云，省委副书记、省长赵志浩在济南会见了代表团一行。省人大常委会副主任马仲才、副省长王裕晏参加活动。

1996 年 10 月 22—24 日，庆尚南道副知事兵彩隆率代表团一行 138 人访问威海、胶南，考察山东省—庆尚南道土地成片开发区进展情况，参加了威海黑豹世运工业有限公司开业典礼。

1997 年 10 月 26—28 日，庆尚南道议会副议长权泰佑、议会运营委员会委员长金钟奎率庆尚南道议会代表团访问山东。省人大常委会主任赵志浩在济南会见了代表团一行。

1999 年 7 月 11—14 日，庆尚南道知事金爀珪、议长南基玉率政府、议会代表团一行 13 人访问济南、青岛。中共中央政治局委员、山东省委书记吴官正在济南会见了代表团。省委副书记、省长李春亭会见代表团并参加了庆南贸易青岛代表处揭牌仪式和招待会。省人大常委会主任赵志浩在青岛会见了客人。

2001 年 4 月 10—14 日，庆尚南道议会议长金钟奎一行 20 人访问山东，与省人大常委会举行了工作会谈，签署了会谈纪要，参观了胶南与威海的庆南工团企业。省人大常委会主任赵志浩，省委副书记、省长李春亭在济南分别会见了代表团一行。

2001 年 6 月 17—20 日，庆尚南道副知事权灵锡一行 3 人及经贸代表团一行 9 人访问山东，参加了由山东省举办的东北亚地方政府首脑经济发展研讨会及青岛国际电子家电博览会。

2003 年 10 月 30 日至 11 月 2 日，为纪念两省道结好 10 周年，庆尚南道知事金爀珪、议长金奉坤率政府、议会及经贸代表团访问山东。省委副书记、省长韩寓群在济南会见了代表团一行。双方共同在济南和青岛举办了两次企业经贸洽谈会，代表团参观考察了曲阜“三孔”及济南高新技术开发区。副省长孙守璞参加活动。

图 3 - 8　2003 年 10 月 31 日，省长韩寓群与庆尚南道知事金爀珪共同出席在济南举行的庆祝山东省—庆尚南道结好十周年暨经贸洽谈会

2005 年 10 月 20—25 日，庆尚南道副知事金采溶率政府代表团一行 6 人及演出团 16 人访问山东，参加了山东省友城旅游大会。

2. 其他团组来访

1995 年 5 月 16—19 日，庆尚南道地域经济局局长孔昌锡率企业代表团 17 人访问山东，出席庆南工团 5 家驻鲁企业开工仪式。省委副书记、省长李春亭在济南会见了代表团一行。

1995 年 5 月 24—25 日，以韩国庆尚南道通商协力室室长朴甲道为团长的韩方代表团、以日本山口县国际交流室室长渡边纯忠为团长的日方代表团和山东省代表在济南举行了三方友城工作会议，签署了会议纪要。副省长宋法棠会见了三方代表。

1998 年 9 月 8—13 日，由山东省、韩国庆尚南道、日本山口县联合主办，省外办、省国际文化交流中心和省画院承办的中韩日第一届书画交流展在省美术馆展出。副省长邵桂芳出席开幕式并剪彩。以庆尚南道文化艺术系长权永哲为团长的书画代表团一行5人和以山口县书道联盟常务理事冈正哉为团长的书画交流团一行14人参加活动。

图3－9　1998年9月8日，副省长邵桂芳出席中韩日第一届书画交流展开幕式并剪彩

2004年11月23—24日，庆尚南道知事金台镐率政府代表团一行35人访问山东。省委书记、省人大常委会主任张高丽，省委副书记、省长韩寓群在济南分别会见了代表团一行。副省长孙守璞出席庆尚南道观光说明会。

（四）庆尚北道

2001年6月17—19日，庆尚北道经济通商室室长黄成吉一行4人访问山东，参加由山东省举办的东北亚地方政府首脑经济发展研讨会及青岛国际电子家电博览会。

（五）忠清南道

1995年10月28日至11月1日，忠清南道副知事李锺贤率代表团一行15人访问山东。省委副书记、省长李春亭在济南会见了代表团一行，双方签署了两省道交流协议。

2001年6月17—20日，忠清南道副知事权五龙一行3人及经贸代表团一行12人访问山东，参加了由山东省举办的东北亚地方政府首脑经济发展研讨会及青岛国际电子家电博览会。

（六）忠清北道

2001 年 6 月 16—18 日，忠清北道经济通商局局长朴景国一行 2 人及经贸代表团一行 4 人访问山东，参加了由山东省举办的东北亚地方政府首脑经济发展研讨会及青岛国际电子家电博览会。

2002 年 1 月 30 日至 2 月 1 日，忠清北道知事李元钟率政府代表团一行 8 人访问济南、青岛。省委副书记、代省长张高丽在济南会见了代表团一行，双方签署了开展友好合作协议书。

（七）江原道

2001 年 6 月 17—20 日，江原道副知事朴寿福一行 4 人访问山东，参加由山东省举办的东北亚地方政府首脑经济发展研讨会及青岛国际电子家电博览会。

2003 年 2 月 12—15 日，江原道议会议长李勋率议会及经济代表团一行 7 人访问山东。省人大常委会副主任王克玉会见了客人。代表团一行访问了济南高新区、青岛市人大、青岛开发区，考察山东省投资环境。

（八）全罗南道

2001 年 6 月 17—23 日，全罗南道副知事赵宝勋一行 5 人及经贸代表团一行 7 人，参加由山东省举办的东北亚地方政府首脑经济发展研讨会及青岛国际电子家电博览会，与山东省签署了两省道农业、水产业合作协议，访问了青岛、泰安、曲阜、济南等地。

2002 年 5 月 31 日至 6 月 2 日，以全罗南道副知事金亮植为团长的韩国全罗南道访问团一行 3 人访问济南、青岛。

（九）仁川广域市

2003 年 9 月 14—16 日，仁川广域市市长安相洙率代表团一行 20 人访问山东。省委副书记、省长韩寓群，省委副书记王修智会见了安相洙一行。韩寓群省长与安相洙市长举行了会谈。

2004 年 2 月 16—18 日，仁川广域市市长安相洙率代表团一行 30 人访问山东。省委副书记、省长韩寓群在济南会见了安相洙一行，双方签署了山东省与仁川广域市建立友好合作关系协议书。副省长孙守璞主持召开了两省市工作会谈。

2004 年 7 月 3—6 日，仁川广域市副市长金东琦一行 5 人参加由青岛市举办的第一届韩国周活动。

五、工商团组来访

1995 年 4 月 23—26 日，韩国中小企业振兴公团副理事长崔洪植一行 2 人访问山东，商讨加强韩国中小企业振兴公团与山东省合作及开展多边国际合作事宜并考察投资环境。

1999 年 2 月 8—10 日，韩国亚太经济文化研究所所长尹锡宪一行 3 人访问济南、潍坊和青岛。

2000 年 4 月 17—19 日，韩国大宇株式会社社长李泰镕一行访问山东，介绍了大宇集团结构调整情况以及洽商大宇水泥二期工程相关情况。2002 年 8 月 4—6 日，李泰镕社长一行 8 人访问济南、泰安、泗水、日照等地。

2003 年 1 月 16—17 日，韩国大韩航空中国总经理张琯淳一行 3 人访问青岛、济南、泰安、曲阜等地。副省长林廷生会见了韩国客人。

2003 年 8 月 14—16 日，韩国韩进集团会长赵亮镐一行访问济南、泰安、曲阜。副省长蔡秋芳与赵亮镐举行了工作会谈。

2003 年 11 月 17—20 日，第 13 届中韩（山东）经贸洽谈会在济南举行。此次洽谈会由山东省外办、省经贸委、省工商联与韩国地方政府北京代办处共同举办。来自韩国京畿道水原市、安阳市及庆尚北道的 25 家企业与来自山东各地的 200 多家企业进行了对口洽谈。副省长蔡秋芳会见了前来参会的韩国地方政府北京代表处首席代表裴兴秀以及来自京畿道和庆尚北道的公务员代表，参加了洽谈会开幕式并致辞。

2004 年 4 月 14—18 日，韩国 STX 造船公司副会长张元甲一行 3 人访问青岛、日照、威海，考察投资地点。

2004 年 5 月 13—15 日，韩国金光建业公司一行 6 人访问济南、青岛，考察投资环境，洽谈合作事宜。

2004 年 7 月 2—5 日，韩国大宇国际（株）社长李泰镕一行 30 人访问山东，举行了大宇国际中国地区工作会议。省委副书记、省长韩寓群在济南会见了代表团一行。

2004 年 12 月 21—22 日，韩国 LG 电子副会长兼社长金双秀一行 8 人访问烟台。省委副书记、省长韩寓群在济南会见了客人。副省长王仁元参加活动。

2005 年 3 月 15—16 日，韩国地方政府北京代表处首席代表金炯善一行 2 人访问济南、淄博，洽谈第 16 届中韩（淄博）经济贸易洽谈会有关事宜。

2005 年 9 月 23 日，韩国希杰集团生化本部长柳幸俊一行访问山东。副省长孙守璞在济南会见了客人。

六、全国性机构人员来访

1993 年 6 月 24—26 日，韩国外交安保研究院院长朴銖吉一行 7 人访问济南、曲阜、泰安。

1994 年 6 月 29 日至 7 月 1 日，韩国国际交流财团理事长孙柱焕等 3 人访问济南、曲阜，与山东大学、山东师范大学就韩国语培训合作达成共识。省委副书记、副省长李春亭会见了代表团一行。

2004 年 3 月 13—15 日，韩国地方政府协会北京代表处首席代表朴承浩一行 11 人访问济南、曲阜，举办了国际公务员交流项目研修生座谈会。

2004 年 11 月 15—19 日，韩中亲善协会代表团一行 27 人访问青岛、济南等地。

第二节 出 访

一、省级领导人出访

（一）主要领导

1992 年 8 月 24 日至 9 月 4 日，省委副书记、副省长李春亭率山东省经贸代表团一行 12 人访问韩国。会见了韩国国会议员金复东等知名人士；与大宇集团达成生产小轿车意向书，签订合资兴建万吨级以下造船厂、合资兴建华金电子有限公司的合同。

1994 年 7 月 2—10 日，省委副书记、省长赵志浩率山东省友好代表团访问韩国。韩国副总理李荣德会见了代表团一行。

2000 年 5 月 9—20 日，省委副书记、省长李春亭率山东省政府代表团访问韩国，拜访了外交通商部、海洋水产部等中央政府机构，分别与外交通商部次官潘基文、海洋水产部次长洪承湧进行了会谈；访问了韩国锦湖集团、大宇株式会社、大宇汽车等企业，参观了大宇汽车富平工厂、三星航空照相机厂。会见了庆尚南道知事金爀珪，共同签署了进一步扩大交流协议书。

2003 年 10 月 24—28 日，省委书记、省人大常委会主任张高丽率山东省友好代表团一行 6 人访问韩国，与庆尚南道知事金爀珪举行了会谈。

2004 年 4 月 26 日至 5 月 3 日，省委副书记、省长韩寓群率代表团访问韩国。拜会了外交通商部长官潘基文、产业资源部长官李熙范，与京畿道知事孙鹤圭举行了会谈。

2005 年 5 月 23—27 日，省委副书记、省长韩寓群一行 11 人赴韩国水原市，参加山东省—京畿道高科技洽谈会暨发展论坛。

（二）其他领导

1991 年 5 月，副省长马世忠随中国贸促会代表团赴汉城，参加中国经济贸易展览会。

1999 年 3 月 27 日至 4 月 10 日，副省长杜世成率省政府代表团暨经贸代表团访问韩国，举办山东 1999 汉城加工贸易展览会，参观了韩国贸易协会、仁川商工会议所以及部分中小企业。

2001 年 7 月 8—20 日，副省长林书香率省政府经贸代表团访问新加坡、越南、韩国。访韩期间，拜会了韩国国会议员金弘一和信息通商部长官梁成泽等政要。

2001 年 7 月 29 日至 8 月 10 日，省人大常委会副主任张宗亮率山东省友好代表团访问韩国京畿道、庆尚南道，会见了庆尚南道知事金爀珪，与议长金钟奎举行了会谈。

2002 年 8 月，省政协副主席王久祐率代表团一行 5 人访问韩国。

2005 年 5 月 22—26 日，副省长孙守璞率省政府代表团访问韩国，出席了第 6 届政府创新全球论坛和世界地方政府首脑会议，与京畿道共同举办了高科技洽谈会和两省发展论坛。

2005 年 7 月 8—22 日，副省长赵克志率省政府代表团访问韩国、澳大利亚、新西兰。

二、其他团组出访

1996 年 5 月 12—30 日，以省委副秘书长陈明甫为团长的山东省第 3 批赴韩经济研修团赴韩国进行学习、研修和考察。

2005 年 5 月 25—30 日，省科技厅副厅长徐茂波率科技代表团一行 50 人访问韩国，与京畿道国际通商课在水原市共同举办了山东省—京畿道高科技洽谈会暨发展论坛。

2005 年 9 月 6—17 日，省外办副主任张继刚一行 3 人赴韩国、日本，参加第 7 届中日韩友城交流大会。

2005 年 11 月 29 日至 12 月 5 日，省外办副主任张继刚率团访问韩国，出席在釜山市举办的 NEAR 实务会议和在庆尚北道举办的东北亚经贸促进会，在汉城拜会了韩中亲善协会，赴仁川协商两省市 2006 年度交流计划。

第三节 友好关系

1993 年 9 月 8 日，山东省与庆尚南道建立友好关系，两省道的交流与合作取得较快发展。

一、结好情况

山东省与庆尚南道于 1992 年初开始非正式接触。同年 8 月，省委副书记、副省长李春亭率山东省经贸代表团访韩期间顺访了庆尚南道，与金原爽知事进行了会谈并探讨两省道结好事宜。12 月，庆尚南道副知事朴钟泽率团访问山东，两省道签署结好意向书。

1993 年 7 月，全国对外友协批准山东省与庆尚南道结好。9 月，庆尚南道知事尹汉道访问山东，与省委副书记、省长赵志浩正式签署了两省道结好协议书及结好纪要。

1994 年 2 月 8 日，双方签署了省道交流基本协议书。1994 年 10 月，庆尚南道知事金爀珪来访。省委副书记、省长赵志浩，省委副书记、副省长宋法棠分别于 1994 年 7 月、1996 年 4 月访问了庆尚南道。1999 年 10 月，以庆尚南道农林水产局长金泰雄为团长的庆尚南道水产代表团一行 8 人访问山东。2000 年 8 月，山东省人大代表团一行 6 人访问庆尚南道，建立了两省道人大议会间的联系。10 月，应庆尚南道邀请，山东省组织部分企业参加在庆尚南道昌原举行的世界机械博览会。2001 年 2 月，以庆尚南道文化观光局长崔哲国为团长的文化观光团一行 14 人访问山东，拜会了副省长林书香，就两省道在旅游观光方面的合作进行会谈，在济南、青岛、威海等地举办了文化观光展示会。2003 年 10 月，省委书记、省人大常委会主任张高丽率团访问庆尚南道。2003 年 10 月，庆尚南道知事金爀珪率团访问山东。

自 1994 年开始，省外办与庆尚南道相关部门均于每年年初举行工作会谈，协商确定年度交流计划。两省道交流领域涉及经济、社会各个方面并呈现出良好发展趋势。

二、经贸合作

两省道结好伊始，便将促进经贸合作作为双方交流与合作的重点。山东省与庆尚南道共同组建庆南（胶南）、庆南（威海）两大工团。其中，庆南（威海）工团设立于1994年10月，是山东省与庆尚南道共同在威海市设立的最大外商投资工业园。1995年底，有15家韩资企业入驻（其中威海开发区8家，胶南开发区7家）。1995年10月26日，由山东省政府与韩国驻青岛总领事馆共同举办的韩国企业在山东省投资研讨会在青岛市召开。此次会议由省外办、省外宣办、省外经贸委共同承办，省直20个部门，青岛、烟台、威海、潍坊4市负责人和50家韩资企业代表约160人参加会议。

山东省先后在庆尚南道举办了两次大型、多次小型投资说明及经贸洽谈会。庆尚南道派出多个经贸考察团到山东访问。至2003年5月，在山东省投资的庆尚南道企业已达129家。

三、体育、文化、教育等领域的交流

自1995年起，两省道开始举办体育友谊赛。1995年和1996年，两省道分别在庆南和山东举行足球友谊赛。1997年，山东省乒乓球代表团赴庆南进行友好访问和比赛。两省道柔道友谊赛于1998年在山东举行。文化、教育交流方面，庆南国乐团和山东歌舞剧院分别访问对方并举行了演出。山东大学与昌原大学、山东中医学院与马山医学专门大学、山东师范大学与蔚山大学、青岛大学与庆尚大学、山东财政学院与昌原大学等分别建立了友好校际关系并在教学、科研等方面开展合作。媒体交流方面，大众日报社、山东电视台分别与庆南新闻社和马山文化放送建立了友好关系。通过对方的新闻媒介，发表了大量介绍山东的文章和照片。青少年交流方面，2004年6月，由泰安市外办牵头，泰安市青年联合会协办，韩国泰安郡青年会所在泰安市的繁华地区建立了一座钟塔。

第三章 朝鲜 越南 新加坡 泰国

山东省一贯主张并积极发展与朝鲜、越南、新加坡和泰国的友好合作与交流。山东与朝鲜的交往源远流长。双方以高层互访为主，1991 年曾接待朝鲜最高领导人金日成主席来访。双方在文化、科技、教育、经贸等领域也有交往。山东与越南的交往自 20 世纪 90 年代中后期开始逐渐增多，双方在经济、贸易、旅游、体育、文化等方面积极探讨合作，人员互访频繁，友城工作进展良好，在党的建设方面也进行了交流。山东与新加坡的友好交往侧重于积极发展经济贸易关系。双方高层互访频繁，人员往来密切。双方共同成立的新加坡—山东经济贸易理事会，为促进鲁新经贸交流发挥了积极的作用，推动了新加坡在鲁投资，使新加坡成为山东省第六大投资合作伙伴。山东省与泰国往来比较密切，泰国王室成员、总理都曾访问山东。烟台市与泰国普吉府缔结友好城市关系，推动了双方互相交往。在高层互访和友城关系的推动下，双方在经贸、农业、旅游、科技、文化等领域的实质性合作稳步发展，其中山东省与泰国正大集团的合作已成为双方合作的典范。

第一节 朝 鲜

山东省与朝鲜的友好关系历史悠久，改革开放后继续保持传统友谊，双方人员交往不断。1986—2005 年，朝鲜到山东访问的代表团共有 19 批约 300 人次，山东省访问朝鲜团组共 7 批 35 人次。1991 年 10 月 7—9 日，朝鲜劳动党中央委员会总书记、朝鲜民主主义人民共和国主席金日成率朝鲜代表团访问山东，成为当时为数不多访问山东的外国最高领导人之一。

一、来访

（一）金日成主席来访

1991 年 10 月 7—9 日，朝鲜劳动党中央委员会总书记、朝鲜民主主义人民共和国主席金日成，在中共中央政治局委员、国务院副总理吴学谦陪同下访问济南、泰安和曲阜。随同金日成主席来访的有：朝鲜劳动党中央政治局委员、国家副主席李钟玉，朝鲜劳动党中央政治局委员、党中央书记韩成龙，朝鲜劳动党中央书记金容淳，朝鲜外交部第一副部长姜锡柱，朝鲜驻华大使朱昌骏等一行75人。省委书记姜春云，省委副书记、省长赵志浩全程陪同金日成主席在山东的活动。先后参观了济南机床二厂，游览了大明湖、黑虎泉、岱庙、泰山、孔庙、孔府、孔林等名胜古迹。赵志浩省长还陪同李钟玉副主席等参观了济南汽车制造总厂党家庄分厂。中联部部长朱良、外交部副部长徐敦信、中国驻朝鲜大使郑义等陪同访问。

（二）党、政府和军队其他领导人与国会代表团来访

1987年10月18—21日，以朝鲜民主主义人民共和国人民武装力量部副部长李炳煜为团长的朝鲜人民军友好参观团一行16人访问济南、泰安、青岛。

1988年7月20—30日，以朝鲜人民军空军司令赵明禄上将为团长的友好访问团一行8人访问济南、泰安。

1989年8月28—29日，朝鲜人民军总参谋长崔光大将一行13人访问济南、青岛。

1989年9月13—16日，朝鲜最高人民会议副议长孙圣弼一行6人，在全国人大常委会委员高登榜陪同下访问济南、曲阜、泰安。省人大常委会副主任卢洪会见了客人。

图3-10　1989年9月13—16日，朝鲜最高人民会议副议长孙圣弼访问山东。图为省人大常委会副主任卢洪陪同孙圣弼副议长参观济南第一棉纺织厂

1992 年 5 月 12—23 日，以朝鲜社会安全部政治局局长张成宇上将（正部级）为团长的社会安全部代表团一行 6 人和艺术团一行 77 人来华访问。5 月 19—23 日访问济南、曲阜、泰安。省公安厅长孟庆丰、武警山东总队总队长杨家杰、省外办副主任王佑臣会见了代表团一行。

1992 年 5 月 26—29 日，由杨亨燮议长率领的朝鲜最高人民会议代表团一行 10 人，在全国人大常委会副委员长彭冲陪同下访问济南、曲阜和泰安。省人大常委会主任李振会见了代表团一行。

1995 年 6 月 6—9 日，朝鲜外交部副部长崔禹镇一行 6 人访问山东，参观了浪潮集团、轻骑集团、省博物馆，访问了泰安、曲阜等地。副省长邵桂芳会见了代表团一行。

1996 年 9 月 7—9 日，朝鲜外交部中国局局长朱轸极一行 5 人访问泰安、曲阜、济南。

（三）地方党委与政府代表团来访

1. 黄海南道

1987 年 11 月 16—18 日，以黄海南道党委书记高允模为团长的朝鲜劳动党党的工作者代表团一行 6 人访问青岛。

1989 年 3 月 21 日至 4 月 1 日，以黄海南道党委书记李凤镐为团长的黄海南道党代表一行 7 人访问山东。

图 3－11 1989 年 3 月 21 日至 4 月 1 日，朝鲜劳动党黄海南道委员会书记李凤镐访问山东。图为李凤镐一行参观济南机床一厂

1992 年 7 月 23—29 日，以黄海南道党委书记白范洙为团长的黄海南道友好代表团一行 7 人访问济南、泰安、曲阜、淄博、青岛。省委书记姜春云在济南会见了客人。

1994 年 6 月 14—18 日，黄海南道党委书记金应基率代表团访问山东。

图 3－12 1994 年 6 月 14—18 日，黄海南道党委书记金应基率代表团访问山东。图为金应基一行游览趵突泉

1996 年 3 月 19—30 日，黄海南道党委书记郑石林率团一行 7 人访问济南、泰安、青岛等地，磋商水产、农业、经济援助、矿泉水开发等方面的合作事宜。省委副书记、省长李春亭在青岛会见了代表团一行。

2005 年 5 月 26 日至 6 月 2 日，黄海南道人民委员会委员长权春学一行 6 人访问济南、潍坊、烟台。省委书记、省人大常委会主任张高丽，省委副书记、省长韩寓群在济南分别会见了代表团一行。

2. 黄海北道

1999 年 3 月 23—26 日，以黄海北道农村经营委员会副委员长鲁成哲为团长的农业代表团一行 6 人访问山东，考察山东土豆、红薯、旱稻、谷子等作物的栽培、加工、保管技术。

（四）全国性机构人员来访

1988 年 3 月 19 日，以朝鲜中央通讯社副社长朴贤主为团长的朝中社代表团一行 4 人访问青岛。

1992 年 4 月 28 日至 5 月 9 日，应《求是》杂志社邀请，由总编辑金用学率领的朝鲜劳动党中央机关刊物《勤劳者》杂志社代表团一行6人访问中国。其间，访问了济南、泰安、曲阜。省委书记姜春云会见了代表团一行。

1996年11月15—19日，朝鲜劳动党友好代表团一行7人访问山东。省委副书记李文全会见了代表团一行。

二、出访

（一）省级领导人出访

1. 主要领导

1985年5月16—27日，以省委书记苏毅然为团长的山东省代表团一行9人访问黄海南道及平壤、开城、南浦等地。同黄海南道就建立友好省道关系取得一致意见。

1990年8月21日至9月3日，以省委书记姜春云为团长的山东省友好代表团一行7人访问黄海南道。参观了黄海南道首府和所辖几个郡的工厂、矿山、农场、林场、学校、农户，参观访问了平壤市革命历史博物馆、友谊塔、中央党校、人民大学堂等。朝鲜劳动党中央委员会总书记、朝鲜民主主义人民共和国主席金日成会见了代表团一行。

2. 其他领导

1987年7月10—20日，以省人大常委会副主任张竹生为团长的省人大代表团一行7人访问黄海南道。

1995年7月19—22日，省委副书记李文全率团一行7人访问朝鲜，参加山东省与黄海南道结好10周年庆祝活动。

1997年10月25日至11月1日，省人大常委会副主任赵林山一行6人访问黄海南道。

（二）其他团组

1994年5月，省外办副主任张伟龄一行6人赴朝鲜进行综合经贸考察访问。

1996年5月15—25日，省海洋与水产厅副厅长周志久率水产考察团一行8人访问朝鲜。

第二节　越　南

1991年中越两国关系实现正常化以来，山东省与越南交往逐渐增多，双方在各领域的交流与合作取得良好发展。1992—2005年，越南到山东访问的代表团共18批202人次，其中副总理以上团组共9批约118人次；山东团组到越南访问的代表团共6批约18人次。双方在经济、贸易、旅游、体育、文化、党建等方面探讨合作，取得积极成果。

一、来访

（一）党、政府与国会领导人来访

1994年2月24—25日，越南国会主席农德孟一行20人访问山东。省人大常委会主任李振在济南会见了客人。

1995年7月14—16日，越南外交部常务副部长武宽一行16人访华，进行两国政府关于边界问题的第3轮谈判。会谈后到济南、曲阜参观访问。越南驻华大使邓亚衡随团来访。

1996年6月22—25日，越南工业部副部长阮春准一行6人访问山东，参观了济南机床一厂、轻骑集团等企业。

1997年5月13—16日，越南胡志明国家政治学院常务副院长苏辉惹一行10人访问烟台、威海、青岛。

1999年5月6—9日，越南思想文化部常务副部长陶维括一行8人访问山东。省委副书记吴爱英会见了代表团一行。

1999年5月23—25日，以越共中央政治局委员、常务副总理阮晋勇为团长的越南党政代表团一行16人在中央党校副校长杨春贵陪同下访问山东。省委副书记、常务副省长宋法棠会见了代表团一行。

1999年9月，越南内政部长潘世雄访问山东，重点考察司法、公安、交警的管理和执行情况。

2000年10月17—27日，应《求是》杂志社邀请，以副总编辑阮进海为团长的越南共产党中央机关刊物《共产主义》杂志社代表团一行8人访问山东。

2001年6月29日至7月2日，应中联部邀请，越共中央政治局委员、岘港市委书记潘演一行9人访问山东，参观了青岛海尔集团、青岛啤酒厂、济南元首针织厂。省委书记吴官正会见了代表团一行。

2001年7月27—28日，越共中央检查委员会代表团一行10人访问济南、泰安。省委副书记陈建国会见了代表团一行。

2002年9月8—11日，越共思想文化部副部长武宏仁率培训考察团一行12人访问山东济南、泰安、曲阜。参观访问了大众日报社、济南日报社、省博物馆、济南高新开发区等。

2003 年 8 月 1—4 日，应全国人大常委会邀请，越南国会副主席张光得一行 13 人，在全国人大法律委员会副主任委员胡康生陪同下访问济南、济宁、泰安、淄博。省委书记、省人大常委会主任张高丽会见了代表团一行。省人大常委会副主任黄可华参加活动。

2004 年 7 月 6—16 日，越南最高人民检察院院长何梦智一行 10 人出席最高人民检察院在昆明举行的中国与东盟成员国总检察长会议。其间，越南代表团访问了济南、青岛、潍坊等地。省委副书记高新亭会见了代表团。省检察院检察长国家森与客人进行了工作会谈。

（二）地方代表团来访

1994 年 10 月 14—21 日，广南—岘港省人民委员会副主席阮庭安一行 6 人访问济南、泰安、曲阜、青岛、烟台。省委副书记、省长赵志浩会见了客人。10 月 18 日，副省长吴爱英与阮庭安副主席共同签署两省建立友好关系意向书。

图 3 - 13 1994 年 10 月 18 日，副省长吴爱英与广南—岘港省人民委员会副主席阮庭安共同签署两省建立友好关系意向书

2002 年 8 月 19—23 日，岘港市委书记阮德辖一行 11 人访问山东。省委副书记、省长张高丽会见了代表团一行。

2004 年 2 月 10—13 日，同奈省省委书记黎黄君一行 16 人访问济南、莱芜。省委书记、省人大常委会主任张高丽会见了代表团一行。

2005年6月28日至7月4日，以岘港市人民检察院院长阮国勇为团长的岘港市检察院代表团一行7人访问山东。省委副书记高新亭会见了代表团。

2005年9月21—24日，广义省委书记、省人民委员会主席一行24人访问济南、青岛、济宁。省委副书记、省长韩寓群会见了客人。

二、出访

（一）省级领导人出访

1996年4月1—12日，副省长杜世成率省政府经贸代表团访问越南、缅甸。访越期间，签署了山东省与广南—岘港省友好协议书。

1999年12月13—22日，省政协副主席、省委统战部长王久祐率山东省商会企业家代表团访问泰国、越南。

2001年7月8—20日，副省长林书香率省政府经贸代表团访问新加坡、越南、韩国。

2004年11月9—21日，省委副书记高新亭率山东省友好代表团一行6人访问越南和斯里兰卡。访越期间，拜访了越南最高人民检察院院长何孟智，与岘港市委第一副书记潘鲁林、副市长陈文明举行了会谈。省检察院检察长国家森随团出访。

（二）其他团组出访

1994年6月25日至7月2日，省外办副主任张先达率山东省考察团一行6人访问越南，与广南—岘港省签署了促进双方友好省际关系会谈纪要。

2003年3月19—31日，省外办副主任崔乐生率工作组一行4人访问缅甸、柬埔寨、越南。

三、友好关系

1994年，山东省与广南—岘港省开始交往。1996年4月5日，山东省与广南—岘港省建立友好关系。1997年10月，该省划分为广南省和中央直辖的岘港市。鉴此，山东省又与岘港市确定了友好省市关系。山东省与岘港市结好以来，在经济、贸易、旅游、体育等方面积极探讨合作并在党的建设方面进行了交流。

第三节 新加坡

山东省与新加坡的友好交流和经贸关系比较密切。1986—2005 年，新加坡到山东访问的代表团 20 多批 500 余人次，其中副总理以上级别团组 8 批约 400 余人次。两任驻华大使先后 5 次访问山东。其间，山东省访问新加坡的各类代表团 10 余批 500 余人次。经贸关系方面，1993 年 6 月成立的新加坡—山东经济贸易理事会，为新加坡与山东的经贸交流发挥了积极的作用。截至 2002 年 9 月底，新加坡在山东投资项目 809 个，合同外资额 22.7 亿美元，实际投资 12.5 亿美元，是山东省第六大投资合作伙伴，其中对青岛投资的合同外资 8 亿余美元。频繁的高层交往，大批的人员往来，经济贸易蓬勃开展，促进了山东与新加坡的交流与合作。

一、来访

（一）政府官员来访

1986 年 5 月 25—29 日，新加坡副总理王鼎昌及夫人一行 8 人，由外交部亚洲司司长杨振亚陪同，访问济南、曲阜等地。

1987 年 8 月 29 日至 9 月 1 日，新加坡副总理王鼎昌一行 7 人，由外交部原副部长、中国孔子基金会副会长宫达非陪同访问曲阜、邹县。8 月 30 日，参加了在曲阜举行的儒学国际学术讨论会。

1992 年 10 月 8—11 日，以律政兼内政部长贾古玛为团长的新加坡内政部代表团一行 9 人访问济南、泰安、曲阜等地。省委书记姜春云会见了代表团一行。

1993 年 4 月 22—26 日，新加坡总理吴作栋及夫人一行 36 人在中国政府陪同团团长、文化部部长刘忠德，驻新加坡大使杨文昌陪同下访问济南、泰安、曲阜、烟台、威海。中共中央政治局委员、山东省委书记姜春云在济南会见了吴作栋总理一行。省委副书记、省长赵志浩陪同代表团考察了烟台、威海高新技术开发区。副省长王裕晏参加活动。

1993 年 7 月 4—10 日，新加坡内阁资政李光耀及夫人柯玉芝女士、副总理王鼎昌及夫人率政府代表团和企业家代表团 176 人，在国务院特区办主任胡平陪同下访问青岛、烟台、威海。中共中央政治局委员、山东省委书记姜春云，省委副书记、省长赵志浩在青岛会见了李光耀资政一行。

1994 年 10 月 2—4 日，新加坡内阁资政李光耀及夫人一行 22 人访问山东。中共中央政治局委员、山东省委书记姜春云，省委副书记、省长赵志浩会见了李光耀资政一行。副省长宋法棠参加活动。

1996 年 8 月 31 日至 9 月 2 日，新加坡内阁资政李光耀及夫人一行访问青岛。省委副书记、省长李春亭会见了李光耀一行。

1996 年 10 月 13—18 日，新加坡副总理李显龙一行在国务院特区办副主任万季飞陪同下访问济南、泰安等地。省委书记赵志浩会见了代表团一行。

图 3－14　1996 年 10 月 13—18 日，新加坡副总理李显龙率团访问山东。图为李显龙在省委副书记、副省长宋法棠陪同下游览趵突泉

2000 年 4 月 13—15 日，新加坡总理吴作栋率政府、企业家代表团一行 95 人访问青岛。省委副书记、省长李春亭会见了吴作栋总理并共同出席了山东省经贸旅游情况说明会。

2005 年 5 月 12—20 日，新加坡教育部政务部长、新加坡—山东经贸理事会新方联合主席曾士生一行 30 人访问山东，参加鲁新经贸理事会 5 届 2 次会议。省委副书记、省长韩寓群在济南会见了代表团一行。9 月 4—10 日，曾士生再次访问济南。省委副书记、济南市委书记姜大明，副省长王仁元在济南分别会见了客人。9 月 26 日，省委书记、省人大常委会主任张高丽在济南会见了再次来访的曾士生一行。

（二）使馆官员来访

1993 年 2 月 23—26 日，新加坡驻华大使郑东发一行访问济南、威海、烟台等地，了解经济发展情况，探讨新加坡与山东省经贸合作与交流的领域和项目，参观了工厂、农村。中共中央政治局委员、山东省委书记姜春云，省委副书记、省长赵志浩分别会见了郑大使一行。6 月 1—4 日，郑东发大使访问济南、淄博和青岛，进一步了解和考察投资环境，探讨新加坡与山东合作事宜，通报了李光耀资政和王鼎昌副总理即将访问山东的有关情况。省委副书记、省长赵志浩会见了大使一行。副省长宋法棠、省政协副主席王裕晏参加活动。9 月 26—28 日，郑东发大使一行访问济南、曲阜和济宁，参加了山东文化节，接受了济宁市“荣誉市民”称号。省委副书记、省长赵志浩会见了大使一行。

1994 年 4 月 18—21 日，新加坡驻华大使郑东发一行 2 人访问济南、潍坊、青岛，参加了在济举办的狮城艺萃——新加坡绘画作品展开幕式和第 11 届潍坊国际风筝会。省委副书记、省长赵志浩在济南会见了大使一行。副省长宋法棠参加会见。

2002 年 4 月 27 日至 5 月 2 日，新加坡驻华大使陈燮荣一行 7 人访问济南、青岛、泰安、曲阜等地。省委书记吴官正，省委副书记、省长张高丽在济南分别会见了大使一行。

二、出访

（一）省级主要领导

1986 年 3 月 31 至 4 月 8 日，以省委书记梁步庭为团长的山东省经济考察团一行 5 人赴新加坡参观考察。

1993 年 6 月 23—28 日，以省委副书记、省长赵志浩为团长的山东省政府代表团一行 7 人访问新加坡。新加坡总理吴作栋、副总理王鼎昌、内阁资政李光耀分别会见了赵志浩省长。访问期间，签署了《新加坡—山东经贸理事会谅解备忘录》，成立新加坡—山东经济贸易理事会，作为双方之间开展投资贸易活动的促进协调机构。举办了孔子故里文物展，签订了开辟山东至新加坡直航包机航线合作协议，参加了齐鲁国际有限公司开业揭牌仪式。

（二）其他领导

1989 年 6 月 21—27 日，以副省长李春亭为团长的山东省经济代表团访问新加坡，出席了山东省经济贸易洽谈展览会开幕式。

1993 年 2 月，副省长王裕晏访问新加坡，商谈合资兴建炼油厂事宜。

1994 年 8 月 16—25 日，副省长王玉玺率山东省经济代表团访问新加坡和泰国，参加了山东省国际信托投资公司在新加坡发行 1.3 亿美元债券签字仪式。

1995 年 5 月 2—20 日，省委副书记、常务副省长宋法棠率山东省经贸代表团访问新加坡、澳大利亚和泰国，出席了新加坡—山东经贸理事会第 2 次执行理事会。

2001 年 7 月 8—20 日，副省长林书香率省政府经贸代表团访问新加坡、越南、韩国。访新期间，拜会了新加坡总理吴作栋。

第四节 泰 国

山东省与泰国往来比较密切。1986—2005 年，泰国到山东访问的代表团 11 批 150 余人次，山东到泰国访问的代表团 5 批近 40 人次。在高层互访和友城关系推动下，双方在经贸、农业、旅游、科技、文化等领域的实质性合作稳步发展。

一、来访

（一）王室成员和政府官员来访

1987 年 5 月 4—5 日，由泰国王姐甘拉亚妮公主率领的泰国友好访华团一行 17 人访问济南、泰安、曲阜。

1989 年 10 月 23—24 日，以泰国总理府（内阁）国务部长阿努瓦·瓦那蓬西里为团长的泰国政府代表团一行 15 人访问山东，考察山东石横电厂，参观曲阜“三孔”。

1990 年 6 月 2—5 日，由泰国司法部常务次长查兰·哈他甘率领的泰国地方法院院长代表团一行 12 人访问济南、泰安、曲阜。

1993 年 4 月 23—30 日，泰国亲王披沙迪·拉差尼及夫人一行 4 人访问北京及济南、泰安、菏泽、烟台、青岛。省委副书记、省长赵志浩在济南会见了代表团一行。

2000 年 3 月 6—20 日，泰国公主诗琳通一行 25 人访问中国。其间，3 月 9—12 日访问济南、泰安、曲阜。副省长韩寓群在济南会见了代表团一行。

图 3－15　2000 年 3 月 9—12 日，泰国公主诗琳通访问山东。图为诗琳通公主出席泰安市政府举行的欢迎宴会

2004 年 6 月 21—22 日，由外交部主办的亚洲合作对话第三次外长会议（简称 ACD 会议）在青岛举行，亚洲 22 国外长率团出席会议。国务院总理温家宝和泰国总理他信参加开幕式并致辞。省委书记、省人大常委会主任张高丽，省委副书记、省长韩寓群参加温家宝总理宴请他信总理的早餐会。

（二）工商企业界团组来访

1994 年 10 月 23—26 日，以泰国盘古银行总裁陈有汉为团长的泰国知名华人企业家代表团一行 14 人访问济南、淄博、烟台、威海。省人大常委会副主任马世忠全程陪同活动。

2002 年 10 月 21—24 日，泰国正大集团董事长谢国民率集团高层代表一行 26 人访问山东。中共中央政治局委员、山东省委书记吴官正，省委副书记、省长张高丽，省委副书记孙淑义分别会见了谢国民一行。张高丽省长陪同谢国民一行参观考察了济南市容和城市建设。省委常委、副省长林廷生主持召开了山东省与正大集团合作项目说明会和分组洽谈会，陪同谢国民一行对济南市推荐的 6 个超市项目进行了参观考察。

2003 年 11 月 19—21 日，泰国正大集团董事长谢国民一行 31 人访问山东。省委书记、省人大常委会主任张高丽会见了谢国民一行。省委副书记、省长韩寓群会见并参加了正大集团与济宁菱花集团赖氨酸合作项目签约仪式。副省长孙守璞参加活动。

图 3－16　2003 年 11 月 19—21 日，泰国正大集团董事长谢国民一行访问山东。图为正大集团与山东菱花集团在济宁共同签署合资建设十万吨赖氨酸项目合同

2005 年 1 月 20 日，泰国正大集团易初莲花超市济南体育中心店在山东鲁能泰山广场举行开业仪式，正大集团资深总裁陈圣如专程来济南出席开业仪式。

2005 年 11 月 30 日至 12 月 3 日，泰国商业银行执行委员会主席维特和富国太平洋有限公司董事会主席华克一行 6 人访问滨州。

二、出访

（一）省级领导人出访

1. 主要领导

2001 年 7 月 4—17 日，省委副书记、省长李春亭率山东省政府代表团一行 12 人访问马来西亚、泰国、中国香港。马来西亚总理马哈蒂尔、泰国副总理披塔等会见了代表团主要成员。代表团访问了泰国中华总商会等一批国际知名大企业、大财团，主持了山东省在泰国举办的鲁泰（鲁港）工商企业经贸合作恳谈会，与泰国北榄府府尹举行了工作会谈并签署了会谈纪要。

2002 年 9 月 16—28 日，省委副书记、省长张高丽率省政府代表团一行 9 人访问马来西亚、印度尼西亚和泰国。泰国副总理披塔会见了张高丽一行。代表团访问了北榄府，探讨了建立两省府友好合作关系意向。参观了正大集团，就正大集团在山东投资进行了深入探讨。

2. 其他领导

1994 年 8 月 16—25 日，副省长王玉玺率山东省经济代表团一行 6 人访问新加坡和泰国。访泰期间，会见了泰国金融企业界人士。

2005 年 8 月 21 日至 9 月 1 日，省委副书记高新亭率山东省友好代表团一行 5 人访问马来西亚、泰国、印度尼西亚。在泰国，高新亭会见了泰国国家警察部长柯育越他纳上将和司法部次长乃颂猜翁沙越，就公安、司法方面的业务交流了情况；会见了泰中商务委员会主席李绍柱，与泰国正大集团董事长谢国民等商界知名人士就加强经贸交流与合作交换了意见；考察了易初莲花 24 小时便利店、配送中心等商业设施。

（二）其他团组出访

1993 年 2 月 23 日至 3 月 6 日，省外办副主任张先达率山东省考察访问团一行 4 人访问泰国。此行目的是应泰方要求，向泰王后及王室北部山地发展计划赠送菏泽牡丹花苗并指导在泰北山地移栽。

三、合作项目

山东与泰国正大集团的交流合作虽起步较晚，但发展势头良好。2002 年 10 月，泰国正大集团董事长谢国民访问山东后，正大集团又多次派员现场考察，初步确定投资 1 亿美元，在蓬莱市兴建占地 1 万亩的现代化大型养鱼基地。后因市场变化项目搁置。2003 年底，谢国民再次来访，省外办安排正大置地有限公司与济南市副市长王天义及有关部门就城市连片开发进行了接触和协商。不久，正大置地有限公司又派专人来济南，就项目的合作进行进一步协商。初步商定由济南市城建投资公司和正大置地有限公司共同出资成立合资公司，对济南市经十路改造和东部新城进行一级开发。

此外，山东枣庄—泰国工业园于 2005 年 7 月开始运作，11 月 26 日举行奠基仪式。该项目是泰国工商界在中国投资较大的工业园区建设项目。

第四章　亚洲其他国家

山东省重视与亚洲其他国家的友谊和交往。改革开放以来，与亚洲其他国家的交往逐渐增多，各领域的交流与合作取得了良好发展和可喜成果。1992—2005年，东南亚地区其他国家到山东来访的代表团21批377人次，山东省组织的主要出访团组4批30人次；南亚地区国家到山东访问的代表团18批61人次，山东省组织的出访团组3批13人次；西亚地区国家到山东访问的代表团16批89人次，山东省组织的出访团组2批10人次。在友城工作和友好合作方面，山东省与印尼东爪哇省正式签署了两省开展友好交流合作会谈纪要，与菲律宾北伊洛戈省正式签署了建立友好省际关系协议书，与以色列正式签署了建立友好合作关系协议书并结成4对友城关系。山东省与亚洲其他国家的交往关系发展良好，人员互访频繁，实质性成果逐渐增多。

第一节　东南亚地区其他国家

一、来访

（一）政府官员与议员来访

1989年5月25日至6月7日，民主柬埔寨主席诺罗敦·西哈努克亲王及夫人莫尼克公主一行16人，在外交部副部长刘述卿陪同下访问曲阜、泰安、济南、淄博、潍坊、烟台、威海、青岛等地，参观了工厂企业、经济开发区和乡村，游览了风景名胜。随同来访的有：民柬驻华大使江裕朗夫妇、主席府代理秘书长春海、主席办公厅主任凯勒昂等。

1991年8月，老挝人民民主共和国主席凯山·丰威汉访问青岛。

1993年8月28—29日，马来西亚副总理安瓦尔·伊卜拉希姆率政府代表团及企业家代表团一行160人，在外交部部长助理王英凡陪同下访问济南、泰安、曲阜、青岛。省委常委、副省长陈建国，省政协副主席王裕晏会见了客人。

1993年12月5—6日，老挝人民革命党中央委员会主席、老挝人民民主共和国政府总理坎代·西潘敦及夫人一行24人，在国家教委副主任张孝文陪同下访问烟台。省委副书记、省长赵志浩会见了客人。

1994年8月28—29日，马来西亚副总理安瓦尔·伊卜拉希姆率政府代表团及企业家代表团访问山东。省委副书记、省长赵志浩，副省长李春亭、陈建国先后会见了安瓦尔一行。

1997年3月4—10日，老挝人民革命党中宣部副部长坎米·赛亚冯率代表团一行6人访问济南、青岛。省委常委、宣传部长董凤基会见了代表团一行。

1999年5月25—26日，老挝人民革命党中央主席、国家主席坎代·西潘敦一行13人访问山东。省委副书记、省长李春亭会见了代表团一行。省委副书记、常务副省长宋法棠迎送并全程陪同代表团活动。

2001年9月27日至10月3日，以马来西亚国会上议院议员曾永森为团长的教育访华团一行20人访问济南、泰安、曲阜、淄博、青岛，考察山东教育设施及发展情况，探讨教育领域的合作交流事宜。

2001年10月19—23日，马来西亚总理马哈蒂尔及夫人率代表团50余人访问中国。其间于22—23日访问青岛，参观了海尔集团、青岛港、小鱼山公园。省委副书记、省长李春亭在青岛会见了客人。副省长林书香参加活动。

2005年5月6—10日，马来西亚初级资源部长林敬益、沙捞越州政府首席部长泰益布及CMS公司代表团一行23人访问山东。省委副书记、省长韩寓群在济南会见了客人。

（二）前政要来访

2005年4月21—29日，马来西亚前总理马哈蒂尔一行访问山东，参加第22届潍坊国际风筝会、马来西亚文化周、中外市长论坛、寿光国际蔬菜博览会。省委副书记、省长韩寓群会见了客人。

（三）使领馆官员来访

2000年8月22—28日，印尼驻中国香港总领事鲁斯达姆·艾凡第一行3人访问济南、烟台、淄博、青岛。

2003年11月11日，马来西亚驻华大使拿督·阿卜杜勒·马吉德、马来西亚大同工业集团主席陈永琪一行6人访问济南，出席中外合资山东华源钢铁有限公司项目签字仪式。副省长王仁元会见了客人。

2004年9月20—24日，马来西亚驻华大使馆公使衔参赞郑丽蕾一行5人访问济南、青岛。副省长孙守璞会见了代表团一行。

（四）地方政府代表团来访

1999 年 7 月 13—19 日，菲律宾北伊洛戈省省长费尔迪南德·马科斯率团访问山东。省委副书记、省长李春亭与马科斯共同签署了两省友好交流备忘录。

图 3－17　1999 年 7 月 13—19 日，菲律宾北伊洛戈省省长费尔迪南德·马科斯访问山东。图为省委副书记、省长李春亭在济南会见马科斯省长

2001 年 10 月 20 日，印尼苏拉威西省副省长弗雷迪·H·苏阿朗一行 12 人访问济南。

2001 年 11 月 2—6 日，印尼东爪哇省省长伊曼·乌托莫率政府及经贸代表团一行 35 人访问青岛、潍坊、济南。省委副书记、省长李春亭会见了代表团一行。副省长林书香与代表团举行工作会谈，签署了两省开展友好交流合作会谈纪要。

2001 年 11 月 9—10 日，印尼东爪哇省水利代表团一行 8 人访问山东。拜访了省水利厅、省黄河河务局，了解山东省农田水利建设和黄河防洪情况。

（五）工商企业界团组来访

1990 年 6 月 13—19 日，老挝工会代表团一行 3 人访问济南、青岛、烟台。

2004 年 5 月 12—14 日，马来西亚华人文化协会会长戴小华一行 2 人访问济南、烟台。副省长孙守璞会见了戴小华并向其颁发“山东省荣誉公民”

证书。

2005 年 10 月 15—18 日，印尼材源帝集团总裁黄双安一行 8 人访问济南、烟台。省委副书记、省长韩寓群，省委副书记高新亭会见了代表团一行。

二、出访

（一）省级主要领导

1993 年 6 月 28 日至 7 月 1 日，以省委副书记、省长赵志浩为团长的山东省政府代表团一行 7 人访问马来西亚，分别拜会了马来西亚交通部长林良实等高级官员，出席了济钢与外商合资在澎亨州建设的吉马钢铁厂奠基仪式。马来西亚副总理加化会见了代表团一行。

2001 年 7 月 4—17 日，省委副书记、省长李春亭率山东省政府代表团访问马来西亚、泰国。马来西亚总理马哈蒂尔、泰国副总理披塔会见了代表团主要成员。代表团分别与马来西亚文化艺术及旅游部、能源通讯及多媒体部、贸工部进行了工作会谈，访问了马来西亚中华工商联合会、华人文化协会、泰国中华总商会，会见了马来西亚金狮集团、郭氏兄弟集团、云顶集团，泰国正大集团等一批国际知名大企业和部门负责人，主持了山东省在泰国举办的经贸洽谈会，接受了马来西亚《南洋商报》的采访，与泰国北榄府府尹举行工作会谈，签署了会谈纪要。

（二）其他领导

1992 年 9 月，副省长王裕晏访问马来西亚，就金狮集团董事长钟延森提出在山东投资 5 亿～10 亿美元进行房地产开发事项进行洽商。

2005 年 8 月 21 日至 9 月 1 日，省委副书记高新亭一行 5 人访问马来西亚、印度尼西亚、泰国。在马来西亚，会见了主管司法工作的总理府部长达图·拉德兹·谢克·艾哈迈德等。在印度尼西亚，会见了印尼总商会会长陈大江等。在泰国，会见了国家检察部长柯育越他纳上将和司法部次长乃颂猜翁沙越等。

三、友好关系及合作项目

（一）山东省与菲律宾北伊洛戈省

1999 年 7 月，经全国友协和中国驻菲律宾大使馆推荐，北伊洛戈省省长费尔迪南德·马科斯率团访问山东，双方签署了《山东省—北伊洛戈省友好交流备忘录》。北省代表团回国后，将结好事宜提交省立法委员会通过。2000年4月，省友协秘书长李德峰率工作组对北省进行了考察访问。2001年3月，全国友协正式批准山东省与北伊洛戈省结好的申请。

2002年2月，省外办副主任崔乐生率工作组访问菲律宾，邀请费尔迪南德·马科斯省长访问山东。2002年10月20—23日，北伊洛戈省省长费尔迪南德·马科斯率经贸代表团访问山东，双方正式签署建立友好关系协议书。

（二）合作项目

2001年10月2日，由山东三箭置业集团有限公司总承包的缅甸1.2万吨船坞工程在仰光举行开工典礼。该项目总造价2540万美元，是山东省在缅甸的第一个工程总承包项目。2004年7月8日交付缅方。

第二节 南亚地区国家

一、来访

（一）政府官员与议员来访

1986年10月16—19日，印度全印前进同盟总书记、国会议员巴萝访问青岛。

1988年4月1日，以巴基斯坦海军参谋长哈尔·艾哈迈德·赛罗希上将为团长的军事代表团一行2人访问烟台，考察海军有关项目。

1990年6月30日至7月2日，孟加拉国总统侯赛因·穆罕默德·艾尔沙德一行53人，在交通部长钱永昌陪同下访问青岛。

1991年5月23日，由议长古哈尔·阿尤布·汗率领的巴基斯坦国民议会代表团一行14人访问山东，考察了山东工业发展及农村医疗卫生和乡镇企业等情况。

1993年5月21—22日，巴基斯坦外交部秘书长阿克拉姆·扎基一行4人访问济南、曲阜。

1994年9月4—6日，以中央执政委员会委员、党中央文化部长扎曼为团长的巴基斯坦人民党代表团一行6人访问山东。

1995年10月10—11日，以斯里兰卡财政计划民族实业及国家统一部副部长费尔南多为团长的国际交流协会代表团一行6人访问山东。副省长宋法棠会见了代表团一行。

图 3-18 1990 年 6 月 30 日至 7 月 2 日，孟加拉国总统侯赛因·穆罕默德·艾尔沙德及夫人访问山东。图为省长赵志浩在青岛流亭国际机场迎接总统一行

2004 年 10 月 16 日，巴基斯坦外交国务部长巴克蒂尔乘专机护送中国在巴基斯坦绑架事件中遇难人员的灵柩抵达济南。副省长谢玉堂、巴基斯坦驻华大使亚兹·穆罕默德出席灵柩迎接仪式。

2004 年 11 月 4—7 日，以斯里兰卡议会议员、内阁司法与法律改革部长 W·D·J 赛内维拉特内为团长的斯里兰卡执政联盟年轻议员代表团一行 10 人访问淄博、济南。省委副书记高新亭在济南会见了客人。省人大常委会副主任莫振奎、省检察院检察长国家森参加会见。

2005 年 4 月 12—13 日，斯里兰卡国会议员班杜拉·古纳瓦德纳一行 7 人访问山东。

（二）前政要来访

1993 年 9 月 24 日至 10 月 2 日，印度已故总理拉·甘地的夫人索尼亚·甘地及女儿波利扬卡访华。其间 9 月 27—28 日，赴济南、曲阜、泰山参观访问。副省长吴爱英陪同访问。

（三）使馆官员来访

1990 年 4 月 28—30 日，孟加拉国驻华大使法鲁克·索布汗及夫人访问青岛。

（四）地方政府与议会代表团来访

2002 年 4 月 18—21 日，印度泰卢固之乡党代表团一行 10 人访问济南、青岛、淄博、泰安。

2002 年 6 月 16—22 日，印度安得拉邦印中友协主席拉奥一行 4 人访问济南、泰安、济宁、潍坊等地，在青岛参加“印度日”活动。

2005 年 3 月 6—9 日，以斯里兰卡西北省省督瓦尼拉西为团长的政府代表团一行 4 人访问济南、潍坊、青岛。省委副书记高新亭在济南会见了代表团一行。

图 3－19　2005 年 3 月 6 日，省委副书记高新亭在济南会见斯里兰卡西北省省督瓦尼拉西

2005 年 7 月 14—18 日，印度共产党总书记普拉卡什·卡拉特一行访问山东。省委书记、省人大常委会主任张高丽在济南会见了卡拉特一行。省委副书记王修智，省委常委、秘书长杨传升参加会见。

（五）工商企业界团组来访

1987 年 9 月 22—24 日，以斯里兰卡工会联合会主席曼迪斯为团长的工会联合会代表团一行 3 人访问青岛。

2002 年 6 月 19—21 日，印度亚太技术转移中心主任比绍夫一行 2 人访问济南，考察信息技术创新国际论坛及博览会筹备工作，与省科技厅等有关部门进行了座谈。

二、出访

1992 年 1 月 22—28 日，受省委副书记、省长赵志浩派遣，省国际信托投资公司副总经理路志鸿率山东省考察访问团一行7人访问斯里兰卡西北省。西北省首席部长佩雷拉会见了代表团一行。

1992年6月12—23日，副省长张瑞凤率代表团一行6人赴孟加拉国，参加山东省中宇公司承建的使馆工程验收典礼并考察孟加拉国建筑市场，落实有关合作项目。

2003年10月19—23日，省委书记、省人大常委会主任张高丽率山东省代表团访问印度。会见了斯特莱特工业集团主席，与印度商工部长阿伦·贾伊特莱伊举行了会谈，考察了INFOSYS软件公司，双方共同举办了山东—卡纳塔克邦IT合作酒会。

图3-20 2003年10月19—23日，省委书记、省人大常委会主任张高丽率山东省代表团访问印度。图为张高丽在印度班加罗尔与卡纳塔克邦议会议长山克尔举行会谈

第三节 西亚地区国家

一、来访

（一）政府官员与议员来访

1992年7月5—6日，亚美尼亚副总统加吉克·加鲁舍维奇·阿鲁秋尼扬一行访问烟台。副省长张瑞凤会见了副总统一行并陪同活动。

1995 年 5 月 9—12 日，以色列农业部长雅各夫·楚尔一行 31 人访问济南、泰安、曲阜、潍坊、青岛。副省长邵桂芳在济南会见了代表团一行。

1997 年 6 月 7—13 日，叙利亚住房部长萨法迪一行 4 人访问济南、青岛等地。副省长陈抗甫会见了代表团一行。

1998 年 4 月 28—30 日，吉尔吉斯斯坦总统阿斯卡尔·阿卡耶夫访问山东，参观了烟台日冷食品有限公司、龙凤钢琴有限公司和威海三星电子有限公司、山东三角集团等。副省长宋法棠在烟台会见了阿卡耶夫总统一行。

图 3－21　1992 年 7 月 5—6 日，亚美尼亚副总统加吉克·加鲁舍维奇·阿鲁秋尼扬一行访问烟台。图为阿鲁秋尼扬副总统在副省长张瑞凤陪同下参观烟台钟表厂

2001 年 10 月 11—23 日，以色列司库联合会主席阿米尔·巴托夫一行 7 人访问济南、潍坊、青岛。省人大常委会副主任董凤基在济南会见了代表团一行。

2004 年 8 月 31 日至 9 月 2 日，叙利亚阿拉伯复兴社会党副总书记阿卜杜拉·艾哈迈尔一行 7 人出席第三届亚洲政党国际会议并顺访山东。省委书记、省人大常委会主任张高丽在济南会见了代表团一行。

2004 年 10 月 26 日至 11 月 1 日，以色列司库联合会代表团一行 6 人访问济南、泰安、青岛，与省财政厅、省审计厅进行了座谈，参观了海尔、青啤等企业。

（二）驻华使馆官员来访

1993年1月17—19日，沙特阿拉伯驻华大使陶菲克·哈立德·阿里迈达尔一行2人访问山东，参观了维修后的济南清真北大寺等。

1994年12月12—16日，以色列驻华大使本·亚可夫一行3人访问济南、青岛、曲阜。省委副书记、省长赵志浩，副省长王建功分别在青岛、济南会见了大使一行。

1996年8月21—22日，以色列驻华大使奥拉·纳米尔女士及公使萨瑞格访问济南、潍坊、青岛等地，考察中以政府拟合作建立的商业性示范农场厂址。省委副书记、省长李春亭在济南会见了客人。

1997年10月18—21日，在外交部部长助理吉佩定陪同下，西亚、北非地区驻华使节一行12人访问胜利油田和泰安、曲阜、淄博等地。

1998年10月26—27日，以色列驻华大使南月明女士一行访问济南、潍坊、东营等地，考察鲁以合作项目。省委副书记、省长李春亭在济南会见了大使一行。

2001年1月8—11日，以色列驻华大使沙雷夫一行3人访问济南、潍坊、青岛。省委书记吴官正，省委副书记、省长李春亭在济南分别会见了代表团一行。

2002年5月22—23日，外交部组织阿拉伯国家驻华大使一行15人，在副部长杨文昌陪同下访问山东。省长张高丽在济南会见了大使团一行。

2005年5月22—23日，伊拉克驻华大使穆罕默德·萨比尔·伊斯梅尔一行3人访问济南，参观了山水集团、力诺集团等企业。

2005年9月19日，部分阿拉伯国家驻华使节参加在菏泽举行的中国林产品交易会。

二、出访

1992年11月22日至12月2日，省外办副主任张先达率考察组一行4人访问以色列，与以方正式签署了建立友好合作关系协议书。

1999年9月1—11日，以省委副书记、省长李春亭为团长的山东省政府代表团一行13人访问以色列。以色列外交部亚太司副总司长谢里夫和农业部长海姆阿龙会见了代表团一行。

第四篇

与欧洲国家的交往

在与中国交往的40多个欧洲国家中，西欧国家始终比较活跃。西欧政治和社会稳定，经济、科技发达，产业优势显著，是中国重要的投资和贸易伙伴。涵盖西欧主要国家的欧盟自1993年（以前称欧共体）正式成立以来，中国与欧盟各国领导人互访频繁，双方签署了一系列合作文件，政治、经济关系稳定发展，贸易与投资不断增长。2004年，欧盟首次超过美国和日本，成为中国第一大贸易伙伴。东欧与亚洲西北部接壤，地域辽阔，国家众多，拥有丰富的自然资源和相对先进的科学技术，合作空间广阔，市场潜力巨大，其中俄罗斯与中国关系占据主导地位。山东省积极发展与欧洲国家尤其是与欧盟国家和俄罗斯的交流与合作。欧盟是山东省从国外引进资金、技术、管理、人才和接受发展援助项目的重要渠道。1999年9月11—13日，欧盟议会议长德普伊赫率欧盟议会代表团一行15人访问青岛。2000年4月6—11日，欧盟14个国家以及欧盟委员会驻华使节一行24人访问青岛、潍坊、济南、泰安和曲阜。2004年5月22—25日，欧盟驻华大使安高胜一行2人访问青岛、济南。2005年4月11—13日，中国—欧盟化工合作项目研讨会在东营市举行，来自欧盟20多个国家的60位企业家参加了研讨会。山东省领导人多次率团对德国、奥地利、荷兰、法国、瑞典、英国等国家友好省州进行访问，这些国家的友好省州领导人也多次率团访问山东，双方结成了多对省级友好关系和友好合作关系，建立了直接交流与沟通的重要桥梁和纽带，有效推动了一系列实质性对外友好互利合作项目的进展。在经贸关系方面，欧盟长期以来一直是山东省重要的合作伙伴并逐年发展扩大，已成为山东省各类产品最大的海外销售市场。此外，双方在文化、教育、人才、体育、高新技术、机械加工、车船制造、电子信息、节能环保、金融服务、农渔畜牧业等领域积极开展实质性合作，努力提升交往质量。至2005年，山东省与欧盟的合作已经形成渠道畅通、全面发展、富有成效的特点和局面。在与俄罗斯等独联体国家的交往方面，山东省注重资源共享、优势互补、携手共赢，开展各领域的对口合作与友好交流，发挥俄罗斯在自然资源、科研和技术、教育、体育等方面的比较优势，加强对俄全方位、宽领域、深层次的务实合作，为建立省州级友好关系和市级友城关系打下良好基础，将能源、投资和地区间合作确定为3个优先发展的合作方向，促成中俄高新技术产业化合作示范基地、中乌（乌克兰）高科技合作园、中白（白俄罗斯）高科技园3个国家级园区入驻山东，科技合作成为山东省与独联体国家交往的亮点，产生了可观的经济和社会效益。在与南欧国家和东欧国家的关系方面，山东省逐步改善以往接触较少的局面，恢复和加强了双方交往渠道，不断扩大山东欧洲合作伙伴的范围，为实现对外合作多元化创造了条件。

第一章　德　国

山东与德国历史上有着比较特殊的渊源关系。中国与德国有着不同的社会制度和历史文化背景，经济发展差异较大。改革开放后，双方成为重要的合作伙伴。山东省历届主要领导人梁步庭（1985）、姜春云（1994）、赵志浩（1991）、李春亭（1996、2000）、韩寓群（2005）等都曾率团访问巴州。1987年7月9日，山东省与巴伐利亚州正式建立友好省州关系，之后两省州领导人进行了多次互访，双方之间的友好关系不断巩固和发展，经贸关系密切，文化交流顺畅，民间友好频繁，项目合作取得实质性成效。1986—2005年，德国已成为中国同时也是山东省在欧洲最重要的贸易合作伙伴，山东省与巴伐利亚州的友好省州关系成为山东最成功的国际友好关系之一。

第一节　来　访

一、政府官员与议员来访

1993年4月1日，德国政府副发言人谢费尔偕夫人访问济南、曲阜。副省长郭长才在济南会见了客人。

1993年7月11—15日，德国审计院院长扎维尔·柏格偕夫人在国家审计署审计长吕培俭陪同下访问济南、泰安、曲阜、青岛。此次访问主要目的是考察第一期中德审计技术合作项目执行情况，签订第二期项目协议。副省长李春亭在济南会见了柏格一行。

1995年11月15—16日，德国总理赫尔穆特·科尔一行205人在中国机械工业部部长何光远、外交部副部部长姜恩柱陪同下访问青岛。省委副书记、省长李春亭到机场迎送。科尔总理在国务院总理李鹏陪同下参观了海尔冰箱厂。当晚，李鹏总理在青岛八大关宾馆会见并宴请了科尔总理。省委书记赵志浩，省委副书记、省长李春亭出席活动。访问期间，双方共同举办了山东—德国经济技术合作洽谈会。

1997 年 10 月 21 日，德国经济合作与发展部长施普朗格一行访问山东。省委副书记、省长李春亭在济南会见了客人。

2004 年 7 月 16 日，德国副总理兼外交部长菲舍尔一行 80 人访问济南。省委副书记、省长韩寓群会见了菲舍尔先生并共同出席力诺瑞特新能源有限公司新厂房落成剪彩仪式。德国驻华大使于倍寿参加活动。

2005 年 5 月 19—24 日，德国联邦议院经济合作与发展援助委员会主席鲁道夫·克劳斯一行 5 人访问济南、曲阜、青岛等地。省人大常委会副主任黄可华会见了代表团一行。

二、驻华使馆官员来访

1986 年 8 月 13—16 日，联邦德国驻华大使裴培宜偕夫人一行 3 人访问济南、青岛。

1988 年 9 月 8—10 日，联邦德国驻华大使汉斯佩特·海尔贝克偕夫人一行 4 人访问青岛。

1990 年 5 月 2—5 日，民主德国驻华大使罗尔夫·贝特霍尔德访问临沂、曲阜、济南。

1991 年 11 月 11—14 日，德国驻华大使韩培德一行访问淄博、临沂、曲阜、泰安等地，考察了部分人畜饮水工程以及治理水土流失工程情况。

1994 年 5 月 16—21 日，德国驻华大使傅泰民夫妇一行 3 人访问济南、曲阜和青岛。中共中央政治局委员、山东省委书记姜春云，省委副书记、省长赵志浩分别在济南会见了大使一行。

1994 年 9 月 19—23 日，德国驻华大使傅泰民夫妇一行 3 人访问青岛、泰安、泗水等地。在青岛参加了山东省与巴伐利亚州政府教育合作项目——青岛大学德语系开学典礼。在济南，参加了济南机床一厂引进德国自动化生产线投产仪式。中共中央政治局委员、山东省委书记姜春云，省委副书记、省长赵志浩分别会见了大使一行。副省长李春亭、宋法棠参加活动。

1996 年 9 月 12—14 日，德国驻华大使赛康德一行 3 人访问济南、曲阜、泰安，参加中德济南红旗—考格尔汽车制造有限公司开业典礼。副省长韩寓群会见了大使一行。

1999 年 4 月 12 日，中德合作粮援项目总结表彰大会暨交接仪式在济南举行。德国驻华大使于倍寿和德国经济合作部副部长波普等 40 名德方人员出席交接仪式。省委副书记、省长李春亭会见了大使一行。副省长陈延明主持总结表彰大会。中国水利部、农业部、财政部、外经贸部派员参加。

2000 年 8 月 25—27 日，德国驻华大使于倍寿夫妇一行 3 人访问青岛，参加了青岛国际啤酒节。

三、其他团组来访

1986 年 6 月 7—10 日，联邦德国阿登纳基金会主席赫克一行 9 人访问山东。

1987 年 7 月 17—24 日，由联邦德国经济合作委员会主席乌韦·霍尔茨率领的艾伯特基金会代表团一行 5 人访问青岛。

1988 年 11 月 1 日，以德国社民党联邦理事会成员、该党巴伐利亚州议会党团主席希尔泽曼为团长的艾伯特基金会代表团一行 6 人访问青岛。

1992 年 7 月 1—4 日，德国议会经济委员会代表团一行访问山东，考察中德两国政府技术合作和财政合作项目执行情况。

1994 年 10 月 26—29 日，德国汤若望德中合作协会代表团一行 3 人访问济南、曲阜、泰安。省政协主席、省友协会长陆懋曾在济南会见了代表团一行。

1996 年 4 月 12 日，德国经济合作部专家组来山东考察评估山东粮援项目。副省长邵桂芳会见了专家组成员。

1997 年 9 月 27 日，由德国经济合作部资助的评估小组对山东 SES（德国退休专家组织）进行评估。此次德国政府派员来山东进行效益评估，在中国尚属首次。副省长张瑞凤在济南会见了评估官员迪尔特·赛坡一行。

1998 年 6 月 8—11 日，德国联邦议院农林粮食委员会代表团访问济南、临沂和青岛，主要考察山东的农业政策、农业发展状况和德国政府无偿援助的粮援项目。省人大常委会主任赵志浩在济南会见了代表团一行。

2002 年 6 月 10—16 日，德国海军“梅克伦堡—沃波默恩”号护卫舰和“莱茵兰—普法尔茨”号护卫舰访问青岛。这是德国军舰首次访问青岛。

四、地方政府与议会代表团来访

（一）巴伐利亚州州长来访

1985 年 10 月 7—15 日，巴伐利亚州州长施特劳斯一行 45 人访问山东，在青岛举办大型工业技术展览会。省委书记梁步庭，省委副书记、省长李昌安会见了代表团一行并与施特劳斯州长共同出席了展览会开幕式。

1993 年 9 月底至 10 月初，巴伐利亚州副州长兼教育文化科学艺术部部长汉斯·蔡特迈耶尔率教育及塞得尔基金会代表团访问山东。副省长宋法棠会见了代表团一行。

1995 年 4 月 5—7 日，巴伐利亚州州长埃德蒙特·施托伊伯率巴州政治及经济代表团一行 56 人访问济南、青岛。省委书记赵志浩会见了代表团主要成员。省委副书记、省长李春亭与施托伊伯州长举行工作会谈并签署了《关于进一步发展和深化伙伴关系的会谈纪要》。德国新任驻华大使塞茨随团来访。副省长宋法棠参加活动。

1997 年 11 月 2—4 日，巴伐利亚州副州长蔡特迈耶率团访问山东。省委副书记、省长李春亭会见了副州长一行。副省长吴爱英与蔡特迈耶副州长共同签署了《关于教师进修合作的纪要》，并与蔡特迈耶副州长一起主持了巴伐利亚州文化艺术展演暨鲁巴结好 10 周年招待会与巴伐利亚州文化艺术展演开幕式。

图 4－1 1997 年 11 月 2—4 日，巴伐利亚州副州长蔡特迈耶率团访问山东。图为省长李春亭出席签字仪式，副省长吴爱英与副州长蔡特迈耶共同签署教师进修合作纪要

2003 年 4 月 2—3 日，巴伐利亚州州长施托伊伯率巴州政府及经济代表团一行 50 人访问山东。省委书记张高丽在济南会见了施托伊伯及主要陪同人员。省委副书记、省长韩寓群与施托伊伯举行了工作会谈。

（二）巴伐利亚州部长级团组来访

1994 年 3 月 10—17 日，巴伐利亚州教育、文化、科学、艺术部副部长基斯林一行 4 人访问济南、曲阜、泰安、青岛等地。省人大常委会副主任苗枫林在济南会见了客人。

1994 年 3 月 28 日至 4 月 1 日，巴伐利亚州经济、交通与技术部长威斯豪耶一行35人访问济南、青岛。中共中央政治局委员、山东省委书记姜春云，省委副书记、省长赵志浩在济南分别会见了代表团。副省长宋法棠与威斯豪耶部长共同签署了《山东省与巴伐利亚州进一步加强经贸合作和科技、教育交流备忘录》。

1996年4月21日至5月5日，巴伐利亚州教育、文化、科学、艺术部副部长克林格率团访问青岛、济南。副省长张瑞凤在济南会见了代表团一行。

1996年9月21—26日，巴伐利亚州内政部副部长雷根斯伯格率巴州高级警官代表团一行9人访问山东，与省公安厅签署了《山东省与巴伐利亚州关于警务及消防友好合作与交流的会谈纪要》。

1996年10月28日至11月3日，巴伐利亚州国土发展与环境问题部副部长米勒一行3人访问济南、泰安、临沂、曲阜等地。副省长张瑞凤会见了米勒一行。

1997年10月1—4日，巴伐利亚州经济、交通与技术部长威斯豪耶率团访问山东。省委副书记、省长李春亭在济南会见了代表团一行。副省长宋法棠与威斯豪耶部长共同出席了巴伐利亚州驻济南经济代表处揭牌仪式、巴伐利亚州图书展开幕式和鲁巴铁路技术研讨会开幕式。10月3日，在齐鲁宾馆共同举行了鲁巴结好10周年大型庆祝招待会。

1997年11月19—20日，巴伐利亚州内务部国务秘书绍特和最高建设管理局局长布鲁格率团访问山东，参加在青岛举行的建筑论坛。

1998年11月2—4日，巴伐利亚州经济部顾问海德里希率卡尔·杜伊斯堡基金会代表团一行10人访问山东，与省计委、省外经贸委、省民航管理局、省地方铁路局等部门在济南举办航空铁路技术研讨会。省委副书记、副省长宋法棠出席研讨会。

1998年11月4—6日，巴伐利亚州经济、交通与技术部长威斯豪耶率经济代表团一行40人访问济南和青岛，与山东省共同举办“鲁巴经贸洽谈会”。省委副书记、省长李春亭，省委副书记、副省长宋法棠分别会见了代表团一行。

2000年5月28日至6月3日，巴伐利亚州经济、交通与技术部长威斯豪耶率巴州政府和企业代表团一行26人访问济南、青岛、烟台等地，重点就济南和青岛两地机场扩建项目进行会谈。省委副书记、省长李春亭在济南会见了代表团一行。

2000年8月31日至9月2日，巴伐利亚州科学研究艺术部长蔡特迈耶一行7人访问青岛、平度，出席鲁巴合作平度农业“双元制”职教中心成立10周年庆典仪式。副省长邵桂芳在青岛会见了代表团一行。

2001年4月20—25日，巴伐利亚州内务部副部长雷根斯伯格率城建代表团访问山东，双方共同签署了《关于鲁巴在城建领域开展进一步合作的协议》。

2001年11月6—9日，巴伐利亚州经济、交通与技术部长威斯豪耶率经济代表团访问济南、潍坊、青岛。省委副书记、省长李春亭会见了代表团一行。副省长林书香参加会见。

2002年10月29日至11月1日，巴伐利亚州经济、交通与技术部长威斯豪耶率政府及经贸代表团一行50人访问济南，青岛，出席了在山东省博物馆举办的巴伐利亚图片展开幕式。省委副书记、省长张高丽会见了威斯豪耶部长。

2003年10月20—24日，巴伐利亚州奥格斯堡市市长保罗·温格特一行4人访问济南。济南市市长鲍志强会见了客人。双方共同签署了《济南市与奥格斯堡市关于缔结友好城市关系的备忘录》。

2004年4月5—7日，巴伐利亚州经济、交通与技术部长威斯豪耶率代表团一行48人访问青岛、济南。省委书记、省人大常委会主任张高丽会见了代表团一行。

2004年6月20—24日，巴伐利亚州教育体育部国务秘书弗莱勒率团访问济南、青州、日照、平度、青岛。副省长王军民在济南会见了代表团一行。

2004年6月30日，巴伐利亚州环境卫生部长施维南访问济南。副省长赵克志会见了代表团一行。

2004年11月3—6日，巴伐利亚州科学研究艺术部长戈培尔率团访问济南、青岛，出席青岛大学德语系建立10周年庆典仪式。副省长王军民在济南会见了代表团一行。

2005年4月17—20日，巴伐利亚州经济、交通与科技部长威斯豪耶率90余人大型代表团访问山东，出席了“青岛德国周”活动。副省长孙守璞和威斯豪耶部长共同为山东荷德鲁美特表计有限公司投产仪式剪彩。省委书记、省人大常委会主任张高丽在济南会见了客人。

2005年4月26—27日，巴伐利亚州政府内阁部长埃伯哈特·辛纳一行3人访问济南。副省长王军民会见了代表团一行。

2005年6月12—14日，巴伐利亚州环境、卫生及消费者保护部长施维南率代表团一行20人访问青岛，出席了鲁巴城市环保企业合作洽谈会。

（三）巴伐利亚州议会团组来访

2000年4月15—22日，巴伐利亚州议会议长约翰·波姆率代表团一行4人访问中国。全国人大常委会副委员长姜春云在北京会见了客人，原驻德国大使梅兆荣参加活动。4月18—22日，代表团访问山东。这是巴州议会代表团首次访问山东。省人大常委会主任赵志浩在济南会见了代表团一行。

2001年11月18—19日，巴伐利亚州议会财政委员会主任阿赫和州财政部长法尔特豪瑟一行10人访问济南、青岛。省人大常委会副主任董凤基、副省长黄可华在济南分别会见了代表团一行。

2002年5月7—10日，巴伐利亚州社民党议会党团主席弗朗茨·马格特一行13人访问济南、青岛等地。省人大常委会副主任王渭田在济南会见了代表团一行。

2005年3月8—11日，巴伐利亚州议会公共行政委员会主席埃克曼率巴州议会代表团一行16人访问济南、青岛、平度。省人大常委会副主任邵桂芳在济南会见了代表团一行。

（四）巴伐利亚州其他团组来访

1993年2月8—16日，巴伐利亚州塞德尔基金会中国处处长维尔克率团一行5人访问山东，与省外办及山东省友城发展交流基金会进行了工作会谈。

1994年7月16日，巴伐利亚州企业家协会职业培训中心总经理、慕尼黑管理学院代表黑伯特·吕伯率巴州企业家代表团访问山东。副省长宋法棠在济南会见了客人。

1995年10月5—7日，巴伐利亚州经济交通与科技部对外合作与贸易司司长米勒阿马克来济南商谈巴州在山东设立经济代表处以及建设“欧洲工业园”事宜。副省长宋法棠会见了客人。

1996年3月10—22日，德国卡尔·杜易斯堡基金会巴伐利亚州分会主席彼得·海德里希访问山东。副省长张瑞凤、宋法棠分别在济南、青岛会见了客人。

1996年5月24日至6月1日，巴伐利亚州建筑代表团一行11人访问济南。副省长张瑞凤、陈抗甫会见了代表团一行，出席了《山东省与巴伐利亚州关于继续和加深城建领域内合作的会谈纪要》签字仪式。

1996年10月16—22日，德国卡尔·杜伊斯堡基金会巴伐利亚州分会主席海德理希率德国航空专家、企业界人士20余人访问山东。

1997年4月20—29日，巴伐利亚州最高建设管理局城建专家卡尔麦耶访问济南、青岛等地。

1997年6月11—17日，巴伐利亚州总理内阁部国际合作司司长费舍尔一行15人访问山东，为庆祝鲁巴结好10周年做准备。

1997年9月18—24日，巴伐利亚州施瓦本地区主席施密特率政府代表团访问泰安市，签署了《山东省泰安市与巴州施瓦本地区建立友好合作关系的协议》。

1997年9月20—26日，巴伐利亚州汉斯·赛德尔基金会总干事长鲍姆盖特率团访问济南、潍坊、青岛等地，与青州市政府联合举办了“中德农村发展研讨会”，总结了赛德尔基金会在南张楼村实施“土地整理、村庄更新”项目以来取得的经验。副省长陈抗甫在济南会见了客人。

1997年9月22—30日，巴伐利亚州测量局长那格尔访问山东。副省长陈抗甫会见了客人。

1997年10月8—15日，为纪念巴伐利亚州与山东省结好10周年，德国《图片报》总编海尔穆特、摄影师狄尔格对山东风俗民情、人文与自然景观、经济发展状况以及对德交往尤其是与巴州合作等方面情况进行采访。

1997年10月21日，巴伐利亚州美术展览团来济南举办美术展览。副省长吴爱英参观了展览。

1997年10月24日，巴伐利亚州首饰展卖团一行2人来济南办展。副省长吴爱英参观了首饰展。

1997年10月25日至11月4日，巴伐利亚州广播电视台代表团访问山东，与山东电视台签署了《山东电视台与巴州广播电视台合作协议》。

1997年11月1—15日，在山东省政府与巴伐利亚州政府共同倡议下，巴伐利亚州文化艺术展演活动分别在济南和青岛举行。来自巴州的120余位艺术家演出了精彩的节目。

1997年11月6—10日，巴伐利亚州体育代表团访问山东。副省长吴爱英会见了代表团一行。

1997年12月15—16日，省外办、省教委在青州与德国巴伐利亚州赛德尔基金会代表就成立鲁巴职教师资培训中心事宜进行会谈。1998年3月1—5日，赛德尔基金会代表团再次访问青州市，与省外办、省教委和青州市政府就建立鲁巴合作职教师资培训中心有关事项进行具体商谈。2001年5月12—13日，德国汉斯·赛德尔基金会副总干事长盖波特访问山东，参观了青州职教师资培训中心项目。

1998 年 7 月 8 日，慕尼黑啤酒学院院长参特格拉夫、汉斯塞德尔基金会副总干事长盖波特、IVM 公司总裁凯斯、巴伐利亚州驻济南经济代表处代表魏特一行访问青岛，参加了青岛啤酒节和“青交会”。省委副书记、省长李春亭在青岛会见了代表团一行。

1998 年 8 月 7—11 日，德国卡尔·杜伊斯堡基金会巴伐利亚州分会新任会长施滕泽尔访问山东，就杜伊斯堡基金会巴州分会与山东省在人员培训领域的合作计划进行了交流。

1999 年 3 月 20 日，巴伐利亚州经济交通技术部副部长兼对外经济和工业司司长潘格尔一行访问济南、青岛。

2000 年 6 月 3—9 日，巴伐利亚州施瓦本地区政府主席路德维希·施密特一行 8 人访问济南、泰安。这是该地区自 1998 年 10 月与泰安市结好后对山东的第一次正式友好访问。代表团在济南访问了山东大学、巴州驻鲁经济代表处，参观了塞夫车桥公司。

2002 年 3 月 12—20 日，德国汉斯·赛德尔基金会中国处处长维尔克访问山东，考察了该基金会在青州南张楼村、平度、青岛大学的合作项目。10 月 3—6 日，德国汉斯·赛德尔基金会中国处处长维尔克一行访问济南、青州、平度，与省外办、省国土资源厅等部门重点讨论了在青州成立中德合作农村发展培训中心问题。10 月 7 日，国土资源部、山东省国土资源厅共同在北京举行农村发展研讨会，以青州市南张楼村，为例探讨了中国农村发展问题。2004 年 12 月 6—9 日，德国汉斯·赛德尔基金会总干事长维特奥夫访问平度、青州，参加中德农村发展研讨会，出席中德合作青州农村发展土地整理培训中心落成仪式。副省长赵克志会见了代表团一行。

2002 年 11 月 24—30 日，巴伐利亚州教育代表团访问泰安、济南、平度、青岛等地。副省长邵桂芳在济南会见了代表团一行。

2005 年 4 月 19—21 日，巴伐利亚州高级公务员考察团一行 21 人访问济南、青州、青岛。受省委副书记、省长韩寓群委托，副省长孙守璞在济南会见了代表团一行。

第二节　出　访

一、省级领导人出访

（一）主要领导

1985 年 3 月 1—21 日，以省委副书记、省长梁步庭为团长的山东省政府代表团访问联邦德国和法国。在联邦德国巴伐利亚州访问期间，双方签订了《经济技术合作意向书》。

1991 年 7 月 10—19 日，省委副书记、省长赵志浩率山东省政府代表团访问德国，出席了在巴伐利亚州首府慕尼黑市举办的山东省第二届经济贸易展览会。

图 4－2　1991 年 7 月 10—19 日，省委副书记、省长赵志浩率团访问德国。图为赵志浩省长与巴州州长马克斯·施特莱伯尔共同为山东省第二届经济贸易展览会剪彩

1994 年 6 月 7—20 日，中共中央政治局委员、山东省委书记姜春云率山东省友好经济代表团访问瑞典和德国。访问德国巴伐利亚州期间，与州长施托伊伯共同签署了《关于进一步加强和扩大友好合作关系的会谈纪要》。

1996 年 9 月 9—14 日，省委副书记、省长李春亭率山东省政府代表团访问巴伐利亚州，双方在电子、机械、汽车制造、医药、化工等领域达成多项合作协议。

1997 年 10 月 6—22 日，省政协主席、省友协会长陆懋曾率山东省友好访问团一行 7 人访问德国、意大利。

1999 年 7 月 16 日至 8 月 5 日，省政协主席韩喜凯率省旅游代表团访问德国，先后拜会了联合国世界旅游组织和巴伐利亚州旅游局，就进一步加强旅游合作举行了会谈。

2000 年 10 月 15—28 日，省委副书记、省长李春亭率山东省政府代表团一行 21 人访问巴伐利亚州。拜访了巴伐利亚州政府、德国工业联合会、北威州经济部、下萨克森州经济部等，在慕尼黑举办了山东—德国经贸合作洽谈会，共达成 53 个经贸合作协议，协议总规模 6.9 亿美元。在合资改造济南、青岛机场项目方面与巴州达成合作协议。

2005 年 11 月 1—5 日，省委副书记、省长韩寓群率山东省政府代表团访问巴伐利亚州，与施托伊伯州长举行会谈，会见了州政府内阁部长辛纳、经济部长威斯豪耶。访问了赛德尔基金会、西门子、安联、MAN、瑞特等企业，签署了一系列合作意向。

（二）其他领导

1992 年 9 月，省委常委、组织部长李文全率人才招聘团访问德国，与巴伐利亚州经济交通部及退休专家局巴州分局进行了有关引进人才的会谈。

1993 年 11 月，省人大常委会副主任苗枫林率山东省大学校长代表团访问巴伐利亚州，与巴州文教科艺部长基斯林签署了《山东省与巴伐利亚州教育项目合作协议》。

1994 年 10 月，副省长宋法棠率团访问巴伐利亚州，拜会了巴州州长施托伊伯，参加第一次山东、巴州、新加坡三方经济合作会议并出席山东省在巴州举办的大型展览会。

1994 年 11 月 23 日至 12 月 5 日，省委常委、政法委书记高新亭率山东省高级警官代表团访问巴伐利亚州。

1995 年 6 月下旬，副省长张瑞凤率山东省城建环保代表团访问德国，与巴州签订了《城建合作与交流协议》。

1997 年 7 月 23 日至 8 月 3 日，副省长陈抗甫率山东省建设与土地管理代表团一行 8 人访问巴伐利亚州，签署了《关于进一步加强鲁巴双方在城建领域合作的会谈纪要》。

1998 年 3 月 27 日至 4 月 1 日，副省长宋法棠率团访问巴伐利亚州，参加山东—巴伐利亚—新加坡合作委员会第四次会议。

1998 年 5 月 10—16 日，副省长吴爱英率山东省政府代表团访问巴伐利亚州，与施托伊伯州长、蔡特迈耶副州长举行会谈，签署了山东—巴伐利亚州职教师资培训中心项目协议书。

1999年11月20—27日，副省长陈延明率山东省政府代表团访问德国巴伐利亚州。

2001年9月5—17日，省人大常委会副主任董凤基率省人大代表团一行8人访问南非西开普省议会和德国巴伐利亚州议会。在巴伐利亚州期间，拜会了汉斯·赛德尔基金会。

2002年1月27日至2月1日，副省长林书香率山东省政府代表团参加在慕尼黑举行的五国友城领导人峰会。林书香在会上作了关于山东省省情和山东省如何处理人口与资源平衡发展的演讲。代表团分别与奥地利上奥州、南非西开普省、加拿大魁北克省政府领导人进行会晤，签署了《联合宣言》。

2002年6月16—21日，副省长邵桂芳率山东省教育代表团访问巴伐利亚州，先后拜访了巴州科学艺术部、教育文化部、州议会、汉斯·赛德尔基金会等，就山东高校与巴州的合作进行探讨，签署了《青州职教师资培训中心项目第二期合作协议》。

2002年7月23日至8月4日，省人大常委会副主任王渭田率省人大友好代表团一行7人访问荷兰、德国。在德国巴州，代表团拜会了巴伐利亚州议会、赛德尔基金会、巴州农林粮部、巴州经济交通部并出席了中德建交30周年暨鲁巴结好15周年庆祝活动。

2002年8月19—30日，副省长王仁元率山东省经贸代表团访问瑞典、德国和奥地利。

2003年9月8—19日，省人大常委会副主任王道玉率友好代表团一行6人访问德国和荷兰。在德国期间，代表团访问了巴伐利亚州政府办公厅、科学研究艺术部以及汉斯·赛德尔基金会，就山东省与巴州在职业教育、高等教育、文化艺术等领域合作交换了意见。

2004年7月8—20日，副省长赵克志率山东省建设代表团访问西班牙、英国和德国。与德国巴伐利亚州最高建设管理局举行会谈，双方在人员交流、项目合作等方面达成协议。

2004年12月3—15日，副省长张昭福率山东省反走私综合治理考察团访问德国和法国。访德期间，拜访了德国法兰克福海关总局，双方就反走私体制、发展趋势、海关建设等进行了交流探讨。

2005年2月28日至3月12日，副省长孙守璞率团访问德国、法国、西班牙和英国。

2005 年 5 月 29 日至 6 月 4 日，副省长王军民率山东省教育代表团访问巴伐利亚州，会见了巴州科学研究艺术部长高佩尔、总理内阁部长辛纳、议会教育青年和体育委员会主席瓦石乐等。考察了慕尼黑工业大学、帕绍大学和拜罗依特大学，出席了青岛大学与赛德尔基金会《项目实施协议》签字仪式，举行了鲁巴教育合作项目混合委员会第八次会议。

二、其他团组出访

1997 年 4 月 16—29 日，山东省城市建设与环保代表团一行 18 人访问奥地利和德国。

1997 年 4 月 20 日至 5 月 2 日，省外办主任武钟恕率教育合作代表团访问德国和比利时。访德期间，双方举行了鲁巴教育合作项目委员会第四次会议并签署了《会议纪要》。

1999 年 3 月 19 日至 4 月 2 日，山东省人大友好代表团一行 10 人访问奥地利和德国。

2000 年 5 月 27 日至 6 月 8 日，山东省政协代表团一行 8 人访问奥地利和德国。

2000 年 11 月 18 日至 12 月 1 日，山东省中小城市建设及环保代表团一行 14 人访问奥地利和德国。参加了奥地利上奥州—中国山东省城建及环保研讨会。

2001 年 3 月 19—31 日，山东省友城考察团一行 5 人访问奥地利和德国。

2003 年 11 月 16—30 日，全省外事系统干部培训考察团赴德国巴伐利亚州进行培训。

第三节　友好关系

山东省与巴伐利亚州是友好省州，是山东省在德国唯一的省级友好关系。

一、结好情况

1985 年，巴伐利亚州州长、被称为“巴伐利亚州之父”的德国著名政治家施特劳斯率团访问山东，在青岛举办大型工业技术博览会，搭建了巴州与山东友好合作的桥梁。此后，双方友好合作不断发展。1987 年 7 月 9 日，山东省与巴伐利亚州正式签署《联合声明》，建立友好省州关系。

随着鲁巴友好省州关系的不断深入发展，双方政府部门不断探索、建立和实施相关合作机制，以保证双方在某些重点领域的顺利合作。1993 年 11 月，双方正式建立了鲁巴教育项目合作委员会，每隔一年在巴州或山东轮流召开一次会议，协调双方在教育领域的合作。在此基础上，双方分别成立了协调双方高校合作的“中德高校合作中心”。早在 1991 年，山东即在巴州首府慕尼黑设立了经济代表处。1997 年，在双方庆祝结好 10 周年之际，巴州在济南设立了经济代表处。2001 年，双方成立鲁巴经济合作工作小组，协调和指导双方之间在经济领域的重点项目合作。在山东省和巴州的共同倡议下，自 2002 年开始，每隔两年举行一次“六国友城领导人峰会”，成员除山东和巴州外，还包括奥地利上奥州、加拿大魁北克省、南非西开普省和巴西圣保罗州。中国于 1998 年在慕尼黑设立总领事馆，山东与巴州友好关系的发展得到更多的指导和帮助。

鲁巴双方的众多机构在广泛的领域结成了密切交往与合作关系，主要有：省外经贸厅与巴州经济交通部、省环保局与巴州环保部、省建委与巴州最高建设管理局、省公安厅与巴州内务部、省测绘局与巴州测量局、省质量技术监督局与巴州计量局、山东电视台与巴州广播电视台、青岛大学与拜罗伊特大学、山东师范大学与慕尼黑语言与翻译学院、省行政学院与巴州行政学院、山东轻工业学院与慕尼黑啤酒学院、省中医医院与慕尼黑施瓦宾医院等。另外，在财政、邮电、教育、文化、体育、铁路、民航等领域，双方都开展了积极的交流与合作。

二、经贸合作

鲁巴双方在结好之初就非常重视双方之间的经贸与技术合作。1985 年施特劳斯州长访问山东并举行展览时，随行企业 400 余家，几乎包括了巴州所有的著名企业，如奥迪、宝马、曼恩、西门子、狮牌啤酒、利勃海尔等公司。在两省州正式缔结友好关系的 1987 年，山东省在慕尼黑举办了大型综合展览。双方企业和政府对口部门之间从此开展了多种形式的合作。

德国是欧盟经济实力最强的国家。作为德国的经济强州，巴伐利亚州在山东省的实际投资额占德国在山东省投资额的三分之一。据不完全统计，截至 2005 年，巴州在山东省投资了 20 余个项目，实际使用外资约 3 亿美元。最具代表性的项目主要有：济南西门子变压器、济南塞夫车桥、烟台塞夫·爱科车辆、山东荷德鲁美特表计、滨州 BBS 汽车铝合金轮毂、青岛斯蒂尔园林机械、济南力诺瑞特太阳能设备、济宁德固赛饲料添加剂赖氨酸项目等。

三、教育合作

在山东省与巴伐利亚州的众多合作领域中，教育领域（包括中小学教育、职业教育和高等教育）合作是双方合作的亮点之一。1993 年成立的鲁巴教育合作项目委员会，在双方教育合作项目的建立和发展过程中起到了重要作用。在巴州总理内阁部、教育部、农业部以及慕尼黑工业大学、迪林根教师进修学院的支持和参与下，总部设在慕尼黑的汉斯·赛德尔基金会与山东省有关方面合作，先后在青州市南张楼村建立了“土地整理、村庄更新”项目（1988）、在潍坊建立了潍柴职业培训中心（1989）、在平度建立了双元制农业职业教育培训中心（1990）、在青州建立了职教师资培训中心（1998）、与国土资源部合作建立了中德农村发展研究中心（2003）。巴州为上述项目无偿投入资金超过 1000 万欧元，派遣长短期专家 100 余人次。以上项目在学习、借鉴和推广德国“双元制职业教育”办学模式，培养高素质专业人才和职业教师，探索建设中国特色社会主义新农村方面发挥了积极作用，受到国家和省有关部门领导的好评。平度和青州的职教中心成为山东省最早被国家教育部命名的“全国职教师资培训中心示范单位”，承担着为西部省份培养职业师资的任务。中央电视台、人民日报以及德国电视二台、图片报等多家中外著名媒体对上述项目作过多次深入报道，引起社会各界的积极反响。

山东省与巴州在高等教育领域的合作成果显著。山东大学、山东师范大学、中国海洋大学、山东科技大学、青岛大学、山东农业大学等高校与巴州的高校缔结了友好校际关系，开展各种形式的合作。1994 年，巴州科学研究艺术部支持山东省在青岛大学建立德语系，为其购置图书资料和教学设备，派遣德语教师，每年提供 8 ～ 10 个奖学金名额。在鲁巴双方的共同努力下，青岛大学德语系只用几年时间便成为全国高校同类专业学习条件和成绩最好的专业之一，2004 年开始招收硕士研究生并着手准备申报博士点。2005 年，山东农业大学与巴州魏恩斯特凡农业大学开始联合培养农业 MBA。中国海洋大学招收 40 余名巴州罗森海姆大学的学生。山东大学与巴州的奥格斯堡大学以及法国布列塔尼大区的雷恩大学结成了三方合作关系。

第二章　俄罗斯　英国

俄罗斯是世界上国土面积最大的国家，西部与欧洲连为一体，东部和南部融入亚洲大陆板块，传统上是个欧洲国家。中国与俄罗斯互为友好邻邦，自 1996 年建立战略协作伙伴关系以来，双方高层交往密切，政治互信日益加深，经贸合作快速增长，两国关系进入历史上的最好时期。山东省重视发展与俄罗斯的交往，先后与俄罗斯多个城市建立了友好交流与合作关系，开展高层互访，在科技、教育、文化、经贸等领域的合作取得很多成果。其中，高科技合作稳步发展，山东省建立了中俄高新技术产业化合作示范基地，产生了可观的经济和社会效益。进入 21 世纪后，中俄两国将能源合作确定为经贸重点，山东省与俄罗斯的资源开发合作方兴未艾。

中国和英国于 1954 年 6 月 17 日建立代办级外交关系，1972 年 3 月 13 日升格为大使级。此后，中英关系虽历经波折，但总体上朝着积极稳定的方向发展。1997 年 7 月，中英实现了香港主权的顺利交接，两国关系揭开了新的一页。随着中英关系呈现良好发展势头，高层互访频繁，各层次的政治磋商与对话加强，两国经贸合作持续扩大，英国已成为欧盟最大对华投资国和第三大对华贸易伙伴。山东省积极发展与英国的友好关系，双方人员互访频繁，省级友好合作关系和市级友城关系进展顺利，经贸往来、文化交流以及其他领域的合作不断扩大。

第一节　俄罗斯

一、来访

（一）部长级官员来访

1987 年 8 月 18—20 日，中苏第二轮边界谈判苏联代表团团长罗高寿一行 22 人，由中国政府代表团副团长、外交部苏欧司司长戴秉国等陪同访问青岛。

1989 年 10 月 29 日，中苏第四轮边界谈判苏联代表团团长、外交部副部长罗高寿一行 22 人，由中国外交部副部长田曾佩等陪同，参观访问威海市。

1998 年 1 月 24 日，俄罗斯联邦军事总监、国防会议秘书科科申・阿・阿偕夫人一行 11 人访问青岛、济南等地。

1999 年 9 月 25 日，俄罗斯体育旅游部副部长涅柳宾・弗拉基米尔・瓦连京诺维奇一行访问山东，参加 1999 年中国曲阜国际孔子文化节。省委副书记、省长李春亭在曲阜会见了客人。

1999 年 10 月 27 日，俄罗斯科技部副部长尼奇科夫一行访问山东。双方就设立在烟台高新技术开发区内的中俄高新技术产业化合作示范基地建设进行了实地考察和友好交流。

2000 年 9 月 27—29 日，俄罗斯总统监察署署长利索夫率俄罗斯总统监察署代表团一行 7 人访问青岛、济南，与省监察厅举行工作座谈。省委副书记、省长李春亭在济南会见了代表团一行。

（二）省州领导人来访

1992 年 11 月 23—27 日，莫斯科州副州长斯维斯图诺夫率俄中友协联合代表团一行 7 人访问济南、青岛、淄博、泰安等地。中共中央政治局委员、山东省委书记姜春云，省委副书记、省长赵志浩在济南会见了代表团一行。两省州政府签署了《山东省与莫斯科州建立友好合作关系协议书》。

1997 年 6 月 6—11 日，彼尔姆州政府代表谢列德金访问济南、烟台、淄博等地，在济南与省外办就发展山东省与彼尔姆州友好关系进行了座谈，在烟台参加了 APEC 国际贸易博览会。

1998 年 5 月 27—29 日，彼尔姆州第一副州长别拉乌索夫一行 6 人访问青岛、济南。省委副书记、副省长宋法棠在济南会见了代表团一行。

1999 年 6 月 22—25 日，奥伦堡州立法委员会副主席列昂尼达维奇一行 3 人访问济南、烟台，参观了轻骑集团、烟台中俄高新技术产业化合作示范基地和烟台高新技术开发区等。省人大常委会主任赵志浩在济南会见了代表团一行。

1999 年 6 月 23—24 日，彼尔姆州第一副州长别拉乌萨夫一行 5 人访问济南、淄博、东营，参观了淄博兰雁集团、齐鲁石化集团、东营华泰造纸集团和大王农贸公司。省委副书记、副省长宋法棠在济南会见了副州长一行。

2001 年 3 月 18—23 日，奥伦堡州立法会主席（议长）瓦列里・尼古拉耶维奇・格里戈里耶夫、副州长弗拉基米尔・伊里奇・米尔基塔诺夫一行 6 人访问济南、烟台。省人大常委会主任赵志浩、副省长林书香在济南分别会见了俄罗斯客人。

2001 年 6 月 17—20 日，赤塔州州长格尼阿图林、阿穆尔州副州长库尔茨、萨哈林州副州长马拉霍夫、哈巴罗夫斯克边疆区政府外经局国际组织处处长谢柳科夫分别率团访问山东，出席在青岛举办的中国山东・东北亚地方政府首脑经济发展研讨会。省委副书记、省长李春亭出席会议并会见了客人。

2004 年 6 月 26—27 日，萨哈林州州长马拉霍夫一行 18 人访问济南、青岛，就能源领域的合作进行座谈。省委副书记、省长韩寓群会见了代表团一行。副省长孙守璞参加会见。

2005 年 12 月 6 日，涅涅茨自治州州长巴里诺夫・阿・维率代表团一行 8 人访问山东。副省长孙守璞会见了代表团一行，双方签署了《山东省与涅涅茨自治州关于经济合作的协议》。

（三）驻华使领馆官员来访

1998 年 10 月 9—10 日，俄罗斯驻上海总领事孔诺夫一行 4 人访问山东，参加了在烟台举行的第二届 APEC 中小企业技术交流暨展览会。

2002 年 10 月 18—20 日，以俄罗斯驻华大使罗高寿为团长的东欧与中亚 19 个国家驻华使节团一行，在外交部副部长刘古昌陪同下，访问济南、青岛、潍坊、泰安和曲阜。省委副书记、省长张高丽在济南会见了使节团一行。

（四）其他团组来访

1994 年 4 月 30 日至 5 月 5 日，以俄中友协主席谢尔盖・列昂尼德维奇・齐赫文斯为团长的俄罗斯汉学家代表团一行 4 人访问济南、青岛、曲阜。副省长宋法棠在济南会见了代表团一行。

1997 年 4 月 19—23 日，莫斯科州政府代表团一行 3 人访问山东，就在莫斯科建立合资企业与有关部门进行了探讨。

1999 年 11 月 2 日，俄罗斯科学家代表团一行 5 人访问山东，与有关部门就生物基因、医疗设备、制冷技术、废物利用等高新技术成果合作及转让事宜进行座谈。省委副书记、副省长宋法棠在济南会见了代表团一行。

1999 年 12 月 3—6 日，俄罗斯外交人员服务局副局长斯摩尔诺夫一行 5 人访问济南、泰安、曲阜。

1999 年 12 月 5 日，由俄罗斯科学院院士、远东分院自动化和控制研究所所长米西思尼科夫，俄罗斯科学院远东分院主席团副主席谢尔盖银科，俄罗斯远东国立技术大学校长图尔莫夫，乌克兰国立技术大学副校长伊立钦科组成的科技代表团访问山东。省委副书记、副省长宋法棠在烟台会见了代表团一行。

2000 年 8 月 16 日，俄罗斯科学家戈尔特曼·雅库鲍夫斯卡娅一行 3 人访问山东，探讨在山东建立转基因动物研究中心的可行性。副省长邵桂芳在济南会见了客人。

2001 年 7 月 14—22 日，俄罗斯海洋科技代表团一行 7 人出席在青岛举行的第三届中国青岛海洋节。

2001 年 11 月 19 日，俄罗斯自然科学院副院长阿列斯院士率俄罗斯自然科学院院士代表团一行访问山东，考察了山东科技大学，举行了学术报告会。副省长林廷生在济南会见了代表团一行。

2001 年 12 月 14 日，俄罗斯阿康公司副董事长安东诺夫·伊万一行访问山东。副省长韩寓群在济南会见了客人。

2002 年 4 月 11—13 日，俄罗斯阿康公司协调委员会主席甘特尔一行访问山东。省委副书记、省长张高丽在济南会见了客人。

2002 年 9 月 28 日，俄罗斯莫斯科州孔子基金会副主席伊万年科·谢尔盖一行 6 人访问济南。省政协主席韩喜凯会见了客人。

2002 年 10 月 22 日，俄罗斯阿康公司副董事长安东诺夫一行访问山东，参加了临沂红日阿康公司股东大会，考察了烟台龙大集团和鲁西化工集团。常务副省长韩寓群在济南会见了客人。

2002 年 12 月 20—23 日，俄罗斯阿康公司副董事长安东诺夫一行访问山东。常务副省长韩寓群在济南会见了客人。

2003 年 3 月 1—2 日，俄罗斯中小企业家联合会主席鲍里索夫一行 7 人访问山东。副省长王仁元在济南会见了客人。

2005 年 4 月 20—22 日，哈巴罗夫斯克体育俱乐部代表团一行 8 人访问潍坊，参加潍坊国际风筝会等活动。

2005 年 10 月 20—24 日，鞑靼斯坦共和国青年、旅游和体育部长助理达米尔·扎基罗夫率团一行 4 人来山东参加友好城市旅游大会，参观游览了泰安和曲阜。

2005 年 10 月 22—26 日，俄罗斯电器销售商代表团一行 44 人访问青岛。

二、出访

1993 年 11 月 16—20 日，副省长王玉玺率山东省友好经贸代表团一行 10 人访问俄罗斯莫斯科州、圣彼得堡市，与莫斯科州政府领导人就两省州结好事宜进行了交流与座谈。

1995 年 7 月 31 日至 8 月 3 日，省委副书记、副省长陈建国率山东省经济友好代表团访问俄罗斯，双方签署了《山东省政府代表团与俄罗斯莫斯科州政府会谈纪要》。

2000 年 6 月 9—13 日，省人大常委会主任赵志浩率省人大代表团一行 8 人访问俄罗斯，与奥伦堡州议会和政府举行了会谈。

2000 年 6 月 12—16 日，副省长林廷生一行 12 人访问俄罗斯，与俄罗斯有关部门签订了科技合作及高科技人才交流协议。

2002 年 9 月，副省长韩寓群率团访问俄罗斯，与俄罗斯自然科学院举行了山东省与俄罗斯科技合作研讨洽谈会。

2003 年 9 月 30 日至 10 月 12 日，副省长王军民一行 14 人访问俄罗斯，签署了《山东省政府与俄罗斯自然科学院科技合作协议》，举行了山东省与俄罗斯科技合作研讨洽谈会。

2005 年 8 月 26 日至 9 月 1 日，省政协副主席王修智率山东省友好代表团一行 12 人访问俄罗斯，出席了俄罗斯喀山市建市千年庆典活动。

三、科技与经贸合作

中俄良好的政治关系为扩大双方科技与经贸合作提供了有利条件。1998 年在烟台市建立的中俄高新技术产业化示范基地，已成为中俄科技合作的一个重要窗口。2003 年 7 月，山东省政府成立了山东省与独联体国家科技合作指导委员会，协调指导和推动全省与俄罗斯和独联体国家的科技合作，每年召开委员会成员单位会议，总结合作情况，部署下一步工作。截至 2005 年，山东省与俄罗斯科学院、自然科学院、莫斯科大学科技工业园、俄罗斯中小企业创新中心等 100 多家单位建立了合作关系，围绕新材料、生物制药、精密仪器、农业新品种四大领域，共洽谈合作项目 70 余个，引进转化了一批俄罗斯高技术成果，已有海洋环境、硅化钼超高温发热体、人工皮肤、爆炸喷涂、真空冷冻干燥设备、粉末自蔓燃、眼压仪、动植物噬菌体、生物肥等项目投产和开工建设。在经贸等领域的合作也取得了许多成果，2005 年，山东与俄罗斯进出口总额达到 21.7 亿美元，俄罗斯成为山东省第 7 大贸易伙伴。

人访问济南。9 月 13—14 日，马克·伊顿主任再次访问济南。

（四）其他团组来访

1992 年 5 月 15—19 日，应中国国际交流协会邀请，英国“道德重整”组织联络负责人詹姆斯·雷尔·雷斯文一行 4 人参观游览济南、泰安、曲阜。

1993 年 11 月 29 日至 12 月 1 日，英籍华裔女作家韩素音一行 3 人来济南、淄博等地参观访问并在山东大学、山东师范大学讲课。

2002 年 2 月 5—7 日，世界著名糖尿病专家、英国皇家医学会理事、英国高科技集团股份有限公司总裁王执礼一行 5 人访问济南。副省长邵桂芳在济南会见了客人。

2004 年 9 月 25—28 日，英国华人社团联合总会秘书长郑建文一行 3 人访问山东。省人大常委会副主任张宗亮会见了客人。

2005 年 5 月 18—20 日，英国龙比亚大学校长、苏格兰首席部长中国问题顾问琼·斯特林格访问山东，转达了苏格兰地区政府有意与山东省结好的意愿。副省长王军民会见了客人。

二、出访

（一）省级领导人出访

1. 主要领导

2000 年 6 月 9—20 日，省人大常委会主任赵志浩率山东省友好代表团一行 8 人访问俄罗斯和英国。

2005 年 11 月 17 日至 12 月 2 日，省委副书记、省长韩寓群率山东省友好代表团一行 18 人访问荷兰、德国、英国。访英期间，会见了苏格兰行政院首席部长杰克·麦康奈尔，与副首席部长尼克尔·斯蒂芬进行工作会谈，参观了龙比亚大学，出席了龙比亚大学与山东省外办关于龙比亚—山东外事管理奖学金项目签字仪式。

2. 其他领导

1985 年 11 月 17—26 日，省委副书记、济南市委书记姜春云率济南市经济贸易代表团一行 5 人访问英国考文垂市。

1996 年 10 月 6—7 日，副省长张瑞凤率山东省政府环境保护代表团一行 7 人访问英国，考察有关环境保护企业和环保工程项目。

1999 年 11 月 2—16 日，省委常委、宣传部长陈光林率山东省新闻文化代表团一行 11 人访问瑞典、英国。在英期间，举办了山东旅游图片展和山东文化情况说明会，访问了部分企业。

2001 年 9 月 8—20 日，副省长林廷生率山东省经贸代表团一行 6 人对英国、法国进行考察访问。访英期间，林廷生一行参观了部分企业、大学，访问了英中贸易协会，出席了山东省利用外资项目招商推介会，与英国企业界达成了一批经贸合作意向和协议。

2001 年 12 月 20—31 日，省政协副主席崔惟林率山东省政协考察团一行 6 人对英国、法国、西班牙进行考察访问。

2002 年 5 月 11—21 日，副省长黄可华率山东省财政金融代表团一行 6 人访问奥地利和英国。

2002 年 6 月 16—28 日，副省长邵桂芳率山东省教育代表团一行 10 人访问德国和英国，考察两国的高等教育。

2002 年 9 月 6—18 日，省人大常委会副主任王克玉率省人大友好代表团访问西班牙和英国。

2004 年 4 月 12—26 日，省人大常委会副主任张宗亮率省人大友好代表团一行 6 人访问英国和奥地利。

2005 年 2 月 28 日至 3 月 11 日，副省长孙守璞率山东省经贸代表团访问德国巴伐利亚州、法国布列塔尼大区和英国。

（二）其他团组出访

2001 年 10 月 6—16 日，“山东文化周”在英国伦敦、爱丁堡、贝尔法斯等地举行。其间，举行了山东风情图片展，青岛京剧院进行了京剧展演。来自潍坊的风筝专家向英国小学生传授制作风筝的技艺并在格林尼治举行了风筝放飞活动。

第三章　法国　荷兰

法国是第一个与新中国建交的西方国家。中法建交以来，尽管在文化、政治制度和宗教信仰等方面存在较大差异，但由于两国众多的共同点尤其是在政治方面的共识，使得中法关系经历了时间和国际风云变幻的考验，得到稳定发展。20世纪八九十年代以来，两国在各个领域的交流和合作取得令人瞩目的成果，两国关系更加成熟和牢固。山东省作为第一个与法国缔结友好省区关系的中国东部沿海大省，历来重视与法国发展友好关系，双方通过高层互访、经贸往来和文化沟通，进行了一系列交流与合作，取得积极成果。

中国与荷兰于1954年11月建立代办级外交关系，1972年5月升格为大使级。此后双方关系曾因荷兰向中国台湾出售武器而出现起伏。1992年2月，荷兰政府宣布不向中国台湾出售潜艇，两国友好关系得以恢复，高层政治往来逐渐增多。1997年底，荷兰政府改变在涉及中国人权问题上的立场，表示愿在相互尊重的基础上，以建设性的态度同中国对话，中荷关系重新呈现良好发展势头。山东省积极推动与荷兰在各个领域的交流与合作，双方人员互访频繁，分别建立了省级友好关系和市级友城关系。

第一节　法　国

一、来访

（一）政党领导人及前政要来访

1986年8月13—23日，法国共产党中央政治局委员保尔·洛朗偕夫人一行4人访问烟台、青岛。

1988年8月19日，法国共产党中央政治局委员菲利普·埃尔佐格夫妇和法共中委罗贝尔·阿利奥内夫妇一行4人访问山东。

2004年4月16—17日，法国前总统德斯坦、驻华大使蓝峰等一行5人访问济南、曲阜。

（二）驻华使馆官员来访

1987 年 9 月 27—28 日，法国驻华大使贡巴尔偕夫人一行 4 人访问济南、曲阜等地。

1996 年 5 月 13—15 日，法国驻华大使弗朗索瓦·白乐尚一行 3 人访问济南、曲阜、青岛。省委副书记、省长李春亭会见了大使一行。

1997 年 2 月 3 日，法国著名禽类加工企业 LDC 公司与山东凤祥集团在济南举行合资合同签字仪式，决定建立两个肉鸡饲养、加工合资公司。省委副书记、省长李春亭以及法国驻华大使毛磊出席签字仪式。

1998 年 10 月 27 日，法国驻华大使毛磊访问山东，出席中法合资山东凤祥—爱迪西有限公司开业庆典。

2004 年 3 月 9—14 日，法国驻华大使蓝峰一行 4 人访问济南、曲阜、青岛、烟台等地。副省长孙守璞在济南会见了大使一行。

（三）地方议会、政府官员来访

1986 年 9 月 11—14 日，布列塔尼大区主席布尔热率大区代表团一行 17 人访问山东。

1987 年 9 月 11—12 日，布列塔尼大区主席布尔热率大区代表团一行 12 人访问济南、曲阜。法国前驻华大使、法中友协名誉主席马纳克随团访问。

1999 年 11 月 22—23 日，卢瓦尔大区议会副主席奥热罗一行 2 人访问济南。副省长林廷生在济南会见了代表团。

2001 年 5 月 7—10 日，布列塔尼大区议会主席若斯兰·德鲁昂率政府代表团一行 12 人访问山东。省委副书记、省长李春亭在济南会见了代表团一行。

2002 年 7 月 19 日，法国雷恩市市长爱德蒙·埃荷威率雷恩市代表团一行访问山东。省委副书记、济南市委书记孙淑义在济南会见了客人。

2005 年 5 月 12—19 日，为庆祝山东省与法国布列塔尼大区结好 20 周年，以布列塔尼大区主席勒德里昂为团长的布列塔尼大区代表团访问山东。两省共同举办了山东—布列塔尼双体帆船赛、《布列塔尼画家的世界》风情画展、旅游推介会、经贸说明会、布区美食节、风笛音乐会等活动。12 日，省委副书记、省长韩寓群与勒德里昂主席在济南举行工作会谈，双方签署了进一步加强两省区友好合作关系备忘录。副省长蔡秋芳、孙守璞参加活动。

2005 年 6 月 4—7 日，卢瓦尔大区主席雅克·奥克西特一行访问济南、青岛、淄博等地。访问期间，卢瓦尔大区南特市与青岛市签署了友好城市关系协议书。副省长王军民在济南会见了客人。

图4-3　2005年5月12—19日，法国布列塔尼大区主席勒德里昂率团访问山东。图为勒德里昂主席与副省长孙守璞为《布列塔尼画家的世界》风情画展开幕式剪彩

（四）其他团组来访

1994年12月，上塞纳省经济发展与规划委员会主任德利乐率团访问济南、淄博，签署了《山东省与上塞纳省关于加强全面合作与交流的协议》。

1995年8月19日，法国欧洲大学中心第一副主席、洛林地区特派专员得尼·何波泽一行2人访问济南。

1995年9月6—8日，布列塔尼大区贸易协调委员会主席夏布拉访问济南。

1996年2月5—9日，法国LDC公司总裁尚瑟勒尔一行2人来济南、潍坊、聊城等地考察鸡肉加工项目。同年12月1—6日，尚瑟勒尔总裁一行4人与阳谷凤祥集团就鸡肉加工合作项目进行合同谈判。2000年11月1日，尚瑟勒尔总裁及夫人一行再次访问山东。省委副书记、省长李春亭在济南会见了客人。

1997年11月13日，法国电力公司执行总裁伊夫·顾赞一行访问山东，考察了解合作中的山东中华发电项目2号机组计划的准备情况。省委副书记、副省长宋法棠在济南会见了客人。

1998年11月13日，法国BEFS公司总裁拉西亚一行访问山东，就与济宁煤化公司合资建设蒽醌项目进行探讨。省委副书记、副省长宋法棠在济南会见了客人。

1998年11月19日，法国巴黎巴银行副董事长菲立浦·杜拉克一行访问山东。省委副书记、副省长宋法棠在济南会见了客人。

1998年11月27日，法国东方汇理银行亚太投资银行总裁刘二飞访问山东。省委副书记、省长李春亭会见了客人。

1999年11月1—7日，法中友协联合会主席阿兰·拉巴特一行9人访问山东。省友协会长陆懋曾在济南会见了代表团。

2001年9月12日，法国电力公司执行副总裁德斯卡塔、法电驻中国总代表罗曼斯坦一行5人访问济南。省委副书记、省长李春亭会见了客人。

2002年6月24日，中法互办文化节委员会法方主席让·皮埃尔·昂格米一行考察访问济南、曲阜、青岛等地。副省长蔡秋芳在济南会见了客人。

2003年6月18日，法国巴黎百富勒融资有限公司总经理蔡洪平一行访问山东。副省长孙守璞在济南会见了客人。

2003年7月22日，法国索菲乐公司总经理乌法赫一行访问山东。副省长赵克志在济南会见了客人。

2003年8月8日，法国欧罗福集团欧洲区总裁张万圣一行访问山东。副省长蔡秋芳在济南会见了客人。

2004年3月12—16日，由法国海军“拉图什特威尔”号反潜驱逐舰和“比罗司令”号轻型护卫舰组成的舰艇编队访问青岛。16日，法国海军舰艇编队与中国海军“哈尔滨”号导弹驱逐舰、“洪泽湖”号综合补给舰和“海豚”号舰载直升机在黄海海域进行非传统安全领域联合演习。这是法国海军第12次访问中国。

2004年6月27—30日，法国法中发展委员会主席让·皮埃尔和法国山东同乡会会长李茂强访问山东。省委常委、常务副省长林廷生在济南会见了客人。

2004年10月8日，法国阿尔斯通公司电力部全球销售副总裁贝特朗一行访问山东。副省长王仁元在济南会见了客人。

2004年11月23日，法国法中发展委员会总裁白斯瑞访问山东。省委副书记、省长韩寓群，副省长王仁元在济南会见了客人。

二、出访

（一）省级领导人出访

1. 主要领导

1985年3月，省委副书记、省长梁步庭率团访问布列塔尼大区，与布区主席马瑟林就双方发展友好合作关系等进行会谈，共同签署了《山东省与布列塔尼大区加强经济贸易和技术合作关系意向书》。

1999 年 9 月 1—11 日，省委副书记、省长李春亭率省政府代表团一行访问法国和以色列。访法期间，李春亭拜会了布列塔尼大区议会主席德鲁昂、卢瓦尔大区副主席奥热罗，参观了 LDC 公司、法国电力公司、燃气公司、阿尔斯通公司等企业。

2. 其他领导

1987 年 7 月 1—15 日，以副省长马世忠为团长的山东省政府代表团一行 7 人访问法国和联邦德国。

1987 年 9 月 8—18 日，省委副书记陆懋曾随中国共产党代表团参加法国共产党《人道报》节活动。

1994 年 11 月，副省长宋法棠率政府及经济代表团访问布列塔尼大区。

1997 年 7 月 24 日至 8 月 3 日，副省长陈抗甫率山东省建设和土地管理代表团一行 8 人访问德国、法国、瑞士。

1998 年 2 月 17—28 日，副省长张瑞凤率团访问布列塔尼大区，考察地方行政体制和社会保障制度。

2001 年 9 月 8—20 日，副省长林廷生率山东省经贸代表团访问英国、法国。访法期间，与巴黎工商会、法中委员会、法国电力公司、山东同乡会进行座谈和交流，广泛接触了法国企业界，在巴黎举办了山东省情推介会并赴卢瓦尔大区，参观 LDC 公司。

2001 年 12 月 20—31 日，省政协副主席崔惟琳率山东省政协城市建设考察团访问英国、法国、西班牙。

2004 年 9 月 6—16 日，省委副书记王修智率团访问丹麦、法国，出席了法国共产党《人道报》节。

2004 年 12 月 3—15 日，副省长张昭福率省反走私综合治理考察团访问德国、法国。访法期间，与戴高乐机场海关和当地政府、企业界人士进行了交流。

2005 年 2 月 28 日至 3 月 11 日，副省长孙守璞率山东省政府经贸代表团访问德国、法国、西班牙、英国。

2005 年 11 月 2—14 日，省政协副主席、省委统战部长齐乃贵率山东省友好代表团访问奥地利、意大利、法国。

（二）其他团组出访

1992 年 4 月 27 日至 5 月 9 日，省外办副主任王光铣率友城考察组访问法国、意大利。

1996 年 3 月 1—14 日，省外办副主任张先达率山东省友城工作组访问德国、法国、奥地利、荷兰。

1997 年 9 月 18—27 日，山东省畜牧考察团访问法国布列塔尼大区。

2003 年 10 月 15—27 日，山东省经济友好代表团一行 14 人随全国友协代表团访问法国，开展中法文化交流和招商引资活动。

2004 年 5 月 12—24 日，省劳动人事考察团一行 13 人访问德国、奥地利和法国。

三、友好关系

1985 年 10 月 22 日，山东省与布列塔尼大区正式缔结友好省区关系。

1984 年 8 月，布列塔尼大区外贸协调委员会（MIRCEB）主席德洛内致信中国对外友协，提出希望与中国一个沿海地区或一个农业地区建立联系，其中提到山东省。此后，MIRCEB 与山东省多次沟通，双方代表团多次互访。1985 年 10 月，布列塔尼大区副主席哈麦林率团来访时，与省委书记梁步庭签署了《山东省与布列塔尼大区建立友好省区协议书》，双方正式建立友好关系。山东省与布区结好 20 年来，在文化、科技、教育、经贸、人员培训等领域的合作稳步发展，取得丰硕成果。虽然由于历史原因，双方关系曾在 20 世纪 80 年代末一度中止，但 90 年代中期得以恢复并重新活跃起来。2001 年，布列塔尼大区政府在山东设立办事处，双方合作进入了一个新的历史阶段。

2005 年是两省区结好 20 周年，布列塔尼大区主席让·勒德里昂率 150 人代表团访问济南、青岛、烟台、潍坊、日照、曲阜等地，与省委副书记、省长韩寓群举行工作会谈，签署了《进一步加强两省区友好合作关系备忘录》；出席两省区政府举办的“布列塔尼周在山东”系列活动，包括双体帆船赛、音乐会、布列塔尼画展等。

第二节 荷 兰

一、来访

（一）国家元首来访

1999 年 4 月 14 日，荷兰女王贝娅特丽克丝和克劳斯亲王一行 53 人，在中国驻荷兰大使华黎明陪同下访问曲阜。省委副书记、省长李春亭会见并陪同女王游览了“三孔”。

（二）政府官员及议员来访

1995 年 11 月 1—3 日，荷兰农业、自然管理和渔业大臣范阿尔森率荷兰政府农业及企业家代表团一行 54 人访问济南和青岛。访问青岛期间，参加了正大集团荷兰梅英公司设备安装仪式。

2000 年 7 月 9 日，荷兰国会议员、荷兰瓦格林根大学研究生总院院长罗宾一行访问山东。副省长邵桂芳在济南会见了代表团一行。

2004 年 2 月 17—18 日，荷兰代理外贸大臣戴克女士率政府暨经贸代表团一行 45 人访问山东。在济南举行了荷兰—山东经贸洽谈会，副省长孙守璞出席洽谈会并讲话。常务副省长林廷生会见了代表团一行。

（三）地方政府官员来访

1994 年 5 月 8—15 日，以北荷兰省省长范科莫那德为团长的北荷兰省政府代表团一行 14 人及经济代表团一行 27 人访问山东。省委副书记、省长赵志浩会见了代表团，双方签署了《山东省与北荷兰省建立友好省际关系意向书》。副省长宋法棠参加活动。

1996 年 4 月 14—20 日，北荷兰省省长范科莫那德率政府暨商务代表团一行 33 人访问山东。省委书记赵志浩会见了代表团一行。4 月 15 日，北荷兰省—山东省经贸洽谈会在济南举行。北荷兰省省长范科莫那德和山东省副省长邵桂芳参加洽谈会。

1998 年 10 月 4—10 日，北荷兰省省长范科莫那德率政府暨商务代表团一行 30 人访问济南、泰安、潍坊、寿光、烟台、青岛等地。与山东省政府共同在济南、烟台、青岛举办了 3 场经贸洽谈会，在烟台，出席了第二届 APEC 中小企业技术展交会。中共中央政治局委员、山东省委书记吴官正，省委副书记、省长李春亭分别会见了代表团一行。副省长邵桂芳参加活动。

2000 年 3 月 15—18 日，北荷兰省省长范科莫那德一行 4 人访问山东。省委副书记、省长李春亭与范科莫那德共同出席了《荷兰大马隆国际公司与胜利石油管理局再利用北海采油平台协议》签字仪式，向范科莫那德颁发了“山东省荣誉公民”证书。

2001 年 10 月 23—31 日，北荷兰省省长范科莫那德率北荷兰省政府及经贸代表团访问济南、曲阜、潍坊、烟台、青岛等地。省委副书记、省长李春亭在济南会见了范科莫那德省长一行。省委常委、常务副省长韩寓群参加会见。

2005年4月13—15日，海尔德兰省副省长汉克·阿尔德瑞克一行23人访问济南和青岛。副省长孙守璞会见了阿尔德瑞克副省长，双方共同签署了建立友好合作关系协议书。

图4-4 2005年4月13—15日，海尔德兰省副省长汉克·阿尔德瑞克率团访问山东。图为副省长孙守璞与阿尔德瑞克副省长签署建立友好合作关系协议书后握手祝贺

（四）驻华使馆官员来访

1991年3月11—15日，荷兰驻华大使杨罗兰一行3人访问济南、东营、烟台和青岛等地。

1994年3月28—31日，荷兰驻华大使郝德扬一行3人访问济南、青岛、烟台。副省长宋法棠会见了大使一行。10月1—9日，郝德扬大使再次访问济南、曲阜、东营、青岛，在东营进行实地考察，与有关部门就“黄河三角洲的分析和开发项目”进行协商。

1996年3月3—6日，荷兰驻华使馆商务参赞柯翰恩一行3人访问山东，为北荷兰省省长范科莫那德来访做前期准备工作，提出在济南设立荷兰—山东联络处的建议。1997年4月7日，荷兰贸促会济南代表处在贵都大酒店正式开业。荷兰驻华大使郝德扬一行3人专程来济南参加代表处开业典礼。副省长邵桂芳会见了大使一行。

1998年4月1—4日，荷兰驻华大使伍思德一行2人访问济南、寿光、青岛等地。省委副书记、省长李春亭在济南会见了大使一行。10月8—9日，伍思德大使及夫人一行3人再次访问山东。

1999 年 6 月 10—11 日，荷兰驻华使馆商务参赞施博渲访问济南。

2001 年 6 月 26 日，荷兰驻华使馆商务参赞施博渲访问山东，出席聊城中通博发高档大客车下线仪式。常务副省长韩寓群在聊城会见了施博渲一行。

2002 年 4 月 9—10 日，荷兰驻华大使贺飞烈率荷兰政府暨经贸代表团访问山东，出席了荷兰贸促会济南代表处成立 5 周年庆祝活动。省委常委、副省长韩寓群会见了大使一行。

（五）工商企业界团组来访

1995 年 3 月 12—17 日，荷兰阿怀勃公司代表团一行 3 人访问济南、邹平，探讨与山东省合作生产淀粉及系列产品有关事宜。

1999 年 7 月 28 日，荷兰壳牌东北亚集团公司总裁安博仁一行访问山东。省委副书记、副省长宋法棠在济南会见了代表团一行。

2003 年 10 月 14—16 日，荷兰欧洲—中国经济技术合作基金会项目主任王涛访问济南。

2004 年 12 月 8—9 日，荷兰德・赫斯集团考察团一行 4 人访问莱芜、诸城，对在山东省建立大型优质商品猪生产基地项目进行考察和洽谈。

2005 年 1 月 10—11 日，荷兰畜牧代表团一行 3 人访问莱芜、诸城，对在山东省建立合资企业一事与得利斯等公司进行洽谈，取得初步成果。

（六）其他团组来访

1988 年 5 月 16—18 日，以荷中友协主席艾克霍夫为团长的荷中友好代表团一行 6 人访问青岛。

1995 年 5 月 23—28 日，荷中友协干部代表团一行 7 人访问济南、曲阜、泰安。副省长宋法棠会见了代表团一行。

1996 年 3 月 23—29 日，荷中友协名誉主席艾克霍夫夫妇访问青岛、曲阜。

1997 年 5 月 5—6 日，荷兰万豪农学院代表团访问济南、泰安、曲阜等地。副省长邵桂芳在济南会见了代表团一行。

1998 年 2 月 23 日至 3 月 4 日，以荷兰地调局外事部主任夏克尔为团长的 CCOP 海岸带计划黄河三角洲项目专家组一行 9 人访问济南、东营，对黄河三角洲海岸带综合管理项目进行考察。副省长韩寓群在济南会见了代表团一行。

1998 年 9 月 10 日，荷兰红十字会血液中心执行董事会主席兼科研部主任鲁藤贝格访问济南，与省卫生部门和相关医院就血液方面的合作进行了探讨。副省长邵桂芳会见了客人。

1999年2月14—22日，荷中友协鹿特丹分会会长黄敦品一行访问济南、滨州、淄博等地。

2004年6月23日，由荷兰驻华大使馆主办的山东—荷兰农业洽谈会在济南举行。荷兰20家企业代表参会，山东省100多家企业派员参加。

2005年11月1—5日，北荷兰省经贸代表团一行24人访问济南、烟台、青岛。

二、出访

（一）省级领导人出访

1. 主要领导

1995年6月4—21日，省委书记赵志浩率山东省友好代表团访问瑞典、荷兰。访问荷兰期间，与北荷兰省省长范科莫那德举行了工作会谈，双方签署了《山东省与荷兰北荷兰省建立友好关系协议书》。

2000年10月15—28日，省委副书记、省长李春亭率省政府和经贸代表团一行114人访问荷兰、德国。在阿姆斯特丹举办了山东—北荷兰省友好合作项目交流会，共达成53个经贸合作协议，协议总金额6.9亿美元。

2005年11月17日至12月2日，省委副书记、省长韩寓群率山东省政府代表团访问荷兰、德国、英国。

2. 其他领导

1991年8月31日至9月7日，副省长王建功率山东省政府农业考察团一行5人访问荷兰，着重围绕建设高效农业、加强山东与荷兰的经济合作与交流，与荷兰政府部门、企事业单位负责人、华侨知名人士进行了广泛接触。

1993年5月9—23日，省委副书记马仲才率山东省经济代表团一行11人访问比利时、荷兰。

1997年2月13—19日，副省长邵桂芳率山东省政府暨农业经贸代表团对北荷兰省进行友好访问，拜会了北荷兰省农渔及自然管理部、水利、交通及公共事业部，参加了西弗里斯植物公司举办的第64届国际花卉展览开幕式。

1998年5月11—22日，省委副书记吴爱英率山东省政府代表团访问德国、荷兰。

2001年10月28日至11月10日，省政协副主席王久祜率山东省友好代表团访问奥地利、荷兰。访问荷兰期间，代表团访问了北荷兰省，与荷兰中国商会进行了座谈。

2002 年 7 月 24 日至 8 月 2 日，省人大常委会副主任王渭田率省人大友好代表团访问北荷兰省。

2003 年 9 月 7—19 日，省人大常委会副主任王道玉率省人大友好代表团一行 7 人访问德国、荷兰。

2005 年 9 月 22 日至 10 月 5 日，省长助理臧海强率山东省经济代表团一行访问荷兰、西班牙，出席了在荷兰首都阿姆斯特丹举行的“中国文化节经济论坛”活动和由荷兰前首相维姆·科克主持的圆桌会议。

（二）其他团组出访

2003 年 11 月 2—15 日，省外办助理巡视员马秀卿率山东省友城招商团一行 8 人访问瑞典韦斯特曼省、荷兰北荷兰省、奥地利上奥州、德国巴伐利亚州、意大利马尔凯大区。

2004 年 4 月 20—30 日，省外办纪检组长张志强率山东省友城工作组一行 5 人访问罗马尼亚、荷兰。

三、友好关系

山东省与北荷兰省于 1995 年 6 月正式缔结友好省际关系

1994 年 5 月，北荷兰省省长范科莫那德率北荷兰省政府暨经贸代表团访问山东期间，双方签署了《山东省与北荷兰省建立友好省际关系意向书》。1995 年 6 月，省委书记赵志浩率山东省友好代表团访问荷兰期间，与北荷兰省省长范科莫那德签署了《山东省与北荷兰省建立友好关系协议书》，两省正式缔结友好省际关系。

结好以来，山东省与北荷兰在政治、经济、贸易、科技和教育等领域进行了广泛的交流与合作。北荷兰省省长范科莫那德在任期间，曾先后 5 次访问山东，对推动山东与北荷兰省的友好交往发挥了重要作用，他本人被授予“山东省荣誉公民”称号。后任的北荷兰省省长博侯茨、副省长何迈尔也先后访问山东。1996 年底，荷兰贸促会济南代表处成立。1998 年 1 月 15 日至 5 月 29 日，山东—北荷兰农业示范区项目可行性研究正式进行，由荷兰经济部提供财政支持，荷兰尤尼森公司（北京）和寿光市具体执行。6 月 15—18 日，荷兰亚洲事务所主席、山东—北荷兰农业合作基金会主席马丁·桑德斯一行 8 人访问寿光，就山东—北荷兰农业示范区项目与寿光市进行洽谈，就项目的规模、投资额、双方投资比例、合资公司的建立时间等具体事宜达成协议，确定项目总占地面积100公顷，总投资额4000万荷兰盾，其中股本金2000万荷兰盾，双方各投资50%。此外，山东省与北荷兰省之间开展的荷兰—寿光农业技术培训中心、荷兰哈勒姆商学院与山东财政学院人员交流等项目都取得较好的效果。

第四章　意大利　奥地利　瑞典

改革开放以来，山东省与意大利、奥地利、瑞典的友好关系不断发展，通过高层互访、经贸往来、文化交流和友城工作，进行了一系列交流与合作。

山东省与意大利一直保持着密切的交往。改革开放以来，双方常有高层互访和人员往来。1986—2005 年，意大利来山东省访问考察的各类团组 12 批，山东省前往意大利访问考察的省级领导人团组 5 批。双方友城工作和友好合作关系不断发展。

山东省与奥地利的传统友好关系历史较长。早在抗日战争时期，伟大的国际共产主义战士、奥地利医生罗生特就曾在沂蒙山区战斗生活多年，与山东军民建立了深厚的友谊。中国与奥地利于 1971 年 5 月 28 日建立外交关系以来，两国关系稳步发展。改革开放后，山东与奥地利的友好交往与合作有了较快发展，奥地利总统、总理先后访问山东，双方高层交往密切，政治互信不断增强，合作领域不断扩大，贸易额逐年增长，奥地利斯太尔公司与济南汽车制造总厂的合作富有成果。1996 年 9 月，山东省与上奥地利州（简称上奥州）正式建立友好省州关系后，双方高层交往更加频繁，合作领域不断扩大。

瑞典是第一个与中华人民共和国建交的西方国家。1950 年 5 月 9 日两国正式建交以来，中瑞关系健康发展，两国在政治、经济、文化等领域的交流与合作日益增多。改革开放后，山东与瑞典的交流与合作得到较快发展，全省累计批准瑞商投资企业近 60 家，最大的合资项目为与沃尔沃的合资项目——济南华沃卡车有限公司，投资总额 2 亿美元。同时，山东与瑞典的爱立信、斯堪尼亚、ABB 等国际知名大公司进行了卓有成效的合作。双方高层互访频繁，结成省级友好关系 1 对，市级友城关系 2 对。

第一节 意大利

一、来访

1986 年 8 月 19—21 日，意大利共产党中央书记朱·基亚兰特偕夫人来青岛休假。

1987 年 11 月 14—22 日，马尔凯大区政府主席埃米蒂奥·马西率政府和工业代表团一行 37 人访问山东。代省长姜春云会见了马西主席一行。17 日，马尔凯大区经济展览会在山东省工业展览馆开幕。18 日，副省长马世忠代表省政府与马西主席一行就建立友好关系、发展经贸合作、开展文化交流进行了会谈。

1990 年 6 月 29—30 日，由意大利前驻华大使、意中友协主席方济曦为团长的意中友协代表团一行 6 人访问济南、曲阜。

1996 年 8 月 12—26 日，翁布利亚大区副主席高拉奇·奥菲欧一行 6 人访问山东，参加了济南国际武术演武观光大会。省委副书记吴爱英在济南会见了客人。

1997 年 12 月 2 日，意大利驻华大使夸罗尼一行 12 人来济南参加安替比奥制药有限公司开业仪式。

1999 年 11 月 30 日至 12 月 2 日，马尔凯大区工业部长斯卡贝·吉安·马里奥一行 5 人访问济南。副省长韩寓群会见了代表团一行。

2000 年 9 月 24—30 日，马尔凯大区主席维多·丹布罗西奥一行 6 人访问济南、青岛。省委副书记、省长李春亭在济南会见了代表团一行。

2000 年 11 月 15—16 日，意大利—中国经济文化交流协会名誉主席、意大利前总理安德列奥蒂率团访华期间，在全国友协会长陈昊苏陪同下访问济南。国务院总理朱镕基在济南会见了代表团一行。省委副书记、省长李春亭参加会见。

2001 年 5 月 8—10 日，意大利爱斯乐电信公司总裁吉里奥·维佐列一行 4 人访问济南。省委常委、副省长韩寓群在济南会见了代表团一行。

2002 年 9 月 5 日，意大利驻华使馆官员一行 3 人访问济南，出席在山东大学召开的中国—意大利政府人才培训能力建设项目研讨会。

2005 年 1 月 25—28 日，意大利 STF 集团董事长弗兰克·特利芬和丹麦 BWE 公司董事长卡罗·特利芬一行访问济南、青岛、日照，与山东鲁能集团就双方合作事宜进行洽谈。省委书记、省人大常委会主任张高丽在济南会见了代表团一行。

2005 年 10 月 12 日，意大利倍耐力集团总裁马克·曲歇帝一行访问山东。省委副书记、省长韩寓群在济南会见了客人。

二、出访

（一）省级领导人出访

1. 主要领导

1992 年 7 月 4—10 日，省委副书记、省长赵志浩率山东省政府代表团一行 7 人对意大利进行友好访问。访问期间，赵志浩省长与马尔凯大区主席蒋巴奥利共同签署了《山东省与马尔凯大区缔结友好关系协议书》。代表团还与意大利有关部门和企业举行座谈，达成多个合作协议和意向。

1997 年 10 月 6—22 日，省政协主席、省友协会长陆懋曾率山东省友好访问团一行 7 人访问德国和意大利。

2. 其他领导

2000 年 5 月 10—16 日，省人大常委会副主任李文全率山东省人大友好经贸代表团一行 8 人访问意大利。拜会了马尔凯大区主席维多·丹布罗西奥，与当地企业界人士进行座谈，达成一批合作意向。

2000 年 12 月 2—15 日，省政协副主席崔惟琳率山东省建设代表团一行 7 人访问奥地利、意大利，重点考察社区建设。

2005 年 11 月 2—14 日，省政协副主席、省委统战部长齐乃贵率山东省友好代表团访问奥地利、意大利、法国。

（二）其他团组出访

1992 年 4 月 27 日至 5 月 9 日，省外办副主任王光铣率友城考察组访问法国和意大利。

1999 年 7 月 10—25 日，省外办副主任张先达率友城工作组一行 5 人访问匈牙利巴奇基什孔州、意大利马尔凯大区和西班牙纳瓦拉省。

2002 年 11 月 2—14 日，省外办副巡视员马秀卿率山东省友城经贸代表团访问瑞典、荷兰、德国、奥地利和意大利。

三、友好关系

山东省与马尔凯大区于 1992 年 7 月正式缔结友好省区关系。

1986 年 4 月，山东省专利局技术贸易考察团访问意大利，与意方就

1987年在山东举办经济技术展览会及双方合作交换了意见。1987年9月，意大利方面提出马尔凯大区希望与山东省建立友好关系。11月，马尔凯大区主席马西率政府和工业代表团访问山东，主持了在济南举行的马尔凯大区经贸展开幕式。省委副书记、省长姜春云，省人大常委会主任李振会见了代表团，就双方友好交往、经贸合作等事宜进行会谈，签署了会谈纪要。会谈中，马西主席再次提出希望与山东结好的愿望。1991年9月，省委书记姜春云随中联部代表团出访葡萄牙途经意大利，马尔凯大区主席蒋巴奥利派代表专程到罗马拜会了姜春云书记，提出尽快与山东省建立友好合作关系。1992年7月，省委副书记、省长赵志浩率山东省政府代表团访问马尔凯大区，双方正式签署了《山东省与马尔凯大区建立友好关系协议书》。1999年11月，马尔凯大区工业部长斯贝卡访问济南，副省长韩寓群会见了代表团。2000年5月，省人大常委会副主任李文全率团访问意大利马尔凯大区，大区主席维多·丹布罗西奥会见了代表团一行。同年9月，维多·丹布罗西奥主席访问山东，参加了在北京举办的国际友好城市大会，与山东省贸促会举行了工作会谈。双方在经贸、文化、科技等领域的合作取得长足进展，马尔凯大区成为山东省对意大利开展全方位交流合作的桥头堡。

第二节 奥地利

一、来访

（一）国家元首、政府首脑、议会领导人及前政要来访

1987年5月21—26日，奥地利前总统基希·施莱辛格及夫人访问山东。省长李昌安在济南会见了客人。

1992年4月10—24日，奥地利联邦议会常务副议长施图岑贝格率奥地利议会代表团一行12人访问济南、曲阜、泰安、淄博和潍坊等地，提出在莒南县建立罗生特医生医院并举行纪念活动。10月4—7日，施图岑贝格副议长率奥中友协高级人士代表团一行18人访问山东，参加了在莒南县举行的纪念罗生特医生活动以及罗生特塑像落成和罗生特医院命名仪式。

1993年4月4日，应国务院总理李鹏邀请，奥地利总理弗拉尼茨基及夫人一行67人访问山东。中共中央政治局委员、山东省委书记姜春云会见了代表团。弗拉尼茨基总理出席了中国重型汽车集团成立10周年庆祝大会，并为奥地利斯太尔汽车制造技术引进项目通过国家预验收剪彩。姜春云书

图4-5　1987年5月21—26日，奥地利前总统基希·施莱辛格及夫人访问山东。图为省长李昌安在济南会见施莱辛格先生并赠送礼品

记、赵志浩省长出席剪彩仪式。副省长王裕晏参加活动。

1995年9月21—22日，奥地利总统托马斯·克莱斯蒂尔率政府暨经济代表团一行123人，在铁道部长韩杼滨陪同下来济南进行友好访问，参观了中国重型汽车集团公司技术中心、斯太尔卡车总装生产车间及济南污水处理厂。省委副书记、省长李春亭会见了代表团一行。

2000年4月22—25日，奥地利联邦议会议长、奥中友协监事会副主席啥塞尔巴赫女士一行24人，在全国友协常务副会长陈昊苏陪同下访问山东，参观了轻骑集团、济南市经五路小学，游览了大明湖、泉城广场和曲阜"三孔"。省人大常委会主任赵志浩在济南会见了代表团一行。省人大常委会副主任王克玉全程陪同活动。

2004年7月18—21日，奥地利国民议会第二副议长、奥中友协监事会副主席普拉玛女士一行12人访问济南、青岛。省委副书记、省长韩寓群在济南会见了普拉玛一行。

（二）部长级官员来访

1986年7月21—23日，奥地利联邦内政部长卡尔·布勒夏一行6人访问青岛。

1994年7月25—27日，奥地利农林部长蒋施勒率农业和经济代表团一行17人访问济南、潍坊。副省长王建功在济南会见了代表团。

1997 年 5 月 7—9 日，奥地利国防部长法斯尔·阿本德及夫人一行 11 人访问济南、泰安、曲阜等地。

2004 年 2 月 21—22 日，奥地利卫生与妇女部国务秘书赖因哈特·瓦内克一行 18 人访问烟台。副省长王军民会见了代表团并出席了烟台海风阿卡赛生物技术有限公司项目签字仪式。

（三）地方政府官员来访

1995 年 9 月 18—29 日，上奥州副州长弗里茨·荷贺迈耶率团一行 18 人访问济南、泰安、曲阜。省委书记赵志浩，省委副书记、省长李春亭分别会见了代表团。副省长杜世成与荷贺迈耶副州长举行了会谈，双方签署了《山东省与上奥州加强友好合作与交流意向书》。

1999 年 3 月 29 日至 4 月 7 日，上奥州副州长弗里茨·荷贺迈耶率奥地利市长代表团一行 16 人访问北京、西安、青岛、烟台、潍坊、滨州、济南等地。省委副书记、省长李春亭在济南会见了代表团一行。副省长邵桂芳参加会见。

图 4－6 1999 年 3 月 29 日至 4 月 7 日，上奥州副州长弗里茨·荷贺迈耶率团访问山东。图为省委副书记、省长李春亭在济南会见弗里茨·荷贺迈耶副州长

2000 年 4 月 24—30 日，上奥州威尔斯市副市长弗里得里希·岗策特率代表团一行 8 人访问济南、滨州、曲阜等地。省友协会长陆懋曾在济南会见了代表团一行。

2002 年 3 月 21—23 日，维也纳州议会议长约翰·哈策尔率团访问山东。省人大常委会副主任李文全在济南会见了代表团一行。

2005 年 10 月 20—22 日，上奥州副州长西格尔一行 13 人访问济南。省委书记、省人大常委会主任张高丽会见了代表团一行。访问期间，代表团参加了济南友城旅游大会，商讨两省结好 10 周年庆祝事宜，参观了中国重汽集团。

（四）驻华使馆官员来访

1988 年 11 月 16—21 日，奥地利驻华大使吴迈夫妇访问济南、淄博、泰安、曲阜、青岛等地。

1999 年 9 月 25—26 日，奥地利驻华大使博天豪一行 3 人访问曲阜，参加 1999 年中国曲阜国际孔子文化节。中共中央政治局委员、山东省委书记吴官正在曲阜会见了大使一行。

2001 年 4 月 18 日，奥地利驻华大使博天豪一行 6 人访问山东。

2001 年 12 月 17—18 日，奥地利驻华大使博天豪一行 6 人访问山东，与济南市有关单位和企业举行了经贸洽谈会。省委副书记、代省长张高丽会见了大使一行。

（五）其他团组来访

1988 年 9 月 10—13 日，奥地利奥中协会会长泽勒女士一行 17 人访问济南、青岛。

1996 年 6 月 2—8 日，奥地利国家电视台著名记者、国际时事评论家胡戈·波蒂施一行 8 人对济南、泰安、曲阜、莒南等地进行采访。省委副书记、省长李春亭在济南会见代表团并接受了采访。

1996 年 8 月 21 日，奥地利国民议会议员，畜牧、葡萄酿酒专家卡尔·弗莱恩德一行访问山东。省政协主席、省友协会长陆懋曾在济南会见了客人。

2000 年 6 月 27—29 日，奥地利公务员工会副主席格罗斯·威海姆一行 10 人访问济南、曲阜。与曲阜师范大学及孔子研究会专家举行座谈，与省工会就两省州工会间开展友好合作事宜进行了交流。

2004 年 4 月 22—24 日，奥地利约翰·施特劳斯皇家乐团一行 25 人来山东演出并在济南举行了慈善义演活动。

二、出访

（一）省级领导人出访

1. 主要领导

1993年9月24日至10月1日，省政协主席陆懋曾随全国友协组派的友好代表团访问奥地利，参加了在奥地利举行的纪念罗生特活动。

1996年9月3—17日，省委副书记、省长李春亭率山东省政府代表团一行10人访问瑞典、德国、奥地利。李春亭省长与奥地利上奥州州长约瑟夫·普林格签署了《山东省与上奥州建立友好省州关系协议书》。

2004年10月11—23日，省委书记、省人大常委会主任张高丽率山东省友好代表团一行10人访问瑞典、丹麦、奥地利。访奥期间，拜会了奥地利联邦议会，与上奥州州长约瑟夫·普林格举行了工作会谈，参观了奥钢联、斯太尔等企业。

2. 其他领导

1992年11月，省委副书记高昌礼随全国友协组派的友好代表团访问奥地利。

1995年4月15—23日，以省委常委、省纪委书记谭福德为团长的山东省经济友好代表团一行6人访问奥地利上奥州，商讨山东省与该州建立友好省州关系事宜。上奥州州长约瑟夫·普林格会见了谭福德一行，双方签署了会谈纪要。

1998年2月23—27日，副省长张瑞凤率山东省政府代表团一行7人访问奥地利，与上奥州副州长莱特尔和荷赫迈耶举行了工作会谈。

2000年5月5—16日，省人大常委会副主任李文全率山东省人大友好经贸代表团一行8人访问奥地利和意大利。访奥期间，拜会了奥地利联邦议会议长哈塞尔巴赫。

2000年12月2—15日，省政协副主席崔惟琳率山东省社区城镇建设代表团一行7人访问奥地利和意大利，考察当地社区建设。

2001年10月26日至11月2日，省政协副主席王久祐率省政协代表团一行7人访问上奥州，与副州长荷赫迈耶进行了工作会谈，参观了部分企业。

2002年5月11—14日，副省长黄可华率山东省财政代表团一行6人访问上奥州。上奥州州长约瑟夫·普林格会见了代表团一行。

2003年3月4—18日，省人大常委会副主任何宗贵率山东省人大友好代表团访问希腊、南非和奥地利。

2003年8月19—30日，副省长王仁元率山东省经贸代表团访问瑞典、德国和奥地利。考察了上述三国汽车工业发展情况，与奥地利斯太尔公司就进一步加强合作达成协议。

2004 年 4 月 14—26 日，省人大常委会副主任张宗亮率省人大代表团一行 6 人访问英国和奥地利。

2004 年 6 月 15—27 日，省委副书记王修智，省委常委、省军区政委赵承凤率山东省文化教育代表团访问南非西开普省、埃及和奥地利上奥州。访奥期间，拜会了奥中友协主席、奥联邦议会前常务副议长斯图岑贝格，奥地利国民议会第一副议长普拉玛女士，与上奥州州长约瑟夫·普林格就进一步发展友好关系举行了会谈。

2005 年 11 月 2—14 日，省政协副主席、省委统战部长齐乃贵率山东省友好代表团访问奥地利、意大利和法国。访奥期间，拜会了奥地利联邦议会常务副议长巴赫女士。

（二）其他团组出访

1996 年 3 月 1—14 日，省外办副主任张先达率山东省友城工作小组访问德国、法国、奥地利和荷兰。

1996 年 5 月 12—24 日，省外办、省外宣办和省旅游局联合组派山东省参展组赴奥地利参加在里德举办的欧洲展览会。

1997 年 4 月 16—29 日，由省友协组派的山东省城市建设与环保代表团一行 18 人访问奥地利和德国。

1999 年 3 月 19 日至 4 月 2 日，山东省人大友好代表团一行 10 人访问奥地利和德国。

1999 年 6 月 19 日至 7 月 2 日，山东省新闻代表团一行 5 人访问瑞典和奥地利。访奥期间，拜访了奥中友协副会长。

2000 年 5 月 27 日至 6 月 8 日，省政协代表团一行 8 人访问奥地利和德国。

2000 年 11 月 18 日至 12 月 1 日，由省友协组派的中小城市建设及环保代表团一行 14 人访问奥地利和德国。访奥期间，参加了奥地利上奥州—中国山东省城建及环保研讨会。

2003 年 11 月 2—14 日，省外办助理巡视员马秀卿率山东省友城经贸代表团访问瑞典、荷兰、德国、奥地利和意大利。

2003 年 12 月 16—30 日，省政协城市管理考察团一行 5 人访问奥地利和德国。

2004 年 5 月 12—24 日，省劳动人事考察团一行 13 人访问德国、奥地利和法国。

三、友好关系

山东省与奥地利上奥地利州于1996年9月15日缔结友好省州关系。

自1983年以来，上奥州斯太尔汽车公司与中国重汽集团公司在济南合作生产重型载重卡车项目取得显著成效，为双方经济技术合作与交流奠定了坚实的基础。奥地利领导人重视发展与山东省的友好关系。奥地利总统克莱斯蒂尔、总理弗拉尼茨基分别于1995年9月和1993年4月率团访问山东。奥地利联邦议会常务副议长施图岑贝格先后两次访问山东，奥地利前总统基希·施莱辛格夫妇也访问过山东，奥中友协秘书长卡明斯基每年都率团来访，为推动山东省与奥地利的交往与合作，促成山东与上奥州建立友城关系作出了积极贡献。

1996年9月两省州结好后，山东省与上奥州的友好合作翻开新的一页。在全国友协、奥中友协以及山东省与奥地利共同举行的纪念罗生特医生的一系列活动中，山东省与上奥州的交往和联系进一步加深，双方高层互访不断。上奥州副州长莱特尔、荷赫迈耶、西格尔等都曾访问过山东，山东省领导李春亭、张高丽、陆懋曾、高昌礼、王修智等先后访问过上奥州。

四、重要合作成果

（一）重汽集团与斯太尔公司的合作

1979年7月初，奥地利斯太尔公司在中国举办了一次技术交流和样车表演。7月8日，向中国一机部递交了项目总体建设书。同年9月20日，一机部复函斯太尔公司，认为斯太尔91系列总重16吨以上的载重汽车符合中国重型汽车引进技术项目的要求，欢迎参加引进选型竞争。12月5日，双方在北京就建设重型汽车项目举行会谈，讨论了产品和生产纲领、建厂规划、资金筹措和补偿贸易等问题并签署了备忘录。

1980年2月，斯太尔公司派员来华，对济南汽车制造总厂、杭州发动机厂等进行考察。4月，以一机部部长饶斌为团长的中国汽车工业代表团访问欧洲，在奥地利考察了斯太尔公司所属的3个主要工厂和拥有斯太尔汽车的3家运输公司以及有关的机床厂，观看了样车表演，与奥地利信贷银行和工商贸易部长商谈了资金筹措问题。双方在会谈中进一步确认了1979年12月5日备忘录中共同商定的事项，对贷款和支付方式进行了讨论，签订了意向书。6月，斯太尔公司向中方提供了《中国重型汽车项目建设书》，包括许可证、技术援助、贷款和补偿贸易等合同草案以及东南亚市场调查报告等资料。

1982 年 1 月 19 日，国家机械委向山东省人民政府发出《关于重型汽车工业联营公司设在济南的函》，确定重汽公司本部设在山东省济南市。3 月 10 日，国务院在《机械工业技术改造试行条例》中将重型汽车列为重点技术改造项目之一；3 月 30 日，国家计委、机械委同意将引进技术改造重型汽车项目列入“六五”计划规划设计项目。1995 年 4 月，机械工业部受国家计委委托，对重汽公司引进斯太尔 91 系列重型汽车制造技术建设项目进行了竣工验收。

斯太尔项目总投资 11.6 亿元人民币，其中在山东投资 5 亿元人民币。技术引进费包括入门费（3000 万先令）和技术提成费。技术提成费从 1994 年开始支付，共计 4.6 亿先令。

1995 年，总部位于德国巴伐利亚州的曼集团公司（MAN）兼并了斯太尔公司。2003 年 3 月，重汽集团与曼公司签订了 L2000 驾驶室技术引进合同。从 2003 年下半年开始，重汽进口驾驶室散件。

（二）济钢、莱钢与奥钢联（VAI）的合作

2001 年，济钢与奥钢联签订进口板坯连铸机合同，合同金额 1250 万美元；2002 年，签订进口热矫直机合同，合同金额 400 万美元。2003 年 12 月，莱钢和奥钢联签订了进口近终型异型坯连铸机合同，合同金额 1000 万美元。首批设备于 2004 年 10 月发运。此外，奥钢联的 Correx 直接炼铁技术在世界上处于领先地位，莱钢与其洽谈合作。截至 2004 年底，山东省累计批准奥商投资企业 74 个，合同外资金额 1.84 亿美元，实际使用外资金额 5000 万美元。按合同外资金额国别排列，占第 26 位。

第三节　瑞　典

一、来访

（一）政府及政党官员来访

1985 年 7 月 1—3 日，由中央书记肯尼特·克维斯特率领的瑞典共产党干部代表团一行 6 人访问济南、淄博、泰安。

1995 年 10 月 14—15 日，瑞典外交大臣瓦伦率政府暨企业家代表团一行 22 人访问济南、曲阜、青岛等地，出席在青岛举办的山东省与爱立信公司合作项目——数字移动电话 GSM 开通仪式。

2002 年 11 月 28 日，瑞典贸易及工业大臣雷夫·帕格罗茨基率瑞典企业家代表团来青岛参加“瑞典日”推介活动。

（二）地方政府领导人来访

山东省与韦斯特曼省是友好省际关系。韦斯特曼省省督扬·吕德在任期间曾 4 次访问山东。1994 年 3 月 18—23 日，省督扬·吕德率韦斯特曼省政府代表团一行 5 人访问济南、泰安、青岛。省委副书记、省长赵志浩在北京会见了代表团。副省长宋法棠与代表团在济南举行了工作会谈。1995 年 4 月 19—28 日，省督扬·吕德率韦斯特曼省政府暨经贸代表团一行 12 人访问山东，洽谈并推动双方合作在威海建设示范城项目。省委书记赵志浩在济南会见了代表团。省委副书记、省长李春亭与扬·吕德省督举行了工作会谈。副省长宋法棠参加活动。1997 年 4 月 8—12 日，省督扬·吕德率韦斯特曼省政府暨商务、环保代表团一行 30 人访问山东。国务院副总理邹家华在北京会见了省督一行。在山东期间，省委书记赵志浩，省委副书记、省长李春亭会见了代表团一行。双方举办了山东—韦斯特曼省经贸洽谈会。1998 年 10 月 5—9 日，省督扬·吕德率政府暨商务代表团一行 29 人访问济南、济宁、东营、青岛，在济南和青岛分别举办了经贸交流会，达成十几个项目协议和意向。在济南期间，省委副书记、省长李春亭，省委副书记、副省长宋法棠会见了代表团一行。

1994 年 10 月 24—29 日，韦斯特曼省秘书长林鲍姆率韦斯特曼省环保代表团一行 8 人访问威海、青岛。在威海市，代表团考察了环保状况，探讨了合作建设环保示范城的方案。

1997 年 1 月 4—5 日，瑞典地方政府协会代表团一行 6 人访问济南、泰安、曲阜等地。副省长张瑞凤在济南会见了代表团一行。

2000 年 6 月 5—9 日，韦斯特曼省省督石麦茨与前省督扬·吕德率政府暨环保代表团一行 25 人访问济南、淄博、济宁等地。省委副书记、省长李春亭与石麦茨省督举行了会谈。韦斯特曼省在济南举办了介绍韦省的风情图片展，举行了爱立信（中国）有限公司济南办事处迁址典礼。在淄博与省环保局和淄博市共同举办了环保研讨会。

2005 年 9 月 27—30 日，韦斯特曼省秘书长林鲍姆率政府暨经贸代表团一行 10 人访问济南、青岛等地。

（三）驻华使馆官员来访

1986 年 5 月 4—10 日，瑞典驻华大使贝里奎斯特一行访问济南、青岛、泰安、曲阜等地。

图4－7　2000年6月5—9日，韦斯特曼省省督石麦茨与前省督扬·吕德率团访问山东。图为李春亭省长、石麦茨省督和省委宣传部长陈光林为瑞典韦斯特曼省风情图片展剪彩

1990年4月21—27日，瑞典驻华大使史凯乐夫妇、丹麦驻华大使贝林夫妇和挪威驻华大使霍尔维克一行5人访问青岛、济南、泰安、曲阜。

1995年3月27日至4月1日，瑞典驻华大使林德思率瑞典经济考察团一行22人访问济南、曲阜、青岛。省委书记赵志浩，省委副书记、省长李春亭分别会见了代表团。代表团在济南、青岛分别举办了瑞典—山东经贸洽谈会。

1996年3月6—8日，瑞典驻华使馆商务参赞包世隆一行4人访问济南、威海。

1997年9月23日，瑞典驻华大使林德思、韦斯特曼省法格斯塔市市长卡耶尔奥森一行15人访问山东，参加了济宁孔子文化节经贸洽谈会和济南金秋经贸洽谈会，与济宁市签订了友好合作协议。省委副书记、省长李春亭在济南会见了代表团一行。

1998年4月22—25日，瑞典驻华大使凌希乐夫妇访问济南、青岛。省委副书记、副省长宋法棠在济南会见了大使夫妇。

（四）企业领导人来访

1994年10月16日，沃尔沃集团公司总裁学仁·居乐率沃尔沃公司代表团一行9人访问山东，就沃尔沃公司与山东省全面合作事宜举行了会谈。中共中央政治局委员、山东省委书记姜春云，省委副书记、省长赵志浩分别会见了代表团。

1997 年 3 月 28 日，沃尔沃集团公司高级副总裁兼卡车公司总裁特罗根及夫人一行 3 人访问山东。省委副书记、省长李春亭在济南会见了客人。

1997 年 4 月 7 日，爱立信公司总裁兼首席执行官阮魁森一行 15 人访问山东。省委副书记陈建国在济南会见了阮魁森一行。副省长韩寓群出席省邮电管理局与瑞典爱立信公司举行的长期电信合作备忘录及扩容协议签字仪式。

1997 年 10 月 14 日，世界银行驻中国首席代表麦肯茨及沃尔沃公司卡车公司中国项目总裁诺曼一行 12 人访问山东。

1998 年 1 月 10—11 日，沃尔沃集团公司总裁兼首席执行官雷夫·约翰松一行 8 人访问山东。省委副书记、省长李春亭在济南会见了客人。

1999 年 5 月 17 日，瑞典沃尔沃公司总裁兼首席执行官雷夫·约翰松一行 8 人访问济南，参观了沃尔沃与重汽的卡车合资公司。省委副书记、省长李春亭会见了代表团一行。

1999 年 9 月 24 日，瑞典工业委员会主席学仁·居乐一行 5 人访问山东，就进一步加强瑞典企业与山东的合作进行探讨，确定了瑞典法玛西亚普强集团在济南的投资项目。省委副书记、省长李春亭在济南会见了客人。

1999 年 10 月 6 日，爱立信（中国）有限公司总裁芮思迈一行 10 人访问山东，双方就山东通信业的发展交换了意见。省委副书记、省长李春亭在济南会见了客人。

2000 年 1 月 10 日，沃尔沃卡车公司总裁特罗根、沃尔沃大中华区总裁诺曼等一行访问山东，与省计委和重汽集团就合作事宜进行洽谈。省委副书记、省长李春亭在济南会见了客人。

2000 年 4 月 4 日，瑞典工业委员会主席学仁·居乐一行 6 人访问山东，探讨双方在工业领域加强合作等事宜。省委副书记、省长李春亭在济南会见了客人。

2000 年 9 月 13 日，沃尔沃集团副总裁特罗根一行 10 人访问山东。省委副书记、省长李春亭在济南会见了客人。省委常委、常务副省长韩寓群参加会见。

2001 年 4 月 4—5 日，爱立信集团新任总裁兼首席执行官柯德川一行 16 人访问山东。中共中央政治局委员、山东省委书记吴官正会见了柯德川总裁一行。副省长邵桂芳与柯德川共同出席了山东省移动通信有限公司、爱立信（中国）有限公司、新世纪国际租赁有限公司 GSM 第八期扩容合同签字仪式。

图 4－8　2001 年 4 月 4—5 日，爱立信集团新任总裁兼首席执行官柯德川访问山东。图为副省长邵桂芳与柯德川共同出席山东省移动通信有限公司、爱立信（中国）有限公司、新世纪国际租赁有限公司 GSM 第八期扩容合同签字仪式

2001 年 5 月 8—10 日，瑞典工业委员会主席学仁·居乐一行 4 人访问山东，就环保、医药等领域的合作事宜与有关部门进行洽谈。省委副书记、省长李春亭在济南会见了学仁·居乐一行。

2002 年 2 月 4 日，爱立信（中国）有限公司总裁兼 CEO 杨迈一行 12 人，来济南参加山东浪潮集团、爱立信（中国）有限公司、山东移动通信有限公司合资备忘录签字仪式。中共中央政治局委员、山东省委书记吴官正在济南会见了客人。省委常委、常务副省长韩寓群参加会见。

2002 年 4 月 7 日，瑞典工业委员会主席学仁·居乐率瑞典企业联合会访华团一行 10 人访问北京。省委常委、常务副省长韩寓群在北京会见了访华团一行，双方就加强在投资领域的合作举行了会谈。瑞典驻华大使凌希尔参加活动。

2002 年 4 月 23 日，沃尔沃卡车公司高级副总裁兼国际部总裁斯韦德伯格一行 10 人访问山东，就与中国重汽集团合作事宜与有关部门进行探讨。省委常委、常务副省长韩寓群在济南会见了客人。

2002 年 10 月 9 日，瑞典工业委员会主席、环保管理集团董事长学仁·居乐一行 6 人访问济南。省委副书记、省长张高丽会见了客人。

2003年5月26日，沃尔沃集团副总裁约玛·哈鲁纳一行6人访问济南。省委书记、省人大常委会主任张高丽会见了代表团一行。省委副书记、省长韩寓群与代表团举行会谈。副省长王仁元参加活动。

2003年6月9日，中国重汽集团公司与瑞典沃尔沃集团卡车公司重型卡车合资项目签字仪式在北京钓鱼台国宾馆举行。省委常委、常务副省长林廷生，副省长王仁元，瑞典驻华大使雍博瑞，沃尔沃集团公司副总裁哈鲁纳出席签字仪式。

2003年8月11—14日，瑞典环保集团总经理拉各斯来济南考察，与济南市有关部门就在济南建立污水处理厂达成合作协议。

2003年11月11—14日，瑞典工业委员会主席学仁·居乐率瑞典企业家代表团一行10人访问济南、青岛等地。省委副书记、省长韩寓群在济南会见了代表团一行。副省长王军民参加活动。

2004年2月28—29日，沃尔沃动力集团公司副总裁托仁一行4人访问济南。省委副书记、省长韩寓群会见了代表团一行。副省长王仁元参加活动。

2004年3月25日，瑞典MRT公司一行3人访问济南，与省环保局就固体含汞废物回收和再生利用举行了座谈。

2004年3月30—31日，沃尔沃集团总裁兼首席执行官雷夫·约翰松和瑞典驻华大使雍博瑞一行35人访问济南，出席济南华沃卡车股份有限公司开业典礼暨第一辆沃尔沃卡车下线仪式。省委书记、省人大常委会主任张高丽，省委副书记、省长韩寓群，省委副书记姜大明，副省长王仁元出席开业典礼暨第一辆沃尔沃卡车下线仪式。省委副书记、省长韩寓群，副省长王仁元会见代表团一行并出席了《中国重汽集团公司与沃尔沃卡车公司、沃尔沃动力公司技术合作框架协议》签字仪式。根据协议，双方将投资20亿元人民币，共同生产沃尔沃柴油发动机。该发动机为沃尔沃集团耗巨资最新研制成功的世界最先进的大马力重型卡车柴油发动机。

二、出访

（一）省级领导人出访

1. 主要领导

1994年6月7—20日，中共中央政治局委员、山东省委书记姜春云率山东省友好经济代表团一行13人访问瑞典、德国。访问瑞典期间，瑞典议会副议长弗斯科舍会见了代表团。姜春云书记与韦斯特曼省省督扬·吕德举行了工作会谈，双方签署了《山东省与韦斯特曼省建立友好省际关系意向书》。

图4－9　1994年6月7—20日，中共中央政治局委员、山东省委书记姜春云率团访问瑞典和德国。图为姜春云书记与瑞典韦斯特曼省省督扬·吕德共同签署《山东省与韦斯特曼省建立友好省际关系意向书》

1995年6月4—21日，省委书记赵志浩率山东省友好代表团访问瑞典、荷兰。访问瑞典期间，与韦斯特曼省省督扬·吕德举行工作会谈，双方签署了《山东省与韦斯特曼省建立友好省际关系协议书》。

1996年9月3—17日，省委副书记、省长李春亭率山东省政府代表团访问瑞典、德国、奥地利。访问瑞典期间，与韦斯特曼省签署了会谈纪要。

2004年10月11—23日，省委书记、省人大常委会主任张高丽率山东省友好代表团一行12人访问瑞典、丹麦、奥地利。代表团访问了瑞典韦斯特曼省、奥地利上奥州，访问了瑞典爱立信、沃尔沃、ABB公司，丹麦BWE公司，奥地利奥钢联、斯太尔公司等，推动了有关合作项目的进展。

2. 其他领导

1993年6月9—28日，省人大常委会副主任徐建春率山东省经济代表团一行7人访问挪威、瑞典、芬兰，考察了3国城市建设、环境保护、交通运输和管理，与有关部门进行了交流与座谈。

1997年11月9—24日，省委副书记李文全率山东省政府代表团访问罗马尼亚、瑞典。访问瑞典期间，与韦斯特曼省省督扬·吕德举行了会谈。

1999年11月2—16日，省委常委、宣传部长陈光林率山东省新闻文化代表团一行11人访问瑞典、英国。在瑞典韦斯特曼省省会韦斯特拉市举办了“孔子故乡——中国山东”图片展。

1999年11月30日至12月7日，省人大常委会副主任王渭田一行6人访问瑞典，会见了韦斯特曼省省督扬·吕德，拜会了瑞典国家议会，参观了爱立信公司总部。

2000年9月7—19日，副省长陈抗甫率山东省环境保护考察团一行8人访问瑞典、芬兰、丹麦。访问瑞典期间，与韦斯特曼省签署了环境保护合作协议。

2003年8月19—30日，副省长王仁元率山东省经贸代表团访问瑞典、德国和奥地利。访问瑞典期间，与沃尔沃集团就山东省汽车零部件进入沃尔沃全球配套体系进行了探讨，双方同意结成战略合作伙伴关系。

2005年8月26日至9月5日，省政协副主席王修智访问俄罗斯鞑靼斯坦共和国和瑞典韦斯特曼省。

（二）其他团组出访

1999年6月19日至7月2日，山东省新闻代表团一行5人访问瑞典和奥地利，采访了瑞典韦斯特曼省省督扬·吕德以及ABB、沃尔沃、爱立信等企业负责人。

2003年11月2—14日，省外办副巡视员马秀卿率山东省友城经贸代表团访问瑞典、荷兰、德国、奥地利和意大利。

三、友好关系

山东省与韦斯特曼省于1995年6月正式缔结友好省际关系。

1993年9月，日照市副市长祝利民应瑞典士发公司邀请，率团访问瑞典韦斯特曼省，转达了山东省省长赵志浩对扬·吕德省督的问候和访问山东的邀请。1994年3月，韦斯特曼省省督扬·吕德率团访问山东。中共中央政治局委员、山东省委书记姜春云，省委副书记、省长赵志浩分别会见了代表团。副省长宋法棠与扬·吕德省督共同签署了《山东省与韦斯特曼省关于加强全面合作与交流的协议》。1994年6月，中共中央政治局委员、山东省委书记姜春云率山东省代表团访问瑞典，与韦斯特曼省省督扬·吕德共同签署了《山东省与韦斯特曼省关于加强企业技术合作协议书》。1995年4月，韦斯特曼省省督扬·吕德率韦省政府及经济代表团访问山东。1995年6月，省委书记赵志浩率山东省政府代表团访问韦斯特曼省，双方签署了

《山东省与韦斯特曼省建立友好省际关系协议书》。

两省结好后，双方高层互访不断。李春亭、张高丽等省领导先后率团访问韦斯特曼省，韦省省督扬·吕德及其继任者石麦茨先后率团访问山东，推动了双方在农业、环保、医药、文化等领域的合作。

第五章　欧洲其他国家

山东省重视发展与欧洲其他国家的友好交流与合作关系。改革开放以来，通过一系列高层互访、经贸往来、文化交流和友城工作，一直与欧洲其他国家保持一定的联系和交往。1986—2005 年，与东欧地区友好交往方面，山东省接待来自乌克兰、摩尔多瓦、白俄罗斯、罗马尼亚的访问团组 27 批，派出访问团组 8 批，与罗马尼亚结成省级友好关系 1 对；与南欧地区友好交往方面，接待来自葡萄牙、西班牙、南斯拉夫、希腊、波黑、马耳他的访问团组 19 批，派出访问团组 5 批；与中欧地区友好交往方面，接待来自波兰、瑞士、匈牙利的访问团组 13 批，派出访问团组 5 批；与西欧地区友好交往方面，接待来自爱尔兰、比利时、卢森堡以及欧盟的访问团组 10 批，派出访问团组 1 批；与北欧地区友好交往方面，接待来自挪威、芬兰、丹麦、冰岛的访问团组 21 批，派出访问团组 10 批。山东省接待上述国家来访的团组数量远大于派出访问团组的数量。

第一节　东欧地区其他国家

一、乌克兰

（一）来访

1. 国家领导人来访

1995 年 12 月 6—7 日，乌克兰总统列昂尼德·达尼洛维奇·库奇马偕夫人一行 52 人访问中国。在陪同团团长、冶金工业部副部长毕群，中国驻乌克兰大使潘占林陪同下访问青岛。副省长宋法棠陪同库奇马总统一行参观了青岛港务局、大洋食品股份有限公司、青岛啤酒股份有限公司、青岛第二啤酒厂，游览了小鱼山、小青岛公园和市容。

2002 年 11 月 19—20 日，乌克兰总统列昂尼德·达尼洛维奇·库奇马一行 60 人访问山东。省委副书记、省长张高丽在济南会见了库奇马总统一行。副省长邵桂芳、中国驻乌克兰大使李国邦参加会见。20 日上午，库奇马总统出席了在济南举行的中乌高科技合作园综合孵化大楼落成仪式并剪彩。剪彩活动结束后，库奇马总统在孵化大楼前亲手种植了中国—乌克兰友谊树。当天下午，库奇马总统在游览了泰山后结束对山东的访问，乘专机回国。

2003 年 10 月 15—16 日，乌克兰副总理塔巴奇尼克一行 36 人访问济南、曲阜，出席在济南举办的乌克兰科技周活动。省委书记、省人大常委会主任张高丽会见了代表团一行。省委副书记、省长韩寓群与塔巴奇尼克副总理共同出席了乌克兰科技周开幕式。副省长王军民参加活动。

2. 其他团组来访

1994 年 2 月 19—26 日，赫尔松州州长梅利尼科夫·季霍诺维奇率政府代表团一行 7 人访问济南、泰安、青岛等地。省委副书记、省长赵志浩会见了代表团，双方签署了两省州交流合作协议书。副省长宋法棠与代表团进行了工作会谈。

图 4－10　1994 年 2 月 19—26 日，赫尔松州州长梅利尼科夫·季霍诺维奇率团访问山东。图为省长赵志浩与季霍诺维奇州长在共同签署两省州交流合作协议书后交换文本

2002 年 5 月 27—28 日，乌克兰教育科技部国务秘书扎伊秋克一行 5 人访问济南。副省长蔡秋芳会见了扎伊秋克一行。蔡秋芳与扎伊秋克共同出席了在济南高新区举行的中乌高科技合作园揭牌仪式。

2002 年 10 月 31 日至 11 月 1 日，乌克兰驻华大使米·列兹尼克一行 4 人访问济南，参观考察了中乌高科技合作园。

2003年6月26日，乌克兰驻华大使米·列兹尼克一行3人考察济南高新区中乌高科技园建设情况。副省长孙守璞会见了大使一行。

2003年11月6—7日，乌克兰伊万诺—弗兰科夫斯克州苏维埃主席（议长）瓦·布鲁斯一行5人访问济南。省人大常委会副主任李明先在济南会见了客人。

2004年6月4—12日，乌克兰国家电视台节目主编娜吉雅·巴季夫率电视摄制组来济南、泰安、曲阜、滕州、枣庄、日照、青岛采访。

图4－11 2004年6月4—12日，乌克兰国家电视台摄制组访问山东。图为摄制组一行在滕州墨子纪念馆合影

2005年3月1—2日，乌克兰哈尔克夫州副州长雅拉斯阿夫·尤先科一行访问山东。副省长谢玉堂在济南会见了客人。

2005年10月21—22日，乌克兰驻华大使谢尔盖一行5人访问济南。省委副书记、省长韩寓群在济南会见了大使一行。

（二）出访

1995年7月31日至8月19日，省委副书记、副省长陈建国率山东省经济友好代表团访问俄罗斯、乌克兰、罗马尼亚。访乌期间，签署了《山东省与赫尔松州建立友好省州关系协议书》《山东省与赫尔松州关于开展经贸、科技、文化合作协议书》。

1996年6月28日至7月5日，省人大常委会副主任徐学孟率山东省人大代表团一行8人访问乌克兰、波兰。

2000年6月12—26日，副省长林廷生率山东省友好代表团一行12人访问俄罗斯、乌克兰、白俄罗斯。

二、摩尔多瓦

1992年11月24—27日，应全国人大外事委员会邀请，摩尔多瓦议会外委会主席瓦西里·内德尔丘克一行2人访问济南、烟台、威海等地。

2000年11月14—19日，摩尔多瓦卡乎尔县委员会主席瓦莱留·米罗内斯库率政府代表团一行3人访问济南、潍坊、青岛，就蔬菜种植、加工，葡萄种植、酿造以及在摩尔多瓦设立小马力拖拉机、家电生产企业等问题与有关部门进行了探讨。省委常委、副省长韩寓群在济南会见了代表团一行。

2001年11月22—23日，摩尔多瓦政府总理瓦西里·塔尔列夫率政府和经贸代表团一行25人访问烟台，参观了张裕葡萄酒集团、蓬莱市葡萄种植基地及蓬莱阁景区。省委副书记、省长李春亭在烟台会见了塔尔列夫总理一行。副省长林书香参加活动。塔尔列夫总理烟台之行，主要是落实江泽民主席2001年7月访问摩尔多瓦时，与摩尔多瓦总统沃洛宁达成的关于投资改造摩葡萄园并合资生产葡萄酒的协议。

2002年8月28—30日，应全国政协主席李瑞环邀请，摩尔多瓦议长奥斯塔普丘克女士一行12人访问山东。省委副书记、省政协主席吴爱英在青岛会见了奥斯塔普丘克女士，出席了《胶州市与索洛卡市发展友好城市关系意向书》签字仪式。

2005年3月22—24日，摩尔多瓦驻华大使鲍尔舍维奇一行3人访问济南、泰安、曲阜。副省长孙守璞在济南会见了大使一行。

三、白俄罗斯

（一）来访

1998年7月2—4日，白俄罗斯外交部长安东诺维奇夫妇一行7人访问济南、曲阜，在山东师范大学发表了有关白俄罗斯外交政策的演讲。省委副书记、省长李春亭在济南会见了外长一行。

2000年11月24日，白俄罗斯国家科学技术委员会主席列斯尼科维奇·安德烈率科技代表团一行10人访问山东，参加了中国—白俄罗斯高科技园揭牌仪式并到烟台、青岛等地参观考察。省委副书记、省长李春亭在济南会见了代表团一行。副省长邵桂芳与安德烈举行工作会谈，双方签署了《中国—白俄罗斯高科技园合作协议》。

2001年11月6—8日，白俄罗斯国家科学技术委员会第一副主席伊科夫·弗拉基米尔·彼得罗维奇一行8人访问山东，出席在省科学院中试基地举行的中白高科技园国际科技合作研究中心开工仪式。副省长邵桂芳与彼得罗维奇副主席举行了工作会谈并出席开工奠基仪式。

2002年11月5—6日，白俄罗斯部长会议科学技术委员会主席鲁谢茨基一行10人访问济南，参加中国—白俄罗斯政府间科技合作委员会第五届例会。省委常委、副省长林廷生在济南会见了代表团，出席了《中白政府间科技合作委员会第五届例会议定书》签字仪式。

2003年11月26日，白俄罗斯维堡州第一副州长诺瓦茨基一行访问山东。副省长孙守璞在济南会见了客人。

（二）出访

2000年6月12—26日，副省长林廷生率山东省友好代表团一行12人访问俄罗斯、乌克兰、白俄罗斯。

2003年9月29日至10月13日，副省长王军民率山东省政府科技代表团访问乌克兰、白俄罗斯、俄罗斯。

四、罗马尼亚

（一）来访

1986年9月18—20日，以罗马尼亚海关总署署长西米昂·米蒂为团长的罗马尼亚海关代表团一行6人访问青岛。

1987年9月23—26日，由罗马尼亚共产党中央检查委员会委员、雅罗米察县人民委员会第一副主席格·格罗迪亚努率领的罗中友协代表团一行3人访问济南、泰安。

1993年10月14—23日，罗马尼亚和平联盟理事伊利耶·杜米特鲁一行5人访问青岛、淄博、济南、泰安等地。

1995年12月4—10日，克鲁日县县长格里高利·赞科一行8人访问济南、烟台、青岛。副省长宋法棠在济南会见了赞科县长一行，双方签署了《山东省与克鲁日县建立友好省县关系意向书》。

1998年10月12—14日，罗马尼亚内务部秘书长维奥雷尔·万恰一行6人访问山东，与省公安厅等部门就进一步加强双方业务交流、促进国际间警务合作进行了交流。省委常委、政法委书记高新亭在济南会见了代表团一行。

2004年2月17—18日，罗马尼亚众议长瓦莱尔·多尔内亚努一行14人访问青岛，参观了海尔集团、海信集团。

（二）出访

1986年9月4日至12月23日，山东杂技团一行40人赴罗马尼亚、匈牙利、民主德国、捷克斯洛伐克、苏联和蒙古进行访问演出，共演出70场次，观众达19万人次。

1995年7月31日至8月19日，省委副书记、副省长陈建国率山东省经济友好代表团访问俄罗斯、乌克兰、罗马尼亚。访罗期间，签署了《山东省政府与克鲁日县政府会谈纪要》。

1997年11月9—24日，省委副书记李文全率山东省友好代表团一行7人访问罗马尼亚、瑞典。访罗期间，与克鲁日县县长亚历山德鲁·佛尔加什举行工作会谈，双方签署了《山东省与克鲁日县建立友好省县关系协议书》。

（三）友好关系

山东省与克鲁日县于1997年11月正式缔结友好省县关系。

1995年8月15—19日，山东省副省长陈建国率政府代表团访问克鲁日县，双方签署了会谈纪要，表示将积极促进两省县政府间的交流，探讨在经济、商贸、科技、文化、体育等领域合作的可能性。1995年12月4—10日，克鲁日县县长格里高利·赞科率团访问山东，双方签署了《山东省与克鲁日县建立友好省县关系意向书》。1999年11月，省外办派工作组赴克鲁日县访问，与克鲁日县就加强双方在经贸、卫生等领域的合作进行座谈并达成合作意向。2004年4月，省外办纪检组长张志强率山东省友城工作组访问克鲁日县，出席了在克鲁日县举办的“中国周”活动。

第二节　南欧地区其他国家

一、葡萄牙

（一）来访

1986年9月10—13日，葡萄牙驻华大使鲁伊·梅迪纳率政府代表团一行8人，由外交部副部长周南陪同访问济南、泰安。

1992年6月6—9日，应中联部邀请，葡萄牙共产党中央执委会委员桑托斯率葡共干部代表团一行4人访问济南、泰安，参观了济南轻骑摩托车厂、清河村、威海毛纺三厂、威海经济技术开发区、烟台葡萄酒厂、烟台经济技术开发区等。省人大常委会主任李振在济南会见了代表团一行。

1994 年 7 月 2—5 日，应中联部邀请，葡萄牙共产党中央政治局委员、阿尔加维大区党委书记卡洛斯·菲格拉率葡共干部代表团一行 5 人访问青岛。

2003 年 5 月 23 日，葡萄牙中国世代友好联合会理事会主席贡萨维斯率代表团访问山东。省人大常委会副主任曹学成在济南会见了客人。

2005 年 4 月 2—5 日，葡萄牙水泥集团一行 4 人访问济南和德州，考察山东省水泥企业。

（二）出访

1991 年 9 月 5—13 日，应葡共中央邀请，中共中央政治局委员、山东省委书记姜春云率中国共产党代表团访问葡萄牙，参加葡共机关报《前进报》第 15 届党报节。

二、西班牙

（一）来访

1987 年 10 月 2—4 日，西班牙共产党中央执委、塞维利亚省委书记哈维尔·阿里斯图一行 8 人访问济南、泰安、曲阜。

1997 年 3 月 21—22 日，西班牙萨拉舒拉财团代表、西中文化协会会长何塞夫妇访问山东。省委副书记、省长李春亭在济南会见了客人。

1998 年 11 月 3—4 日，西班牙依莎集团副董事长阿尔特拉斯一行 6 人访问山东。副省长林书香在济南会见了客人。

2002 年 12 月 14—16 日，西班牙建筑设计师里卡多波菲一行 3 人访问山东。副省长赵克志在济南会见了客人。

2003 年 3 月 17—21 日，西班牙建筑与环保代表团一行 8 人访问济南、潍坊、青岛。副省长赵克志在潍坊会见了代表团一行。

2004 年 6 月 1—2 日，西班牙英莎国际工商会董事长毛庆一行 2 人访问济南，拜会了省外办，转达了纳瓦拉省希望继续加强与山东友好交往与合作的愿望；与省计委、山东鲁能集团举行了会谈。

（二）出访

1999 年 7 月 10—25 日，省外办副主任张先达率友城工作组一行 5 人访问匈牙利巴奇基什孔州、意大利马尔凯大区和西班牙纳瓦拉省。

三、南斯拉夫

1998年5月12—13日，南斯拉夫联盟驻华大使斯洛博丹·翁科维奇一行4人访问济南，参加济南海慕法姆制药有限公司项目第二期谈判工作。副省长林廷生会见了大使一行。

1999年10月19—21日，南斯拉夫联盟驻华大使斯洛博丹·翁科维奇一行11人访问济南，参观了南联盟在济合资企业——济南海慕法姆制药公司，出席了当前南联盟经贸形势研讨会暨项目说明会。

2000年6月8日，南斯拉夫联盟外贸部长波利·萨乌克维奇、驻华大使斯洛博丹·翁科维奇一行9人访问济南，出席南斯拉夫海慕法姆集团与济南永宁制药厂合资成立的济南海慕法姆制药有限公司投产庆典活动。该公司是中国和南斯拉夫联盟共和国最大的合资项目。济南市市长谢玉堂出席庆典活动。

2001年6月10—11日，南斯拉夫驻华大使伊利亚·朱克奇一行5人访问济南，考察了解南斯拉夫海慕法姆集团与济南永宁制药厂合资企业的生产经营情况。副省长林廷生会见了大使一行。

四、希腊

（一）来访

1994年7月7—9日，希腊共产党中央委员埃莱妮·萨帕塔卡吉率考察团一行3人访问青岛。

2004年11月30日至12月4日，希腊匹利亚省省长乔治·帕帕斯特尔吉奥一行11人访问济南、泰安、曲阜。副省长林廷生在济南会见了客人。省旅游局与匹利亚省签署了《旅游合作意向书》。泰安市人民政府与匹利亚省就泰山与奥林匹斯山之间建立友好关系签署了《合作框架协议书》。

（二）出访

2001年11月24日至12月3日，省友协工作组访问希腊和意大利。与希腊欧中关系协会签署了友好合作交流协议书。

2003年3月4—18日，省人大常委会副主任何宗贵率山东省人大友好代表团访问希腊、南非、奥地利。访问希腊期间，拜会了希腊国家议会常务副议长戈托纳斯、希腊欧中关系发展协会主席尼惠明等。

2003年10月12—22日，省委常委、常务副省长林廷生率山东省政府经贸代表团访问挪威、希腊。与有关部门签署了造船、水泥航运合作、兴建船舶工业设计咨询中心等13项合作协议和意向。

五、波黑

2003年4月20—30日，省委副书记姜大明率中共代表团代表团访问法国和波黑，出席了波黑克族民主共和国共同体党代会。

2003年9月13—16日，波黑塞族共和国副总统伊万一行6人访问济南、潍坊、青岛等地。省委书记、省人大常委会主任张高丽，省委副书记、省长韩寓群会见了代表团一行。

六、马耳他

2005年10月15—17日，马耳他国民党副领袖、政府副总理托尼奥·博奇率团访问青岛。副省长林廷生会见了副总理一行。

图4-12　2005年10月15—17日，马耳他国民党副领袖、政府副总理托尼奥·博奇率马耳他国民党代表团访问青岛。图为常务副省长林廷生会见博奇副总理

第三节　中欧地区其他国家

一、波兰

（一）来访

1986 年 3 月 5—8 日，波兰驻华大使邓鲍夫斯基一行 5 人访问济南、泰安、曲阜。

1996 年 11 月 21—28 日，莱格尼察省省长雷沙得·马拉舍克率政府代表团一行 8 人访问济南、泰安、曲阜、威海、烟台等地。省委副书记、省长李春亭，省委副书记、副省长宋法棠在济南会见了代表团一行。

1996 年 12 月 16—21 日，波兰议会代表团一行 8 人访问济南、青岛。省人大常委会副主任苗枫林会见了客人。

1998 年 7 月 7—9 日，波兰驻华使馆科技参赞扬·诺维斯基一行 2 人访问青岛，出席青岛对外经济贸易洽谈会。中共中央政治局委员、山东省委书记吴官正在青岛会见了参赞一行。

2000 年 12 月 15—20 日，卢布斯卡省议会副议长、波兰社会主义青年同盟主席温托尔率绿山协调委员会代表团访问山东。省人大常委会副主任王克玉在济南会见了代表团一行。

（二）出访

1996 年 6 月 28 日至 7 月 5 日，省人大常委会副主任徐学孟率山东省政府代表团一行 8 人访问乌克兰、波兰。

二、瑞士

（一）来访

1986 年 5 月 8—10 日，瑞士劳动党中央政治局委员鲁道夫·邦特尔率干部代表团一行 9 人访问烟台。

1992 年 7 月 26 日至 8 月 2 日，瑞士统一社会党中央政治局书记达里奥·吉斯莱达偕夫人访问济南、烟台、泰安、曲阜。

1993 年 5 月 6—7 日，瑞士大昌银行副总裁库斯特一行 2 人访问济南。副省长宋法棠会见了代表团。

1998 年 8 月 4 日，瑞士信贷第一波士顿银行亚太地区副主席史亚伦一行访问山东，就山东基建股在海外发行事宜与山东有关部门负责人进行商谈。省委副书记、副省长宋法棠在济南会见了客人。

2002 年 6 月 7—8 日，联合国工业发展组织及瑞士政府代表团一行 12 人来山东考察环保项目，向山东提供 300 万美元赠款，用于山东清洁生产合作项目。副省长赵克志在济南会见了代表团一行。

2003 年 11 月 25—26 日，瑞士经济合作事务总局大使级官员杰尔格·瑞丁率瑞士政府和联合国工业发展组织代表团一行 10 人访问济南。副省长赵克志会见了代表团。

（二）出访

1994 年 4 月 24 日至 5 月 1 日，省人大常委会副主任邵桂芳率山东省经济代表团一行 6 人访问瑞士。

2000 年 6 月 11—19 日，省人大常委会副主任张瑞凤随全国友协代表团访问瑞士。

三、匈牙利

（一）来访

1998 年 7 月 7—13 日，巴奇基什孔州议会副主席鲍·亚当一行 3 人访问济南、青岛、泰安，出席中国青岛对外经济贸易洽谈会。

2004 年 3 月 25—26 日，匈牙利驻华大使白明义一行 2 人访问济南。副省长赵克志会见了大使一行。

（二）出访

1999 年 7 月 10—25 日，省外办副主任张先达率友城工作组一行 5 人访问匈牙利巴奇基什孔州、意大利马尔凯大区和西班牙纳瓦拉省。

2005 年 6 月 6—17 日，省外办副主任张继刚一行 6 人访问俄罗斯、乌克兰、匈牙利。考察了匈牙利巴奇基什孔州。

第四节 西欧地区其他国家

一、爱尔兰

1988 年 5 月 11—13 日，爱尔兰总统帕特里克·约翰·希勒里及夫人一行 25 人，由化工部长秦仲达陪同访问山东。

1996 年 9 月 26—28 日，爱尔兰工人党主席玛丽安·唐利率工人党代表团一行 5 人访问山东。省委常委、宣传部长董凤基在济南会见了代表团一行。

二、比利时

1993 年 5 月 9—23 日，省委副书记马仲才率山东省经济代表团一行 11 人访问比利时、荷兰。

1999 年 5 月 11 日，比利时驻华大使马立国一行 6 人访问青岛，出席弗兰德州贸促会青岛代表处开业庆典。

2003 年 6 月 4—5 日，比利时贝尔卡特公司亚洲区副总裁森图特一行 3 人访问山东。副省长孙守璞会见了森图特一行。

三、卢森堡

1987 年 9 月 8—10 日，由卢森堡中国友好协会主席弗朗克率领的知名人士代表团一行 14 人，由全国对外友协副会长凌青陪同访问济南、曲阜、泰安。

2004 年 3 月 25—26 日，卢森堡经济大臣格雷腾一行 10 人访问青岛，出席青岛高丽钢线有限公司开业仪式。

2005 年 4 月 8—11 日，卢森堡阿塞洛公司总裁道勒一行 5 人访问济南、莱芜，与莱芜钢铁集团就资产重组、经济技术合作举行座谈。副省长王仁元在济南会见了代表团。

2005 年 10 月 16 日，卢森堡阿塞洛集团代表团一行 6 人访问济南。副省长王仁元会见了代表团一行。

第五节　北欧地区其他国家

一、挪威

（一）来访

1990 年 4 月 21—27 日，瑞典、丹麦、挪威三国大使一行 5 人访问青岛、济南、泰安、济宁。省委副书记、省长赵志浩在济南会见了客人。

2002 年 11 月 12—15 日，挪中友协常务理事雾拉王率经贸考察组一行 3 人访问山东。

2004 年 5 月 14—19 日，挪中友协会长埃文斯莫访问济南、青岛。

2004 年 8 月 22 日至 9 月 8 日，挪中友协会长埃文斯莫率挪威商学院调研团一行31人访问山东。省人大常委会副主任王道玉在济南会见客人并向埃文斯莫颁发了“山东省荣誉公民”证书。

2005年8月10日至9月1日，挪中友协会长埃文斯莫率挪威商学院调研团一行41人访问山东。

（二）出访

1993年6月9—28日，省人大常委会副主任徐建春率山东省经济代表团一行7人访问挪威、瑞典、芬兰。

2001年8月8—25日，以省委副书记吴爱英为团长的山东省友好代表团访问挪威、芬兰、冰岛。考察了三国经济、教育、科技等方面的发展情况。

2003年10月12—22日，省委常委、常务副省长林廷生率山东省政府经贸代表团访问挪威、希腊。与有关部门签署了造船、水泥航运合作、兴建船舶工业设计咨询中心等13项合作协议和意向。

2004年7月5—15日，省人大常委会副主任时立军率省人大代表团访问俄罗斯和挪威。

二、芬兰

（一）来访

1987年1月21—22日，芬兰驻华大使哈瓦雷宁一行3人访问济南。

1987年2月27日，芬兰驻华大使哈瓦雷宁一行4人访问青岛。

1995年3月15—17日，芬兰驻华使馆公使衔参赞高毕宁访问济南、青岛。副省长宋法棠会见了参赞一行。

1995年5月15—17日，芬兰地方市政代表团一行7人访问济南、曲阜。省政协主席陆懋曾会见了代表团一行。

2005年1月27日，芬兰美卓造纸机械公司副总裁阿尔托·阿托能一行3人访问济南。

（二）出访

1993年6月9—28日，省人大常委会副主任徐建春率山东省经济代表团一行7人访问挪威、瑞典、芬兰。

2000年9月7—19日，副省长陈抗甫率山东省环境保护考察团一行8人访问瑞典、芬兰、丹麦。

2001年8月8—25日，以省委副书记吴爱英为团长的山东省友好代表团访问挪威、芬兰、冰岛。

三、丹麦

（一）来访

1996 年 8 月 24—27 日，丹麦共同路线党代表团一行 5 人访问济南、淄博。副省长陈建国在济南会见了代表团一行。

1997 年 3 月 10—11 日，丹麦驻华使馆商务参赞富斯文一行 3 人访问济南。

1998 年 11 月 29 日至 12 月 1 日，丹麦驻华使馆政务参赞梅爱冰率商务代表团一行 29 人访问济南，与山东省政府共同举办了经贸洽谈会。副省长韩寓群会见了代表团一行。

1999 年 10 月 21—26 日，由丹麦驻华使馆和丹麦食品农业渔业部组成的先遣团一行 9 人访问济南、潍坊、青岛。副省长陈延明在济南会见了代表团一行。

2000 年 5 月 5—6 日，由丹麦农业和渔业大臣丽塔·比尔格德女士率领的丹麦政府暨商务经贸代表团一行 55 人访问青岛，举办了中国—丹麦农业经贸研讨会。副省长陈延明出席研讨会。

2002 年 5 月 20—24 日，丹麦驻华使馆公使衔参赞倪耀森一行 3 人访问济南、潍坊、烟台、青岛等地。

2004 年 3 月 29—30 日，丹麦必达意（BWE）能源公司总裁兼首席执行官哈佛曼·彼德森一行 3 人访问日照。

（二）出访

2000 年 9 月 7—19 日，副省长陈抗甫率山东省环境保护考察团一行 8 人访问瑞典、芬兰、丹麦。

2004 年 10 月 11—23 日，省委书记、省人大常委会主任张高丽率山东省友好代表团一行 12 人访问瑞典、丹麦、奥地利。

四、冰岛

（一）来访

1996 年 10 月 9 日，冰岛地方政府协会主席威海森率冰岛市长代表团一行 10 人访问山东。省委副书记、副省长宋法棠在济南会见了代表团一行。

2001 年 1 月 14—15 日，冰岛驻华大使奥拉夫·埃吉尔松一行 2 人访问济南。

2005 年 4 月 5—7 日，冰岛卫生与社会保障部长克里斯蒂杨松一行 6 人访问济南、曲阜，考察了医疗保障机构以及农村初级卫生保健工作。副省长王军民在济南会见了代表团一行。

2005 年 5 月 20—21 日，冰岛总统奥拉维尔·拉格纳·格里姆松一行 79 人，在中国驻冰岛大使王信石及夫人陪同下访问青岛。参观了冰岛蓝冰公司在中国的最大合作伙伴——华孚信利（青岛）食品有限公司，出席了冰岛—山东经贸研讨会。省委副书记、省长韩寓群在青岛会见了代表团一行。

（二）出访

2001 年 8 月 8—25 日，以省委副书记吴爱英为团长的山东省友好代表团访问挪威、芬兰、冰岛。

第五篇

与美洲国家的交往

山东省与美洲国家的交往，重点是美国、加拿大和部分南美地区国家。

山东省在历史上与美国有很多的交往。1979 年中美正式建交后，山东与美国的交往进入了一个新阶段。山东省分别与康涅狄格州和得克萨斯州建立友好省州关系，双方保持了密切的交往。陆续有大批美国政府官员访问山东，推动了经贸、科技、文化、教育、金融、医疗、环保、体育等领域的实质性合作。

山东省与加拿大的交往始于 20 世纪 50 年代。1991 年与魁北克省建立友好合作关系后，双方高层互访频繁，经贸、文化、教育、能源、科技、旅游等方面交流与合作不断扩大，友好关系持续发展，务实合作基础日益巩固。

在拉丁美洲地区，山东省逐步克服相距遥远、语言文化差异大、通信不畅等不利因素，积极开展与对方的交流与合作。进入 21 世纪后，根据国际形势变化，大力实施“走出去”战略，在重点发展与委内瑞拉关系的同时，努力拓展与巴西、智利、阿根廷、古巴、墨西哥等国的交往，推动山东省有实力的企业进入南美市场，开展能源、矿产、农业等领域的开发与合作，并不断开拓新的合作领域。

第一章　美　国

1979 年中美建交后，山东省与美国交往逐渐增多。美国联邦、地方政府和议会、工商企业界、教育界、智库、研究及军事机构、驻华使馆、媒体代表等来访频繁。尤其是山东省分别与康涅狄格州和得克萨斯州建立友好关系后，双方交流与合作迈上新的台阶。美国领导人和前政要，如国务卿舒尔茨、前总统卡特和总统科技顾问兼白宫科技政策办公室主任吉本斯等先后来访，工商企业界、教育界、文化界人士和美驻华使馆人员来访增多。山东省高度重视与美国进行友好交流与合作，省级领导及经贸、科技、文化、教育、金融、医疗、环保、体育等领域和行业团组往访频繁，双方的合作稳步发展，实质性成果逐渐增多，其中一些美国著名跨国公司与山东省开展了卓有成效的合作。截至 2005 年，山东省与美国有 2 对友好省州关系、13 对友好城市，经贸关系快速发展，美国成为山东省第一大出口市场。

第一节　来　访

一、联邦政府官员及议员来访

1987 年 3 月 4—5 日，由美国国务卿舒尔茨率领的美国政府代表团一行 140 人，在外交部副部长朱启祯陪同下访问济南、泰安、曲阜。

1997 年 5 月 27—31 日，美国共和党议员菲利浦・英格利希和约翰・恩辛一行 5 人访问济南、淄博、青岛。省人大常委会主任赵志浩在济南会见了代表团一行。

1997 年 11 月 19—21 日，以美国总统科技顾问兼白宫科技政策办公室主任约翰・吉本斯为团长的美国政府科技代表团一行 3 人，由国务委员兼国家科委主任宋健陪同考察兖州秸秆气化项目。中共中央政治局委员、山东省委书记吴官正，省委副书记、省长李春亭分别会见了吉本斯一行。副省长张瑞凤全程陪同代表团活动。

2000 年 5 月 22 日，美国住房与城市发展部长安德鲁・科莫一行 10 人访问济南，参观了四季花园、玉函小区、泉城广场和华山镇前王庄等，考察了山东住房发展情况。副省长韩寓群会见了客人。

2005 年 3 月 27 日，以纽约州民主党联邦众议员查尔斯·兰热尔为团长的美国国会助手团一行 16 人访问山东。省委副书记、省长韩寓群在济南会见了代表团一行。中国人民外交学会会长卢秋田、省人大常委会副主任曹学成参加会见。

二、前政要及友好人士来访

1985 年 6 月 28—29 日，著名高能物理学家、诺贝尔奖获得者、美籍华人丁肇中教授偕夫人来故乡日照市省亲并参观游览。此后，丁肇中教授又多次来山东访问探亲和开展科技合作。2004 年 2 月 26—29 日，丁肇中教授访问山东大学。省委书记、省人大常委会主任张高丽，省委副书记、省长韩寓群会见了丁肇中教授。同年 6 月 29 日，省委副书记、省长韩寓群在济南会见了丁肇中教授一行。2005 年 6 月 16 日，副省长王军民在济南会见了丁肇中教授一行。

1987 年 5 月 15—20 日，美国著名作家哈里森·索尔伯里来济南、胜利油田、德州参观采访。

1987 年 6 月 21 日，美国前驻华大使恒安石及夫人访问潍坊第二中学。

1996 年 6 月 10 日，美国著名学者赵浩生访问山东。省委副书记、省长李春亭在济南会见了客人。

1996 年 7 月 12—14 日，美国前总统卡特外交事务顾问罗伯特·伯斯特来邹平考察。

1996 年 11 月 19 日，美国哈佛大学院士张雯女士访问山东。省委书记赵志浩在济南会见了客人。

1997 年 7 月 25—28 日，美国前总统吉米·卡特一行 18 人由外交学会会长梅兆荣陪同访问济南、邹平，考察中国农村民风民俗、村委会选举、基层政权建设和水利灌溉、农作物耕种机械化程度等。省委副书记、省长李春亭在济南会见了客人。

1998 年 11 月 18 日，美籍华裔经济学家朱传榘及夫人荣智珍访问济南。副省长邵桂芳会见了朱传榘夫妇。朱传榘博士于 1996 年被山东省聘为经济顾问。

2000 年 5 月 7 日至 6 月 8 日，美国诺贝尔医学奖获得者盖蒂谢克教授在山东省医科院进行科研指导和学术交流活动。中共中央政治局委员、山东省委书记吴官正在济南会见了客人。副省长邵桂芳参加会见。

2000 年 8 月 16 日，美国农业专家约翰·拉特里奇访问济南，与省农业厅就山东蔬菜和水果生产情况进行会谈。

2001 年 2 月 24 日，著名美籍华人靳羽西女士访问青岛。

2002 年 3 月 31 日，省委副书记、省长张高丽在济南会见著名美籍华人科学家牛满江教授。牛满江是世界著名生物学家，美国斯坦福大学、坦普尔大学终身教授，“外基因学说”创立者，对生命基因学说作出了重要贡献，开创了人工培育新物种的新思路。

2002 年 9 月 11 日，美籍华人郭明桥、加拿大温哥华山东同乡会创会会长曲瑞峰和郭永铮访问山东，参加由郭明桥捐赠 125 万元人民币建设的武城县刘茂庄“明桥小学”落成典礼。副省长林廷生在济南会见了客人。

2003 年 2 月 19 日，美籍华人、国际经济专家、世界银行原项目经理张澄在省政府礼堂作国际经济形势报告。副省长黄可华主持报告会。

2004 年 1 月 4 日，美国康涅狄格州众议院前议长欧文·斯多伯格一行访问山东。副省长孙守璞在济南会见了客人。

2004 年 8 月 19—21 日，美国南卡罗来纳州前州长大卫·佰斯利一行 6 人访问山东。副省长王军民在济南会见了客人。

2004 年 11 月 11—13 日，著名美籍华人、诺贝尔物理学奖获得者杨振宁教授应邀到山东大学进行讲学访问。省委副书记、省长韩寓群在济南会见了杨振宁一行。省人大常委会副主任、山东大学党委书记邵桂芳参加会见。

2005 年 1 月 11 日，美国联邦众议院前议员莱斯特·沃尔夫一行访问山东。沃尔夫与有关部门探讨了与山东联合举办国际中小企业论坛和国际中小城市发展论坛等有关事宜。副省长孙守璞在济南会见了客人。

2005 年 2 月 28 日至 3 月 2 日，美国联邦众议院前议员莱斯特·沃尔夫以及美国联邦中小企业署顾问王鹏飞一行访问山东。省政协副主席林书香在济南会见了客人。

三、驻华使馆官员来访

1986 年 8 月，美国驻华大使洛德一行访问山东。省委副书记、省长李昌安在济南会见了大使一行。

1987 年 3 月 5—6 日，美国驻华大使洛德陪同美国国务卿舒尔茨访问山东。

1998 年 7 月 10 日，美国驻华大使馆科技参赞白瑞理夫妇访问青岛，出席了中国青岛对外经济贸易洽谈会。

1999 年 1 月 6—7 日，由省友协、省书法家协会、工人日报社等联合举办的中美艺术家书画展在济南举行。美国大使馆文化处官员惠特克参加开幕式。

1999 年 7 月 5—6 日，美国驻华使馆公使衔参赞贺苏珊一行访问山东，了解有关农业生产情况。

1999 年 10 月 10—14 日，美国驻华使馆农业专员魏江（John Wade）访问济南、青岛。2000 年 9 月 11 日，魏江一行 5 人访问济南、菏泽，了解粮食、大豆等农作物的生产情况。

2000 年 9 月 7—8 日，美国驻华使馆海关处参赞大卫·贝纳一行 4 人访问德州，参观了德州监狱。

2002 年 8 月 25—31 日，美国驻华使馆农业处官员和美国农业部园艺经济学家一行 3 人访问济南、青岛和寿光等地，与省林业局有关人员举行座谈，考察了解山东蔬菜种植、销售和出口情况。

四、地方政府与议会代表团来访

（一）康涅狄格州

1986 年 1 月 25—26 日，康涅狄格州经济发展部长约翰·卡尔森率经贸代表团一行 7 人访问山东。省委副书记、省长李昌安在济南会见了客人。

图 5－1　1986 年 1 月 25 日，省委副书记、省长李昌安在济南会见来访的美国康涅狄格州经济发展部长卡尔森一行

1987年9月9—17日，以康涅狄格州州长奥尼为团长的政府及经济代表团一行58人访问济南、青岛、烟台、曲阜等地。

1989年4月4日，以康涅狄格州经济发展部长汉斯为团长的康州—山东友好访问团一行42人，对北京、济南、泰安、曲阜、青岛、上海等地进行友好访问。省委副书记、省长赵志浩在济南会见了访问团一行。

1993年7月11—15日，康涅狄格州教育代表团一行18人访问山东，转交了韦克尔州长致赵志浩省长的信。

1999年10月2—4日，美籍华人、康涅狄格州警察厅长、州刑事鉴识科学化验室主任、纽海芬大学教授李昌钰及康州众议员高肯女士等一行6人访问山东。省委副书记、省长李春亭在济南会见了客人。2004年9月1日，李昌钰一行再次访问山东。省委副书记高新亭在济南会见了客人。

1999年11月9—14日，康涅狄格州政府秘书长艾利福一行5人访问济南、曲阜、青岛。省委副书记、省长李春亭在济南会见了客人。

2000年2月15日和7月10—19日，康涅狄格州驻中国烟台贸易代表李曰椿两次来济南洽谈经贸交流事宜，参加了中国青岛对外经济贸易洽谈会。

2004年1月4日，康涅狄格州众议院前议长欧文·斯多伯格一行访问山东。副省长孙守璞在济南会见了客人。

2005年11月8—14日，康涅狄格州教育代表团一行15人访问山东。副省长王军民在济南会见了客人。

（二）得克萨斯州

1995年4月2—7日，得克萨斯州联邦储备银行董事斯盖波一行6人访问济南、济宁、青岛。省委副书记、省长李春亭在济南会见了代表团一行。斯盖波向李春亭转交了得克萨斯州议会授予李春亭得州州旗和州政府授予李春亭为得州"荣誉市民"的证书。

1997年5月18—30日，得克萨斯州莫那汉斯市市长戴维·卡特伯斯一行6人访问山东。

1997年10月8—10日，得克萨斯州卫生部副部长黛安娜·辛普森一行4人访问山东，就双方在卫生和环保领域的人员互访、培训和业务合作等达成初步意向。

1997年10月8—12日，得克萨斯州经济发展部长布兰达·阿耐特女士率得州政府经济代表团一行12人访问济南、曲阜、青岛。副省长韩寓群在济南会见了代表团一行。

2002年12月6—7日，得克萨斯州副州务卿杰夫·考那率得州政府商务代表团一行 17 人访问济南，与山东省有关部门和企业进行合作洽谈，签订了《贸易及双边经济合作谅解备忘录》。省委常委、常务副省长韩寓群会见了客人。

（三）加利福尼亚州

1997 年 5 月 12 日，美籍华人、美国富乐顿市议员沙日香女士访问山东。同年 11 月 17 日，沙日香女士一行再次访问山东，就房地产开发、高速公路建设等项目与有关部门进行洽谈。省委副书记、副省长宋法棠在济南会见了客人。

1997 年 11 月 4—12 日，加利福尼亚州莫塞德郡议长周·瑞委乐一行 2 人访问山东，与青岛市城阳区签署了建立友好合作关系协议书。

2004 年 6 月 19 日，旧金山市市长助理马克·坎德雷一行访问济南。省委副书记、济南市委书记姜大明会见了客人。

2005 年 10 月 19 日，萨克拉门托市市长海瑟·法戈女士一行访问济南。省委副书记、济南市委书记姜大明会见了客人。

（四）新泽西州

2000 年 4 月 4—6 日，新泽西州拉威市市长一行 4 人访问济南，与省建委和济南市建委就有关环保项目进行了洽谈。

（五）华盛顿州

2002 年 10 月 14—18 日，华盛顿州副州长布莱德·欧文率政府经济代表团访问烟台、东营、济南等地。副省长王军民在济南会见了客人。

（六）宾夕法尼亚州

2003 年 11 月 16 日，宾夕法尼亚州华盛顿郡首席行政长官戴安娜·艾雷女士一行访问山东。省委副书记、省长韩寓群在济南会见了客人。副省长孙守璞与戴安娜·艾雷女士、美国 CLI 公司总裁罗伯特·艾雷等出席了双方合作议定书签字仪式。

（七）佐治亚州

2004 年 7 月 1—2 日，佐治亚州参议员森马利百一行访问山东。省委副书记、济南市委书记姜大明，副省长孙守璞在济南分别会见了客人。

（八）威斯康星州

2005 年 5 月 22—23 日，威斯康星州议员菲茨杰拉德、美国联合能源公司总裁本·万康率团访问山东。省委副书记、省长韩寓群在济南会见了客人。副省长张昭福参加会见。

（九）明尼苏达州

2005年8月7—9日，明尼苏达州民主党联邦参议员戴顿一行4人考察莱芜钢铁厂并商讨合作事宜。

五、工商企业界团组来访

1996年4月24日，美国世界高科技发展公司董事长、美国民主党亚太裔全国委员会副主任、美籍华人邓名臣访问山东。副省长宋法棠在济南会见了客人。

1996年6月4日，美国雪佛龙化学总公司副总裁约翰·沙乐姆一行3人访问济南、文登，与济南化纤总公司签署长期合作合同。副省长韩寓群在济南会见了客人并出席合同签字仪式。

1996年7月9日，美国国际高科技生物医学公司董事长王楠一行访问山东。副省长吴爱英在济南会见了客人。

1997年1月21—26日，得克萨斯州卫生部副部长黛安娜女士和美国全球魔力公司总裁丹那访问济南。省委副书记、副省长宋法棠在济南会见了代表团一行。

1997年4月16日和5月16日，美国核能专家赵嘉崇和美国西屋能源公司总裁保森一行访问山东。省委副书记、省长李春亭在济南会见了客人。

1997年4月18日和5月18日，美国汉鼎实业股份有限公司总裁徐大麟一行访问山东。省委副书记、省长李春亭在济南会见了客人。

1997年5月8—13日，美国环球公司董事长诺尔曼·斯旺森一行7人访问济南、威海。

1997年7月13—21日，得克萨斯州班齐马克证券集团总裁弗朗西斯·戴雷普及承德公司总裁黛安娜一行9人访问山东，同山东水产企业集团总公司签署了水产集团海外公司在美上市协议书，首期上市金额为1500万美元。

1997年7月15日，美国华达国际投资有限公司与山东东阿化工集团总公司在青岛签订合同，共同投资，采用美国最新技术生产化工产品，合作期限30年。

1997年8月21—23日，美国帝国集团董事长冯治权访问山东，与省环保部门探讨在环境保护、污水处理等领域合作的可能性。

1997年8月26日，美国卡吉尔公司名誉董事长麦克米兰一行访问山东，考察该公司在齐河县的独资企业山东一嘉吉有限公司生产经营情况。省委副书记、省长李春亭在济南会见了客人。

1997年10月21—23日，美国环球公司董事长罗曼·史万森一行访问山东，对山东安居工程国际融资项目进行评级。省委副书记、省长李春亭在济南会见了客人。

1997 年 11 月 6 日，美国卡吉尔公司副总裁巴斯蒂安斯一行访问山东，考察该公司在齐河县独资企业山东一嘉吉有限公司生产经营情况。副省长王玉玺在济南会见了代表团一行。

1998 年 4 月 21 日，美国欧布莱恩公司主席派特门一行访问山东，与威海市就交通基础设施合资合作事宜进行洽谈。省委副书记、省长李春亭在济南会见了客人。

1998 年 5 月 5 日，美国新桥投资有限公司总经理单伟建一行访问山东。省委副书记、副省长宋法棠在济南会见了客人。

1998 年 6 月 10 日，以美国 ABB 公司全球执行副总裁裴尔斯为团长的 ABB 代表团访问山东。省委副书记、省长李春亭在济南会见了代表团一行。

1998 年 7 月 15 日，美国夏威夷电力工业公司总裁柯路华一行访问山东。

1998 年 7 月 24 日，美国美林集团亚太地区资本市场董事、总经理简德勒一行访问山东，与山东省交通部门就利用国际资本市场的融资项目进行探讨。

1998 年 9 月 15 日，美国承德投资咨询股份有限公司总裁黛安娜夫妇参加德州经贸洽谈会，并向乐陵市捐款 4 万元人民币，用于为乐陵市小学购置“三辰影库”影像设备。

1998 年 9 月 25 日，美国美林集团国际公司副总裁秉克思率团访问山东，就山东基建股海外上市事宜与有关部门商洽。省委副书记、省长李春亭在济南会见了客人。

1999 年 1 月 8 日，美国高盛集团亚洲公司总裁菲利普·墨菲率团访问山东。副省长林书香在济南会见了客人。

1999 年 1 月 20—25 日，美国前国务卿基辛格助手、基辛格事务所总经理保罗·布莱默一行 5 人访问山东，与有关部门就山西盂县—山东潍坊—山东青岛输煤管道项目建设交换意见。省委副书记、副省长宋法棠在济南会见了客人。

1999 年 5 月 7 日，美国信安人寿保险公司驻华首席代表米超凡访问山东，探讨在养老保险方面与山东开展合作的可能性。副省长林书香在济南会见了客人。

1999 年 9 月 22—27 日，美国杰富利（中国）公司董事长黄惠珍女士一行3人访问山东，参加孔子文化节、济南金秋经贸洽谈会等活动。中共中央政治局委员、山东省委书记吴官正在曲阜会见了客人。

1999年12月7—9日，美国通用电气（中国）公司总裁王建民一行4人访问济南。副省长韩寓群会见了客人。

2000年1月23—26日，美国承德公司总裁黛安娜女士及其丈夫杰克访问山东。后又分别于3月12—15日、6月10—23日来访，参加了中国青岛对外经济贸易洽谈会。

2000年2月23日，美国摩托罗拉公司副总裁保尔·希福斯一行5人访问山东。省委副书记、省长李春亭在济南会见了客人。副省长林书香主持了由省电子局、省邮电局和省移动通讯公司等单位代表参加的与美方的项目洽谈会。

2000年3月9日，美国MCP公司高级副总裁思顿一行13人访问山东。副省长韩寓群在曲阜会见了客人。

2001年4月5日，美国系统计算机技术公司总裁杰若·兰西和澳大利亚明康公司副总裁葛瑞奇·瑞德一行访问山东。省委常委、常务副省长韩寓群在济南会见了客人。

2001年4月11—13日，美国新千年科技能源公司（MSE）副总裁麦温·霍肯伯瑞一行3人访问山东，先后与省环保局、省建设厅、省科学院和省电力集团有关负责人探讨了在环保产业、人员培训、技术交流等领域的合作。

2001年4月12日，美国世界高科技发展公司董事长、美国医疗仪器援助基金会会长邓明臣访问山东。

2001年6月8—11日，美国环球金融公司董事长德华·科汉访问济南、潍坊、烟台等地，重点考察了污水处理厂及水资源综合利用情况，与三九投资（集团）有限公司就共同投资建设山东城市污水处理设施及中水回用项目进行探讨。副省长赵克志在济南会见了客人。

2001年9月5日，美国商会主席、美国安利公司董事局主席史蒂夫·温安洛一行访问山东。省委常委、常务副省长韩寓群在济南会见了客人。

2001年9月25日，由美国大公司总裁、高级顾问和各行业领袖组成的美国行业领袖代表团访问山东。副省长林廷生在济南会见了代表团一行。

2002年4月7日，美国国际联合能源公司董事长、太平洋顶峰公司董事长吉姆·霍夫曼一行访问山东，考察在山东投资的热电厂项目，探讨再投资新项目可能性。副省长赵克志在济南会见了客人。

2002 年 6 月 4 日，美国杜邦公司副总裁吉姆·博瑞尔和北电网络（中国）有限公司总裁毛渝南访问山东。省委副书记、省长张高丽在济南会见了客人。

2002 年 6 月 9 日，美国安良工商会总经理伍健生访问山东。省委常委、副省长林廷生在济南会见了客人。

2002 年 6 月 14—16 日，美国朗讯科技公司董事长兼首席执行官亨利·肖克一行访问山东。中共中央政治局委员、山东省委书记吴官正，省委副书记、省长张高丽分别会见了客人。

2002 年 11 月 20 日，美国沃尔玛中国有限公司副总裁李成杰一行访问山东。省委副书记、省长张高丽在济南会见了客人。

2002 年 12 月 6 日，美国中国创业投资有限公司董事长兼首席执行官白德能一行访问山东，与山东省高新技术投资有限公司签署成立合作基金备忘录。省委常委、常务副省长韩寓群在济南会见了客人。

2003 年 1 月 9 日，美国摩根大通亚洲投资基金总经理路明一行访问山东。省委副书记、济南市委书记孙淑义在济南会见了客人。

2003 年 2 月 13—14 日，美国摩根大通亚太区主席白瑞蒲、摩根大通投资银行中国区总裁、总经理朱德森一行 4 人访问济南。省委书记、省人大常委会主任张高丽会见了客人。

2003 年 2 月 18 日，美国柏利通投资有限公司董事长盛华祖一行来山东考察项目运营情况并寻求进一步开展合作。副省长邵桂芳在济南会见了客人。

2003 年 4 月 20 日，美国新立传集团总裁邹兆文一行考察山东投资环境，了解齐河经济开发区有关情况。副省长谢玉堂在济南会见了客人。

2003 年 7 月 11 日，国际纸业亚洲区总裁马百林率美国国际纸业和摩根大通公司代表团一行访问山东。省委副书记、省长韩寓群在济南会见了代表团一行。

2003 年 7 月 16 日，美国沃尔玛亚洲区总裁兼首席执行官钟浩威一行访问山东。省委副书记、省长韩寓群在济南会见了客人。副省长蔡秋芳参加会见。

2003 年 8 月 13 日，美国科斯集团公司董事长戈罗亚女士和美国美中经贸促进会会长贝聿恺一行访问山东，参加了青岛国际啤酒节。副省长蔡秋芳在济南会见了客人。

2003 年 9 月 24 日，美国安达高公司总裁狄维士一行访问山东。省委书记、省人大常委会主任张高丽，省委副书记、省长韩寓群在济南分别会见了客人。

2003 年 10 月 16 日，美国沃尔玛公司执行副总裁庄孟哲访问山东。省委书记、省人大常委会主任张高丽，省委副书记、省长韩寓群在济南分别会见了客人。

2004 年 1 月 11—14 日，美国国际纸业亚洲区总裁马百林一行考察山东华泰、太阳、泉林、博汇、银河 5 家大型造纸企业。省委副书记、省长韩寓群在济南会见了客人。副省长孙守璞参加会见。

2004 年 3 月 5 日，美国卡特彼勒（中国）投资有限公司亚太区业务发展总监保罗·布莱克伯恩一行访问山东。副省长王仁元在济南会见了客人。

2004 年 3 月 29 日，美国亿帆（E5）环球科技有限公司董事长奥纳和总裁瑞查德·斯绰珀一行访问济南。省委副书记、济南市委书记姜大明会见了客人。

2004 年 4 月 24—25 日，美国卡特彼勒公司组织 42 家配套企业一行 90 名外商来山东招商。副省长王仁元、孙守璞分别在北京、潍坊会见了客人。

2004 年 4 月 29 日，美国卡特彼勒公司董事长兼首席执行官吉姆·欧文斯率公司高层代表团访问山东，向省领导通报卡特彼勒公司与山东全面合作的进展情况。省委书记、省人大常委会主任张高丽会见了客人。省委常委、秘书长杨传升，副省长王仁元参加会见。

2004 年 5 月 31 日，美国亿帆（E5）环球科技有限公司董事长奥纳访问山东。副省长孙守璞在济南会见了客人。

2004 年 7 月 12 日，美国安利公司副总裁郑李锦芬女士访问山东。副省长孙守璞在济南会见了客人。

2004 年 8 月 30—31 日，美国国际纸业集团董事长庄华池访问济南、兖州和淄博。省委书记、省人大常委会主任张高丽，省委副书记、省长韩寓群分别会见了客人。

2004 年 10 月 19 日，由副总裁理查德·莱温率领的卡特彼勒代表团一行访问山东。副省长王仁元在济南会见了代表团一行。

2004 年 10 月 20 日，美国摩根斯坦利亚洲投资有限公司执行董事刘海峰一行访问山东，出席了济南山水集团与美国摩根斯坦利、鼎辉（中国）基金合作签约仪式。省委副书记、省长韩寓群在济南会见了客人。

2004 年 10 月 21 日，美国通用电气医疗集团中国区副总裁吴浣苓女士访问山东。副省长王军民在济南会见了客人。

2004 年 11 月 9 日，美国微软公司全球副总裁、大中华区首席执行官陈永正一行访问山东。副省长谢玉堂在济南会见客人并共同出席了浪潮集团与微软公司全球战略合作伙伴签字仪式。

2004 年 11 月 11 日，由总裁乐文礼率领的美国卡特彼勒公司代表团一行考察山东山工机械股份有限公司。副省长王仁元在潍坊会见了代表团一行。

2004 年 12 月 21 日，美国太平洋顶峰投资有限公司总裁罗伯特·安德森一行访问山东。副省长孙守璞在济南会见了客人。

2005 年 1 月 24 日，美国卡特彼勒集团副总裁理查德·莱温访问山东。省委副书记、省长韩寓群在济南会见了客人。副省长王仁元参加会见。

2005 年 2 月 16 日，世界最大的钛白粉生产企业——美国杜邦公司全球副总裁唐博伟访问山东，与东营市洽谈合作事宜。省委副书记、省长韩寓群在济南会见了客人。

2005 年 3 月 22 日，美国卡特彼勒公司董事长兼首席执行官詹姆·欧文斯一行访问山东，出席在青州举行的中美合资山东山工机械有限公司成立典礼。省委书记、省人大常委会主任张高丽在济南会见了客人。

2005 年 4 月 4 日，美国恒达利—石氏投资银行主席石丰荣一行访问山东。副省长孙守璞在济南会见了客人。

2005 年 4 月 25—26 日，美国通用电气公司副总裁、通用医疗中国区总裁陈治一行 4 人访问山东。副省长王军民在济南会见了客人。

2005 年 5 月 19—23 日，美国花旗集团执行董事、美国格林洛克国际公司董事局主席罗伯特·劳伦斯·库恩一行访问山东。省委书记、省人大常委会主任张高丽在济南会见了客人。省委常委、宣传部长王敏，副省长赵克志参加会见。

2005 年 6 月 14 日，美国特雷克斯集团高级副总裁布莱恩·亨利一行访问山东。副省长王军民在济南会见了客人。

2005 年 8 月 2 日，美国固特异工程橡胶集团亚太区总裁赵元钧一行访问山东。副省长孙守璞在济南会见了客人。

2005 年 8 月 26 日，美国微软大中华区 CEO 陈永正访问山东，出席微软公司向浪潮集团注资 2 亿元人民币合资合作签约仪式。省委副书记、济南市委书记姜大明，副省长王仁元在济南会见了客人。

2005 年 8 月 26 日，美国海瑞集团总裁弗莱德一行访问山东。副省长王仁元在济南会见了客人。

2005年8月30日，美国国际纸业公司集团董事长庄华驰一行访问山东。省委副书记、省长韩寓群在济南会见了客人。副省长孙守璞参加会见。

图5-2　2005年8月30日，省长韩寓群、副省长孙守璞在济南与美国国际纸业公司集团董事长庄华驰出席兖州市太阳纸业与美国国际纸业战略联盟签约仪式

2005年9月7日，美国沃尔玛百货有限公司全球高级副总裁、亚洲区总裁兼首席执行官钟浩威一行访问山东。省委副书记、济南市委书记姜大明在济南会见了客人。

2005年9月28日，美国卡特彼勒公司全球采购副总裁墨菲一行访问山东。副省长王仁元在济南会见了客人。

2005年10月14日，美国卡特彼勒公司集团副总裁兼亚太区总裁理查德·莱温一行访问山东。副省长王仁元在济南会见了客人。

2005年10月18—24日，来自美国、加拿大、英国等12个国家和地区的近百位海外华商、博士参加在济南举行的“2005海外华商·博士创业投资山东行”开幕式活动。省委副书记、省长韩寓群在济南会见了参加活动的嘉宾代表。副省长孙守璞参加会见。

2005年10月26日，美国杜邦公司全球副总裁兼亚太中国区总裁唐博伟一行访问山东。副省长孙守璞在济南会见了客人。

2005年10月29日，美国Poly Brite（PB）国际公司总裁卡尔·斯安纳一行访问山东。副省长王仁元在济南会见了客人。

2005年11月2日，美国朗讯科技公司在青岛举行全球技术支持中心和

IMS 项目研发中心落成仪式。

2005 年 12 月 2 日，美国摩根士丹利泽慧亚洲投资公司董事、总经理刘海峰访问山东。省委副书记、济南市委书记姜大明在济南会见了客人。

2005 年 12 月 6 日，美国环球施普乐公司总裁兼首席执行官曹荣华一行访问山东。省委书记、省人大常委会主任张高丽在济南会见了客人。副省长孙守璞参加会见。

六、联邦或全国性机构官员来访

1988 年 5 月 29 日至 6 月 2 日，美中关系全国委员会副会长白莉娟一行 11 人访问邹平。1987 年，经中国社会科学院和外交部批准，确定邹平县的 9 个村庄为美国美中关系全国委员会为期 5 年的农村基层社会调查点。

1988 年 10 月 18—24 日，美中友协会长弗雷德·普塔什尼率美中友协友好访华团一行 16 人访问济南、青岛、烟台、泰安、曲阜。

1988 年 10 月 29—31 日，美中友协南部地区主席玛吉·凯特率美中友协妇女代表团一行 6 人访问山东。

1990 年 12 月 6 日，美国哥伦比亚国际公司董事长、美国斯坦福研究所高级顾问朱传榘和美国斯坦福研究所经济竞争研究中心副主任莱曼访问山东。省委副书记、省长赵志浩会见了客人。

1996 年 5 月 21—24 日，美国亚洲协会会长普拉特夫妇访问济南、泰安、曲阜等地。副省长陈抗甫在济南会见了客人。

1996 年 6 月 4 日，以美中经贸促进会会长、美国太平洋贝氏规划设计中心董事长贝聿恺为团长的中美经贸促进会代表团访问山东。副省长陈抗甫会见了客人。

1997 年 4 月 26 日至 5 月 20 日，美国 1997 年第一、第二期老年团来山东学习中国文化，先后赴济南、泰安、曲阜等地游览参观。

1997 年 9 月 17 日，美国青年政治领袖理事会代表团一行 9 人访问山东。省人大常委会副主任徐建春在济南会见了客人。

1997 年 10 月 30 日，以美国规划协会政策部主任杰弗里·索尔为团长的美国土地规划协会代表团访问山东，考察山东土地利用总体规划、城市规划及土地开发利用等情况。副省长陈抗甫在济南会见了客人。

1998 年 7 月 20 日，美国国际农业生命科学发展教育所所长左天觉博士一行访问山东，实地考察了解黄河三角洲农业综合开发情况。省委副书记、省长李春亭在济南会见客人并向其颁发了“山东省政府经济咨询顾问”

证书。

1998年8月6日，美国“生活之星”慈善组织驻华代表安丽德女士代表该组织，向枣庄市山亭区徐庄乡北水门口村捐赠价值约9000元人民币的学习用品和农业灌溉设备。

1998年9月21日，美国黄兴基金会董事长、美籍华人薛君度一行访问山东，考察山东改革开放现状及项目、人才、技术等方面的需求。中共中央政治局委员、山东省委书记吴官正在济南会见了客人。

1998年10月7日，美国中美总商会董事会主席布什率团访问山东，与省外办在青岛签订了友好合作协议。

1999年7月11—16日，受美国俄勒冈州议会委托，该州亚洲委员会主席梁凯中和华商总会副会长邝志扬访问青岛、潍坊、济南。这是俄州政府与山东省政府的首次接触。

1999年11月10日，美国青年政治领袖理事会代表团访问山东。省人大常委会主任赵志浩在济南会见了客人。

2000年6月17—19日，美国俄勒冈州“阿丽欧”管乐五重奏团一行13人访问济南、曲阜，分别在山东师大和山东艺术学院进行了演出和交流活动。

2000年8月1日，美国南加州山东同乡会会长孔祥瑜夫妇、副会长高永琪夫妇一行访问山东。省委副书记、省长李春亭在济南会见了客人。

2001年4月23日，美国洛杉矶中华总商会会长黄陈洁娴一行访问山东。省政协副主席时立军在济南会见了客人。

2001年5月13日，美国全美证券商协会副主席索丹诺一行5人访问山东。省委副书记、省长李春亭，省委常委、常务副省长韩寓群在济南分别会见了客人。

2001年5月16—19日，美国中西部委员会副主席郭晶霞女士一行访问济南、青岛和烟台。副省长林廷生在济南会见了客人。

2002年4月23日，全美韩华联谊总会返乡访问团一行访问山东。副省长蔡秋芳在济南会见了客人。

2002年8月16—20日，国际业余拳击联合会主席、国际奥委会委员安瓦尔·乔杜里访问济南。副省长邵桂芳会见了客人。

2002年10月14—15日，美国中小企业发展中心总署主席詹姆士·金率美国中小企业发展中心经贸考察团一行访问山东。省委副书记、省长张高丽在济南会见了客人。

2003 年 3 月 12 日，美国芝加哥市中国关系委员会主席比尔·希本斯率美国西普公司代表团一行访问山东。省委常委、副省长林廷生在济南会见了客人。

2003 年 4 月 16 日，美国中美经贸促进会会长贝聿恺一行访问山东。副省长王仁元在济南会见了客人。

2004 年 4 月 10 日，全美山东同乡会联合总会新任会长李莉颖女士率回乡访问团一行访问山东。省人大常委会副主任曹学成在济南会见了客人。

2004 年 5 月 9 日，美国红十字会资深副总裁阿伦·罗斯一行访问山东。副省长王军民在济南会见了客人。

2005 年 3 月 14 日，美国南加利福尼亚州山东同乡会会长范淑玉女士一行访问山东，出席了“扶贫助学 慈济家乡”活动启动仪式。副省长谢玉堂在济南会见了客人。

2005 年 3 月 20 日，美国世界客属总商会主席李金松一行访问山东。省委书记、省人大常委会主任张高丽在济南会见了客人。副省长孙守璞参加会见。

2005 年 8 月 10 日，美国联邦中小企业署全国顾问委员会委员、美国美亚发展协会会长王鹏飞一行访问山东。省政协副主席乔延春在济南会见了客人。

七、新闻媒体来访

1994 年 9 月 22—30 日，美国之音电台记者苏菲来山东，就国有企业体制改革、金融体制改革和外商投资情况、房地产业、乡镇企业发展情况等进行采访。

1996 年 1 月 18 日，美国《洛杉矶时报》北京分社社长唐佩石对济南交警进行专题采访。

1996 年 9 月 25—27 日，美国、加拿大、英国、法国、德国、荷兰、俄罗斯、乌克兰、日本、韩国、越南和巴基斯坦 12 个国家的 18 家新闻机构共 27 名驻京记者来青岛进行采访。

1997 年 8 月 13—14 日，《华盛顿邮报》记者马弗逊来青岛、诸城进行采访，了解股份制、体制改革以及下岗职工再就业等问题。

1998 年 8 月 17 日，省委副书记、省长李春亭在济南会见美国《国际日报》董事长熊德龙一行。李春亭对国际日报社与大众日报社合作创办《国际日报·山东专版》表示祝贺，并作了题为《文化架起对外交往的金桥》

的发言。

1999年1月11日，美国《新闻日报》记者欧伟家采访省人大常委会副主任董凤基。

1999年1月21日，美国《洛杉矶时报》驻京分社社长朱汉杰一行2人来山东采访黄河断流情况以及政府采取的相关措施。

2001年6月5—19日，美国之音电台中文部首席记者熊亚华（熊健）来济南、烟台、青岛，就山东农业和农村发展、第二届APEC投资博览会、青岛国际家电博览会等进行采访。

2002年7月16—22日，美国之音电台中文部记者周幼康来青岛采访。

2002年9月22—24日，由美联社、英国路透社、俄罗斯公众电视台、比利时金融时报、日本朝日新闻等12家媒体组成的外国驻京记者团一行23人访问青岛。

八、军事机构官员来访

1986年4月15日，美国海军作战部长澳特金斯上将偕夫人等一行18人，由中国人民解放军副总参谋长王祖尧陪同，来烟台参观访问海军部队。

1986年11月5—11日，美国海军太平洋舰队司令莱昂斯上将率3艘军舰、967名官兵访问青岛。

2002年11月24—29日，美国海军“福斯特”号驱逐舰在舰长尼高中校率领下，对青岛进行友好访问。中国海军北海舰队为美舰来访举行了欢迎仪式，中美海军官兵进行了交流活动，美舰主要军官拜会了北海舰队司令员丁一平中将和青岛市主要领导人。这是美国军舰自1986年访问青岛以来的第6次访问。

2004年9月24—27日，美国海军太平洋舰队“库欣”号反潜驱逐舰在舰长史蒂文·马克洛中校率领下访问青岛。该舰共有官兵351人，其中军官29人，士兵322人。这是美国海军舰艇第7次访问青岛。

2005年7月7—8日，中美海上军事安全磋商机制2005年度会晤在青岛举行，双方就中美两国海上军事安全相关问题交换了意见。

2005年9月13—16日，美国海军太平洋舰队“柯蒂斯·韦伯”号导弹驱逐舰访问青岛。这是美国海军舰艇第8次访问青岛。

九、高校和医院等机构人员来访

2001年5月21日，美国国立卫生研究院教授盖蒂谢克访问山东。副省长邵桂芳在济南会见了盖蒂谢克教授并代表省政府向其颁发了 2000 年度“齐鲁友谊奖”证书。盖蒂谢克教授长期从事微生物、病毒、出血热、艾滋病等研究工作。1976 年，因首次发现人类海绵脑病获诺贝尔医学奖。2000 年 5 月，被省医学科学院聘为顾问、荣誉教授。

2002 年 3 月 22—23 日，美国圣路易斯华盛顿大学校长马克·瑞顿博士访问山东大学。

2002 年 6 月 1 日，中美儿童医学合作中心在山东省立医院成立。该中心是以美国芝加哥 HOPE 儿童医院和山东省立医院儿内科、儿外科为主体建立的一家国际合作机构。

2002 年 7 月 12 日，5 位诺贝尔奖获奖者受聘为青岛海洋大学名誉教授。他们是：1988 年诺贝尔化学奖得主、德国马克思布兰克生物化学研究所罗伯特·胡博博士，1988 年诺贝尔化学奖得主、美国加利福尼亚大学瓦尔特·科恩博士，1991 年诺贝尔化学奖得主、瑞士联邦研究院理查德·恩斯特博士，1992 年诺贝尔化学奖得主、美国加州理工学院鲁道夫·马科斯博士和 1993 年诺贝尔化学奖得主约翰·罗伯茨。

2004 年 1 月 18 日，美国乔治—梅森大学公共政策学院副院长、区域经济和交流政策中心主任罗杰·斯达夫教授一行访问山东。副省长孙守璞在济南会见了客人。

2004 年 6 月 16 日，美国马里兰大学校长莫特教授一行 4 人访问山东。省政协副主席乔延春会见了美国客人。省委组织部副部长孙述涛与莫特教授就山东派遣中青年干部赴美培训一事进行了探讨。

2004 年 9 月 30 日，美国哈佛大学中国历史与哲学终身教授、哈佛燕京社社长杜维明及夫人访问山东。省委常委、宣传部长朱正昌在济南会见了客人。

2005 年 5 月 25 日，世界经理人咨询有限公司董事会主席、美国哥伦比亚大学经济学教授、1999 年诺贝尔经济学奖获得者、被誉为“欧元之父”的罗伯特·蒙代尔对山东大学进行学术访问，作了题为“人民币的汇率与国际金融秩序”的演讲。

2005 年 10 月 25—27 日，以校长梅恪礼为团长的美国布莱恩特大学代表团访问山东。代表团参观了曲阜“三孔”和泰山，访问了山东大学，双方签署了《赴美国举办孔子文化展意向书》。副省长张昭福在济南会见了代表团一行。

2005 年 11 月 8—14 日，以斯顿波格为团长的康涅狄格州教育代表团一行15人访问山东。副省长王军民在济南会见了客人。

2005年12月10日，美国全球教育集团顾问委员会主席大卫·比斯里一行访问山东。省委副书记、省长韩寓群在济南会见了大卫·比斯里，共同出席了山东黄金集团与美国全球教育集团共同兴建山东经济学院燕山学院、山东财政学院东方学院以及山东黄金集团与美国健康社区发展集团合作创办济南五峰山旅游度假区百岁家园项目签字仪式。副省长孙守璞参加有关活动。

第二节 出 访

一、省级领导人出访

（一）主要领导

1986年5月17日至6月1日，以省委副书记、省长李昌安为团长的山东省政府代表团一行7人访问康涅狄格州。

图5－3 1986年5月27日，省长李昌安在美国与康涅狄格州州长奥尼尔共同签署建立友好省州关系协议书。图为签字仪式后双方合影

1991年10月13—27日，以省委书记姜春云为团长的山东省经济贸易代表团访问加拿大不列颠哥伦比亚省、萨省、安大略省、魁北克省和美国康涅狄格州等。访问期间，先后会见了省督、州长、市长和政府主管经贸的官

员以及工商界、科技教育界、华侨社团代表和有关方面人士，与康涅狄格州签订了进一步加强友好合作协议书。两省州工商科技界洽谈了30多个经贸技术合作项目。

1998年6月14—28日，省委副书记、省长李春亭率山东省政府经济代表团访问美国和加拿大。代表团积极宣传中国改革开放政策、经济发展良好形势和投资环境，进一步拓宽了与美、加开展经贸合作的领域。

图5-4 1998年6月18日，省长李春亭率山东省政府经济代表团访问美国得克萨斯州。图为代表团一行与州长乔治·布什合影

（二）其他领导

1986年1月22日至2月13日，以省人大常委会副主任、省科协主席曾呈奎为团长，省科协副主席陆懋曾为顾问的山东省科技代表团访问美国，考察农业、海洋等问题。

1991年9月4—17日，副省长郭长才率山东省政府代表团访问美国旧金山、洛杉矶、休斯敦、纽约等城市，重点就山东省在旧金山举办经贸展览会、与得克萨斯州建立友好省州关系、与友好省州康涅狄格州进一步开展实质性交往等进行交流和探讨。

1995年12月4—21日，以省长助理、省计委主任林书香为团长的山东省友城暨经贸考察团一行9人访问加拿大、美国。

2000年6月2—21日，副省长韩寓群率山东电子信息技术代表团访问加拿大和美国。先后考察了北方电讯公司、微软公司、思科公司、甲骨文公司、HP 公司、英特尔公司、AVANT 公司、SUN 公司等世界知名大公司。

2000 年 9 月 12—23 日，副省长黄可华率山东省侨务访问团访问加拿大、美国。

2002 年 4 月 7—19 日，副省长林廷生率山东省经贸、科技代表团访问美国和加拿大。

2002 年 10 月 14—19 日，省委常委、青岛市委书记、市长杜世成率团访问美国，会见了美国朗讯公司董事长亨利·肖特，双方就朗讯目前在欧洲 5 亿美元产值的生产项目迁至青岛以及青岛与朗讯未来发展问题达成共识，与世界 500 强企业美国 CSX 环球货柜码头公司就投资约 5 亿美元建设青岛前湾港五期工程签订合作意向书。

2003 年 9 月 13—26 日，省委常委、宣传部长朱正昌率山东省新闻文化代表团访问美国得克萨斯州和加拿大魁北克省。在得州最大城市休斯敦举办了“孔子故乡——中国山东”摄影图片暨民间艺术展。

2004 年 10 月 28 日至 11 月 8 日，副省长陈延明率山东省农业代表团访问美国、加拿大。

2004 年 12 月 15—25 日，副省长蔡秋芳率山东省政府考察团访问美国、阿根廷、智利。访美期间，先后访问了加利福尼亚州、旧金山市、华盛顿特区，考察了当地政府公共安全应急管理系统建设、机构组成及运行机制。

2005 年 4 月 16 日至 5 月 1 日，副省长王仁元率山东省经贸代表团访问美国、加拿大。

2005 年 5 月 22 日至 6 月 4 日，省政协副主席王久祐率省政协代表团访问美国、加拿大。

2005 年 6 月 8—20 日，省委副书记王修智率山东省文化暨经济代表团访问加拿大、墨西哥和美国。访美期间，代表团先后会晤了美国洛杉矶郡郡长等地方政府及议会领导人、美国洛杉矶中华商会等负责人，拜会了中国驻当地的使领馆，看望了当地的山东同乡会代表。18 日，王修智参加了在西雅图举行的山东航空公司与美国波音公司签订的 15 架新型波音 737—700、800 飞机首架交接仪式。

2005 年 10 月 2—13 日，副省长孙守璞率山东省政府经贸代表团访问美国、加拿大，分别在温哥华、华盛顿、休斯敦、洛杉矶举办了 4 次以宣传山东、推介重点招商项目为主的经贸活动。

二、其他重要团组出访

（一）干部培训

2003 年 1 月 12—23 日，省委组织部副部长孙述涛、省外办副主任段毅军率干部培训、项目考察评估小组一行 5 人访问美国伊利诺斯州、得克萨斯州和康涅狄格州，就山东干部培训项目与上述 3 州的多所高校进行了商谈。

2003 年 5 月 22 日和 6 月 6 日，山东省 82 名中青年领导干部分两批分别赴美国伊利诺斯大学和康涅狄格州中央州立大学参加为期 6 个月的培训。

2003 年 6 月 9—19 日，省委组织部助理巡视员齐秀生率省干部培训项目协调组一行 4 人访问美国，赴伊利诺斯大学和康涅狄格州中央州立大学看望山东省学员，出席了康涅狄格州中央州立大学山东培训学员开班仪式。

2003 年 10 月 20 日至 11 月 2 日，省委组织部副部长于刚率团访美，看望在康州中央州立大学和伊利诺斯大学接受培训的 82 名学员，对这两所大学的培训机构进行了评估，实地考察了另外 4 所大学的培训机构。

（二）经贸

1991 年 11 月 9 日，山东省经济贸易展览会在美国旧金山市隆重开幕。

1993 年 4 月 10—15 日，山东商品展销会在美国洛杉矶市举行。

1995 年 1 月 7—26 日，省外办主任武钟恕率山东省友好经济代表团一行 5 人访问墨西哥、巴西、美国。

（三）新闻文化

1998 年 7 月 30 日至 8 月 8 日，省外办副主任段毅军率山东省友协代表团一行 6 人访问美国，拜会了中国驻美大使馆、驻纽约和洛杉矶总领馆；与美中友协洛杉矶分会、纽约分会进行了友好交流并分别签署了两协会友好交流备忘录；与马里兰大学达成联合在美举办孔子文化展的意向。

2000 年 11 月 17—29 日，省人大友好代表团一行 8 人访问美国、加拿大，拜会了两国地方政府及议会，与两国友协、山东同乡会等民间组织进行了友好交流。

2001 年 7 月 6—18 日，由省委宣传部、省政府新闻办公室、大众报业集团、山东人民广播电台等组成的山东省新闻代表团访问美国、加拿大。

2004 年 2 月 29 日至 3 月 13 日，省外办副主任段毅军率工作组访问美国加利福尼亚州、得克萨斯州、康涅狄格州、纽约市和加拿大魁北克省。

第三节 友好关系

一、山东省与康涅狄格州

山东省与康涅狄格州于1986年5月27日正式缔结友好省州关系。

（一）结好情况

山东与康州建立友好关系以来，与该州历届政府、议会及民间友好团体、工商、教育、农业等各界保持良好的交流与合作关系。山东省由省外办牵头，康州方面由康州经济社区发展部牵头，康州教育部、旅游部、世界事务委员会和康州中央州立大学等部门和机构配合，共同推动双边人员互访和相关领域的合作交流，其中尤为突出的合作领域为教育培训和友好校际关系。双方高层保持较为频繁的互访。

（二）合作项目

乐泰（中国）有限公司是由原康州乐泰公司和烟台机械工艺研究所、烟台开发区实业公司三家共同出资，于1987年在烟台经济技术开发区内建立的合资企业，主要产品为工程用密封剂、胶黏剂以及其他辅助产品。1998年后，美国乐泰公司拥有83.33%的股份，另16.67%的股份由烟台机械工艺研究所（现烟台泰利汽车有限公司）持有。

齐鲁医院与康州哈特福德医院的交流始于1986年。每年派出医生到哈特福德医院学习，为期半年至1年。同时，双方还进行频繁互访，哈特福德医院院长和副院长等都曾来访。在哈特福德进修过的医生后来都成为齐鲁医院的业务骨干。

省农科院与康州州立中央大学合作开展奶牛胚胎工程及产业化项目和人才培养项目。省农科院与康州州立中央大学杨向中博士商定第一批引进良种奶牛胚胎260枚，2002年6月中旬完成移植工作；第二批于10—11月引进并完成胚胎移植3000枚。在人员培训方面，省农科院高新技术研究中心常万存博士于2002年5月中旬赴康州州立中央大学杨向中博士实验室进行为期1年的奶牛克隆及胚胎工程合作研究。

（三）人员培训

1993年，省外办协同省委组织部、省企协先后3次派山东省党政干部团和高级管理干部团赴康州州立中央大学进行短期培训。2003年由省委组织部选派的52名中青年领导干部在康州中央州立大学参加了为期半年的公共管理培训项目，该项目得到康州政府和学校以及康州各界的大力支持。特别是顶岗实习期间，学员深入到康州政府、企业、文化、教育、社区等领域，既使学员详细了解了美国社会，也使康州人深入了解了山东，为双方今后在多个领域的合作交流打下了良好基础。2004 年后，省委组织部继续向康州中央州立大学派培训团，进展良好。省内有关部门如威海市外办等也先后派员赴康州培训。

二、山东省与得克萨斯州

山东省与得克萨斯州于 1993 年 12 月 7 日正式缔结友好省州关系。

（一）结好情况

山东省与得克萨斯州建立友好关系以来，双方关系及合作虽因对方政府换届等原因受到过一定影响，但总体保持了联络和相互配合的态势。对方在经贸等领域与山东省交往的意愿较强，曾多次派团组来访。双方合作较多的领域在石油化工和文化领域，人员互访保持了一定的频率和层次。

（二）合作项目

经贸方面。2000 年，山东胜利油田与得克萨斯州 Nobel Affiliates 公司合作开发油田并进行技术和设备引进等方面的合作。2004 年，得克萨斯州精密仪器公司向山东齐鲁软件园无偿捐赠了一批设备和软件，设立了一个 DST（数字信号技术）实验室，园区内的企业都可使用该实验室进行研发工作。

文化方面。2003 年 9 月，山东省在休斯敦举办了山东图片和民间艺术展。康州州务卿考纳专程由奥斯汀赶往休斯敦出席展览开幕式。

三、重要交流与合作

（一）重要活动

1. 城市管理讨论会

1991 年 2 月 4 日，由中国人民外交学会和美国美中关系全国委员会共同主办的城市管理讨论会在济南召开。以市政协会执行主席威廉·卡斯拉为首的美国 7 位城市管理方面的专家参加会议。副省长张瑞凤会见了代表团全体成员。

2. 中美签证工作座谈会

2001 年 10 月 29—30 日，中美签证工作座谈会在青岛召开。美驻华大使馆公使衔参赞贺德炜（David T. Hopper），中国外交部领事司副司长罗田广、签证处处长许建工，省外办副主任徐涛，北京、天津、河北、山西、山东以及青岛六省市外办负责签证工作的处室负责人参加会议。会议期间，六省市外办与美国驻华大使馆官员就赴美签证的程序、规定和因公赴美签证的情况、存在的问题及建议等充分交换了意见，参观考察了青岛市即发集团、青岛第二啤酒厂、海尔集团等企业，与企业负责人进行了座谈。2002 年 11 月 8—10 日，中美签证工作座谈会山东片会在济南召开。美国驻华大使馆签证处官员、中国外交部领事司官员以及山东、山西、湖南、江西、陕西和青岛、烟台等省市外办负责签证工作的人员参加会议。会议期间，中美双方就赴美签证的有关情况交换了意见，在许多方面达成共识，对山东省今后因公赴美签证的申办起到了积极的作用；与会人员还实地考察了兖矿集团、如意和樱花 3 家大型企业。2005 年 5 月 13 日，中美签证工作座谈会在济南召开。外交部领事司负责人、美国驻华使馆签证处官员以及全国 17 省市外办分管签证工作的同志共 41 人参加会议。省外办主任张伟龄会见了与会代表，副主任崔乐生出席会议并讲话。

3. 全方位自动化技术巡回展示会

2003 年 4 月 23 日，美国罗克韦尔公司在济南举行了 2003 年度全方位自动化技术巡回展示会。副省长孙守璞在济南会见了该公司中国总经理夏明伟一行。

4. 中美农业科技园区国际化研讨会

2004 年 5 月 17 日，以“科技、投资与产业化”为主题，由中国科技部和美国得克萨斯州农工大学共同主办的中美农业科技园区国际化研讨会在潍坊举行。国家科技部副部长李学勇、山东省副省长王军民、美国得克萨斯州农工大学副总校长里查德·尤因博士等出席研讨会并讲话。

5. 中美经济合作论坛

2004 年 6 月 29—30 日，2004 中美经济合作论坛、中美加工贸易（济南）洽谈会在济南举行。美国联邦商务部、城市协会和美中促进会高级官员，中国商务部和山东省有关部门负责人以及山东 300 余家企业参会。

6. 山东与世界 500 强企业合作战略（济南）峰会

2004 年 10 月 20—21 日，山东与世界 500 强企业合作战略（济南）峰会在济南举行。美国沃尔玛、通用汽车，日本三菱商事、伊藤忠商事，德国西门子，瑞士信贷集团等近 50 家世界 500 强企业代表参会。省委副书记、省长韩寓群出席开幕式并致辞，副省长孙守璞主持开幕式。本次峰会由山东省政府主办，济南市政府、省发改委、省外办、省贸促会联合承办。主题是“交流、合作、对接、共赢”。

（二）合作项目

1. 美方在山东省重大经贸投资项目

济南百事可乐饮料有限公司项目。美国百事公司是全球最大的食品和饮料公司之一。2002 年 9 月 28 日，济南市国资委与百事（中国）投资有限公司合作建立济南百事可乐饮料有限公司，注册资本 1.5 亿元人民币，外方占投资总额的 80%，中方占 20%。该公司是百事可乐公司在华设立的第 16 家工厂，2003 年 12 月 19 日正式投入生产运营，年生产能力 17 万吨。

杜邦东营氯化法钛白粉项目。美国杜邦公司是世界 500 强企业，全球最大的钛白粉生产商。2005 年 11 月 21 日，杜邦公司与东营市政府签订投资意向书，投资 7.32 亿美元，在东营市建设年产 20 万吨氯化法钛白粉项目。该项目是杜邦公司成立后在美国本土以外最大的投资项目，同时也被山东省列为重点推进项目。项目的建设有助于中国拥有世界级的钛白粉生产厂，有效缓解中国长期以来对进口钛白粉（特别是高端产品）的依赖，对提高中国钛白粉行业环保水平和可持续发展能力具有重要的促进作用。

安海斯—布希公司项目。安海斯—布希公司（Anheuser - Busch，简称 AB 公司）总部设在密苏里州圣路易斯市，在美国啤酒行业长期处于领导地位，并且是全球主要啤酒酿造企业之一，拥有“百威啤酒”品牌。2002 年，AB 公司与青啤公司签署《战略投资协议》，结成战略联盟，在工艺技术、质量保证等各个领域开展交流培训，取得积极效果。截至 2005 年，AB 公司已持有青岛啤酒 27% 的股份。

卡特比勒公司项目。卡特比勒公司是世界 500 强企业，全球最大的土方工程机械和建筑机械生产商，柴油机、天然气发动机和工业用燃气涡轮机的主要供应商。2005 年 3 月，卡特彼勒收购了山东工程机械有限公司（原青州工程机械厂）40% 的股份。公司计划投资 3000 万美元，在中国建立一个世界级的驱动桥生产厂，其中 50% 的产品用于出口。此外，卡特彼勒在青岛建立了中国最大的研发中心。

微软公司项目。美国微软公司是全球最大的独立软件制造商。微软（中国）有限公司是其在中国的独资子公司，是山东省 IT 方面最重要的外资战略合作伙伴。2005 年，该公司投资浪潮集团 2500 万美元，在济南成立微软技术中心，支持政府信息化建设；在青岛成立微软山东分公司，与政府部门合作，对政府公务员、信息化人才进行培训。

2. 山东省在美国重大投资及经贸项目

海尔集团在美国投产。1999 年 4 月，海尔集团成立纽约办事处并在南卡州建立了美国海尔工业园，投产生产家电产品，形成设计中心在洛杉矶、营销中心在纽约、生产中心在南卡州的格局。2002 年 3 月，海尔买下纽约中城格林尼治银行大厦作为在北美的总部。海尔产品目前已跻身美国排名前 10 大连锁集团；南卡州政府授予海尔美国工厂“创造就业奖”，无偿将市内一条路命名为“海尔大道”，是美国国内第一条以中国企业命名的道路。

莱钢集团收购美国伊吴塔克球团厂。伊吴塔克球团厂位于美国明尼苏达州，1965 年建厂。由于 2002 年前世界钢铁业不景气及经营不善，工厂被迫停产。2003 年，莱钢集团与北美最大球团生产和供应商、美国克里夫兰—克里夫公司共同收购伊吴塔克球团厂。2003 年 12 月，工厂重新复工，吸纳当地 400 余人就业，为莱钢集团树立了良好国际声誉并开拓了一处原料长期供应基地。

第二章　加拿大

山东省与加拿大的交往始于20世纪50年代。中加建交后，双方交往日渐增多，特别是1991年山东省与魁北克省建立友好合作关系后，山东省级代表团和其他各类团组与加拿大联邦及地方政府、驻华使馆、企业团体、高等院校、新闻媒体以及民间友好人士互访频繁，开展了一系列经济、政治、文化、旅游、农业、高科技、新能源、航空、金融、媒体、电信、教育培训等方面的交流与合作。

第一节　来　访

一、联邦政府官员及议员来访

1996年5月9—12日，加拿大负责亚太事务的国务部长陈卓愉率政府和经贸代表团一行16人访问济南、泰安、曲阜。省委副书记、省长李春亭在济南会见了客人。

1996年8月24—27日，加拿大联邦众议院卫生委员会主席罗杰·西蒙斯偕夫人访问济南、烟台、泰安、曲阜。

2002年9月7—18日，加拿大农业及食品部副部长萨米沃特森一行访问山东，与山东省有关部门就奶业领域的合作进行了探讨。

2005年12月12日，加拿大总理顾问梁陈明任女士一行访问山东。副省长孙守璞在济南会见了客人。

二、前政要及友好人士来访

1990年7月12—13日，加拿大前总理皮埃尔·特鲁多一行3人访问济南、泰安、曲阜。省委副书记、省长赵志浩在济南会见了客人。

2002年10月25日，加拿大籍华人张永博士一行访问山东。副省长林廷生在济南会见了客人。

三、驻华使馆官员来访

1986年5月15—16日，加拿大驻华大使查德·戈勒姆一行4人参观访问山东师范大学。

1986年6月18—22日，加拿大驻华大使克汉偕夫人一行3人访问济南、泰安、曲阜、青岛。

1999年1月20—24日，加拿大驻华使馆商务一秘诺帆和张建青女士访问青岛、东营、潍坊、淄博、济南，就在青岛举办“加拿大—山东（青岛）周”活动进行考察。

1999年5月10—13日，加拿大驻华使馆商务参赞布鲁斯·霍华德和王蓓女士访问济南、潍坊、青岛等地。

1999年6月7—12日，省外办、青岛市外办与加拿大驻华使馆、加中贸易理事会在青岛举办“加拿大—山东（青岛）周”活动。省委副书记、省长李春亭，加拿大驻华大使贝祥和加中贸易理事会主席索马雷率领的政府和经贸代表团一行53人参加活动。

2001年6月18日，加拿大驻华临时代办、公使麦若彬率加拿大、印度、美国、马来西亚、瑞士驻华使节团一行访问山东。副省长林书香在青岛会见了客人。

2002年10月17—18日，加拿大驻华大使约瑟夫·卡伦和萨斯喀彻温省工业和资源部部长安德鲁·汤普逊一行访问山东，参加在莱芜举行的生姜丰收、平衡施肥现场会。副省长蔡秋芳在济南会见了客人。

2004年6月15—17日，加拿大驻华大使柯杰一行访问山东。省委常委、常务副省长林廷生在济南会见了客人。

四、地方政府官员来访

（一）魁北克省

2000年3月21—23日，魁北克省外交部亚太司参赞戈代特一行2人访问青岛、烟台。就山东省与魁北克省结为友好关系一事交换了意见。

2002年11月16—20日，魁北克省教育部副部长路易·让德率魁北克省教育培训代表团一行15人访问济南。副省长陈延明在济南会见了客人。

2005年9月28—29日，魁北克省省长让·沙雷率政府代表团访问山东。省委副书记、省长韩寓群在济南会见了客人，双方签署了两省友好合作交流协议书。

图5-5 2005年9月28日，省委副书记、省长韩寓群与加拿大魁北克省省长让·沙雷在济南共同签署两省友好合作交流协议书

（二）安大略省

1998年11月11—15日，安大略省经济发展部国际合作署中国处处长黄文楚访问济南、泰安、长清，参观了济南实力汽车厂等企业。

1998年12月6—11日，安大略省政府经济发展部国际合作署中国处处长宋毅军访问济南、青岛，与省计委、省经委、省外经委等有关部门举行座谈。1999年4月5—13日，宋毅军处长和MRS公司总裁帕特里克·沃野访问济南、济宁。2000年3月28—30日，宋毅军处长和泰山公司总裁韩进雯女士访问山东，在山东师范大学和济南大学作了《加拿大的发展动力——安大略省》的演讲。2000年4月12—15日，安大略省出口署副总裁方婷和宋毅军来济南、青岛，就促进双边实质性经贸合作与有关部门进行了广泛探讨。2000年7月10—19日，宋毅军处长率安大略省参展团一行6人参加中国青岛对外经济贸易洽谈会。

2003年2月18—19日，安大略省农业考察团一行32人访问山东。

（三）新斯科舍省

1996年3月13—14日，新斯科舍省省长约翰·赛维奇率政府与经贸代表团一行7人访问山东。到访山东前，省委副书记、省长李春亭在北京会见了代表团一行。副省长张瑞凤在济南与代表团举行工作会谈，双方签署了建立友好合作关系备忘录。

（四）萨斯喀彻温省

2002年10月17—18日，加拿大驻华大使约瑟夫·卡伦和萨斯喀彻温省工业和资源部部长安德鲁·汤普逊一行访问山东，参加在莱芜举行的生姜丰收、平衡施肥现场会。副省长蔡秋芳在济南会见了客人。

2005年10月20日，萨斯喀彻温省工业和资源部部长克莱恩一行访问山东。副省长孙守璞在济南会见了客人，双方签署了进一步加强友好合作关系备忘录。

五、工商企业界来访

1993年10月19—23日，加拿大泰山公司总裁冯洪志、龙源集团执行副董事长彭安娜率加拿大实业界投资贸易高级代表团一行8人访问山东。

1998年7月30日，加拿大加龙基金管理公司总裁云达·杜鲁丝女士一行3人访问山东。副省长韩寓群在济南会见了客人。

1999年4月21—24日，魁北克省机场专业访华团访问济南、青岛，就机场商业化和航空体制改革与省口岸办、省计委、省外经委、省民航局、山东航空公司等单位举行洽谈。双方在机场管理，济南、青岛机场二期工程扩建等方面达成初步共识。

1999年7月4—6日，加拿大庞巴迪国际集团总裁罗奇率团访问济南、临沂、青岛，就有关山航购买庞巴迪支线客机、在山东建立培训中心和航材中心等事宜与有关部门进行洽谈。副省长韩寓群在济南会见了客人。

1999年10月28—30日，加拿大原子能有限公司副总裁大卫·鲍克一行4人访问济南。省委副书记、省长李春亭会见了客人。

2000年3月16—17日，加拿大原子能有限公司副总裁汉考克斯一行8人来济南，就山东海阳核电项目与省电力局等有关单位探讨了合作的可能性。副省长林书香会见了客人。

2003年8月18日，加拿大北方电讯网络有限公司大中华区总裁兼首席执行官毛渝南一行访问山东。北电网络公司是著名通讯设备供应商，该公司为山东联通承建了部分省际CDMA网、GSM网、本地网和光骨干网等大型工程。省委副书记、省长韩寓群在济南会见了客人。副省长孙守璞参加会见。同年12月17日，毛渝南一行来山东参加该项目挂牌仪式。省委副书记、省长韩寓群在济南会见了客人。副省长王仁元参加会见。

2004年5月30日，加拿大加信投资集团公司总裁李赵素芳女士访问山东，参加首届民营企业发展与海外融资论坛。省委副书记、省长韩寓群在济南会见了客人。副省长王仁元参加会见。

2004年9月21日，加拿大北电网络技术公司副总裁林原浩等国外知名企业家代表前来参加第二届中国（济南）国际信息技术博览会。省委副书记、省长韩寓群，省委副书记、济南市委书记姜大明在济南会见了客人。

2004 年 10 月 26 日，加拿大帕瑞丁公司总裁卡朋蒂尔一行访问山东。省政协主席孙淑义在济南会见了客人。

2005 年 1 月 26 日，加拿大泰山集团公司执行副总裁韩进雯女士访问山东。省委副书记、省长韩寓群在济南会见了客人。

2005 年 3 月 23 日，加拿大协平世博会集团主席许教武一行访问山东。省委副书记、省长韩寓群在济南会见了客人。

六、社会团体

2000 年 8 月 8—22 日，加拿大里贾纳大学前校长赛姆斯一行 2 人来山东中创公司讲学。副省长邵桂芳在济南会见了客人。

2001 年 5 月 3—9 日，不列颠哥伦比亚省山东同乡会会长曲瑞峰一行访问山东。副省长邵桂芳在济南会见了客人。

2002 年 9 月 11 日，美籍华人郭明桥、加拿大不列颠哥伦比亚省山东同乡会会长曲瑞峰和郭永铮访问山东，参加郭明桥捐赠 125 万元人民币建设的武成县刘茂庄“明桥小学”落成典礼。省委常委、常务副省长林廷生在济南会见了客人。

2004 年 10 月 11 日，安大略省山东同乡会会长徐英元率回乡团访问山东。副省长张昭福在济南会见了客人。

2005 年 4 月 5 日，加拿大中国商会会长练子乔一行访问山东。省委副书记王修智在济南会见了客人。同年 10 月 14 日，练子乔会长再次访问山东。副省长赵克志在济南会见了客人。

2005 年 4 月 17 日，以不列颠哥伦比亚省山东同乡会理事长解可礼为团长的齐鲁故乡游考察团一行访问山东。省委副书记、省长韩寓群在济南会见了客人。

第二节　出　访

一、省级领导人出访

（一）主要领导

1991 年 10 月 13—27 日，省委书记姜春云率山东省经济贸易代表团访问加拿大不列颠哥伦比亚省、萨斯喀彻温省、安大略省、魁北克省和美国康涅狄格州。

1998 年 6 月 14—28 日，省委副书记、省长李春亭率山东省政府暨经济代表团访问美国、加拿大。

2002 年 3 月 19 日至 4 月 13 日，省人大常委会主任赵志浩随全国人大代表团访问加拿大、委内瑞拉、厄瓜多尔。

2004 年 11 月 30 日至 12 月 12 日，省委副书记、省长韩寓群率山东省代表团访问芬兰、瑞士、加拿大。参加在加拿大魁北克省召开的友好省州领导人峰会，会见了魁省省长沙雷、不列颠哥伦比亚省省长金宝尔。

（二）其他领导

1995 年 12 月 4—21 日，以省长助理、省计委主任林书香为团长的山东省友城暨经贸考察团一行 9 人访问加拿大、美国。

1996 年 9 月 30 日至 10 月 13 日，省长助理孙光远率山东省经济贸易代表团一行 19 人，赴加拿大参加在多伦多市举办的加拿大制造商展览周。

2002 年 4 月 7—19 日，副省长林廷生率山东省经贸、科技代表团访问美国和加拿大。

2003 年 9 月 13—26 日，省委常委、宣传部长朱正昌率山东省新闻文化代表团访问美国得克萨斯州和加拿大魁北克省，会晤了两省州高级官员，就双方文化交流进行了探讨。

2004 年 10 月 28 日至 11 月 8 日，副省长陈延明率山东省农业代表团访问美国、加拿大。

2005 年 4 月 16 日至 5 月 1 日，副省长王仁元率山东省经贸代表团访问美国、加拿大。

2005 年 5 月 22 日至 6 月 4 日，省政协副主席王久祜率省政协代表团访问美国、加拿大。

2005 年 6 月 8—20 日，省委副书记王修智率山东省文化暨经济代表团访问加拿大、墨西哥和美国。访加期间，代表团先后会见了不列颠哥伦比亚省经济发展部长、移民及多元文化部长，会晤了加拿大中国商会负责人，拜会了中国驻当地使领馆负责人，看望了当地的山东同乡会代表。

2005 年 10 月 2—13 日，副省长孙守璞率山东省政府经贸代表团访问美国、加拿大，分别在温哥华、华盛顿、休斯敦、洛杉矶举办了 4 次以宣传山东、推介重点招商项目为主的经贸活动。

2005 年 12 月 19—24 日，省高级人民法院院长尹忠显率山东省司法代表团访问美国康涅狄格州和加拿大魁北克省。

二、其他重要团组出访

1997 年 8 月，省政府新闻办公室副主任黄泽存率山东省新闻代表团访问加拿大新斯科舍省和新不伦瑞克省。

2001 年 7 月 6—18 日，应美国国际日报和加拿大城市电视台邀请，由省委宣传部、省政府新闻办公室、大众报业集团、山东人民广播电台等单位组成的山东省新闻代表团访问美国、加拿大。

2003 年 3 月 19—20 日，省外办助理巡视员马秀卿等 2 人赴魁北克省参加第二届六省友城首脑大会预备会，并顺访了安大略省和不列颠哥伦比亚省。

2004 年 2 月 29 日至 3 月 13 日，省外办副主任段毅军率工作组访问美国加利福尼亚州、得克萨斯州、康涅狄格州、纽约市和加拿大魁北克省，进一步推动山东省与美、加友好省州的交往。

第三节　友好关系

一、友好省际关系

山东省与魁北克省于 1991 年 10 月建立友好合作关系，2008 年 8 月正式缔结友好省关系。

友好互访。自 1991 年山东与魁北克省建立友好合作关系后，双方高层互访不断。双方政府以及司法、工商企业、教育文化等部门保持密切的联系，在经贸、科技、教育、媒体、司法等领域取得一系列实质性合作成果。山东省由省外办牵头与魁省国际关系部及魁省驻北京办事处保持经常的往来，双方交往逐渐定期化，层次不断提高，领域不断扩大，呈现出全面发展的良好态势。

友好合作。1999 年，魁北克庞巴迪公司与山东航空公司在飞机租赁、购买及航空培训方面开展合作。2004 年 6 月，省文化厅负责人带领潍坊风筝队参加了圣奥拉风筝节。2005 年 9 月，双方签订了《山东省与魁北克省合作交流协议书》；12 月，省高级人民法院院长尹忠显率山东省司法代表团访问魁北克省，开启了双方司法领域的实质性交往。

二、重要交流与合作

（一）合作机制

2002 年，山东省与德国巴伐利亚州领导人共同倡议召开五国友城领导人会议（德国巴伐利亚州、奥地利上奥州、南非西开普省、加拿大魁北克省和中国山东省），每两年举办一次，商讨共同关心的问题。友城领导人会议成为双方领导人定期会晤、加深了解、促进合作的重要平台。2004 年 12 月 8—10 日，第二届友好省州领导人峰会在加拿大魁北克省举行。山东省省长韩寓群、德国巴伐利亚州州长施托伊伯、奥地利上奥州州长普林格、南非西开普省省长瓦苏、加拿大魁北克省省长沙雷出席。会议讨论通过了峰会宣言。

（二）重要会议

2002 年 7 月 23—25 日，中加城市生态保护与健康发展国际研讨会在日照市举行。来自国家环保总局、外经贸部，加拿大环境部，中国香港环保署以及山东省环保局和日照市的代表参加了会议。

（三）重要成果

联合创办济南泰尔弗商学院。2002 年 6 月 1 日，中外合作济南泰尔弗商学院成立。泰尔弗商学院由济南铁道技术学院与加拿大戴尔特国际商学院联合创办。省人大常委会副主任董凤基出席成立大会。

庞巴迪公司与山东省合作项目。庞巴迪公司是世界 500 强企业，全球最大交通设备制造公司，在支线飞机、商务喷气机、铁路和轨道交通运输设备等方面居世界领先地位。自 1999 年起，山航集团购买庞巴迪公司 CRJ200 型飞机 5 架、CRJ700 型飞机 2 架，租赁 CRJ200 飞机 5 架，所购买庞巴迪飞机总价约 1.6 亿美元。1998 年 11 月，青岛四方机车车辆厂与庞巴迪公司合资建立青岛四方—庞巴迪—鲍尔铁路运输设备有限公司（简称 BSP）。2004 年，公司实现销售收入 5.9 亿元人民币。2005 年 5 月，公司获得 40 列 EMU 动车组订单及 173 辆青藏铁路客车订单，合同总价值 76.16 亿元。7 月，庞巴迪公司成立青岛庞巴迪运输轨道设备有限公司，从事转向架生产。

枣矿集团赴加拿大投资。枣庄矿业（集团）有限责任公司是华东地区重要的煤炭产业基地，位居山东省重点煤炭企业第二位。自 2003 年起，枣矿集团对加拿大森林、煤炭及有色金属资源进行了广泛考察。2005 年，枣矿集团与汤伯·布朗公司签订了购买 1.6 万平方公里纳斯森林区采伐权和原木出口权证书协议，在加注册成立加拿大中兴发展公司，为枣矿集团与加企业更广泛合作奠定了基础。

第三章　古巴　委内瑞拉　巴西　阿根廷

山东省与古巴、委内瑞拉、巴西、阿根廷的交往始于20世纪60年代。改革开放后，山东与上述国家的交往逐年增加，缔结了多对友好关系，在文化、教育、农业、科技、经贸、矿业、能源、渔业、机电产品等领域进行了交流与合作。进入21世纪后，山东省与上述有关国家的交往更加密切，双方高层互访不断，实质性合作不断深化。

第一节　古　巴

古巴与中国保持着传统友好关系。山东省与古巴的交往始于20世纪60年代，首个访问山东的是古巴工商联代表团。此后一个时期，双方交往不多。20世纪90年代末期，双方的交往又逐渐增多。2001年10月12日，山东省与哈瓦那省签署了缔结友好关系协议书，此后双方在文化、科技、教育、经贸、农业等领域开展了多种形式的交流与合作，高层互访明显增多。1986—2005年，古巴来访的主要团组有16批，山东省出访古巴的主要团组有6批。

一、来访

（一）政府官员来访

1999年11月24日，古巴教育部副部长霍尔海·依达尔哥·布拉多访问山东，与浪潮电子信息产业股份有限公司洽谈购买其计算机产品事宜。副省长韩寓群在济南会见了客人。

2000年5月19—20日，古巴渔业部长奥兰多·罗麦、驻华大使阿尔贝托·阿鲁菲一行3人访问烟台，考察海水养殖和渔业捕捞情况，就加强双方渔业合作进行了探讨。

2001年10月10—17日，哈瓦那省省长安赫尔·E·格拉特·多明格斯一行访问济南、泰安、济宁、青岛等地，考察山东工农业发展情况，探讨与山东在工业、农业和教育等领域的实质性合作。10月11日，全国友协会长陈昊苏在北京会见了代表团一行。10月12日，中共中央政治局委员、山东省委书记吴官正在济南会见了格拉特一行。省委副书记、省长李春亭与格拉特省长共同签署了两省缔结友好关系协议书。

图5-6 2001年10月10—17日，古巴哈瓦那省省长安赫尔·E·格拉特·多明格斯访问山东。图为李春亭省长与格拉特省长在济南共同签署建立友好关系协议书

2001年10月23—25日，古巴高等教育部副部长爱德华多·克鲁斯·冈萨雷斯率古巴教育代表团访问山东。副省长邵桂芳在济南会见了代表团一行。

2002年5月13—15日，由山东省政府和古巴科技与环境部共同主办的中国—古巴生物技术应用国际论坛在济南举行。副省长邵桂芳与古巴科技与环境部副部长丽娜·多明格女士共同出席了论坛开幕式。

2002年5月23—27日，古巴共产党国际关系部对独联体工作局局长加门迪亚率古巴共产党国际关系代表团访问济南、青岛、泰安等地。省委副书记姜大明在济南会见了客人。

2002年11月10—13日，古巴国家储备委员会主席、古中友协主席、古中议会友好小组古方主席、华裔将军邵黄一行3人访问济南、烟台等地。省委常委、副省长林廷生，省人大常委会副主任董凤基在济南分别会见了客人。

2004年2月8—9日，古巴共产党中央委员、分子免疫学中心主任阿古斯·拉赫·达维拉一行访问山东，考察省医科院、济宁高新区和济南力诺集团。省委副书记王修智在济南会见了客人。

2004 年 6 月 25—30 日，古巴财政价格部副部长古迭雷斯·克斯特罗一行访问山东。副省长谢玉堂在济南会见了客人。

2005 年 3 月 15 日，古巴政府部长里卡多·卡布里·萨斯鲁伊斯一行访问济南。副省长孙守璞在济南会见了客人。

（二）驻华使馆官员来访

1988 年 3 月 27 日至 4 月 2 日，古巴驻华大使洛佩斯夫妇，由外交部美大司副司长朱祥忠陪同访问山东。

1999 年 7 月 13 日，古巴驻华使馆商务处专员莫丽娜和罗伯特一行前来参加中国青岛对外经济贸易洽谈会。

2000 年 6 月 17—22 日，外交部组织古巴等 11 国驻华使节代表团访问济南、济宁、泰安、青岛、烟台等地。中共中央政治局委员、山东省委书记吴官正，省委副书记、省长李春亭分别在济南会见了使节团一行。

（三）其他重要团组来访

2003 年 12 月 15 日，古巴电子集团总裁梅内德斯一行访问青岛海尔集团。

2004 年 5 月 21—23 日，古中友协主席邵黄将军率古中友协代表团访问山东。省委副书记王修智、省人大常委会副主任曹学成在济南分别会见了客人。

2004 年 10 月 22 日，古巴电子集团总裁梅内德斯一行访问济南。省委副书记、省长韩寓群在济南会见了客人。

二、出访

（一）省级领导人出访

2003 年 11 月 5—17 日，省委副书记王修智率山东省文化暨经济代表团访问古巴、阿根廷、巴西。访古期间，广泛接触了古巴政府官员和经济、文化界人士，考察了当地投资环境和合作领域，开展了经济文化交流和洽谈活动，举办了“孔子故里——中国山东”摄影图片暨民间艺术展。

2004 年 6 月 17—27 日，省人大常委会副主任曹学成率山东省人大友好代表团一行 8 人访问古巴、墨西哥，拜会了古巴议会领导人。

2005 年 3 月 30 日至 4 月 11 日，省人大常委会副主任黄可华率省人大友好代表团访问墨西哥、古巴。

2005年5月18日至6月4日，副省长陈延明率山东省农业代表团访问巴西、委内瑞拉、古巴，重点考察了古巴的投资环境、资源状况。

（二）其他团组

2001年5月20日至6月1日，省外办副主任段毅军率山东省友城、经贸合作考察小组访问古巴，与古巴哈瓦那省签署了建立友好关系意向书。

2002年5月6—18日，山东省投资和经贸合作考察团访问古巴。代表山东省政府向哈瓦那省政府捐赠20台电脑和服务器等相关设备。

三、友好关系

山东省与古巴哈瓦那省于2001年10月12日正式缔结友好省关系。两省结好后，保持了较好的交流与合作关系，山东省曾组派4个省级团组往访并于2002年5月向哈瓦那省赠送了20台电脑和服务器等相关设备等物品。由于距离遥远等原因，两省间互访和实质性合作较少。

四、重要合作

（一）海尔项目

2004年8月，海尔集团与古巴电子集团在古巴哈瓦那签署了一份关于在2005—2007年海尔集团向古巴供应100万套电视机配套元件以及其他相关产品和服务的合同，总金额1.43亿美元。随后，为节省能源，古巴从2005年起从国外采购新型节能产品，更换原有陈旧、高能耗的电器产品。2005年10月，海尔收到古巴方面的询价要求并向古巴提供了测试样机。11月，海尔集团总裁杨绵绵、副总裁梁海山等一行访问古巴。古巴共产党中央总书记、国务委员会主席卡斯特罗、政府部长卡布里萨斯和冶金工业部长弗南多等会见了杨绵绵一行。会谈中，古巴方面表达了采购海尔节能高效冰箱产品来替代目前古巴家庭使用的老式高耗能电冰箱的愿望。双方签署了谅解备忘录，确定了古巴方面将从海尔采购150万台冰箱，项目总金额2.87亿美元。12月24日，卡布里萨斯部长邀请海尔集团董事局主席兼首席执行官张瑞敏在北京举行会谈。会谈中，卡布里萨斯部长对海尔产品的性能表示认可，将采购冰箱数量扩大到210万台。

（二）淄博山川项目

在淄博合作生产“白白黑”降脂类药品。古巴卫生部、基础产业部以技术入股，山东淄博山川医用器材有限公司以土地、厂房、设备入股控股，在淄博合作生产古巴专利产品“白白黑”降脂类药品。2002年11月签订合同，总投资1亿元，2003年投产。

在古巴建设大输液项目。该项目由古巴投资640万美元，山川医用器材有限公司负责建设，带动了全省医疗器械和装饰材料的出口。2002年7月签订合同，一期工程投资320万美元，在圣地亚哥实施，二期工程在哈瓦那省建设。

第二节 委内瑞拉

山东省与委内瑞拉的交往始于20世纪80年代，首次访问山东的委内瑞拉来宾是以总书记巴勃罗·梅迪纳为团长的委内瑞拉革命事业代表团。从20世纪90年代末开始，双方的交往逐渐增多。进入21世纪，中共中央政治局委员、山东省委书记吴官正，省委书记、省人大常委会主任张高丽先后率代表团访问委内瑞拉；委内瑞拉总统查韦斯于2004年12月率团访问山东。高层互访推动了双方在农业、科技、经贸、矿业、机电产品等领域的交流与合作。1986—2005年，委内瑞拉访问山东的主要团组有13批，山东省出访委内瑞拉的主要团组有7批，双方建立友好省际关系3对。

一、来访

（一）政府官员来访

1999年9月12日，委内瑞拉交通与通讯部副部长何塞·路易斯·帕切科一行访问山东，与兖矿集团洽谈铁路合作项目。副省长韩寓群在济南会见了客人。

2002年7月17—18日，委内瑞拉计划与发展部副部长吉尔博特·布埃纳尼、驻华大使胡安·德赫协斯·蒙蒂利亚访问山东。省委常委、副省长林廷生会见了客人。

2004年12月25—26日，委内瑞拉总统乌戈·拉斐尔·查韦斯·弗里亚斯一行访问山东。省委书记、省人大常委会主任张高丽在济南会见了查韦斯总统。省委副书记、省长韩寓群到机场迎接查韦斯总统一行并陪同参观济南市容市貌，游览章丘百脉泉公园等。

2005年5月12日，委内瑞拉基础工业与矿业部副部长巴尔莫雷·马内罗·冈萨雷斯一行访问山东。副省长陈延明在济南会见了客人。

2005年5月31日，委内瑞拉轻工贸易部副部长拉米莱斯一行10人访问山东。副省长蔡秋芳在济南会见了客人。

（二）驻华使馆官员来访

2000 年 3 月 11—15 日，委内瑞拉驻华大使何塞琳·恩里克斯一行 2 人访问济南、青岛、烟台，就经贸合作事宜与有关部门进行了探讨。

2000 年 6 月 17—22 日，外交部组织委内瑞拉等 11 国驻华使节代表团访问济南、济宁、泰安、青岛、烟台等地。中共中央政治局委员、山东省委书记吴官正，省委副书记、省长李春亭在济南分别会见了客人。

2002 年 8 月 18 日，济南泉城广场被联合国教科文组织命名为“国际艺术广场”揭牌仪式暨首场国际艺术歌会在泉城广场举行。来自委内瑞拉等国的艺术家和国内著名歌手为泉城观众献上了精彩的节目。委内瑞拉驻华大使胡安·德赫协斯·蒙蒂利亚，副省长王军民、省政协副主席李殿魁出席揭牌仪式。

2004 年 8 月 17—20 日，委内瑞拉驻华大使罗西奥·马内罗女士由中国驻委内瑞拉大使居一杰陪同，访问青岛、济南、济宁、泰安等地。省委副书记、省长韩寓群在济南会见了客人。

2005 年 1 月 17—19 日，委内瑞拉驻华大使罗西奥·马内罗女士访问山东，商讨推进双方合作项目的有关事宜。省委副书记、省长韩寓群在济南会见了客人。

2005 年 2 月 22—26 日，以委内瑞拉驻华大使罗西奥·马内罗女士为团长的委内瑞拉部长代表团一行 18 人访问济南、青岛、潍坊等地，参观考察食品加工设备、家电、农机等项目。省委书记、省人大常委会主任张高丽，省委副书记、省长韩寓群在济南和北京分别会见了客人。

（三）其他重要团组

2000 年 10 月 2 日，委内瑞拉瓜亚那国家控股公司总裁安东尼奥·拉帕斯·雷那一行访问山东，与兖矿集团、省黄金公司和济南机车车辆厂洽谈合作项目并签署了合作文件。副省长林书香在济南会见了客人。

2003 年 12 月 12—14 日，委内瑞拉争取社会主义运动党总书记莱奥波尔多·普奇率代表团一行 3 人访问山东。省委副书记王修智在济南会见了客人。

二、出访

（一）省级领导人出访

1. 主要领导

2000 年 5 月 28 日至 6 月 6 日，中共中央政治局委员、山东省委书记吴官正率中共代表团访问乌拉圭、巴西、委内瑞拉。委内瑞拉总统乌戈·查韦斯会见了代表团一行。访委期间，山东经贸代表团与委内瑞拉签署了多项经济合作协议。

图5－7　2000年6月3日，中共中央政治局委员、山东省委书记吴官正一行视察胜利油田在委内瑞拉马拉开波湖的油井

2002年3月19日至4月13日，省人大常委会主任赵志浩随全国人大代表团访问委内瑞拉等国。

2005年9月5—22日，省委书记、省人大常委会主任张高丽率山东省代表团访问哥伦比亚、厄瓜多尔、委内瑞拉、智利。访委期间，总统查韦斯会见并宴请了张高丽等代表团主要成员。9月12日，中国与委内瑞拉高级混合委员会第四次会议和山东经贸洽谈会闭幕。查韦斯总统出席闭幕会并发表讲话。张高丽还会见了委内瑞拉第五共和国运动总书记威廉·拉腊。加拉加斯市政府授予张高丽“金穗勋章”和“城市钥匙”。

2. 其他领导

2000年3月19日至4月1日，副省长杜世成率山东省经贸代表团访问委内瑞拉等国，与委就蔬菜种植、黄金开采、修建铁路等项目进行洽谈，签署了一系列合作协议。

2001年10月2—15日，省人大常委会副主任李文全率山东省人大友好经贸代表团访问巴西、委内瑞拉。访委期间，受省政府委托，与苏利亚州签署了《山东省与苏利亚州建立友好关系意向书》和《山东省与苏利亚州加强经贸合作谅解备忘录》。

2005 年 5 月 18 日至 6 月 4 日，副省长陈延明率山东省政府经贸代表团一行 20 人访问巴西、委内瑞拉、古巴。访委期间，代表团先后会见了委计划发展部长豪尔赫・吉奥尔达尼、外交部副部长威廉姆斯，莫那加斯州长何塞・格雷格里奥・布里塞尼奥和安索阿特吉州长塔雷克・威廉・萨布等，达成了一系列意向和共识。

（二）其他重要团组

2005 年 4 月 3—9 日，山东省政府及企业家代表团一行 20 人访问委内瑞拉，与委内瑞拉 5 个州和 10 多家企业进行了对口洽谈，与拉那州签署了友好合作交流关系备忘录。委内瑞拉总统查韦斯在总统府会见了代表团一行。

三、友好关系

（一）山东省与苏利亚州

2002 年 4 月 30 日，全国友协批准山东省与苏利亚州缔结友好省州关系。2001 年 10 月，受省政府委托，省人大常委会副主任李文全在访问委内瑞拉期间，与苏利亚州政府签署了《山东省与苏利亚州建立友好关系意向书》和《山东省与苏利亚州加强经贸合作谅解备忘录》。2002 年 4 月，全国友协批准了两省州建立友好关系。两省州互访和交流较少，未正式签署结好协议。

（二）山东省与莫纳加斯州、安索阿特吉州

2005 年 9 月 13 日，山东省与莫纳加斯州和安索阿特吉州正式签署建立友好省州关系协议书。2005 年 9 月，省委书记、省人大常委会主任张高丽率山东省代表团访问委内瑞拉，与上述 2 州政府正式签署了协议书。由于签署协议时间较短，双方高层互访和实质性合作较少。

第三节　巴　西

山东省与巴西的交往始于 20 世纪 50 年代末，首位访问山东的重要来宾是巴西共产党总书记路易斯・卡洛斯・普列斯特斯。从 20 世纪 90 年代末开始，双方的交往逐渐增多，建立了友好省州关系。双方重视友好交流与合作，在文化、科技、教育、经贸、农业、矿业等领域进行了交往与合作。1986—2005 年，巴西来山东访问的主要团组有 7 批，山东出访巴西的主要团组有18批。

一、来访

1998年4月11日，巴西东方企业集团董事、经理毕崇仁一行2人访问济南、威海等地。

1998年10月8—10日，巴伊亚州贸促会亚洲事务官员谭瑞森访问济南、烟台，参观了部分企业，就山东与巴伊亚州的交流合作交换了意见。

2000年4月18—19日，巴西自由阵线党全国执委弗莱塔斯·内托率该党代表团一行11人访问济南，参观了山东大学和轻骑集团。中共中央政治局委员、山东省委书记吴官正会见了客人。

2000年4月30日，著名环保专家、诺贝尔特别奖获得者、巴西前环保部长何塞·卢岑贝格一行访问山东，参加青岛生态与环保产业国际论坛，到莱芜市房干村进行参观考察。省政协副主席李殿魁在济南会见了客人。

2000年6月17—22日，外交部组织巴西等11国驻华使节代表团访问济南、济宁、泰安、青岛、烟台等地。中共中央政治局委员、山东省委书记吴官正，省委副书记、省长李春亭在济南分别会见了使节团一行。

2001年3月24—28日，皮奥伊州副州长奥斯马尔·里贝罗·德·阿尔梅达·儒尼奥一行7人访问山东。省委常委、常务副省长韩寓群会见了阿尔梅达副州长一行。双方签署了《关于加强双边合作与交流的谅解备忘录》。

2003年4月3—4日，巴拉那州库利蒂巴市议会议长助理、巴拉那州天主教大学电子和土木工程学教授朱家鲸一行访问济南、潍坊等地。省人大常委会副主任董凤基在济南会见了客人。

二、出访

（一）省级领导人出访

1. 主要领导

2000年5月28日至6月6日，中共中央政治局委员、山东省委书记吴官正率中共代表团访问乌拉圭、巴西、委内瑞拉。访巴期间，巴西代总统马西埃尔和参议院议长马加良斯分别会见了代表团一行。随访的山东经贸代表团与巴西签署了多项经济合作协议。

2. 其他领导

1999年10月15日至11月4日，省委副书记陈建国随中联部组织的中共代表团访问巴西、秘鲁和智利。

1999年11月6—24日，副省长韩寓群率山东省政府暨经济代表团访问巴西、阿根廷、智利。访巴期间，韩寓群与巴伊亚州副州长阿莱卡签署了两省州建立友好省州关系协议书。随访企业家与外商签署合作协议和意向20多项。

2001年4月19日至5月1日，省委常委、宣传部长陈光林率山东省新闻文化代表团访问巴西和阿根廷。

2001年6月9—28日，省委副书记、济南市委书记孙淑义率济南市友好经贸考察团访问巴西和乌拉圭。

2001年10月2—15日，省人大常委会副主任李文全率山东省人大友好经贸代表团访问巴西、委内瑞拉。访巴期间，李文全先后拜会了巴中工商会、亚马孙州议会，就加强地方人大、议会间交流和经贸合作等进行了会谈。

2002年6月14日至7月2日，副省长陈延明率山东省政府经贸考察团访问巴西、阿根廷和秘鲁。

图5-8 2004年8月31日至9月13日，省委常委、宣传部长朱正昌率山东省新闻文化代表团访问巴西。图为朱正昌一行在山东向巴伊亚州赠送的孔子像前合影

2002年12月8—22日，省人大常委会副主任董凤基率省人大友好代表团访问巴西、阿根廷。

2003年11月5—17日，省委副书记王修智率山东省文化暨经济代表团访问古巴、阿根廷、巴西。

2004年2月29日至3月11日，省人大常委会副主任莫振奎率省人大友好代表团访问巴西、阿根廷。

2004年8月31日至9月13日，省委常委、宣传部长朱正昌率山东省新闻文化代表团一行12人访问巴西。与巴西新闻、文化机构进行了广泛交流，签署了《关于大众日报与南美侨报合办南美侨报山东专版的协议》。在巴伊亚州首府萨尔瓦多市城市公园出席了山东向巴伊亚州赠送大型孔子铜像揭幕仪式。

2005年3月31日至4月12日，省政协副主席王宗廉一行6人访问巴西、阿根廷，考察社会救助及社会保障工作。

2005 年 5 月 18 日至 6 月 4 日，副省长陈延明率山东省农业代表团访问巴西、委内瑞拉、古巴，重点考察了巴西的投资环境、资源状况。

2005 年 6 月 16—28 日，副省长张昭福率山东省粮食考察团访问巴西、秘鲁、阿根廷，先后会见了圣保罗州农业厅、里约州政府和巴中商会领导人等。

（二）其他重要团组

1995 年 1 月 7—26 日，省外办主任武钟恕率团访问墨西哥、巴西、美国，与巴西亚马孙州签署了建立友好省州关系意向书。

1996 年 5 月 27 日至 6 月 18 日，省政府秘书长林廷生率山东省友好暨经贸考察团访问巴西、秘鲁和智利。

2002 年 5 月 6—18 日，山东省投资和经贸合作考察团访问巴西、圭亚那和古巴。

2003 年 12 月 11—24 日，省友协常务副会长张先达率山东省经济友好代表团一行 11 人访问巴西和智利，与巴中友好之家签订了友好交流协议。

三、友好关系

山东省与巴伊亚州于 1999 年 11 月 9 日正式建立友好省州关系。两省州结好后，山东省曾多次派代表团对该州进行友好访问，特别是 2004 年省委常委、宣传部长朱正昌率代表团访问巴西期间，向巴伊亚州赠送了大型孔子铜像，这是山东省首次向国外赠送大型孔子铜像，在当地引起较大反响。由于双方距离遥远，语言差异，巴伊亚州代表团来山东省访问较少，双方友好关系以及实质性交流与合作未取得较大进展。

此外，山东省还于 1995 年与亚马孙州签署了建立友好省州关系意向书，2001 年与皮奥伊州在济南签署了谅解备忘录。双方实质性合作较少，未建立友好省州关系。

第四节　阿根廷

山东省与阿根廷的交往始于 20 世纪 60 年代末，首次来山东访问的是阿根廷阿中友好协会主席贝尔纳多 · 克尔顿夫妇。从 20 世纪 90 年代末开始，双方交往逐渐增多。2003 年，山东省与布宜诺斯艾利斯省在拉普拉塔市签署友好交流合作关系协议书。双方在文化、经贸、农业、渔业等领域进行了交流与合作。1986—2005 年，阿根廷来山东访问的主要团组有 8 批，山东出访阿根廷的主要团组有 12 批。

一、来访

1988 年 8 月 30 日至 9 月 4 日，阿根廷工会协调理事会总书记、拉美工人中央工会协委米格尔·加塞拉率拉美工人中央代表团一行 3 人访问青岛、烟台等地。

1998 年 7 月 8—12 日，阿根廷驻华大使帕特费尔德出席 1998 年中国青岛对外经济贸易洽谈会暨首届青岛国际电子家电博览会开幕式。

1999 年 10 月 9 日，阿根廷驻华使馆官员参加 1999 年中国聊城经贸洽谈会开幕式。省委副书记、省长李春亭在聊城会见了前来参会的阿根廷驻华使节。

2000 年 6 月 17—22 日，外交部组织阿根廷等国驻华使节代表团访问济南、济宁、泰安、青岛、烟台等地。中共中央政治局委员、山东省委书记吴官正，省委副书记、省长李春亭在济南分别会见了使节团一行。

2001 年 9 月 5—7 日，来自阿根廷等国家及中国的专家学者参加了在青岛举行的新千年国际花生学术研讨会。省人大常委会副主任王玉玺出席开幕式。

2002 年 10 月 17—18 日，阿根廷阿中商会主席何塞·鲁汉一行访问山东。省人大常委会副主任董凤基在济南会见了鲁汉一行。

2004 年 3 月 24—27 日，布宜诺斯艾利斯省国际关系与经济合作部副部长奥拉西奥·维尔内尔率友好代表团访问山东。这是布宜诺斯艾利斯省首次派团访问山东。省人大常委会副主任莫振奎在济南会见了客人。

2004 年 5 月 26 日，阿根廷阿中商会主席何塞·鲁汉访问山东。省人大常委会副主任莫振奎会见了客人。

二、出访

1999 年 11 月 6—24 日，副省长韩寓群率山东省政府暨经济代表团访问阿根廷等国。随访企业家与外商签署了多项合作协议和意向。阿根廷外交部国际经济国务秘书艾德瓦多·萨多兹会见了韩寓群一行。

2000 年 11 月 9—21 日，副省长林书香率山东省社会保障和经贸合作代表团访问阿根廷。

2001 年 4 月 19 日至 5 月 1 日，省委常委、宣传部长陈光林率山东省新闻文化代表团访问巴西、阿根廷。

2002 年 6 月 14 日至 7 月 2 日，副省长陈延明率山东省政府经贸考察团访问巴西、阿根廷、秘鲁。

2002 年 12 月 8—22 日，省人大常委会副主任董凤基率省人大友好代表团访问阿根廷、巴西。访阿期间，会晤了阿根廷有关省市议会和政府领导人，与布宜诺斯艾利斯省签署了《山东省人大与布宜诺斯艾利斯省议会关于建立友好交流关系意向书》《山东省与布宜诺斯艾利斯省关于建立友好省关系意向书》等。

2003 年 11 月 5—17 日，省委副书记王修智率山东省文化暨经济代表团访问古巴、阿根廷、巴西。在阿根廷举行了宣传山东推介会，与布宜诺斯艾利斯省政府内阁长官在拉普拉塔市签署了《中国山东省与阿根廷布宜诺斯艾利斯省友好交流合作关系协议书》。

2004 年 2 月 29 日至 3 月 11 日，省人大常委会副主任莫振奎率省人大友好代表团访问巴西、阿根廷。

2004 年 8 月 31 日至 9 月 13 日，省委常委、宣传部长朱正昌率山东省新闻文化代表团一行 12 人访问阿根廷，与阿根廷新闻、文化机构进行了广泛交流，签署了《关于山东电视台与阿根廷政治经济电视台交流合作节目的协议》。

2004 年 12 月 15—25 日，副省长蔡秋芳率省政府考察团访问美国、阿根廷、智利。访阿期间，访问了阿根廷社会行动部和布宜诺斯艾利斯省，考察了当地政府公共安全应急管理系统建设、机构组成及运行机制。

2005 年 3 月 31 日至 4 月 12 日，省政协副主席王宗廉率省政协代表团访问巴西、阿根廷，考察社会救助及社会保障工作。

2005 年 6 月 16—28 日，副省长张昭福率山东省粮食考察团访问巴西、秘鲁、阿根廷，会见了布宜诺斯艾利斯省议会外贸委员会负责人。

2005 年 8 月 16—18 日，省人大常委会副主任张宗亮率省人大友好代表团访问阿根廷、秘鲁。

三、友好关系

山东省与阿根廷布宜诺斯艾利斯省于 2002 年 12 月签署了结好意向书，但截至 2005 年底，尚未正式建立省际友好关系。

2003 年 11 月 10—13 日，省委副书记王修智率山东省文化暨经济代表团访问阿根廷，与布宜诺斯艾利斯省签署了建立友好交流合作关系协议书，促进了山东省与布宜诺斯艾利斯省之间的交流与合作。此后，山东省先后有4批省领导率团访问布宜诺斯艾利斯省，向布宜诺斯艾利斯省宣传山东，推动合作。2004年3月24—27日，布宜诺斯艾利斯省国际关系与经济合作部副部长奥拉西奥·维尔内尔率代表团访问山东。这是布宜诺斯艾利斯省首次派团访问山东。

第四章　美洲其他国家

山东省与美洲其他国家，如秘鲁、墨西哥、智利、乌拉圭、哥伦比亚和厄瓜多尔等有交往关系，但总体上起步较晚，交往较少。改革开放后，山东重视发展与上述国家的友好关系，注意挖掘双方交流与合作的潜力，高层互访和人员往来开始增多，结成了一些省级友好关系，在经贸、文化、教育、科技等领域进行了交流，但实质性的合作有待于进一步开拓。

第一节　秘　鲁

山东省与秘鲁的交往始于20世纪80年代，首次访问山东的秘鲁客人是以秘鲁共产党总书记夫人、拉美大陆妇女阵线代表弗洛尔·玛利娜为团长的秘鲁妇女代表团。20世纪90年代初开始，双方的交往逐渐增多。1998年11月，山东省与拉利伯塔德省签署了建立友好关系协议书，这是山东省在南美地区结成的首对省级友好关系。双方重视发展友好关系，但由于拉利伯塔德省经济基础薄弱，两省的实质性的交流与合作比较少。1986—2005年，秘鲁来访山东的主要团组有7批，山东出访秘鲁的主要团组有5批。

一、来访

1988年4月20—26日，以秘鲁共产党总书记夫人、拉美大陆妇女阵线代表弗洛尔·玛利娜为团长的秘鲁妇女代表团一行5人访问山东。

1993年5月6—10日，秘鲁基督教人民党总书记托马斯·冈萨雷斯率代表团一行5人访问烟台、青岛。

1993年10月26—31日，来自秘鲁等18个国家和国际机构的代表33人及中国有关专家学者一行56人，在兖州矿务局参加了由国家煤炭部和联合国经社发展部共同主办的联合国煤炭洗选区域研讨会。

1998年11月1—6日，拉利伯塔德省省长陈汉威一行11人访问济南、泰安、曲阜、威海、烟台和青岛，与山东签署了建立友好省关系协议书，探讨在经贸等领域与山东交流与合作事宜。中共中央政治局委员、山东省委书记吴官正，省委副书记、省长李春亭在济南分别会见了代表团主要成员。副省长林廷生与陈汉威一行举行了工作会谈。李春亭省长与陈汉威省长共同签署了《山东省与拉利伯塔德省建立友好关系协议书》。

图 5－9 1998 年 11 月 1—6 日，拉利伯塔德省省长陈汉威率代表团访问山东。图为省长李春亭与陈汉威在济南共同签署两省结好协议书

2000 年 6 月 17—22 日，外交部组织秘鲁等 11 国驻华使节代表团访问济南、济宁、泰安、青岛、烟台等地。中共中央政治局委员、山东省委书记吴官正，省委副书记、省长李春亭在济南分别会见了使节团一行。

2000 年 9 月 22—29 日，拉利伯塔德省省长陈汉威率代表团一行 12 人访问山东，探讨两省间开展友好交流与经贸合作事宜并赴北京参加 2000 中国国际友好城市大会。省委副书记、省长李春亭在济南会见了陈汉威一行。

2005 年 10 月 21—23 日，拉利伯塔德省前省长陈汉威出席中国山东（济南）友城旅游大会开幕式。

二、出访

1996 年 5 月 27 日至 6 月 18 日，省政府秘书长林廷生率山东省友好暨经贸考察团访问秘鲁等国。

1999 年 10 月 15 日至 11 月 4 日，省委副书记陈建国随中联部组织的中共代表团访问秘鲁等国。访问秘鲁期间，陈建国分别会见了拉利伯塔德省前省长陈汉威和省长奥兰多·加略多。

2002 年 6 月 14 日至 7 月 2 日，副省长陈延明率山东省政府经贸考察团访问巴西、阿根廷、秘鲁。

2005 年 6 月 16—28 日，副省长张昭福率山东省粮食考察团访问巴西、秘鲁、阿根廷，会见了秘鲁地方政府以及有关粮食企业负责人，探讨加强实质性交流合作事宜。代表团还拜会了中国驻当地使领馆负责人。

2005 年 8 月 16—18 日，省人大常委会副主任张宗亮率省人大友好代表团访问阿根廷、秘鲁。

三、友好关系

山东省与拉利伯塔德省于 1998 年 11 月正式建立友好关系。拉利伯塔德省省长陈汉威于 1998 年 11 月率代表团访问山东，与省长李春亭共同签署了《山东省与拉利伯塔德省建立友好关系协议书》。双方结好后至 2005 年，山东省先后 4 次由省领导率团访问拉利伯塔德省，探讨友好交流与合作事宜。拉利伯塔德省非常重视与山东省的友好关系，省长陈汉威先后 3 次来山东访问，为促进双方的合作与交往作出很大努力。但由于双方发展水平差距较大，两省的实质性交流与合作较少。

第二节　墨西哥

山东省与墨西哥的交流与合作起步较晚。1966 年 5 月 7—10 日，墨西哥第一个代表团墨中友好协会代表团一行 3 人访问济南。但此后多年，山东省与墨西哥的交往处于空白状态。直至 20 世纪 90 年代，山东省与墨西哥的人员互访和交流才逐渐增多。1986—2005 年，墨西哥来访的主要团组有 5 批，山东省出访墨西哥的主要团组有 6 批。截至 2005 年底，山东省与墨西哥的两个州签署了结好意向书，但尚未正式建立省际友好关系。

一、来访

1998 年 4 月 19—21 日，墨西哥驻华大使路易斯·维博一行 3 人访问济南、泰安、曲阜。省委副书记、副省长宋法棠在济南会见了客人。

2000 年 6 月 17—22 日，外交部组织墨西哥等 11 国驻华使节参加的代表团访问济南、济宁、泰安、青岛、烟台等地。中共中央政治局委员、山东省委书记吴官正，省委副书记、省长李春亭在济南分别会见了客人。

2002 年 3 月 5 日，新加坡白宫控股集团连国华、墨西哥塞麦斯公司亚洲总部高级副总裁里卡多一行访问山东，就在山东青州建设青州白宫水泥厂事宜进行洽谈。此项目规划年产水泥 300 万吨。墨西哥塞麦斯公司也将参加该项目建设。省委常委、常务副省长韩寓群在济南会见了客人。

2004 年 8 月 12—14 日，墨西哥农业部长乌萨维亚加率涉农企业家代表团访问济南、泰安、济宁等地，考察山东大棚蔬菜生产和农产品加工情况，探讨在农业生产和农产品加工贸易方面合作事宜。副省长陈延明会见了客人。

2004 年 9 月 12—14 日，墨中商会会长罗亚斯率墨西哥商务代表团一行访问山东。省人大常委会副主任莫振奎在济南会见了客人。省友协会长张伟龄与罗亚斯共同签署了两协会友好交流议定书。

二、出访

（一）省级领导人出访

2000 年 3 月 19 日至 4 月 1 日，副省长杜世成率山东省经贸代表团访问墨西哥等国，与墨西哥伊达尔戈州签署了开展经贸合作与友好交流意向书，与墨洽谈了投资开发贸易中心、水泥厂等项目。

2004 年 6 月 17—27 日，省人大常委会副主任曹学成率省人大友好代表团一行 8 人访问古巴、墨西哥。访墨期间，拜会了墨西哥议会领导人，就进一步加强双方之间的合作进行了探讨。

2005 年 3 月 30 日至 4 月 11 日，省人大常委会副主任黄可华率省人大友好代表团访问墨西哥、古巴，就双方的友好交流与合作进行了探讨。

2005 年 6 月 8—20 日，省委副书记王修智率山东省文化暨经济代表团访问墨西哥等国，会见了墨西哥韦拉克鲁斯州州长、州众议院议长、墨西哥墨中商会等，与韦拉克鲁斯州州长签署了建立友好省州关系意向书。

（二）其他重要团组出访

1995 年 1 月 7—26 日，省外办主任武钟恕率山东省友好经济代表团一行 5 人赴墨西哥等国考察访问，与墨西哥奇瓦瓦州签订了建立友好省州关系和加强全面合作与交流意向书。

2001 年 5 月 20 日至 6 月 1 日，省外办副主任段毅军率山东省友城、经贸合作考察小组对墨西哥进行考察访问。

三、友好关系

山东省与墨西哥齐瓦瓦州、韦拉克鲁斯州签署了结好意向书，截至2005年尚未正式建立友好关系。

1995年1月，省外办主任武钟恕率山东省友好经济代表团一行5人访问墨西哥等国，与墨西哥齐瓦瓦州签订了建立友好省州关系和加强全面合作与交流意向书。随后的10年内，由于距离遥远、语言差异，两省州的交往基本停滞。2005年6月，山东省与墨西哥韦拉克鲁斯州在韦拉克鲁斯州首府哈拉帕市签署了两省州建立友好省州关系意向书。

第三节 智 利

山东省与智利的交往始于20世纪90年代中期，首次访问山东的智利客人是智利众议院第一副议长弗朗西斯科·温丘来西·哈拉米略。进入21世纪后，山东省赴智利的往访团组逐渐增多，特别是2005年，省委书记、省人大常委会主任张高丽访问智利，与智利参议长罗梅罗就进一步推动山东省与智利的合作进行会谈。双方重视发展友好关系，交流与合作有很大潜力，但实质性的内容有待进一步开拓。1986—2005年，智利来访山东的重要团组有3批，山东出访智利的重要团组有6批。

一、来访

1996年9月11—15日，智利众议院第一副议长弗朗西斯科·温丘来西·哈拉米略一行6人访问山东。省委书记赵志浩在济南会见了客人。省委副书记、副省长宋法棠与代表团举行了会谈。

2002年8月21—22日，智利驻华大使本尼·波拉克等来自10多个国家和地区的100余名代表在蓬莱市参加了首届世界和平与发展（中国）论坛，作了题为“和平——全球化的里程碑”的讲话。该论坛由山东省人民政府、联合国教科文组织驻华代表处主办，蓬莱市人民政府和香港国际会议策划中心承办。

2003年7月4日，智中贸易促进会副会长张希中访问省外办，就共同推动智利与山东的经贸往来等事宜进行磋商。

二、出访

（一）省级领导人出访

1999 年 10 月 15 日至 11 月 4 日，省委副书记陈建国随中联部组织的中共代表团访问智利等国。

1999 年 11 月 6—24 日，副省长韩寓群率山东省政府暨经济代表团访问智利等国，随访企业家与外商签订合作协议和意向 20 余项。

2004 年 12 月 15—25 日，副省长蔡秋芳率省政府考察团访问美国、阿根廷、智利。访问智利期间，考察团访问了智利内政部、比奥比奥大区、康塞普西翁省等，考察了当地政府公共安全应急管理系统建设、机构组成及运行机制。

2005 年 9 月 5—22 日，省委书记、省人大常委会主任张高丽率山东省代表团访问哥伦比亚、厄瓜多尔、委内瑞拉、智利。访问智利期间，智利参议长罗梅罗在参议院会见了代表团一行。

（二）其他重要团组出访

1996 年 5 月 27 日至 6 月 18 日，省政府秘书长林廷生率山东省友好暨经贸考察团访问智利等国。

2003 年 12 月 11—24 日，省友协常务副会长张先达率山东省经济友好代表团一行 11 人对智利等国进行友好访问，与智利中国文化交流协会签订了友好交流协议。

三、重要合作

截至 2005 年底，智利在山东省投资项目 6 个，累计合同外资额 1141 万美元，实际使用外资 520 万美元。主要项目有：与东营大海集团合资生产销售高档色织大提花面料；与淄博中雅新世纪医疗器械有限公司合资进行医疗器械研发、组装和销售。

第四节 中美洲地区其他国家

山东省重视发展与中美洲地区其他国家的交流与合作关系，20 纪 80 年代开始交往。由于各种原因，交往国家的数量不多，实质性合作较少。山东省与这些国家的交往主要是接待代表团来访。1986—2005 年，山东省共接待来自洪都拉斯和危地马拉的访问团 5 批。

一、洪都拉斯

1987 年 5 月 26 日至 6 月 2 日，以主席埃弗拉因・迪亚斯为团长的洪都拉斯基督教民主党代表团一行 6 人访问青岛、济南、泰安、曲阜。

1988 年 5 月 9—13 日，以副议长何塞・安东尼奥・费尔南德斯为团长的洪都拉斯国民议会代表团一行 19 人，由全国人大常委、华侨委员会副主任何英及夫人陪同访问山东。

2000 年 7 月 18—21 日，应中国国际交流协会邀请，洪都拉斯执政党自由党青年书记、国会议员汉达尔一行 10 人访问济南、青岛。省委副书记陈建国在济南会见了客人。

二、危地马拉

2000 年 8 月 21—25 日，应中联部邀请，危地马拉全国革命联盟总书记伊斯梅尔・索托率代表团访问济南、青岛。中共中央政治局委员、山东省委书记吴官正在济南会见了代表团一行。

2002 年 5 月 16—18 日，危地马拉大法官奥托・马罗金一行访问山东。省委常委、政法委书记高新亭在济南会见了客人。

第五节　南美洲地区其他国家

在南美洲地区其他国家中，山东省与圭亚那、乌拉圭、巴拉圭、哥伦比亚和厄瓜多尔等国家有交往关系，但是起步较晚，交往较少。双方虽进行了一些高层互访和友好往来，但实质性合作不多。1986—2005 年，山东省共接待来自上述国家的访问团组 14 批，出访上述国家的团组 8 批，缔结友好城市关系 2 对，达成发展友好交往和经贸合作关系意向书 1 项。

一、圭亚那

（一）来访

1996 年 4 月 30 日至 5 月 3 日，圭亚那外长罗西一行 5 人到北京参加中圭经贸会期间顺访山东。副省长宋法棠在济南会见了罗西外长一行。

1996 年 6 月 23—28 日，由圭亚那总统夫人、人民进步党中央执行委员会委员和进步妇女组织主席珍妮特・贾根率领的圭亚那人民进步党代表团一行 3 人，在中联部美大局局长曹小冰等陪同下访问青岛、济南、泰安、曲阜等地。省委副书记陈建国在济南会见了代表团一行。

2000 年 6 月 17—22 日，外交部组织圭亚那等 11 国驻华使节参加的代表团访问济南、济宁、泰安、青岛、烟台等地。中共中央政治局委员、山东省委书记吴官正，省委副书记、省长李春亭在济南分别会见了使节团一行。

（二）出访

1997 年 7 月 31 日至 8 月 4 日，副省长杜世成率山东省经贸代表团访问圭亚那。圭亚那总统萨·海因兹、总理珍妮·贾根在首都乔治敦分别会见了代表团一行，双方就加快推动山东省在圭投资的农业种植、砖厂、自行车组装厂等项目进行了会谈。中国驻圭亚那大使王富元参加会见。

2002 年 5 月 6—18 日，山东省投资和经贸合作考察团访问圭亚那等国。

二、乌拉圭

（一）来访

1996 年 7 月 8—11 日，乌拉圭最高法院院长马里尼奥一行 5 人访华期间，顺访济南、泰安、青岛等地。省委书记赵志浩在济南会见了客人。

图 5 - 10 2000 年 11 月 6—8 日，乌拉圭副总统兼国会主席路易斯·耶罗访华期间顺访山东。图为耶罗一行在曲阜孔府参观

2000 年 6 月 17—22 日，外交部组织乌拉圭等 11 国驻华使节代表团访问济南、济宁、泰安、青岛、烟台等地。中共中央政治局委员、山东省委书记吴官正，省委副书记、省长李春亭在济南分别会见了使节团一行。

2000 年 10 月 10—11 日，乌拉圭外交部副部长吉列尔莫·巴列斯一行 9 人访问青岛。

2000 年 11 月 6—8 日，乌拉圭副总统兼国会主席路易斯·耶罗一行 7 人访华期间顺访山东。中共中央政治局委员、山东省委书记吴官正，省委副书记、省长李春亭在济南会见了副总统一行。副省长黄可华陪同副总统一行在济南、曲阜活动。

2001 年 11 月 13—14 日，乌拉圭总统府秘书长拉戈访问济南、济宁等地。

副省长林廷生在济南会见了拉戈一行。

（二）出访

2000 年 5 月 28 日至 6 月 6 日，中共中央政治局委员、山东省委书记吴官正率中共代表团访问乌拉圭、巴西、委内瑞拉。访乌期间，乌拉圭总统豪尔赫·巴特列会见了代表团一行。山东经贸代表团随团访问，与乌拉圭签署了多项经济合作协议。

2000 年 11 月 7—24 日，副省长林书香率山东省社会保障和经贸合作代表团访问乌拉圭。访问期间，林书香代表青岛市与乌拉圭首都蒙得维的亚市签署了建立交流与合作关系意向书。

2001 年 6 月 9—28 日，省委副书记、济南市委书记孙淑义率济南市友好经贸考察团对乌拉圭等国进行考察访问。

三、巴拉圭

2002 年 1 月 17—19 日，应全国人大外事委员会邀请，巴拉圭参议院外委会主席迪奥赫内斯·马丁内斯率团访问山东。省人大常委会主任赵志浩、全国人大外事委员会副主任宋清渭分别会见了客人。

四、哥伦比亚

（一）来访

1991 年 10 月，哥伦比亚外长哈拉米略访问山东。

2000 年 6 月 17—22 日，外交部组织哥伦比亚等 11 国驻华使节参加的代表团访问济南、济宁、泰安、青岛、烟台等地。中共中央政治局委员、山东省委书记吴官正，省委副书记、省长李春亭在济南分别会见了使节团一行。

2002 年 7 月 13—17 日，哥伦比亚参议长加西亚一行 5 人访问山东。省人大常委会主任韩喜凯在济南会见了客人。

2002 年 9 月 26 日至 10 月 4 日，2002 年中国曲阜国际孔子文化节在曲阜举办。全国人大常委会副委员长曹志，全国政协副主席罗豪才；省委常委、副省长林廷生，省人大常委会副主任莫振奎，省政协副主席张敏；日本前首相村山富市；比利时、哥伦比亚、韩国、俄罗斯、法国等 11 个国家的驻华使节等 3000 余人出席开幕式。开幕式后，副省长林廷生会见了日本前首相村山富市一行。

（二）出访

2005 年 9 月 5—22 日，省委书记、省人大常委会主任张高丽率山东省代表团访问哥伦比亚等国。哥伦比亚总统乌里韦、议会第一副议长阿尔波诺斯会见了张高丽一行。

图 5－11 2005 年 9 月 5—7 日，省委书记、省人大常委会主任张高丽率山东省代表团访问哥伦比亚。图为哥伦比亚总统乌里韦会见张高丽等代表团成员

五、厄瓜多尔

（一）来访

2005 年 11 月 15—17 日，厄瓜多尔民主左派党副主席、皮钦查省省长拉米罗·冈萨雷斯率团访问济南、潍坊、青岛等地。省委书记、省人大常委会主任张高丽在济南会见了客人。省委常委、秘书长杨传升，副省长王军民参加会见。

（二）出访

2002 年 3 月 19 日至 4 月 13 日，省人大常委会主任赵志浩随全国人大代表团访问厄瓜多尔等国。

2005 年 9 月 5—22 日，省委书记、省人大常委会主任张高丽率山东省代表团访问厄瓜多尔等国。厄瓜多尔副总统塞拉诺会见了张高丽一行。厄瓜多尔皮钦查省举行政府全体会议，授予张高丽“卢米纳慧”将军勋章。张高丽代表山东省与皮钦查省签署了《关于中华人民共和国山东省与厄瓜多尔皮钦查省发展友好交往和经贸合作关系的意向书》。

第六篇

与非洲大洋洲国家的交往

中国历来十分重视发展与非洲国家的友好关系。中非有着传统的友谊，交流与合作源远流长，成为南南合作的典范。山东省积极开展与非洲国家的交往，重点集中在非洲大陆经济实力最强的国家——南非共和国。1998 年，山东省在中国与南非建交当年就与其经济和社会发展水平最高的地区——西开普省正式缔结了友好关系，使山东省与非洲地方政府间交往有了可靠的伙伴和稳定的支点。通过两省高层多次互访和友好省州领导人峰会等多边交流机制，双方巩固和加强了对口交流与合作，基本建立了政府、议会、教育、体育、卫生等多层次交往渠道。进入 21 世纪后，根据中国与非洲之间是政治上平等互信、经济上合作共赢、文化上交流互鉴的新型战略伙伴关系以及非洲大陆资源丰富等情况，山东省注重发展与南非、埃及、突尼斯、摩洛哥、尼日利亚、肯尼亚等国家的友好关系，形成布局合理，空间广阔的交往渠道。

在与大洋洲国家交往方面，重点是加强与澳大利亚、新西兰这两个既是传统合作伙伴又是大洋洲地区最重要国家的交往，畅通与这两个国家地方政府和经济组织之间的联系渠道，巩固和发展与澳大利亚南澳州、巴布亚新几内亚东赛皮克省的省级友好关系，积极开展以资源、能源合作为重点的多领域合作，在高层互访的推动下，逐步加强政治、文化、教育等领域的交流。同时，不断加强与南太平洋岛国的友好关系，为山东企业“走出去”深挖潜力，从扩大双边贸易规模、鼓励投资合作、鼓励双向合作开发旅游市场、扩大能源合作和协助岛国提高农业水平五个方面，深化与南太平洋岛国的合作。

第一章　南　非

1998 年 1 月 1 日中国与南非建交后，两国关系迅速发展。中国与南非经济结构互补性强，合作潜力大，南非是中国在非洲最大的贸易伙伴。山东省一直重视与南非保持密切交往，通过高层互访、经贸往来等，不断扩大双方交流与合作。1986—2005 年，山东省共接待来自南非的各类团组 8 批，前往南非访问和考察的省级以上代表团 8 批。1998 年，山东省与南非西开普省建立友好关系，成为中国与南非建交后建立的第一对友好省际关系，也是山东省与非洲国家建立的第一对友好省际关系。此外，还结成 1 对友好城市关系。

第一节　来　访

1989 年 5 月 3—11 日，由总书记乔·斯洛沃率领的南非共产党代表团一行 3 人访问济南、青岛、泰安、曲阜等地。

图 6－1　1989 年 5 月 3—11 日，南非共产党总书记乔·斯洛沃率代表团访问山东。图为斯洛沃总书记与中联部非洲司司长赵学义、省外办主任聂承厚、泰安市委副书记周兴礼等在泰山岱庙前合影

1993 年 10 月 28 日至 11 月 3 日，南非共产党总书记恩夸库拉率团一行 5 人访问济南、泰安、淄博、青岛等地，参观了济南轻骑摩托车厂、山师大附中、齐鲁石化公司、淄博芭山村、青岛啤酒厂等。中共中央政治局委员、山东省委书记姜春云会见了代表团。

2000 年 6 月 11—13 日，西开普省省长莫克尔率政府代表团一行 11 人访问济南、泰安、曲阜。省委副书记、省长李春亭在济南会见了代表团并与莫克尔共同签署了《进一步加强两省合作备忘录》。

2001 年 2 月 14—17 日，西开普省议会议长多曼率该省议会代表团一行 9 人访问山东。

2002 年 6 月 25—27 日，南非驻华大使顾坦博一行 3 人访问济南、招远，与有关部门就双方在矿业领域的合作进行座谈。副省长蔡秋芳在济南会见了大使一行。

2004 年 9 月 29—30 日，西开普省安全部长马特拉坎率团一行 10 人访问济南。副省长蔡秋芳会见了代表团一行。

2004 年 10 月 10—13 日，西开普省社会服务与扶贫部长穆库娃娜一行 7 人访问济南、青岛，考察山东省扶贫情况。

2005 年 10 月 17—20 日，南非煤矿安全生产技术专家团一行 6 人访问山东，考察了山东省煤矿安全生产情况。省委常委、常务副省长林廷生在济南会见了客人。

第二节　出　访

1998 年 11 月 24 日至 12 月 16 日，省委副书记、副省长宋法棠率山东省政府暨企业代表团一行 31 人出访南非、肯尼亚和埃及。访问期间，代表团举办了 4 次投资贸易说明会，与南非西开普省签署了《山东省与南非西开普省缔结友好关系协议书》。

2000 年 9 月，副省长杜世成率山东省政府暨经贸代表团访问南非、尼日利亚、博茨瓦纳，举办了多场经贸推介活动。

2001 年 9 月 5—9 日，省人大常委会副主任董凤基率山东省人大友好代表团访问南非西开普省，与该省议长、政府有关部门负责人举行工作会谈，考察了西开普省经济、教育和旅游等情况。

2002 年 8 月 6—18 日，副省长蔡秋芳率山东省政府经贸代表团访问南非、尼日利亚。访问南非期间，代表团拜会了西开普省省长，就两省间经贸合作特别是农业、旅游等领域的合作进行了广泛探讨。在豪登省，代表团举办了山东与南非矿业资源合作推介会。

2004年6月15—19日，省委副书记王修智率山东省文化代表团访问西开普省，与该省省长艾布瑞哈姆共同签署了《关于进一步加强两省友好关系和文化教育合作联合声明》。

2004年9月，省政协副主席林书香率山东省经贸代表团一行20人访问西开普省，在开普敦举行了山东—西开普省投资项目推介会。

2005年5月11—25日，省政协主席孙淑义率山东省经贸代表团访问埃及、肯尼亚、南非，参加了南非西开普省投资情况说明会，与该省有关部门和企业进行了对口洽谈。

2005年12月2—10日，省委常委、常务副省长林廷生率团访问埃及、南非。访问南非期间，拜会了西开普省农业部、社会服务与扶贫部和贸发局，参观考察了有关公司和企业。

第三节 友好关系

山东省与南非西开普省于1998年11月26日结为友好关系。

一、结好情况

1997年4月，在全国友协安排下，省外办主任武钟恕在北京拜会了来访的西开普省省长赫那斯克瑞尔，就山东省与西开普省发展友好关系进行了会谈，表达了进行友好交流合作的意愿。同年10月，中国首任驻南非大使王学贤在赴任前专程来山东考察访问，对山东与该省结好一事表示支持。他认为，在南非9个省中，西开普省得天独厚，农业、畜牧业、渔业、林业、旅游等行业发达，金刚石开采技术举世闻名，与山东的产业结构和经济发展可以相互补充，共同发展。1998年3月，省外办主任武钟恕率山东省友城工作组访问西开普省，与西开普省共同签署了《山东省与西开普省关于建立友好合作与交流关系意向书》。同年11月26日，常务副省长宋法棠率山东省代表团访问西开普省，与莫克尔省长签署了《中华人民共和国山东省与南非共和国西开普省关于建立友好省际关系的协议书》。

二、友好交流

山东省与西开普省结好后，双方高层互访频繁。2000年6月，西开普省省长杰拉尔德·莫克尔应邀访问山东。省委副书记、省长李春亭会见了代表团，双方签署了《山东省与西开普省加强合作备忘录》。2001 年 2 月，应全国友协邀请，西开普省议长多曼率团访问山东；9 月，省人大常委会副主任董凤基率省人大友好代表团访问西开普省，与该省议会进行了友好交流与座谈。2002 年 8 月，副省长蔡秋芳率团访问西开普省，双方就在农业、旅游等领域的合作进行了广泛的探讨，促进了实质性合作的开展。2004 年 6 月，省委副书记王修智率山东省文化代表团一行 14 人访问西开普省，与艾布瑞哈姆省长共同签署了《关于进一步加强两省友好关系和文化教育合作联合声明》。9 月，西开普省社会安全部长马特拉坎一行 10 人访问济南，重点考察了社会治安综合治理、建设“平安山东”的做法和经验。10 月，西开普省社会服务与扶贫部长穆库娃娜一行 9 人访问济南、淄博、临沂，重点考察了山东在农村扶贫、城市失业人口就业方面的做法。2005 年 5 月，省政协主席孙淑义一行 7 人访问西开普省，参加了西开普省投资情况说明会；12 月，常务副省长林廷生率团访问西开普省，拜会了农业部、社会服务与扶贫部和贸发局。

第二章　非洲其他国家

山东省一贯重视发展与非洲国家的友好交流与合作关系。改革开放后，山东省通过一系列高层互访，一直与非洲国家保持密切交往。1992—2005年，山东省接待除南非共和国以外的其他南非地区国家访问团组19批，派出访问团组1批；接待来自中非地区国家的访问团组2批，派出访问团组1批；接待来自北非地区国家的访问团组11批，派出访问团组8批；接待来自东非地区国家的访问团组19批，派出访问团组2批；接待来自西非地区国家的访问团组12批，派出访问团组2批。山东省与这些地区和国家的交往，主要是友好访问性质，在经贸、文化和友城等领域的交流与合作较少。

第一节　南非地区其他国家

1986—2005年，山东省接待来自赞比亚的访问团组7批，来自安哥拉的访问团组2批，来自津巴布韦的访问团组4批，来自莫桑比克的访问团组3批，来自马达加斯加的访问团组1批，来自纳米比亚的访问团组2批。派出访问博茨瓦纳的团组1批。

一、赞比亚

1995年10月7—9日，赞比亚副总统米扬达偕夫人一行18人在地矿部副部长张宏仁陪同下访问青岛，参观了青岛啤酒二厂、纺织厂，游览了崂山。

1997年10月17—19日，应文化部邀请，以赞比亚社区发展与社会服务部部长津巴为团长的赞比亚政府文化代表团一行3人访问山东。

2000年10月11—12日，赞比亚总统费雷德里克·奇卢巴一行53人，在中国驻赞比亚大使彭克玉陪同下访问青岛。参观了青岛国棉六厂、海尔集团和青岛市政建设。

2002年10月18日，赞比亚驻华大使门亚·瓦拉图访问济南，参加中国（济南）信息技术创新国际论坛暨博览会。省委副书记、省长张高丽会见了大使一行。

2003 年 10 月 23—27 日，赞比亚国民议会农业考察团一行 5 人访问济南、潍坊、青岛。省委副书记、省政协主席吴爱英会见了代表团。

2003 年 11 月 7—9 日，赞比亚总统利维·帕特里克·姆瓦纳瓦萨及夫人一行 62 人，在中国驻赞比亚大使彭克玉陪同下访问青岛，与青岛有关企业分别签署了《在赞比亚建立穆隆古希工业园区意向书》《关于在赞比亚东部省合资建设轧花厂的协议》《关于在赞比亚穆隆古希工业园区投资建立化肥、农药项目意向书》和《关于在赞比亚穆隆古希工业园区投资建设服装加工项目的协议书》，参观了海尔集团、国棉六厂等企业。副省长王军民会见了总统一行。

2005 年 7 月 6—7 日，赞比亚议长姆瓦纳姆万布瓦率国民议会代表团一行 9 人访问济南、泰安。省人大常委会副主任邵桂芳在济南会见了代表团。

图 6－2　2005 年 7 月 6 日，省人大常委会副主任邵桂芳在济南会见由议长姆瓦纳姆万布瓦率领的赞比亚国民议会代表团

二、安哥拉

2004 年 7 月 10—11 日，安哥拉驻华大使贝尔纳一行 2 人访问济南。副省长孙守璞会见了大使一行。

2005 年 6 月 6—9 日，安哥拉副外长希科蒂一行 7 人访问青岛。

三、津巴布韦

1988年5月28日至6月2日，以中央政治局委员、党中央财政书记、国际部长恩卡拉为团长的津巴布韦非洲民族联盟代表团一行9人访问青岛。

1993年11月10—14日，以中央政治局委员恩科英为团长的津巴布韦民族党代表团一行5人访问青岛。

1996年11月8—10日，津巴布韦副总统穆增达率政府、企业代表团一行25人访问济南，参观了重汽集团等企业。省委副书记、省长李春亭会见了代表团全体成员。

图6-3 1996年11月8—10日，津巴布韦副总统穆增达率团访问山东。图为穆增达副总统参观济南重汽集团

1998年9月27—30日，应文化部邀请，以津巴布韦教育、体育和文化部长加布埃尔·马钦加为团长的津巴布韦政府文化代表团一行8人访问济南、青岛等地。副省长邵桂芳在济南会见了代表团一行。

四、莫桑比克

1990年7月7—10日，莫桑比克民族解放战士协会副总书记莫亚内上校一行2人访问济南、泰安。

2001年4月21—26日，莫桑比克渔业部部长穆藤巴访问济南、烟台、威海，与省渔业部门进行座谈，考察山东援助莫桑比克的水产养殖与捕捞等项目。省委副书记、省长李春亭在济南会见了客人。

2002 年 11 月 27 日至 12 月 3 日，莫桑比克比克索法拉省省长扎卡里亚斯率政府代表团一行 4 人访问济南、威海，考察山东经济社会发展情况，探讨扩大威海在莫桑比克养虾规模等方面合作的可能性。副省长陈延明在济南会见了客人。

五、马达加斯加

1987 年 9 月 16—20 日，以马达加斯加马中友协会长拉科托尼艾纳·朱斯坦为团长的马中友协代表团一行 4 人访问青岛、济南。

六、纳米比亚

1998 年 9 月 21—24 日，纳米比亚驻华使馆一秘甘济访问济南、青岛，参加济南金秋经贸洽谈会，介绍纳米比亚的投资政策，探讨了山东企业到纳投资的可能性。

2004 年 4 月 27—30 日，纳米比亚全国委员会副主席蒙萨一行 9 人访问济南、青岛。省政协副主席王久祐在济南会见了代表团。

七、博茨瓦纳

2000 年 9 月，副省长杜世成率山东省政府暨经贸代表团访问南非、尼日利亚、博茨瓦纳，举办了多场经贸推介活动。

第二节　中非地区国家

1986—2005 年，山东省接待来自乍得的访问团组 1 批，来自赤道几内亚的访问团组 1 批，来自喀麦隆的访问团组 1 批，来自加蓬的访问团组 1 批。派出访问加蓬的团组 1 批。

一、乍得

1988 年 8 月 19—25 日，以乍得全国独立和革命联盟中央委员会执行局成员、乍得“独革盟”妇女组织主席法蒂梅·金托夫人为首的妇女代表团一行 3 人访问济南、烟台、青岛等地。

二、赤道几内亚

1990 年 4 月 15—17 日，赤道几内亚总统奥比昂·恩圭马·姆巴索戈一行 23 人，在商业部部长胡平陪同下访问青岛、烟台。赤道几内亚国务部长阿里杭德罗、经贸部长卡斯托、典礼局长曼努埃尔、驻华大使利诺等随团来访。省委副书记、省长赵志浩陪同活动。

图 6－4 1990 年 4 月 15—17 日，赤道几内亚总统奥比昂一行访问山东。图为奥比昂总统参观青岛拖拉机厂

三、喀麦隆

1999 年 10 月 22—24 日，喀麦隆妇女地位部长阿伊萨图女士一行 5 人访问济南、泰安、青岛，考察山东妇女在农业、手工业、培训方面的情况。

四、加蓬

（一）来访

2002 年 8 月 26—27 日，以加蓬文化艺术和民众教育部长皮埃尔·阿穆格·姆巴为团长的加蓬政府文化代表团一行 6 人访问山东。副省长蔡秋芳在济南会见了代表团一行。

（二）出访

1995 年 1 月 12—23 日，省政协主席陆懋曾率省政协友好代表团一行 9

人访问埃及、加蓬。

第三节　北非地区国家

1986—2005年，山东省接待来自埃及的访问团组4批，派出访问埃及的省级代表团5批。接待来自突尼斯的访问团组1批，派出访问突尼斯团组2批。接待来自摩洛哥的访问团组3批，派出访问摩洛哥的团组1批。接待来自苏丹的访问团组4批。

一、埃及

（一）来访

1990年2月14—20日，埃及驻华大使巴德尔·哈马德访问山东。省委书记姜春云，省委副书记、省长赵志浩在青岛会见了客人。

1994年10月20—23日，埃及协商会议副主席阿卜杜一行18人，在全国政协外委会副主任蒋兴化陪同下，参观考察烟台、威海工农业项目、乡镇企业和三资企业。

1996年7月27日，埃及国家民间艺术团一行40人来济南访问演出。省人大常委会副主任苗枫林、严庆清与各界群众一起观看了演出。

2001年4月19—23日，埃及驻华大使穆罕默德·努曼·贾拉勒及夫人访问潍坊、济南。省委副书记陈建国在潍坊会见了大使一行。

（二）出访

1995年1月12—23日，省政协主席陆懋曾率省政协友好代表团一行9人访问埃及、加蓬。

1998年11月24日至12月10日，省委副书记、副省长宋法棠率山东省政府暨企业代表团一行31人访问南非、肯尼亚和埃及，举办了4次投资贸易说明会。

1999年11月17—27日，省政协副主席李殿魁率山东省水利考察团一行8人访问埃及，拜会了埃及公共工程和水资源部、国家水资源研究中心，实地考察了尼罗河河口、阿斯旺大坝。

2005年5月11—25日，省政协主席孙淑义率山东省经贸代表团访问埃及、肯尼亚、南非。访问埃及期间,举办了中国山东—埃及投资贸易推介会。

2005年12月2—10日，省委常委、常务副省长林廷生率团访问埃及、南非。访问埃及期间，拜会了国家投资与自由区总局，就加强与埃及在经贸、纺织等领域的合作进行会谈，达成了合作意向。

二、突尼斯

（一）来访

1999 年 4 月 8—10 日，突尼斯宪政民主联盟中央委员、对外关系常务书记、议员哈希米·阿姆利和突尼斯驻华大使穆罕默德·蒙吉·拉比卜一行 3 人访问济南、曲阜、泰安，参观了部分企业。省委副书记陈建国在济南会见了客人。

（二）出访

1998 年 7 月 21 日至 8 月 6 日，由中联部组织安排，省委副书记陈建国一行 3 人代表中国共产党参加突尼斯宪政民主联盟第三次代表大会，代表江泽民总书记在大会上致贺词。

2001 年 5 月 8—28 日，中共中央政治局委员、山东省委书记吴官正率中国共产党代表团访问突尼斯、尼日利亚、摩洛哥。访突期间，吴官正会见了突尼斯宪政民主联盟（执政党）第一副主席卡鲁伊、总书记沙乌什等。

三、摩洛哥

（一）来访

1996 年 11 月 28 日，以宗教部秘书长艾哈迈德为团长的摩洛哥访问团一行 10 人访问山东。副省长吴爱英在济南会见了客人。

1998 年 12 月 5—6 日，摩洛哥首相阿卜杜勒·拉赫曼·尤素福一行 128 人，在中国驻摩大使穆文陪同下访问青岛。陪同来访的有首相夫人、交通和海运大臣、能源和矿业大臣、渔业大臣等政府官员及企业家。代表团参加了青岛—摩洛哥经贸洽谈会，参观了青岛港、海尔集团、渔业养殖基地，签署了《青岛市和摩洛哥丹吉尔市发展友好合作关系的意向书》。副省长韩寓群会见了首相一行。

2005 年 9 月 21—23 日，摩洛哥农业、农村发展和海洋渔业部国务秘书穆罕默德·莫阿塔尼一行 13 人访问济南、东营、潍坊、淄博、泰安。副省长陈延明在济南会见了代表团。

（二）出访

2001 年 5 月 8—28 日，中共中央政治局委员、山东省委书记吴官正率中国共产党代表团访问突尼斯、尼日利亚、摩洛哥。访摩期间，吴官正会见了摩洛哥首相、摩洛哥人民力量社会主义联盟第一书记尤素福等领导人，就共同关心的国际问题和两党关系问题交换了意见。

四、苏丹

2001 年 11 月 8 日，苏丹政治组织及政党注册办公室主任穆罕默德·艾哈迈德·萨利姆一行 8 人访问山东，了解中国政治组织特别是中国共产党领导的多党合作和政治协商制度的情况。副省长林廷生在济南会见了代表团一行。

2004 年 10 月 11—15 日，苏丹路桥部长穆罕默德·塔哈尔·穆罕默德·爱拉和苏丹驻华大使米尔加尼·穆罕默德·萨利赫一行 5 人访问济南、潍坊等地。副省长谢玉堂在济南会见了代表团。

2005 年 6 月 12 日，苏丹驻华大使沙勒一行 3 人访问山东，出席山东电力基本建设总公司承建苏丹 3 座电站工程签字仪式。副省长谢玉堂会见了大使一行。

2005 年 8 月 22—23 日，苏丹国家电力公司总经理阿沃德一行 5 人访问济南，与省电力基本建设总公司签署了《电站工程建设谅解备忘录》。副省长赵克志会见了代表团并出席签字仪式。

第四节　东非地区国家

1986—2005 年，山东省接待来自坦桑尼亚的访问团组 8 批，来自埃塞俄比亚的访问团组 2 批，来自乌干达的访问团组 5 批，来自卢旺达的访问团组 1 批，来自布隆迪的访问团组 1 批，来自塞舌尔的访问团组 2 批。派出访问肯尼亚的省级代表团 2 批。

一、坦桑尼亚

1998 年 1 月 15 日，坦桑尼亚驻华大使伊迪一行 5 人来济南出席纪念山东省派遣援外医疗队 30 周年活动。副省长吴爱英会见了大使一行。

1998 年 6 月 14—18 日，坦桑尼亚驻华大使伊迪一行 3 人访问济南、青岛。副省长韩寓群在济南会见了大使一行。

1998 年 7 月 7—12 日，坦桑尼亚驻华大使伊迪一行 4 人访问青岛，出席中国青岛对外经济贸易洽谈会，举行坦桑尼亚投资说明会。中共中央政治局委员、山东省委书记吴官正会见了大使。

1999 年 9 月 10—12 日，坦桑尼亚科技高教部长皮尤斯·恩瓦仕一行 4 人访问山东，参观了山东师范大学、省电子工业学校，游览了泰山。

2002 年 9 月 5—6 日，以坦桑尼亚卫生部常务秘书姆瓦菲斯·玛利亚姆为团长的坦桑尼亚卫生部代表团一行 6 人访问山东。副省长邵桂芳在济南会见了客人。

2003 年 9 月 29—30 日，坦桑尼亚驻华大使桑葛一行 5 人访问济南，出席山东省派遣援外医疗队 35 周年纪念暨表彰会。省政协副主席张敏出席纪念会并会见了大使一行。

2004 年 5 月 28—30 日，坦桑尼亚总统姆卡帕一行 31 人访问济南。代表团参观了省立医院、济南高新技术开发区、黄河洛口引黄灌溉工程，举行了坦桑尼亚—山东经济合作洽谈会，总统夫人还参观了济南市少年宫和青年公园社区。省委书记、省人大常委会主任张高丽，省委副书记、省长韩寓群会见了总统一行。副省长谢玉堂、张昭福分别参加迎送、会见和洽谈会。

2004 年 10 月 21—25 日，坦桑尼亚卫生部长安娜·阿布达拉一行 6 人访问济南、青岛，参观了省立医院、齐鲁医院、山东中医药大学附属医院等。副省长蔡秋芳在济南会见了代表团。

二、肯尼亚

1998 年 11 月 24 日至 12 月 10 日，省委副书记、副省长宋法棠率山东省政府暨企业代表团一行 31 人访问南非、肯尼亚和埃及。访问期间，代表团举办了 4 次投资贸易说明会。访肯期间，肯尼亚总统莫伊会见了代表团。

2005 年 5 月 11—25 日，省政协主席孙淑义率山东省经贸代表团访问埃及、肯尼亚、南非。

三、埃塞俄比亚

1997 年 3 月 20—24 日，埃塞俄比亚人民革命民主阵线中央执行委员塞耶·阿布拉哈率代表团一行 5 人访问济南、青岛。省委副书记陈建国在济南会见了代表团一行。

2000 年 7 月 6 日，埃塞俄比亚驻华大使巴莱马一行 5 人访问济南，举办了埃塞俄比亚投资政策及对外贸易、工程项目承包情况说明会。

四、乌干达

1987年12月14—15日，乌干达抵抗委员会委员、军队建设委员会主席费雷德·姆韦希杰率军工代表团一行5人来临沂九七六厂参观访问。

1998年10月1—6日，由乌中友协会长马托武率领的乌干达—中国友好协会代表团一行6人访问济南、滨州、潍坊等地。省友协会长陆懋曾在济南会见了代表团。

2004年5月21—25日，以经济局长（副部级）苏努马为团长的乌干达全国抵抗运动代表团一行3人访问济南、潍坊、青岛，重点考察山东省农业发展情况。

2004年12月16—19日，乌干达司法部长穆克瓦亚女士一行6人访问济南、青岛，与省检察院举行座谈。省委副书记高新亭在济南会见了代表团。

2005年8月30日至9月2日，乌干达财政部长厄兹拉·苏鲁马一行5人访问济南、潍坊、烟台、青岛。副省长王军民在济南会见了代表团。

五、卢旺达

1999年9月21—23日，卢旺达驻华大使穆尼亚·巴吉沙一行3人访问济南，参加了济南金秋经贸洽谈会。

六、布隆迪

1999年11月15—16日，布隆迪总统皮埃尔·布约亚在中国驻布隆迪大使石同宁夫妇陪同下访问青岛，参观了海尔集团、青岛第二啤酒厂等。副省长宋法棠会见了总统一行。

七、塞舌尔

1993年10月16—18日，塞舌尔卫生部顾问苓姆莱特率塞舌尔卫生代表团一行3人访问山东，参观了省立医院、省中医医院。副省长吴爱英会见了代表团。

2005年10月16—17日，塞舌尔卫生部首席秘书毛里斯·路斯特·拉兰内一行4人访问济南，与省卫生厅就双方开展在卫生领域合作事宜进行座谈。副省长王军民在济南会见了代表团一行。

第五节 西非地区国家

1986—2005 年，山东省接待尼日利亚访问团组 3 批，派出访问尼日利亚省级代表团 3 批。接待科特迪瓦访问团组 1 批、冈比亚访问团组 2 批、毛里塔尼亚访问团组 1 批、马里访问团组 1 批、几内亚访问团组 4 批、佛得角访问团组 2 批、塞拉利昂访问团组 2 批、多哥访问团组 2 批、贝宁访问团组 1 批。

一、尼日利亚

（一）来访

2000 年 8 月 3—5 日，尼日利亚贡北州州长阿哈吉·哈布·哈斯督一行 8 人访问聊城、济南等地，参观了聊城东昌农业机械集团有限公司，就双方在尼日利亚贡北州合资生产拖拉机、PVC 门窗以及发展农业联合种植等项目进行磋商。省委副书记、省长李春亭在济南会见了客人。

2001 年 7 月 21—29 日，由尼日利亚、南非等国家组成的非洲 11 国代表团一行 20 人访问山东。副省长林书香在济南会见了代表团一行。非洲代表团是第七期中国—非洲经济管理官员研修班成员。该团来访，主要是进一步了解中国改革开放以来的发展道路和所取得的成就及经验，促进中国与这些国家经贸合作关系的发展。

2002 年 2 月 26 日至 3 月 1 日，尼日利亚人民民主党全国书记文森特·奥布拉福一行 8 人访问济南、泰安。中共中央政治局委员、山东省委书记吴官正在济南会见了代表团一行。省委副书记陈建国参加会见并与代表团举行了会谈。

（二）出访

2000 年 9 月，副省长杜世成率山东省政府暨经贸代表团访问南非、尼日利亚、博茨瓦纳，举办了多场经贸推介活动。

2001 年 5 月 8—28 日，中共中央政治局委员、山东省委书记吴官正率中国共产党代表团访问突尼斯、尼日利亚、摩洛哥。访问尼日利亚期间，吴官正会见了尼日利亚总统奥巴桑乔、人民民主党（执政党）全国主席吉玛迪等领导人，就共同关心的国际问题和两党关系交换了意见。

2002 年 8 月 6—18 日，副省长蔡秋芳率山东省政府经贸代表团访问南非、尼日利亚。访问尼日利亚期间，代表团拜会了尼电力钢铁部、固体矿产部，就矿产、能源等资源开发、农业技术合作达成共识并举行了医疗器械等合作项目签字仪式。

图 6－5　2002 年 2 月 26 日至 3 月 1 日，尼日利亚人民民主党全国书记文森特·奥布拉福访问山东。图为中共中央政治局委员、山东省委书记吴官正在济南会见并宴请奥布拉福书记一行

二、科特迪瓦

1986 年 7 月 5 日，由科特迪瓦民主党中央政治局委员、议会副议长、全国妇女协会主席奥尔唐丝·阿卡·昂尼埃率领的科特迪瓦妇女代表团一行 5 人访问青岛。

三、冈比亚

1987 年 7 月 16—21 日，冈比亚人民进步党全国主席、全国执委主席柯利法·桑巴率团一行 4 人访问潍坊、青岛。

1987 年 9 月 17—19 日，由莫莫杜·巴布卡尔·恩吉议长率领的冈比亚议会代表团一行 4 人，由全国人大常委会委员宋承志陪同，来青岛参观访问。

四、毛里塔尼亚

2000年6月27—29日，毛里塔尼亚民主社会共和党总书记穆罕默德·哈桑率团访问青岛。

图6-6 2000年6月27—29日，毛里塔尼亚民主社会共和党总书记穆罕默德·哈桑率团访问青岛。图为哈桑总书记一行参观海尔集团

五、马里

1995年7月4—6日，马里国民议会议长迪亚洛率马里国民议会代表团一行4人访问济南、淄博，参观济南轻骑集团、淄博丝绸厂、山东省陶瓷公司、淄博芭山村。省人大常委会主任李振会见了代表团。

六、几内亚

1992年10月2—4日，几内亚卫生和社会事务部国务秘书玛卡莱·卡玛卡拉夫人率几内亚妇女代表团一行3人访问烟台，参观了工厂和社区，就妇女在改革开放中开展活动及所发挥的作用进行了考察和座谈。

1998年3月26—28日，几内亚外交部长拉明·卡马拉及几内亚驻华大使贡代一行5人访问济南、泰安、曲阜。省委副书记、省长李春亭在济南会见了部长一行。

图6－7　1998年3月26—28日，几内亚外交部长拉明·卡马拉访问山东。图为卡马拉部长在曲阜孔庙参观

1998年10月22—24日，几内亚和平友好团结理事会主席法西奈·邦古拉一行2人访问济南。省友协会长陆懋曾在济南会见了客人。

2003年4月11—14日，由几内亚经济和财政部长谢克·阿马杜·卡马拉、农业和畜牧业部长让·保罗·萨尔率领的几内亚经济和财政代表团一行5人，在几内亚驻华大使卡马拉夫妇陪同下访问山东。副省长孙守璞在济南会见了客人。

七、佛得角

1987年8月8—20日，佛得角非洲独立党政治委员会委员、外交部长西尔维诺·达卢斯一行7人，由中联部副部长蒋光化陪同，访问青岛、烟台。

1995年6月1—3日，佛得角总统安东尼奥·马斯卡雷尼亚斯·蒙特罗偕夫人一行18人，在中国政府陪同团团长、化工部副部长贺国强陪同下访问青岛。参观了青岛第二啤酒厂、海尔集团电冰箱总厂和青岛港码头，游览了小鱼山、小青岛公园等。省委副书记、省长李春亭会见了总统一行。

图 6－8 1995 年 6 月 1—3 日，佛得角总统安东尼奥·马斯卡雷尼亚斯·蒙特罗访问青岛。图为蒙特罗总统一行参观海尔集团

八、塞拉利昂

1987 年 7 月 23 日至 8 月 1 日，以塞拉利昂总统夫人、塞拉利昂"国际妇女节"协会主席汉纳·维多利亚·莫伊为团长的妇女代表团一行 5 人，由全国妇联前副主席郭力文陪同，访问烟台、青岛、威海，参观了烟台国际 SOS 儿童村和部分乡镇企业。

1999 年 8 月 25—28 日，塞拉利昂议长库图布、塞驻华大使迪恩一行 5 人访问烟台、威海，参观了南山集团、烟台经济开发区、张裕集团、黑豹集团、黄泥沟村等。省人大常委会主任赵志浩在烟台会见了议长一行。

九、多哥

1988 年 7 月 22—28 日，多哥驻华大使姚·阿博访问济南、青岛等地。

2005 年 10 月 26—30 日，以总书记德拉马尼为团长的多哥人民联盟代表团一行 4 人访问济南、淄博。代表团参观了济南轻骑集团、高新技术开发区、淄博农村等。省委常委、组织部长刘伟在济南会见了代表团一行。

十、贝宁

1992 年 9 月 12—16 日，贝宁文化通讯部长保兰·翁通吉率贝宁文化代表团一行 3 人访问济南、泰安、曲阜。

第三章　澳大利亚

山东省与澳大利亚是传统合作伙伴。双方之间的交往始自20世纪60年代，首位访问山东的重要来宾是1967年7月来访的澳大利亚共产党中央书记弗兰克·约翰逊及夫人。20世纪80年代中后期开始，山东与澳大利亚的交往逐渐增多，双方的交流与合作取得良好发展和可喜成果。1986年4月，山东与南澳州正式签署建立友好关系协议书。山东高度重视与澳大利亚的交流与合作，双方在文化、科技、教育、经贸、农业、畜牧业、矿业等领域的合作稳步发展，人员互访频繁，实质性成果逐渐增多。澳方对与山东开展合作交流持积极态度，南澳州、西澳州、昆士兰州政府与山东保持了密切的交往关系，澳大利亚驻华大使馆官员多次来访，澳大利亚驻华使馆商务处于2003年7月在青岛设立办事处，进一步推动了澳大利亚与山东的经贸合作。1986—2005年，澳大利亚到山东访问的代表团有180余批次，除政府间高层访问外，各种商会、协会、友好团体和企业界人士对山东来访也比较活跃。山东团组对澳大利亚访问共有28批次，除省级领导率团访问外，文化、科技、教育等领域的专业团组对澳交流也非常活跃，省级友好关系、市级友好城市关系以及其他友好合作关系发展迅速。这些活动，加深了山东与澳大利亚的相互了解，促进了双方以资源、能源合作为重点的多领域交流合作，取得一批实质性成果。

第一节　来　访

一、联邦政府官员与议员来访

1987年4月27日至5月1日，澳大利亚工党执委兼外交和国防政策委员会主席克利斯朵夫·沙赫特夫妇2人访问山东。

1994年6月13—15日，澳大利亚副总理兼住房和地区发展部长布赖恩·豪率政府代表团一行11人访问烟台。

2005年5月27日，澳大利亚联邦议员桑托罗访问济南，考察与澳大利亚有合作关系的农业生产企业和教育机构。省人大常委会副主任黄可华会见了客人。

2005 年 7 月 29 日，澳大利亚联邦议员迈克尔·约翰逊参加威海三角集团世界批发商大会。副省长王仁元在威海会见了约翰逊议员一行。

二、前政要及友好人士来访

1991 年 5 月 12—17 日，澳大利亚前总理、澳中友协主席惠特拉姆率澳中理事会代表团一行 6 人访问山东。

图 6－9　1991 年 5 月 12—17 日，澳大利亚前总理、澳中友协主席惠特拉姆率团访问山东。图为省对外友协会长陆懋曾陪同惠特拉姆参观济南清河集团

1997—2005 年，澳大利亚前总理霍克先后 6 次来山东考察访问。1997 年 6 月 5 日，霍克偕夫人来烟台参加第二届亚太经合组织（APEC）国际贸易博览会，国务院副总理李岚清在烟台会见了霍克夫妇。外经贸部部长吴仪，省委书记吴官正，省委副书记、省长李春亭参加会见。同年 11 月 13—14 日，霍克作为澳大利亚光塔资源有限公司非执行董事访问山东，考察了省地矿厅。省委副书记、省长李春亭会见了代表团一行。2001 年 8 月 18 日，霍克出席了第十一届青岛国际啤酒节开幕式，并与省委常委、青岛市委书记张惠来共同出席了《青岛市与澳大利亚新南威尔士州建立友好合作关系意向书》签字仪式。2002 年 8 月 16—22 日，霍克先生一行 6 人访问济宁

市，受邀担任济宁市人民政府招商顾问。省委副书记、省长张高丽在济宁会见了霍克一行。2005 年 4 月，霍克作为南澳州政府经济顾问随同该州副总理傅凯文访问青岛。

图 6－10　1997 年 11 月 13—14 日，澳大利亚前总理罗伯特·霍克访问山东。图为霍克先生在省地矿厅展室参观并题词

1998 年 10 月 10—13 日，国际控制碘缺乏病理事会主席、南澳州前副总督巴兹尔·赫特泽一行 4 人访问济南、青岛、泰安、曲阜等地。

1998 年 10 月 21—24 日，新南威尔士州前总理耐维尔·滦及其助手段海伦女士访问济南、肥城等地，与省外办及有关部门进行工作会谈，实地考察了肥城热电厂项目和济南五峰山新世界游乐园项目。

2002 年 5 月 29—30 日，澳大利亚工党原全国总书记汤姆·伯恩斯访问山东。中共中央政治局委员、山东省委书记吴官正在济南会见了伯恩斯一行。伯恩斯先后 70 余次访华。

2002 年 8 月 17 日，澳大利亚国会前议员戴瑞尔·威廉·马戈尔一行访问山东。省委常委、副省长林廷生在济南会见了客人。

2002 年 10 月 24—27 日，澳大利亚前副议长加里·内尔及夫人访问济南、济宁、曲阜等地。省委副书记王修智在济南会见了客人。

2004 年 5 月 18 日，澳大利亚国会前副议长艾瑞克·菲茨吉本访问山东。省委书记、省人大常委会主任张高丽在济南会见了客人。

2005 年 10 月 13—17 日，新南威尔士州前州长鲍博·卡一行访问山东。省委书记、省人大常委会主任张高丽，副省长赵克志分别在济南和青岛会见了客人。

三、驻华使馆官员来访

1986 年 3 月 28—29 日，澳大利亚驻华大使郜若素偕夫人一行 4 人访问青岛。

1989 年 3 月 22—27 日，澳大利亚驻华大使沙德伟夫妇一行 3 人访问济南、曲阜、青岛和烟台等地。

1993 年 2 月 7—13 日，澳大利亚驻华大使雷涛乐（M. Lightowler）一行 5 人访问济南、青岛、烟台等地，了解山东改革开放情况，探讨与山东进一步发展经贸合作的领域和项目，考察澳大利亚在山东的政府贷款项目。中共中央政治局委员、山东省委书记姜春云，省委副书记、省长赵志浩分别会见了大使一行。

1994 年 2 月 26 日至 3 月 1 日，澳大利亚驻华使馆公使雷艾伦（Mr. Alan Reid）访问济南、青岛，考察山东经济发展情况和投资环境，提出希望在山东设立商贸代表处。6 月 11—22 日，公使与澳贸委东亚投资总监以及澳大利亚法律、银行界代表再次来山东考察访问，6 月 21 日在济南召开"赴澳投资研讨会"，介绍澳中贸易情况，澳大利亚投资环境、税制、金融体制等情况。副省长宋法棠出席研讨会。

1996 年 4 月 28—30 日，澳大利亚驻华使馆商务参赞安增德一行 2 人访问济南、潍坊，参加潍坊万亩果园节水灌溉项目阶段性工程展评会。

1996 年 9 月 18—24 日，澳大利亚驻华大使石励（Richard Smith）访问山东，出席了南澳州阿德莱德交响乐团在山东的访问演出。同年 12 月 17—19 日，石励大使与来访的南澳州总督艾瑞克·尼尔等共同出席南澳州驻山东贸易投资代表处开业典礼等活动。1997 年 7 月 30 日，石励大使第三次来山东，访问了青岛市。

2000 年 6 月 17—21 日，澳大利亚驻华使馆临时代办黎佩宁（Ms. Renny Richards）一行 2 人访问济南、长清、邹平、曲阜。

2000 年 10 月 9 日，澳大利亚驻华使馆教育参赞唐恩奇（Mr. Ian Watt）一行 3 人来济南，参加齐鲁国际培训学院第五届学生毕业及第六届学生开学典礼。

2003 年 2 月 19—20 日，澳大利亚驻华使馆商务参赞桑骏率澳大利亚棉花装运协会代表团访问济南，出席由该协会举办的澳棉推广会，访问山东省计委、省经贸委和省外经贸厅，了解山东近年来经济发展和对澳经贸合作情况。

2003 年 8 月 27 日，澳大利亚驻华使馆公使默顿率澳大利亚力拓铁矿首席执行官阮尼克先生等人来访，探讨向莱钢无偿转让熔融还原铁（HISMELT）技术并供应铁矿石等合作事宜。

2004 年 3 月 24—27 日，澳大利亚驻华大使唐茂思（Dr. Alan Thomas）访问山东。同年 9 月 8 日，唐茂思大使再次访问山东，出席济南市商业银行与澳大利亚联邦银行战略合作协议签字仪式。

四、地方政府、议会团组来访

（一）南澳州

1. 州长、总督来访

1986 年 4 月 2—11 日，南澳州州长班依率州政府友好代表团一行 18 人访问济南、淄博、泰安、曲阜、烟台、青岛等地。

1993 年 5 月 16—21 日，南澳州州长雷因·阿诺德率政府代表团一行 29 人访问济南、青岛、烟台等地，考察与山东在农牧业及地矿、汽车、环保、节水灌溉等方面的合作，出席山东省环保局与南澳州金山工程公司、潜水艇工程公司关于建立环保科技公司协议签字仪式。中共中央政治局委员、山东省委书记姜春云，省委副书记、省长赵志浩分别会见了代表团一行。

1995 年 8 月 17—21 日，南澳州总督戴莫·罗马·米歇尔一行 3 人到北京出席第十四届亚洲法学研讨会和第六届亚洲首席大法官会议后访问济南、青岛。省委书记赵志浩，省委副书记、省长李春亭分别会见了总督一行。

1996 年 12 月 17—19 日，南澳州总督艾瑞克·尼尔率政府代表团一行 9 人访问济南，出席南澳州驻山东商贸代表处开业典礼及中澳合资万顷土地综合开发项目签字仪式。省委书记赵志浩，省委副书记、省长李春亭分别会见了代表团一行。澳大利亚驻华大使石励参加活动。

1999 年 1 月 13—14 日，南澳州州长约翰·奥尔森率南澳州政府代表团一行 8 人访问山东。中共中央政治局委员、山东省委书记吴官正会见了代表团一行。省委副书记、副省长宋法棠与奥尔森州长签署了《山东省与南澳州合作交流谅解备忘录》。

图 6－11 1996 年 12 月 17—19 日，南澳州总督艾瑞克·尼尔率政府代表团访问山东。图为省长李春亭、南澳州总督艾瑞克·尼尔、澳大利亚驻华大使石励出席南澳州驻山东商贸代表处开业典礼仪式并剪彩

2003 年 11 月 4—7 日，南澳州州长迈克·兰恩一行 9 人访问济南、青岛。省委副书记、省长韩寓群会见了州长一行。迈克·兰恩州长参加了《山东省人事厅与南澳州教育部人员交流合作备忘录》签字仪式，参观了由该州公司负责内部设计的山东大厦以及省图书馆、省科学院。在青岛，参观了青岛啤酒厂，参加了青岛市教师培训学院澳洲培训基地揭牌仪式。

2. 州部长级团组来访

1992 年 8 月 4—6 日，南澳州政府内阁部主任鲍博·尼科斯率团访问山东，探讨与山东在经济贸易、人才培训、智力引进等领域开展合作。

1994 年 11 月 8—10 日，南澳州初级工业部及矿产能源部长迪尔·贝克一行 7 人访问济南、菏泽，与省农业厅、省水产厅、省地矿局、省农科院等洽谈合作事宜。副省长王建功会见了代表团。

1996 年 5 月 15—25 日，南澳州初级工业部长罗博·凯瑞率农牧业考察团一行 10 人访问济南、滨州、烟台、青岛等地。省委书记赵志浩在济南会见了考察团一行。

1996 年 9 月 18—24 日，为庆祝澳大利亚南澳州与山东结好 10 周年，南澳州艺术部长莱德劳女士率阿德莱德交响乐团一行 95 人来济南、青岛访问演出。省委书记赵志浩、副省长邵桂芳分别会见了代表团一行。

1997 年 7 月 8—10 日，南澳州政府发展部执行总裁约翰·剑桥率政府企业代表团一行 10 人访问青岛并出席南澳美食节开幕式和中国青岛对外经济贸易洽谈会。

1997 年 7 月 13—15 日，南澳州政府经济发展部亚洲商务部经理詹姆斯·豪一行 2 人访问济南，与省经委、省外经贸委等有关部门就扩大实质性合作进行探讨。副省长宋法棠会见了客人。

1997 年 12 月 13—15 日，南澳州政府亚洲经贸事务局总裁约翰·剑桥访问济南，与省经委、省外经贸委、省农委等有关部门就进一步加强两省州实质性经贸合作关系进行了探讨。

2002 年 11 月 11—14 日，南澳州阿德莱德市市长黄国鑫率南澳州政府商务代表团访问济南、青岛等地。副省长邵桂芳在济南会见了客人。

2004 年 4 月 27—28 日，南澳州工业贸易部长保罗·郝龙威率团访问山东。副省长陈延明在济南会见了客人。

3. 其他团组来访

1994 年 9 月 4—6 日，南澳州经济发展局执行主任约翰·剑桥等人来访，与山东探讨山东、新加坡、南澳州三方经贸合作事宜。

1995 年 3 月 26—30 日，以南澳州妇女选举院外集团主席德博拉·麦卡洛为团长的南澳州工党人士代表团一行 5 人访问曲阜、泰安等地。

1995 年 9 月 21—30 日，南澳州山东经贸咨询委员会副主席泰德·伯特一行 17 人访问济南、聊城、德州、淄博、滨州、东营、青岛等地，探讨与山东在金融、贸易、畜牧、电子设备、法律咨询、制造业和房地产业合作的可能性。

1997 年 7 月 8—10 日，南澳州政府发展部执行总裁约翰·剑桥率政府企业代表团一行 10 人访问青岛，出席南澳美食节开幕式和中国青岛对外经济贸易洽谈会。

1997 年 7 月 9 日，由新加坡、山东省、巴伐利亚州、南澳州四方举办的 1997 年化工科技研讨会在青岛举行。来自德国、澳大利亚、新加坡和中国山东的化工专家进行了交流。

1997 年 7 月 13—15 日，南澳州政府经济发展部亚洲商务部经理詹姆斯·豪一行 2 人访问济南，与省经委、省外经贸委等有关部门就扩大实质性合作进行探讨。副省长宋法棠会见了客人。

1997 年 12 月 13—15 日，南澳州政府亚洲经贸事务局总裁约翰·剑桥访问济南，与省经委、省外经贸委、省农委等有关部门就进一步加强两省州实质性合作进行探讨。

2002 年 11 月 11—14 日，南澳州阿德莱德市市长黄国鑫率南澳州政府商务代表团访问济南、青岛等地。副省长邵桂芳在济南会见了客人。

（二）西澳州

1996 年 6 月 4—10 日，西澳州政府工商贸易部常务副部长罗斯·凯瑟岚和西澳中华总商会国际名誉主席郭国照率西澳州经贸代表团一行 11 人访问济南、青岛、文登等地。郭国照向山东希望工程捐款 100 万元人民币。省委书记赵志浩会见了代表团一行。

1998 年 3 月 23—25 日，西澳州农业部副部长（总执行官）戈莱姆·罗宾逊一行 3 人访问济南和曲阜。

2005 年 6 月 13—15 日，西澳州工业和资源部副部长阿什克罗夫特一行访问山东。副省长赵克志在济南会见了客人。

2005 年 11 月 17—19 日，西澳州政府工业与资源部地质调查局局长瑞克·罗杰森率该州矿业代表团一行 13 人访问济南、烟台。在济南期间，与省国土资源厅、省外办、省地矿局举办了山东—西澳州矿业合作研讨会，山东省 30 多家部门和企业代表参加。访问烟台期间，代表团参观了招金集团金翅岭矿。

（三）新南威尔士州

1994 年 4 月 5—10 日，新南威尔士州新英格兰西北区发展局主席鲍威尔一行 8 人访问济南、枣庄，探讨与枣庄建立友城的可能性。

1997 年 9 月 25 日至 10 月 8 日，新南威尔士州新英格兰西北区发展委员会主席迈克·蒙哥马利一行 5 人访问山东，参加了孔子文化节开幕式。

2002 年 6 月 10 日，由布莱克市市长、澳大利亚国际商会副会长阿兰·潘德莱顿率领的市政府及商会代表团一行 25 人访问山东。省委常委、常务副省长林廷生在济南会见了代表团一行并出席了山东国际商会与澳大利亚国际商会友好合作协议签字仪式。

2004 年 4 月 6—7 日，新南威尔士州农业、渔业部长伊安·麦克唐纳与亚洲事务经理王月辉访问山东。副省长陈延明在济南会见了客人。此后，王月辉女士在 2005 年又数次来访，与省农业厅、省畜牧局以及淄博市探讨合作事宜。

（四）昆士兰州

2000 年 7 月 13 日，以澳大利亚阳光海岸地区经济发展局首席执行官泰勒·费兹卓为团长的阳光海岸经贸代表团访问山东。省委副书记、省长李春亭在青岛会见了客人。

2004 年 10 月 28—30 日，昆士兰州教育及艺术部长布莱女士访问山东，参加山东艺术学院与澳大利亚哥利菲斯大学昆士兰州艺术学院建立友好关系 5 周年庆祝活动。副省长蔡秋芳会见了客人。

（五）维多利亚州

2000 年 6 月 30 日至 7 月 3 日，维多利亚州议会副议长巴利·比肖浦和干事长肯·史密斯率维州议会代表团一行 14 人访问济南、青岛、泰安。2001 年 10 月 26—29 日，肯·史密斯再度来访，代表维州海外项目公司与省建设厅、济宁市建委等部门就微山湖区水处理厂项目合作问题进行了初步探讨。2004 年 7 月 13—17 日，肯·史密斯议员率该州教育代表团一行 6 人访问济南、青岛。肯·史密斯议员积极组织维州议员及维州企业界人士来访，接待过多批山东访澳团组。他与澳洲当地华人社区交往密切，多次资助华人社区的许多成员，2004 年当选为维州议会“对华友好小组”主席。2004 年 7 月 5 日，山东省政府授予史密斯先生“山东省荣誉公民”称号。

2004 年 7 月 1 日，维多利亚州社区部副部长林美丰及夫人访问济南、曲阜、泰安。省人大常委会副主任莫振奎在济南会见了客人。

2005 年 9 月 12 日，维多利亚州州长助理杰克·麦桂格一行来山东举办建筑研讨会。省长助理臧海强在济南会见了客人。

五、工商企业界团组来访

1997 年 4 月 14—15 日，澳大利亚皇家保险经纪人公司董事、总经理及行政总裁罗伯特·费尔利一行 2 人访问济南。省人大常委会副主任郭长才会见了客人。

1998 年 6 月 9 日，澳大利亚公路运输协会主任兼帆茅集团董事会主席帆茅、帆茅集团总经理斯特尔肯、瑞典沃尔沃卡车集团中国项目总裁诺曼一行访问山东。副省长韩寓群在济南会见了客人。

1999 年 5 月 18 日，以澳中集团董事局主席、澳中工商会主席金凯平为团长的澳大利亚青年企业家访问团访问山东。省政协副主席刘洪仁在济南会见了访问团一行。

1999 年 10 月 22 日，以凯恩斯市政府官员安妮特·夏帕女士为团长的教育投资代表团访问山东，在济南举行了山东省国际文化交流中心和澳大利亚国际教育交流中心联合组织的教育、投资、旅游展示说明会。省人大常委会副主任董凤基会见了代表团一行。

2005 年 4 月 19—20 日，澳大利亚联邦银行穆礼一行 8 人访问山东。省委常委、常务副省长林廷生在济南会见了客人。

六、全国性机构人员来访

2000 年 2 月 24—26 日，应全国妇联邀请，澳大利亚人权委员会主席爱丽斯・泰一行 3 人访问山东，在青岛举办了有关家庭暴力问题的研讨会。

2004 年 7 月 19—20 日，中国教育国际交流协会与澳大利亚大学校长委员会联合举办 2004 中澳高等教育论坛和中澳大学校长联谊活动。副省长王军民会见了客人。

第二节 出 访

一、省级领导人出访

（一）主要领导

1993 年 7 月 24 日至 8 月 3 日，中共中央政治局委员、山东省委书记姜春云率山东省友好经济代表团访问澳大利亚。代表团先后访问了维多利亚州、南澳州、新南威尔士州和首都堪培拉，参观考察了公司、企业、农场等，会见了各界知名人士，举办了山东经济发展情况介绍会。澳大利亚总理保罗・基廷、外交贸易部长埃文斯、南澳州州长雷恩・阿诺德分别会见了代表团一行，就进一步增进双方友好合作关系进行了坦诚友好的会谈。访问期间，山东省分别与南澳州、维多利亚州签署了《关于进一步加强经济、贸易、技术全面合作交流的协议》《关于发展经济与技术合作、贸易与投资的备忘录》。

1996 年 3 月 27 日至 4 月 1 日，为庆祝山东省与南澳州建立友好省州关系 10 周年，省委书记赵志浩率山东省经济代表团一行 9 人访问澳大利亚。代表团拜会了澳联邦政府，会见了南澳州总督、州长和议会领导人，探讨了两省州经济文化交流与合作的重点领域和项目，制定实质性交流计划；会晤了西澳州州长及新南威尔士州政府高级官员，与社会各界友好团体及工商企业界人士广泛接触；考察参观了部分企业、农场、科研和教育单位。

2002年4月3—9日，中共中央政治局委员、山东省委书记吴官正一行15人访问澳大利亚，会见了澳大利亚联邦政府和南澳州政府领导人，考察参观了当地科研和企业单位。中联部副部长王家瑞陪同出访。

图6－12　2002年4月3—9日，中共中央政治局委员、山东省委书记吴官正一行15人访问澳大利亚。图为吴官正与南澳州州长迈克·兰恩在去议会的路上

2002年9月3—21日，省人大常委会主任韩喜凯随李鹏委员长率领的全国人大代表团访问澳大利亚。

（二）其他领导

1987年5月29日至6月13日，副省长马世忠率山东省政府代表团一行6人访问西萨摩亚和澳大利亚。在访问西萨期间，代表团参加了西萨独立25周年庆典，举行了山东省向西萨赠送农作物种子签字仪式。在访问南澳州期间，代表团参观了工厂、矿山、学校等，与南澳州方面举行了第二次混合委员会会议。

1988年5月7—21日，副省长马忠臣率山东省政府代表团一行6人访问澳大利亚南澳州，主持了在阿德莱德市举行的山东省经济贸易展览会开幕式，与澳方代表就进一步发展经济贸易合作和文化、教育、卫生、体育、人才交流等达成协议。

1991年6月13—26日，副省长李春亭率山东省政府代表团访问澳大利亚，考察了企业、农场、学校、医院和南澳州多功能科学城。

1998 年 1 月 12—18 日，省委常委、宣传部长董凤基率山东省新闻文化代表团一行 8 人访问澳大利亚，就加强记者互访、节目交换、文化交流等进行了深入探讨，就澳大利亚 SBS 电视台、电台与山东电视台、山东人民广播电台建立友好关系事宜达成意向。

1998 年 6 月 14—29 日，省人大常委会副主任王克玉率山东省友好经济代表团一行 8 人访问巴布亚新几内亚、密克罗尼西亚联邦和澳大利亚。

1999 年 11 月 28 日至 12 月 4 日，副省长陈抗甫率山东省矿业经济考察团访问澳大利亚，与南澳州签署了加强矿业领域技术交流与经济合作意向书。

2001 年 3 月 14—20 日，省委副书记王修智率山东省友好经济代表团访问澳大利亚，出席了山东与南澳州结好 15 周年有关活动。

2001 年 8 月 20—31 日，省人大常委会副主任张瑞凤率山东省人大代表团访问澳大利亚。

2002 年 11 月 9—24 日，省政协副主席时立军率省政协友好代表团访问澳大利亚，考察议会制度及农牧业发展经验。

2003 年 3 月 7—19 日，副省长黄可华率山东省财税代表团访问澳大利亚，考察了国家及地方政府财税体系、税收体制和国有资产管理模式。

2004 年 2 月 29 日至 3 月 11 日，省政协副主席王久祜率山东省政协友好代表团访问澳大利亚。

2004 年 5 月 16—29 日，省委常委、常务副省长林廷生率团访问澳大利亚。在南澳州，与州长迈克·兰恩进行了会晤，参观了有关企业及高科技园。在昆州、新州、维州分别拜会了各州政府、议会领导人，在悉尼参加了国际商业展览会。

2004 年 8 月 31 日至 9 月 11 日，副省长王仁元率省经贸代表团访问澳大利亚，分别会见了西澳州常务副州长米歇尔女士、南澳州贸易经济发展部长和新南威尔士州矿产资源部长，就加强双方经济技术合作等进行了磋商。

2004 年 11 月 8—17 日，省人大常委会副主任李明先率山东省人大农业代表团访问澳大利亚。

2005 年 2 月 19 日至 3 月 1 日，省政协副主席乔延春率省政协友好代表团访问澳大利亚。

2005 年 5 月 7—21 日，省人大常委会副主任邵桂芳率山东省人大友好代表团访问澳大利亚。

2005年7月8—22日，副省长赵克志率山东省政府代表团访问澳大利亚西澳州和新南威尔士州，与两州政府、议会领导人会晤，重点探讨了与两州在矿业、资源领域的合作。

二、其他重要团组出访

（一）文化团组

1996年2月28日至3月17日，省委宣传部副部长陈光林率山东省新闻文化代表团一行6人访问澳大利亚。

1999年4月22日至5月13日，省外办与省外宣办联合在南澳州阿德莱德市举办“孔子故乡——中国山东”图片展。

2000年9月2—10日，省委宣传部副部长王凤胜率山东省新闻文化代表团访问澳大利亚，在悉尼举办《中国先导·山东专刊》首发式和“中国山东——孔子故乡”图片展。《山东画报》与澳《中国向导》杂志社签署了建立友好关系意向书。

（二）经贸团组

1999年3月15—30日，省外办主任武钟恕率中国青岛对外经济贸易洽谈会招商工作组一行3人赴澳大利亚重点城市和地区开展招商活动。

2003年9月16—28日，省人事厅副厅长单宗杰、省外办副主任段毅军率省科技经贸代表团一行13人访问澳大利亚，与南澳州教育部、工贸部探讨在矿业、人员培训、农业科技等方面的合作事宜。南澳州州长迈克·兰恩会见了代表团一行。

（三）省委组织部团组

2004年9月8—10日，由省委组织部副部长刘玉功带队的考察组访问澳大利亚，与南澳州磋商选派山东青年干部赴该州培训事宜。

2005年4月19—29日，省委组织部副部长于刚访问澳大利亚，并带18位学员赴澳大利亚培训。

2005年9月25日至10月7日，由省委组织部副部长厉彦林带队的考察组访问澳大利亚。

第三节 友好关系

一、友好省州

山东省与南澳州于1986年4月3日缔结友好省州关系。

（一）结好情况

山东省与南澳州建立友好省州关系以来，与该州历届政府、议会以及民间友好团体、工商、教育、科技等各界保持良好的交流与合作关系。自1986年正式结好至1989年，友城关系发展顺利。受1989年春夏之交政治风波影响，双边关系一度出现困难。1989年6月22日，南澳州政府致函山东省政府，提出暂时中断与山东一切交往，拒绝接受山东研修人员和考察团访澳。山东省及时回应，阐明立场并积极主动做工作。南澳州很快改变态度并于9月作出恢复双方关系的积极姿态，主动派州政府内阁部主任格林访鲁。12月，南澳州州长班依向中国驻澳大利亚大使表示，希望恢复与山东的友好交往。此后双方关系逐渐恢复，各项交流活动逐年增多。1996年12月，南澳州在济南设立了贸易投资代表处。2004年，山东省贸促会与南澳州工商总会签订了友好合作协议。截至2005年底，山东与南澳州共缔结友好城市关系2对、友好大学关系2对、友好中学关系3对、友好小学关系1对、友好港口关系1对、友好医院关系1对。

（二）高层互访

1992—2005年，南澳州有5位州长或总督访问山东；山东省有6位副省级以上领导出访南澳州。

（三）经贸合作

1. 建立机制

双方政府高度重视友好省州关系的发展，特别是实质性交流与合作。2002年4月，经澳中工商业委员会南澳州分会和南澳州中华商会倡议，在南澳州政府及州长迈克·兰恩的支持下，正式成立了南澳中国贸促会（China Cluster，又译“南澳对华工作小组”），以扩大南澳州政府和私有企业界与中国特别是山东的合作。作为南澳州政府及工商界的合作联盟，该会还是南澳州州长的中国贸易顾问团。2002年5月20日，根据省委书记吴官正的指示，按照省外办主任张伟龄的意见和要求，为积极稳妥、健康有序地开展对南澳州的交往并与南澳州的南澳中国贸促会建立磋商机制，保持对接和密切的联系，共同推动双边合作关系的发展，山东省成立了山东—南澳合作工作协调小组。5 月 20 日，省外办副主任段毅军主持召开了山东—南澳合作工作协调小组第一次工作会议，参加单位有省教育厅、省外经贸厅、省经贸委、省农业厅、省国土资源厅和省地质勘探局等。会议对南澳州商务代表团来山东访问进行了认真研究，提出并及时向澳方通报了在经贸、双向投资、教育、地矿等领域的具体合作意向。

2. 合作成果

1993—1995 年，省水利厅与南澳州金曦工程公司合作，利用澳大利亚出口信贷 151 万美元，引进南澳州哈迪公司的节水灌溉技术和喷灌设备，用于潍坊市 3 个县共 1 万亩苹果园。该项目总投资 1650 万元人民币。

1998 年，南澳州金曦公司中标世界银行在山东的城建环保一期项目中的技术援助咨询服务合同，合同总金额 320 万美元。

1999 年初，南澳州五合富丽建筑设计公司中标山东大厦室内设计项目，合同总金额 170 万澳元。后中标青岛机场改扩建工程设计及博山区城市战略性发展规划设计，并与济南三建集团合作进行章丘市住宅区设计。

（四）教育、文化、科技等领域合作

1996 年 9 月，南澳州阿德莱德交响乐团一行近百人来济南、青岛两地各举办了一场音乐会。

1997 年 10 月，山东民乐团 22 人访问南澳州，在南澳州共演出 16 场，参加了当地两年一次的维克特港民间艺术节的首场演出。

1999 年 4 月，“今日山东——孔子文化”图片展在阿德莱德举行，同时开展了多项文化交流。

2001 年 3 月，省委副书记王修智访问南澳州期间，向南澳华联会赠送一批民族舞蹈服装。11 月底，省出版总社向该会赠送了 100 套教材。

2001 年 4 月 16 日，中国与澳大利亚苜蓿种植逆行试验合作项目启动会在省农科院举行。根据该项目，山东省农科院与南澳州农业研究与发展研究所在黄河三角洲地区合作进行耐旱耐碱苜蓿杂交育种科研项目。澳大利亚国际合作中心为该项目提供 95 万澳元合作资金，其中 33.25 万澳元用于中方，包括山东省农科院和中科院等几家单位，其中约 10 万澳元将用于山东，主要进行苜蓿田间及室内实验和人员培训等。

2002 年，山东从南澳州引进价值约 200 万美元的速成墙生产设备以及相关技术，进行开发推广。

2003 年 11 月，南澳州与青岛市教育局建立教师培训学院澳洲培训基地，为青岛培训教师。

2004 年，山东省两名公务员到南澳州政府部门进行了为期 3 个月的实习培训，费用由南澳州承担。

2005 年 4—9 月，由省委组织部选派的首批 18 名中青年干部在南澳州进行了 5 个半月的培训。

山东省农科院与南澳州有 20 多年的友好合作关系。1984—2005 年，先后有 70 余人访问南澳州，进行技术交流活动，其中包括动物克隆专家常万存博士 2001 年 11 月赴南澳州进行合作研究 6 个月。1993 年，山东省农科院与南澳州农业发展研究所签订农业科技合作协议书，确定了双方合作的原则和领域。

二、重要合作项目和成果

（一）合作项目

1. 兖矿集团收购澳思达煤矿项目

2004 年 10 月，兖矿集团在新南威尔士州收购了澳思达煤矿（Austar Coal Mine）。该矿位于新州纽卡斯尔市境内的猎人谷矿区，距港口城市纽卡斯尔约 65 公里，有铁路与纽卡斯尔煤港相连。矿井井田面积 63 平方公里，地质储量 1.4 亿吨。该矿设计年生产能力 250 万吨。整个项目包括购买煤矿及开采设备等总投资近 1 亿澳元，投产后将给当地创造 200 余个就业机会。产品主要向日本、韩国、巴西、土耳其等国家出口。

2. 澳大利亚联邦银行与济南市商业银行合作项目

总部位于新州首府悉尼的澳大利亚联邦银行成立于 1911 年，原是澳大利亚的中央银行，是澳大利亚最大的商业银行之一。截至 2004 年底，全行总资产达到 3210 亿澳元（折合人民币 19902 亿元）。2004 年 11 月，该行投入资金 1735 万美元（折合人民币 1.43 亿元），首期认购济南市商业银行已发行股份的 11%。除购买股份外，该行还将根据与济南市商业银行签署的技能转移协议，向济南市商业银行引进其在 IT、信用卡、信贷管理、风险管理、市场营销、财务管理以及资金管理等方面的 7 项核心技能并与济南市商业银行进行按揭业务合作。

（二）合作成果

1. 农业方面

2002 年，山东省农业厅与昆士兰州签订合作备忘录，并于当年组派农业代表团参加昆士兰州皇家农牧博览会。2003 年，组织培训团组赴昆士兰州进行农业标准化技术培训，均取得良好效果。此后，昆士兰州一直积极与山东省农业部门保持联系，希望能为山东提供农业及技术、食品安全等方面的培训。

2. 畜牧业方面

2002 年，山东省从澳大利亚引进 2000 头左右奶牛。随着国内奶牛业的快速发展以及牛奶价格的大幅上升，2003 年，山东省从澳大利亚大量引进奶牛，当年从国外进口的 10350 头奶牛中，有 9000 头奶牛来自澳大利亚，引进地主要是维多利亚州和新南威尔士州。

山东省畜牧局 2001 年开始与西澳州农业部就无规定动物疫病区建设开展合作。当年 10 月，西澳州农业部派两名无疫区建设专家前来山东进行讲学，培训山东的兽医技术人员。2002 年 11 月，在澳大利亚援助基金和省外专局的资金帮助下，山东省派出两名兽医人员到西澳州进行了两周的流行病学技术培训。2003 年，省畜牧局和澳大利亚西澳州农业部共同成功申请到亚太经合组织的项目，2004 年 2 月 15 日至 3 月 13 日在山东举办了亚太地区国家动物流行病学和风险评估项目培训，邀请国际兽医卫生组织、澳大利亚农业部、西澳州农业部的 4 名动物流行病学专家前来培训东南亚国家、国内部分省市检验检疫局和畜牧局的专业技术人员以及山东的兽医技术骨干。

3. 矿业方面

山东兖矿集团与昆士兰州就厚煤层开采技术进入澳大利亚开展技术合作的探讨已有几年时间。兖矿集团的综采放顶技术在厚煤层开采业领域居世界领先水平，澳大利亚已探明的可开采厚煤层储量仅在昆士兰州和新州就有 78 亿吨（其中大部分在昆士兰州），合作前景广阔。昆士兰州和山东省煤炭安全监察局一直保持紧密联系。2005 年初，省煤炭安全监察局和昆士兰州矿产部签署了煤炭安全培训合作备忘录。

4. 教育方面

山东省与昆士兰州的教育合作进展良好。至 2005 年，齐鲁国际学校和昆士兰州合作已有 10 年，已输送百余名学生到昆士兰州接受高等教育。该州格利菲斯大学昆士兰艺术学院与山东艺术学院之间的交流合作活动开展得非常好。

5. 体育方面

2005 年，昆士兰州 HOK 体育公司参与中国第十一届全运会济南主会场奥体中心总体设计方案比赛并获奖。

（三）澳大利亚对山东的捐赠、捐助

澳大利亚友好人士对山东的捐赠主要有2笔：西澳中华总商会国际名誉主席郭国照1996年6月访问山东期间，向山东希望工程捐款100万元人民币，用于建立希望小学；澳大利亚籍华人韩笑梅2000年5月19日捐赠1000万元人民币，在省红十字会救助中心设立山东省红十字会造血干细胞库。

第四章　大洋洲其他国家

改革开放后，山东省通过一系列高层互访，建立并发展与大洋洲其他国家的友好交流与合作关系。1986—2005 年，山东省接待除澳大利亚之外的来自大洋洲其他国家的访问团组 38 批，派出访问团组 20 批；与大洋洲其他国家结成省级友好关系 2 对，市级友好城市 2 对。山东省与这些地区和国家的交往，主要是友好访问，在经贸、文化等领域的实质性交流与合作较少。

第一节　新西兰

山东省与新西兰的交往始于 20 世纪 60 年代，首批访问山东的新西兰重要来宾是 1960 年来访的新西兰共产党主席斯·阿·魏克马辛格一行。改革开放后，山东与新西兰的交流与合作逐步发展，高层互访开始增多，友好团体和企业界人士的友好交往比较活跃，双方在多个领域的交流与合作不断加深，先后结成了 3 对市级友好城市和 8 对其他友好关系，推动了在人员交流与培训、经贸往来和文化交流等领域的实质性合作。1986—2005 年，共有 18 批新西兰代表团访问山东；17 批山东代表团出访新西兰。

一、来访

（一）政府官员及前政要来访

1998 年 2 月 11—14 日，新西兰副总理兼财政部长温斯顿·彼得斯率友好代表团一行 11 人访问山东，考察烟台经济发展、投资环境及 1998 年 10 月将在烟台举行的第二届 APEC 国际中小企业技术交流暨博览会有关情况。

2001 年 6 月 9—15 日，新西兰前总理詹妮·希普利女士来烟台出席第二届 APEC 投资博览会。省委副书记、省长李春亭会见了希普利女士。

2004 年 6 月 16 日，新西兰前总理詹妮·希普利女士来烟台出席 APEC 电子商务博览会 CEO 峰会并在会上致辞。

（二）驻华使馆官员来访

1994 年 3 月 13—16 日，新西兰驻华大使克里斯托夫·埃尔德、新西兰陶朗加市市长基斯·克拉克一行 9 人访问济南，参加了在济南成立的山东鲁新经济技术咨询有限公司开业典礼活动。

1996 年 10 月 27—28 日，新西兰驻华使馆商务公使兼副馆长沃维克·蒙克和澳新银行驻华总裁彼克瑞·埃兰一行 2 人访问济南，出席由省经委、省外办主办，山东胜利股份有限公司协办的山东—新西兰经贸合作研讨会。副省长王玉玺会见了沃维克一行。

1999 年 10 月 20—22 日，新西兰驻华大使彼得·亚当斯一行 2 人访问济南和五莲县，考察新西兰援助中国果农的扶贫项目。

2002 年 3 月 14—16 日，新西兰驻华大使麦康年一行 11 人访问烟台。

（三）工商企业界来访

1996 年 3 月 6—13 日，新西兰兰德集团农业有限公司总经理博纳德·卡德和新西兰杰夫科国际公司总经理罗伯特·杰弗里访问济南、滨州、泰安等地，探讨与山东加强农牧业合作的可能性。1996 年 9 月 14—18 日，博纳德·卡德总经理再次率团访问山东。1998 年 2 月 14—16 日，博纳德·卡德总经理第三次率团访问山东。

1998 年 3 月 19—25 日，新西兰经贸代表团一行 6 人在全国友协美大部副主任王敬华陪同下访问济南、滨州、德州、烟台等地，与有关市和部门就金融、农牧业、渔业、冷冻食品加工贸易、汽车改用天然气、林业和木材加工等领域的合作进行了探讨。

1998 年 10 月 4—10 日，新西兰杰夫科国际公司总经理罗伯特·杰夫里访问济南，与省外办美大处、省林工商总公司就进一步加强合作事宜进行探讨。赴烟台出席了第二届 APEC 中小企业技术交流暨展览会。

1998 年 10 月 27—31 日，新西兰奇异（KIWI）塑胶公司总经理郑拱贤访问济南、青岛和东营，就在新西兰设立山东名优产品展销中心，使山东名优产品打入新西兰市场与有关企业进行了探讨。

1999 年 3 月 14 日，新西兰阿德旺斯营销公司（Advanced Marketing）负责人大卫·艾理斯一行 2 人访问济南。

1999 年 7 月 11—14 日，新西兰长城精品公司董事安吉勒斯·泰一行 4 人访问青岛，参加青岛国际展洽会，与海尔集团就试销空调机产品达成意向。

2000 年 11 月 16—19 日，新西兰兰德公司经理菲利普·麦肯齐及销售代表官达·杰夫理女士访问济南、青岛，为其主要产品良种波尔山羊寻找市场，探讨与山东进行畜牧产业方面合作的可能性，参加山东畜牧业博览会并设展位。

2001年8月16—18日，新西兰雄师集团林业公司亚太区总经理凯文·罗斯来日照、济南、临沂考察林木市场。

（四）全国性机构官员来访

1993年10月29日，新西兰—中国友好协会主席云达忠访问烟台。

1999年4月18日至5月3日，以新西兰新中友协常务副会长大卫·布兰夏德为团长的新中友协代表团一行21人访问青岛、烟台、济南、潍坊、泰安、曲阜等地。省友协会长陆懋曾在济南会见了代表团。

2003年9月3日，潍县乐道院集中营幸存者、新西兰新中友协会员、新西兰中国语文协会秘书大卫·彼得访问潍坊，参观了集中营旧址。

二、出访

（一）省级领导人出访

1. 主要领导

1993年8月7—9日，中共中央政治局委员、山东省委书记姜春云率山东省友好经济代表团访问新西兰。

1996年4月7—10日，省委书记赵志浩率山东省经济代表团访问新西兰，拜会了新政府和经济部门主要领导人，考察了部分企业、农场、科研和教育单位。

2002年4月13—16日，中共中央政治局委员、山东省委书记吴官正访问新西兰。中联部副部长王家瑞陪同出访。

2. 其他领导

1998年1月19—22日，省委常委、宣传部长董凤基率山东省新闻文化代表团一行8人访问新西兰。

2001年3月21—24日，省委副书记王修智率山东省友好经济代表团访问新西兰。

2001年8月27—31日，省人大常委会副主任张瑞凤率山东省人大代表团访问新西兰。

2003年3月16—19日，以副省长黄可华为团长的山东省财税代表团访问新西兰，考察了新西兰地方政府财税体系和税收制度以及国有资产管理模式。

2004年5月26—29日，常务副省长林廷生率山东省友好经贸代表团访问新西兰。

2004年9月8—11日，副省长王仁元率省经贸代表团访问新西兰。

2004年11月14—17日，省人大常委会副主任李明先率山东省人大农业代表团访问新西兰。

2005年2月28日至3月1日，省政协副主席乔延春率山东省政协友好代表团访问新西兰。

2005年5月16—19日，省人大常委会副主任邵桂芳率山东省人大友好代表团访问新西兰。

2005年7月18—20日，副省长赵克志率山东省经贸代表团访问新西兰。

（二）其他重要团组出访

1996年3月10—14日，为庆祝烟台市与新西兰陶朗加市缔结友好关系10周年，省委宣传部副部长陈光林率省新闻文化代表团一行6人访问新西兰。

1998年4月21—26日，山东省财政经济考察团一行5人访问新西兰，与陶朗加市财政局及有关企业及工会负责人进行了会谈。

1999年3月25—30日，省外办主任武钟恕率中国青岛对外经济贸易洽谈会招商工作组一行3人赴新西兰重点城市和地区开展招商活动，顺访了与山东结好的3个友好城市，探讨了扩大实质性交往与合作的计划和内容。

2000年9月7—10日，由省委宣传部副部长王凤胜率领的山东省新闻文化代表团访问新西兰。

第二节 巴布亚新几内亚

山东省与巴布亚新几内亚的交往始于1988年，首批访问山东的重要来宾是首都地区临时执行委员会主席杰克·翁诺一行。此后，巴布亚新几内亚多次组织政府代表团来山东访问，有力推动了双方的友好合作。1988—2005年，巴布亚新几内亚到山东访问的代表团有11批，山东省出访巴布亚新几内亚团组1批，双方结成友好省际关系1对，友好城市1对。

一、来访

（一）政要来访

1988 年 9 月 27 日至 10 月 4 日，以国家首都区临时执行委员会主席杰克·翁偌为团长的友好代表团一行 8 人访问山东，参加与济南缔结友好城市签字仪式。

1991 年 6 月 1—4 日，巴布亚新几内亚总督赛雷·艾里一行 10 人，在外交部副部长刘华秋陪同下，访问济南、曲阜、泰安、青岛。随同艾里总督来访的有总督夫人玛格丽特·艾里和总督府秘书长汤姆·利夫莱斯等。艾里总督一行先后参观了济南国棉一厂、济南钟表厂和曲阜“三孔”，游览了泰山和岱庙。访问期间，参观了青岛衬衫厂、青岛啤酒厂、青岛第七针织厂、日清食品公司、崂山玩具公司，游览了青岛小鱼山公园、小青岛等。

1996 年 1 月 26—28 日，应中国人民外交学会邀请，巴布亚新几内亚宪法改革委员会主席本·迈卡一行 8 人访问烟台。

2001 年 11 月 18—21 日，应中联部邀请，巴布亚新几内亚前总理、国家联盟党主席麦克·索马雷一行 12 人访问济南、青岛、临沂等地。中共中央政治局委员、山东省委书记吴官正，省委副书记、省长李春亭分别会见了代表团一行。副省长林书香与东塞皮克省代表进行了工作会谈。在济南、临沂期间，代表团分别与有关部门举行对口项目洽谈，参观山东黄台发电厂、临沂海信电子有限公司等十余家企业，就进一步推动山东与巴布亚新几内亚尤其是与东塞皮克省的经贸合作进行了深入探讨。

（二）驻华使馆官员来访

1996 年 5 月 20—24 日，巴布亚新几内亚驻华大使梅姆·拉卡诺夫妇访问济南、泰安、曲阜，考察了泰安柴油机厂和济南铅笔厂、轻骑摩托车集团。副省长邵桂芳在济南会见了大使夫妇。

1999 年 9 月 21—24 日，巴布亚新几内亚驻华大使巴尼·龙加普访问济南，参加了济南金秋经贸洽谈会。济南市市长谢玉堂会见了大使一行。

2002 年 8 月 8 日，巴布亚新几内亚驻华大使巴尼·龙加普一行在济南、青岛分别举办贸易投资说明会。同行的有“太平洋岛国论坛”驻华贸易代表等。省委副书记、省长韩寓群会见了大使一行。

（三）地方政府与议会代表团来访

1996 年 9 月 22—23 日，东塞皮克省省长亚瑟·索马雷访问山东。双方签署了投资贸易合作备忘录及建立友好省际关系意向书。省委副书记、省长李春亭在济南会见了客人。

1997 年 6 月 8 日，东塞皮克省政府顾问大卫·科米伦一行访问山东。

2001 年 1 月 4—10 日，东塞皮克省省长亚瑟·索马雷一行 3 人访问济南、潍坊。省委副书记、省长李春亭在济南会见了客人，省人大常委会副主任王克玉参加会见。

图 6－13 2001 年 1 月 4—10 日，东塞皮克省省长亚瑟·索马雷访问山东。图为副省长林书香和亚瑟·索马雷省长分别代表双方政府签署友好合作备忘录

2002 年 7 月 29 日至 8 月 5 日，以国家首都区莫尔兹比港市政长官伯纳德·凯皮特为团长的友好代表团一行 3 人来济南参观访问。双方就经济、科技、文化、教育等方面的交流与合作进行会谈，签署了友好会谈备忘录。济南市市长谢玉堂会见了代表团一行。

二、出访

1998 年 6 月 14—17 日，省人大常委会副主任王克玉率省友好经济代表团一行 8 人访问巴布亚新几内亚，与东塞皮克省政府正式签署了建立友好省际关系协议书，考察了当地经济社会发展情况，探讨和推动山东与巴布亚新几内亚的经贸往来和技术合作。

三、友好关系

1996年9月23日，山东省与东塞皮克省缔结了友好省际关系。东塞皮克省两位省长麦克·索马雷、亚瑟·索马雷（麦克·索马雷之子）分别率团访问山东，有力推动了与山东的友好关系。1998年，省人大常委会副主任王克玉率山东省友好经济代表团一行8人访问巴新并正式签署了建立友好省关系协议书。高层互访推动了双方在渔业、林业、资源开发、机械制造等领域的合作。

第三节　密克罗尼西亚联邦

山东省与密克罗尼西亚联邦的交往始于上世纪90年代初。1990年11月，密克罗尼西亚联邦总统约翰·哈格莱尔加姆率代表团一行9人访问青岛，开启了双方高层交往。1986—2005年，密克罗尼西亚联邦到山东访问的代表团3批，山东省出访密克罗尼西亚联邦的团组1批，双方建立友好省州关系1对。

一、来访

1990年11月5—7日，密克罗尼西亚联邦总统约翰·哈格莱尔加姆和夫人一行9人，在经贸部副部长李岚清陪同下，对青岛进行友好访问。总统一行先后参观了青岛港集装箱码头、青岛第二食品厂、青岛针织七厂、青岛电冰箱总厂和青岛贝雕厂。

1996年9月21—26日，科斯雷州州长摩西·麦克瓦隆率州政府经济代表团一行4人访问济南、烟台等地。副省长邵桂芳在济南会见了代表团一行，双方签署了《中华人民共和国山东省同密克罗尼西亚联邦科斯雷州建立友好省州关系意向书》。

1996年12月13—23日，密克罗尼西亚联邦外交部部长助理洛林·罗伯特一行3人访问青岛、济南。

二、出访

1998年6月18—22日，省人大常委会副主任王克玉率山东省友好经济代表团一行8人访问密克罗尼西亚。代表团与科斯雷州政府签署了建立友好省关系协议书，考察了当地经济社会发展情况，探讨和推动山东与科斯雷州的经贸往来和技术合作。

三、友好关系

山东省与科斯雷州是友好省州，结好时间是1998年6月21日。科斯雷州州长摩西·麦克瓦隆曾率代表团访问山东。山东省人大常委会副主任王克玉率代表团于1998年6月访问该州。两次互访活动为双方增进了解，开拓合作渠道奠定了基础。截至2005年12月，双方无合作项目。

第四节 南太平洋其他国家

南太平洋地区共有主权国家12个，除巴布亚新几内亚、密克罗尼西亚外，西萨摩亚（1997年7月改称萨摩亚）、瓦努阿图、斐济和所罗门群岛分别与山东开展了交往活动。1986—2005年，上述4个国家来山东访问团组共4批，山东省出访西萨摩亚团组1批。在相互沟通了解的基础上，山东同南太平洋地区有关国家在多个领域积极探讨开展互利合作。

一、来访

1997年4月21—23日，西萨摩亚议长托利阿富·法菲西和夫人一行3人，在全国人大常委胡敏陪同下，对济南、泰安进行友好访问。省人大常委会副主任马世忠到机场迎送并全程陪同议长一行的活动。议长一行对山东的经济发展表示由衷钦佩，对与山东合作表现出极大的热情，希望能与山东就蔬菜种植、养鸡业、轻骑产品贸易等方面开展合作。

1998年7月10日，所罗门兄弟公司亚太投资银行部总经理宦国苍一行访问山东。省委副书记、省长李春亭在济南会见了客人。

2001年12月19—20日，瓦努阿图外交部长让·阿兰·马埃一行3人对中国进行正式访问期间，访问了烟台市。参观了烟台海洋渔业分公司和烟台水产技术推广中心。

2005年6月26—27日，斐济总理莱塞尼亚·恩加拉塞一行14人在中国进行工作访问期间，访问了青岛市。参观了海尔集团、良木公司、迎宾馆，游览了市容。副省长孙守璞会见了总理一行。恩加拉塞总理感谢中方对代表团的盛情款待，希望双方今后能进一步扩大经贸往来。

图 6-14 2005 年 6 月 26—27 日，斐济总理莱塞尼亚·恩加拉塞及夫人一行访问青岛。图为副省长孙守璞在青岛会见恩加拉塞

二、出访

1987 年 5 月 29 日至 6 月 13 日，副省长马世忠率山东省政府代表团一行 6 人访问西萨摩亚和澳大利亚。访问西萨期间，代表团参加了西萨独立 25 周年庆典，举行了山东省向西萨赠送农作物种子签字仪式。访问南澳州期间，代表团参观了工厂、矿山、学校等，与各界人士进行友好接触，与南澳州方面举行了第二次混合委员会会议，就发展经济、技术合作和加强双方友好关系等问题交换了意见。

第七篇

国际多边合作与民间友好往来

国际多边合作是外事工作的一种主要形式。与联合国组织等国际组织的合作，争取利用国际组织的大平台扩大对外开放，是见效最快的路径。山东省在新中国建立初期即开始了与联合国组织的交往，并取得很好的效果。同时，山东省积极开展与外国地方政府之间的多边合作。从 20 世纪末开始，山东省先后倡导建立或参加了多项国际地方政府多边合作机制。1994 年，山东省倡议建立了有日本山口县、韩国庆尚南道共同参加的三方合作机制。进入 21 世纪后，面对世界政治格局多极化、全球经济一体化、各国文化交流密集化的新形势以及中国以更加积极的姿态参与国际事务的有利时机，山东省积极主动地参与重要的国际多边活动。以东道主身份，在青岛市承办了由中国外交部主办的亚洲合作对话第三次外长会议；以“发起人”身份提议并建立起友好省州峰会合作机制；参与并加入了东北亚地区地方政府联合会，组织召开了东北亚地方政府首脑经济发展研讨会和首届东亚投资论坛；连续举办了两届亚太经济合作组织中小企业技术交流暨展览会（简称 APEC 技展会）；举办每年一届的潍坊国际风筝会和曲阜国际孔子文化节。山东省各界积极开展民间对外交往，广交朋友，与大批外国友好人士结下深厚的友谊，保持密切联系，向一批为山东省经济建设、社会发展和对外交流与合作等方面作出突出贡献的外国友人授予“山东省荣誉公民”称号。这些活动，创新了对外合作模式，扩大了交流范围，提高了交往层次，丰富了合作内容，积累了高层次的人脉资源和友好关系，形成与有关国家和地区全方位、多渠道、宽领域、深层次的交往新格局，为山东省在国际事务中由被动适应转为主动参与、由规则执行者转为制定者、由配角转为主角，积累了一系列成功的经验，有效提升了山东省良好的国际形象和主动参与全球化进程的能力，为全省经济社会又好又快发展开辟了新的渠道。

第一章　联合国组织

联合国组织以其中立性、综合性、权威性一直是各国及其地方政府开展合作的重点。1986—2005 年，山东省共接待联合国工业发展组织官员来访 2 批，双方达成合作项目 2 项，共同举办活动 1 次；接待联合国教科文组织和旅游组织官员来访 3 批，共同举行了济南泉城广场被命名为“国际艺术广场”揭牌仪式暨首场国际艺术歌会；接待了联合国世界银行官员来访 7 批，双方达成合作项目 3 项；接待联合国开发计划署官员来访 4 批，在黄河三角洲可持续发展项目和艾滋病防治领导能力建设培训方面开展合作；接待联合国亚太经社会官员来访 3 批，讨论通过区域和次区域合作，以促进本地区经济社会的发展。此外，山东省还先后接待联合国亚太技术转让中心、联合国人权委员会 、世界粮食计划署等国际组织官员来访，省领导先后会见了国际 SOS 儿童村组织、国际奥委会、世界华人协会、国际篮球联合会、联合国全球协议——城市项目等方面的官员。

第一节　联合国工业发展组织

一、组织简介

联合国工业发展组织（UNIDO）成立于 1966 年，总部设在奥地利维也纳，是联合国的专门机构，以其中立性、多边性、广泛性和专业性著称，其宗旨是促进发展中国家工业化进程，与 170 余个成员国共同实施可持续发展战略。经过多年发展，工发组织的服务范围已经扩展到环保、农业、医疗健康、基础设施、旅游休闲、新型服务业等领域。工发组织在 36 个国家和区域设有办事处，在 13 个国家设有投资与技术促进办事处。联合国工业发展组织中国投资促进处是联合国工业发展组织在华享有外交地位的驻在机构。

二、来访情况

2002 年 6 月 7 日，联合国工业发展组织及瑞士政府代表团来山东考察环保项目，向山东提供300万美元赠款用于清洁生产合作项目。副省长赵克志在济南会见了代表团一行。

2003年6月16日，联合国工业发展组织代表团访问山东，通报该组织与山东开展合作的情况，就黄河三角洲开发、轻骑集团重组等项目交换意见，探讨了与山东在工业及相关领域产业化和可持续发展国际合作的可能性。省委副书记、省长韩寓群在济南会见了代表团一行。

三、主要合作项目

（一）黄河三角洲经济可持续发展项目

2001年1月，联合国工发组织中国投资促进处（UNIDO ITPO－CHINA）与东营市签署了为期3年的合作协定。双方商定，UNIDO支持以东营市为主体的黄河三角洲经济可持续发展项目，按照长期、务实和渐进的原则，与东营市在中长期规划、生态环境开发与保护、信息化城市建设、投资环境宣传、重点项目招商引资和促进对外投资诸方面加强交流与合作。2004年，东营市与中投处签订了第二期合作协定，第三期合作协定也已进入商讨和筹备阶段。

（二）联合国工发组织绿色产业示范区项目

2001年3月，联合国工发组织中国投资促进处正式批准东营市建设国际绿色示范区，确立以规划为龙头、以项目为载体、以招商引资为主要形式，全面营造发展绿色产业良好环境，快速启动示范区建设的总体思路。根据东营市的资源优势，重点规划建设畜牧、瓜菜、冬枣等15个绿色产业示范园。经过几年的发展，全市绿色产业蓬勃发展，至2003年，建成了全省最大的波尔山羊纯繁改良基地，浅海养殖面积发展到94万亩，瓜菜面积60万亩，冬枣、桑园、优质粮食面积110万亩，大多数绿色产业示范园成为出口创汇基地。2003年4月，示范区顺利通过中投处考核组验收，被评为联合国工发组织绿色产业示范区，成为全国最成功的示范区之一。

（三）中欧化工合作洽谈会

2005年4月12—14日，在联合国工发组织中国投资促进处的帮助下，中欧化工合作洽谈会在东营市举行，来自欧盟26个化工企业的近50名企业家与东营市以及国内其他100余家化工企业参会，达成合作合同、意向33个，总金额3.55亿美元。欧盟委员会为此会议提供了12.6万欧元的资金支持。

第二节 联合国教科文组织和世界旅游组织

一、联合国教科文组织

联合国教育、科学及文化组织是联合国专门机构，1946 年 11 月正式成立，总部设在法国巴黎，是各国政府间讨论关于教育、科学和文化问题的国际组织。其宗旨是通过教育、科学和文化促进各国间合作，对和平和安全作出贡献，主要机构有大会、执行局和秘书处。

2002 年 8 月 18 日，联合国教科文组织命名济南泉城广场为“国际艺术广场”揭牌仪式暨首场国际艺术歌会在泉城广场举行。来自委内瑞拉、蒙古、日本等国的艺术家和国内著名歌手为泉城观众献上了精彩的节目。委内瑞拉驻华大使胡安·德赫苏斯·蒙地里亚，山东省副省长王军民、省政协副主席李殿魁出席揭牌仪式。

二、联合国世界旅游组织

联合国世界旅游组织是联合国专门机构，总部设在西班牙马德里。该组织的宗旨是促进和发展旅游事业，使之有利于经济发展、国际间相互了解以及和平与繁荣。

1999 年 11 月 10 日，联合国世界旅游组织亚太地区代表瓦尔玛博士访问山东，讨论研究山东省旅游发展总体规划项目文件、双方合作的协议以及其他有关事项，为编制全省旅游发展总体规划做前期准备工作。

1999 年 12 月 17 日，联合国世界旅游组织秘书长弗朗西斯科·弗朗加利一行访问山东。省委副书记、副省长宋法棠在济南会见弗朗加利，并出席了山东省政府与世界旅游组织关于委托世界旅游组织编制山东省旅游发展总体规划协议书签字仪式。

2000 年 5 月 24 日，联合国世界旅游组织代表徐京及丹麦奥佛伽公司专家组组长霍姆·彼德森访问山东，参加山东旅游规划动员会议。

第三节　联合国其他组织

一、世界银行

（一）组织简介

世界银行是向发展中国家提供资金和技术支持的专门机构，成立于1944年，总部设在美国华盛顿特区。该组织包括5个成员组织：国际复兴开发银行、国际开发协会、国际金融公司、多边投资担保机构和解决投资争端国际中心。国际复兴开发银行主要向发展中国家提供中、长期贷款，贷款利率低于市场利率；国际开发协会专门向低收入的发展中国家提供长期无息贷款；国际金融公司负责向发展中国家的私营部门提供贷款或直接参股投资。多边投资担保机构是一个非金融性机构，旨在帮助发展中成员国创造一个良好的投资软环境，以更有效地吸引外资来促进本国经济发展，其主要业务是为在发展中国家的外国投资者提供非商业性风险担保和投资促进性咨询服务；解决投资争端国际中心也是一个非金融性机构，主要是通过调解和仲裁，为解决各国政府和外国投资者之间的争端提供方便，以鼓励更多的国际投资流向发展中成员国。

（二）来访情况

1992年10月26—27日，世界银行负责亚洲事务的常务副行长斯文·桑德斯卓姆一行4人访问淄博、济南，了解经济发展情况。

1997年9月15日，世界银行项目经理瑞丁格率世界银行加强灌溉农业二期项目准备团访问山东。副省长陈抗甫在济南会见了代表团。

1998年6月2日，爱德瓦多·莫特率世界银行“淮河流域污染治理项目”鉴定团一行2人访问山东。副省长陈抗甫会见了客人，双方就山东省辖淮河流域污染治理项目贷款有关事宜交换了意见。

1999年9月14日，世界银行山东城市环保项目官员普兰特一行访问山东。省委副书记、副省长宋法棠在济南会见了客人。

2000年2月29日，世界银行中国局局长黄育川一行访问山东。副省长韩寓群在济南会见了客人。

2002年12月3—5日，由财政部主办的税式支出国际研讨会在潍坊召开。来自中国、加拿大、联合国国际货币基金组织、世界银行等国家或国际组织的专家学者、政府官员参加会议。副省长黄可华到会并致辞。

2005 年 9 月 16 日，世界银行总部东亚及太平洋地区城市发展局中国项目总协调员叶日家一行访问山东。副省长赵克志在济南会见了客人。

（三）主要合作项目

1. 山东省公路贷款项目

1989 年，世行批准向山东贷款 1.1 亿美元，修建全长 319 公里济青高速公路并提供建设监理、人员培训以及技术和设备支持等服务。

2. 山东农业发展项目

1989 年，世行批准贷款 1.09 亿美元，实施山东农业发展项目，旨在通过农业发展，增加农村人口收入。主要内容包括：改善、拓展灌溉系统，资助畜牧业发展；提升沂蒙地区畜禽饲养及繁殖水平；在沿海荒地进行海洋生物养殖等。

3. 山东省环境贷款项目

1997 年，经批准实施山东环境项目，贷款额 9500 万美元。项目旨在为山东省经济社会长期发展提供环境保障。内容包括：投资济南市地表水贮存、抽吸、输运等设施，改善供水系统可靠性，保护地下水源；在充分用好现有处理系统基础上，建设废水收集系统，保护小清河流域水质，更新小清河水质及管理数据库；投资烟台、威海市供暖系统，建设供热及发电一体的工厂，改善空气质量；对环境污染进行控制；对省市工程建设提供监理以及人员培训等帮助。

二、联合国开发计划署

联合国开发计划署（UNDP）是联合国负责技术援助计划的管理机构，1965 年成立，总部设在美国纽约。其宗旨是帮助发展中国家加速经济和社会发展，提供系统的、持续不断的援助。联合国开发计划署的援助项目是无偿的，资金主要来源于各国政府的自愿捐款，由联合国工发组织、联合国粮农组织、联合国技术合作部、世界卫生组织、联合国教科文组织、贸易和发展会议等 30 余个机构承办和具体实施。开发计划署负责派出专家进行发展项目的可行性考察，担任技术指导或顾问。山东省黄河三角洲项目是双方合作的主要支点，该组织来访情况如下：

1991 年 9 月 29 日，联合国开发计划署和中国政府合作，援助山东、江西两省培养经贸人才项目文件签字仪式在济南举行。

1996 年 4 月 5 日，联合国开发计划署驻华助理代表布鲁克和联合国专家鲍德温一行来山东参加 UNDP“支持黄河三角洲持续发展”项目三方评审会。副省长宋法棠会见了客人。

1997 年 5 月 20 日，省委副书记、副省长、山东省实施联合国开发计划署项目领导小组组长、黄河三角洲开发协调委员会主任宋法棠，在北京会见了前来出席 UNDP 支持黄河三角洲可持续发展国际研讨会的荷兰政府代表团。

2004 年 2 月 7 日，联合国开发计划署官员来济南参加艾滋病防治领导能力建设培训班。省委副书记、省长韩寓群会见了客人。副省长王军民参加会见。

三、联合国亚太经社会

联合国亚太经社会前身是 1947 年在中国上海成立的亚太和远东经济委员会（亚远经委会），1974 年改称现名，总部设在泰国曼谷。亚太经社会是联合国经济社会理事会下属的 5 个地区性委员会之一，是亚太地区建立最早、代表性最为广泛的政府间多边经济社会发展组织。主要是通过区域和次区域合作，促进本地区社会经济发展，是联合国在亚太地区主要的经济和社会发展事务论坛。其工作包括收集、评估和发布有关经济、科技及统计信息，研究并提出新措施，以促进亚太地区经济发展。作为联合国在亚太地区唯一的政府间综合性经济社会发展组织，亚太经社会开创了地区合作的先河，多年来为开展区域和次区域合作、促进亚太地区经济社会发展作出了积极贡献。山东省与亚太经社会交往主要有：

2000 年 10 月 18 日，联合国亚太经社会副执行秘书水田加代子一行来山东烟台参加第二届果蔬加工技术与产业化国际研讨会暨展览会。中共中央政治局委员、山东省委书记吴官正会见了客人。

2001 年 10 月 19 日，联合国亚太经社会副执行秘书大海渡桂子一行访问山东。副省长林书香在烟台会见了客人。

2004 年 9 月 21 日，联合国亚太经社会执行秘书金学洙一行访问山东。省委书记、省人大常委会主任张高丽在济南会见了客人。

四、联合国亚太技术转让中心

联合国亚太技术转让中心是隶属于联合国亚太经社会的区域性机构。1977 年在印度班加罗尔成立，1993 年总部迁至印度首都新德里，主要致力于帮助亚太地区成员国增强开发、转让、改造及利用技术的能力，促进技术信息的推广传播，建立完善的技术信息网络。

2002年6月20日，常务副省长韩寓群在济南会见来访的联合国亚太技术转让中心主任比绍夫博士一行。

五、联合国人权委员会

联合国人权委员会成立于1946年2月，是联合国审议人权问题的专门机构，联合国经社理事会9个职司委员会之一，总部设在瑞士日内瓦。其工作包括：根据《联合国宪章》宗旨和原则，在人权领域进行专题研究、提出建议和起草国际人权文书并提交联合国大会；就有关国家的人权问题进行公开或秘密的审议。

1996年7月18日，联合国人权委员会任意拘留问题工作组主席儒瓦内访问山东。副省长王玉玺在济南会见了客人。

六、世界粮食计划署

世界粮食计划署，是联合国负责多边粮食援助的机构。1961年第16届联大和第11届粮农组织大会决定成立，1963年开始正式办公，总部设在意大利首都罗马。该组织的宗旨是以粮食援助为手段，帮助受援国达到生产自救和粮食自给的目的；援助方式分为紧急救济、快速开发项目和正常开发项目3种。

1986年9月15—21日，以世界粮食计划署驻华代表处副代表亚历山大为团长的粮食计划署及各捐助国代表组成的参观团一行18人赴临沂、聊城参观造林工程，了解粮食捐赠情况及其效果。访问期间，联邦德国经济合作部世界粮食局局长曼巴先生提出向临沂地区提供200万马克经济援助，以解决部分群众吃水困难问题。此后该意向发展成为规模较大的“三沂项目”。

七、联合国以及其他国际组织官员来访

1986年11月27—29日，国际SOS儿童村组织主席库延第四次来烟台访问考察，了解烟台SOS儿童村建设和收养孤儿情况。

2003年12月20日，国际奥委会前主席、奥委会终身名誉主席萨马兰奇访问青岛。副省长蔡秋芳会见了萨马兰奇。

2004年1月2日，世界华人协会会长、国际篮球联合会主席程万琦一行访问山东。省委书记、省人大常委会主任张高丽在济南会见了客人。省委常委、秘书长杨传升，副省长王仁元参加会见。世界华人协会是华人非政治性国际组织，发起人程万琦。1992年8月，在香港召开了世界华人协会成

立及首届大会。该协会的宗旨为：发扬炎黄子孙勤俭刻苦及有创造性的优良传统，团结互助，合作交流，为加强各地区的经济文化联系、争取全球华人的权益而努力。

2004 年 9 月 28 日，世界华人协会会长程万琦一行访问山东。省委书记、省人大常委会主任张高丽在济南会见了客人。省委常委、秘书长杨传升，副省长孙守璞参加会见。

2005 年 9 月 8 日，联合国全球协议——城市项目协调人大卫·泰勒一行访问山东。副省长谢玉堂在济南会见了客人。

第二章 重要国际多边活动

进入21世纪，世界经济一体化步伐加快，中国以更加积极的姿态参与国际事务。山东省抓住这一有利时机，积极参与重要国际多边活动，发起由中国山东省、德国巴伐利亚州、加拿大魁北克省、奥地利上奥州和南非西开普省共同参加的友好省州领导人峰会合作机制；积极参与东北亚地方政府合作，加入了东北亚地区地方政府联合会；举办了东北亚地方政府首脑经济发展研讨会和首届东亚投资论坛；连续举办了两届亚太经济合作组织中小企业技术交流暨展览会（简称APEC技展会）。山东省每年一届的潍坊国际风筝会和曲阜国际孔子文化节已成为国际公认的著名旅游品牌和文化盛会，对于加强国际间的交流与合作产生了广泛而深远的影响。

第一节 亚洲合作对话外长会议

2002年，亚洲合作对话第一次外长会议举行，在国际上引起了广泛关注，至2005年，已有22个亚洲国家参加。2004年6月21—22日，由外交部主办的亚洲合作对话第三次外长会议（简称ACD会议）在青岛市举行。中国国务院总理温家宝、泰国总理他信和亚洲22国外长出席会议。东盟秘书长王景荣以及阿联酋代表列席了会议。会议通过了《青岛宣言》。山东省和青岛市领导高度重视这次会议在青岛举办，省委书记、省人大常委会主任张高丽，省委副书记、省长韩寓群参加了温家宝总理的会见活动，出席了会议开幕式，山东省暨青岛市举行了欢迎宴会。在外交部、山东省以及青岛市有关部门的通力合作下，会议取得圆满成功，受到温家宝总理、外交部和中外来宾的一致肯定。

一、会议基本情况

（一）参会人员

出席本次会议的人员共约600人。主要包括：中国国务院总理温家宝，泰国总理他信；亚洲22国外长，东盟秘书长王景荣，部分驻华使节；中国外交部等有关部委领导；山东省、青岛市领导；驻京、驻沪50多位记者，日本记者团，中央18家主流媒体以及其他省市媒体的记者等。

（二）主要会议

根据外交部安排，此次会议采取“会套会”的办法，其间共举办了4个主要会议：1.6月22日上午，亚洲合作对话第三次外长会议，其中开幕式部分温家宝总理和他信总理出席，央视现场直播。之后转入闭门会议，主会场只有外长们参加，其他人员另室通过闭路电视旁听会议。2.6月21日全天，亚洲合作与发展高层研讨会，为开放式会议，主要由博鳌论坛组委会和中国外交学院负责筹备，人员规模为100人左右。3.6月21日下午，中国—东盟外长非正式会议（简称10+1会议）。4.6月22日下午，中日韩三方委员会第一次会议，当年主席国是日本，总出席人数约50人。

（三）主要活动

共有4类，分别是：1.6月21日晚，温家宝总理会见并宴请泰国总理他信；6月22日上午，集体会见22国外长，出席ACD会议开幕式。2.中国外交部长李肇星与部分国家外长举行双边会见；中国与阿曼签署共同发展协议；举行ACD会议新闻发布会。3.主要宴请活动有：山东省政府暨青岛市政府举办的欢迎宴会；李肇星外长与各国外长的工作午宴；外交部亚洲司宴请各与会国驻华大使；青岛市在会前宴请高层研讨会代表，在会议结束后宴请ACD会议代表等。4.安排各国外长及配偶、会议代表参观游览；会后集中安排中外记者在青岛的参观和采访等。

二、山东省参与活动情况

（一）山东省主要领导人参加重要活动情况

6月21日，省委书记、省人大常委会主任张高丽，省委副书记、省长韩寓群以及青岛市主要负责人参加了温家宝总理会见泰国总理他信的活动。6月22日，参加了温家宝总理集体会见22国外长或高官的活动。同日，张高丽书记、韩寓群省长、杨传升秘书长、孙守璞副省长出席了亚洲合作对话外长会议开幕式。

（二）韩寓群省长会见韩国外长情况

6月20日，韩寓群省长在青岛香格里拉大酒店会见参加亚洲合作对话第三次外长会议的韩国外交通商部长官潘基文。此次是潘基文首次来山东省访问，也是第一个来山东省访问的韩国外长。会见中，韩省长回顾了当年4月下旬访问韩国以及在汉城与潘基文外长会面的情况，表示希望加强与韩国在各个领域的合作。潘基文外长感谢山东省的热情接待，表示山东与韩国具有地缘优势，韩国投资的50%集中在山东，企业达10000家以上。20日下午，举行了韩国驻青岛总领馆奠基仪式。希望以此为契机，进一步加强韩中尤其是与山东的经贸合作，希望山东能一如既往地支持韩国企业到山东投资发展。韩寓群省长还就潘基文外长关心的山东省电力供应问题作了详细说明，消除了韩方的担心。副省长孙守璞、省外办主任张伟龄，韩国驻华大使金夏中、驻青岛总领事辛亨根以及韩国代表团主要成员参加会见。

（三）欢迎宴会举办情况

6月20日晚，山东省政府暨青岛市政府在青岛香格里拉大酒店举行欢迎宴会，欢迎亚洲22国外长以及其他与会代表。韩寓群省长在宴会上发表了热情洋溢的讲话。韩寓群说，山东自古以来就与世界各国特别是亚洲国家保持着紧密联系，亚洲是山东对外经贸合作份额最大的地区，山东对外贸易总额的60%、外商投资的三分之二来自亚洲地区。希望今后进一步加强与亚洲各国在各个领域的交流与合作，加深了解，共同发展，共同繁荣。宴会中，老挝外交部长通伦·西苏里的一曲《甜蜜蜜》以及李肇星外长与日本外务大臣川口顺子的翩翩起舞将宴会气氛推向了高潮。通过此次宴会，加强了山东省与亚洲22国的高层交流，为今后进一步推动山东省与亚洲各国的交流合作提供了契机。

（四）主要收获

亚洲合作对话第三次外长会议是山东省对外交往史上承办的规模最大、层次最高的外事活动。省委书记、省人大常委会主任张高丽，省委副书记、省长韩寓群对承办好这次会议作出重要批示，副省长孙守璞多次听取省、市外办的汇报并作出部署。在外交部和省、市有关部门的通力合作下，会议取得圆满成功。活动的成功举办，进一步提升了山东省的国际形象和国际知名度。会议结束后，外交部长李肇星致函山东省政府，感谢山东省暨青岛市政府为会议的成功举办所付出的努力。

第二节 友好省州领导人峰会

2000年，山东省省长李春亭率团访问德国慕尼黑时，巴伐利亚州前州长施托伊伯建议在巴州的友好省州间开展多边交流与合作，得到山东方面的积极响应。经协商，应邀参与友好省州领导人峰会合作机制的“发起人”有：中国山东省、德国巴伐利亚州、加拿大魁北克省、奥地利上奥州和南非西开普省。友好省州领导人峰会的目标和宗旨为：围绕可持续发展的总目标，开展平等对话，增进相互了解，交流发展思路，借鉴发展战略，协商发展政策，推动务实合作，促进共同繁荣。峰会每两年举办一次，每次讨论两个与可持续发展有关的主题，由峰会成员轮流承办，提前两年就下次峰会的两个主题提出建议，交由与会各方在峰会期间共同讨论并最终在《峰会宣言》中加以确认。

经过近两年的筹备，第一次峰会于 2002 年 1 月由德国巴伐利亚州在慕尼黑承办，主题为：可持续发展战略和不同文化间的对话。中国山东省、加拿大魁北克省、奥地利上奥州和南非西开普省应邀参加会议。副省长林书香代表山东省出席了峰会。

第二次峰会由加拿大魁北克省于 2004 年 12 月在魁北克城举办，主题为：创新是经济发展的关键和青年在社会发展中的作用。与会方仍为参加第一次峰会的 5 个省州。省委副书记、省长韩寓群率团出席了会议。

第三节 东北亚地区地方政府联合会

东北亚地区地方政府联合会是 1996 年 9 月由位于东北亚地区的中国、日本、韩国、俄罗斯 4 个国家的 29 个地方政府代表在韩国庆尚北道共同发起成立的地区性国际组织。本着平等互惠的原则，该组织旨在增进相互交流与合作，推动东北亚地区的共同发展，为世界和平作出贡献。截至 2005 年，东北亚地区地方政府联合会共召开了 5 次会议（每 2 年举行一次），分别在韩国庆尚北道庆州市、日本富山县富山市、日本兵库县津名郡、俄罗斯哈巴罗夫斯克边疆区哈巴罗夫斯克市、中国黑龙江省哈尔滨市召开。山东省代表团参加了前 4 次会议并在第 5 次会议上正式宣布加入联合会。

一、历届会议概况

1996 年 9 月 11—14 日，东北亚地区地方政府联合会第一次会议在韩国庆尚北道庆州市召开。有 4 个国家的 29 个会员地方政府参加。作为由各国地方政府发起成立的国际组织，联合会正式启动并通过了七大共同课题。省外办副主任张伟龄率团参会。

1998 年 10 月 20—22 日，东北亚地区地方政府联合会第二次会议在日本富山县富山市召开。有 5 个国家的 24 个会员地方政府参加。主要议题为：扩大会员的规模，修改宪章，下设 5 个专门委员会。省外办主任武忠恕率团参会。山东省以非正式成员身份加入了3个专门委员会，即经济通商专门委员会、文化交流专门委员会和一般交流专门委员会。

2000年9月4—7日，东北亚地区地方政府联合会第三次会议在日本兵库县津名郡召开。有5个国家的26个会员地方政府参加。主要议题为：讨论设立常设秘书处问题，一致同意为吸纳朝鲜的地方政府加入联合会而共同努力。省外办副主任张先达率团参会，并在大会上宣布了山东省政府将于2001年6月举办中国山东东北亚地方政府首脑经济发展研讨会，邀请各成员政府及企业人员届时参会。

2002年9月11—12日，东北亚地区地方政府联合会第四次会议在俄罗斯哈巴罗夫斯克边疆区哈巴罗夫斯克市召开。有6个国家的29个会员地方政府参加。主要议题为：批准朝鲜和蒙古相关地方政府加入联合会，为筹备建立常设秘书处组建了共同事务机构。省外办副主任崔乐生率团参会。

2004年9月7—9日，东北亚地区地方政府联合会第五次会议在中国黑龙江省哈尔滨市召开。有6个国家的27个会员地方政府参加。主要议题为：决定在韩国庆尚北道设立常设秘书处，成立边疆合作专门委员会。副省长孙守璞率团出席会议并正式宣布山东省加入联合会。此前的2004年4月23日，山东省正式向外交部提出加入联合会的申请，得到外交部的同意批复。

二、历届事务会议

1997年8月，第一次事务委员会会议在韩国庆尚北道召开，有4个国家的26个会员地方政府的75名代表出席。会议主题是：提出推动经济通商、文化艺术和环境方面的联合计划。省外办副主任崔乐生率团参会。

1999年7月，第二次事务委员会会议在日本富山县召开，有5个国家的23个会员地方政府的60名代表出席。会议主题是：推选环境专门委员会协调人，报告各专门委员会的活动。省外办亚洲处处长林华勇率团参会。

2001年8月，第三次事务委员会会议在日本兵库县召开，有5个国家的23个会员地方政府的55名代表出席。会议主题是：就分担会费、设立常设秘书处等问题进行磋商。省外办副主任徐涛率团参会。

2004年1月，第四次事务委员会会议在中国黑龙江省召开，有4个国家的24个会员地方政府的67名代表出席。会议主题是：庆尚北道独自申请设立常设秘书处等。省外办副巡视员马秀卿率团参会。

2005年11月，第五次事务委员会会议在韩国釜山市召开，有5个国家的20个会员地方政府的58名代表出席。会议主题是：制定联合会会徽，邀请有关会员地方政府派员到联合会秘书处工作。省外办副主任张继刚率团参会，并在会议上提出山东省申办东北亚地区地方政府联合会2008年全体会议。

第四节　东北亚地方政府首脑经济发展研讨会与东亚投资论坛

进入21世纪，随着世界经济一体化进程的加快，山东省越来越主动地开展经济领域的国际多边交流与合作。2001年6月在青岛召开的中国山东·东北亚地方政府首脑经济发展研讨会，是山东省举办的最高层次的国际性多边经济研讨会。2005年7月，山东省在威海市首创东亚投资论坛。这些经济领域的高层会议，有力推动和扩大了山东省的国际多边交流与合作。

一、东北亚地方政府首脑经济发展研讨会

2001年6月17—20日，中国山东·东北亚地方政府首脑经济发展研讨会在青岛召开。日本和歌山县知事木村良树，俄罗斯赤塔州州长格尼阿图林、阿穆尔州副州长库尔茨、萨哈林州副州长马拉霍夫，蒙古中央省副省长皮·策仁，韩国全罗南道副知事赵宝勋、忠清南道副知事权五龙、庆尚南道副知事权灵锡、江原道副知事朴寿福、忠清北道经济通商局局长朴景国、庆尚北道经济通商局局长黄成吉，日本兵库县产业劳动部国际局局长井博，俄罗斯哈巴罗夫斯克边疆区政府外经局国际组织处处长谢柳科夫，山东省省长李春亭出席会议。

本次国际研讨会的主题为“友谊、交流、合作”。与会代表就东北亚地区区域经济合作、扩大对外交往渠道等议题发言。会议结束时，发表了《东北亚地方政府经济发展研讨会共同宣言》。

二、东亚投资论坛

2005年7月2—4日，首届东亚投资论坛在威海开幕。东亚各国政府、产业、学术界精英参加论坛。全国人大常委会副委员长、中国东盟协会会长顾秀莲会见了前来参加会议的外宾，出席了开幕式并致辞。省委副书记、省长韩寓群致欢迎辞并作题为《扩大合作交流，促进共同发展》的主题演讲。省人大常委会副主任时立军，副省长孙守璞，外交学院院长、国际展览局主席吴建民参加活动。

第五节 APEC中小企业技术交流暨展览会

1989年初，澳大利亚总理霍克建议召开部长级会议，讨论加强亚太地区经济合作问题。经与有关国家磋商，首届部长会议于1989年11月6—7日在澳首都堪培拉举行，澳大利亚、美国、加拿大、日本、韩国、新西兰和当时东盟六国的外交和经济部长参加会议。亚太经济合作组织（简称亚太经合组织，英文为Asia - Pacific Economic Cooperation，简称APEC）正式成立。1991年11月，中国以主权国家身份，中国台北和中国香港以地区经济体名义加入该组织。中小企业技术交流暨展览会是APEC系列经贸活动的重要内容。第一届APEC中小企业技术交流暨展览会（简称APEC中小企业技展会）于1996年在日本东京举办。山东省烟台市、青岛市分别举办了第二届和第三届APEC中小企业技展会。

一、第二届APEC中小企业技展会

1998年10月8—14日，第二届APEC中小企业技展会在烟台举办，主题为“友谊、合作、发展、繁荣”。这次活动的宗旨是加强APEC各成员中小企业的技术交流与合作，促进中小企业和区域经济的发展；通过科技交流，加强企业对国际先进技术发展现状和趋势的了解，促进其技术水平的提高，推动中小企业的技术共享；通过产品展示和投资环境的宣传，加强中小企业间的贸易往来与投资合作。

这是中国政府举办的亚太经合组织的一次重大技术交流与经贸合作盛会，来自澳大利亚、文莱、加拿大、智利、中国、中国香港、印度尼西亚、日本、韩国、马来西亚、墨西哥、新西兰、巴布亚新几内亚、菲律宾、新加坡、中国台北、泰国、美国和俄罗斯、越南、秘鲁21个成员（准成员）的客商和贵宾前来参会参展。参会参展中外客商达3万多人，其中海外客商近4000人。参会的政府代表团和企业团组70多个。中共中央政治局委员、国务院副总理吴邦国出席活动。中心会展馆设置标准展位1000个，中外展位各占一半，涉及农业器械、电讯、计算机、精细化工、轻工、食品、海洋生物、轻纺机械、医药、医疗器械、化工材料、建筑材料、自动化控制、汽车零部件、环保节能等。会议共征集论文198篇，其中100篇论文经徐冠华院士为首的专家委员会审选在会议期间发表，10篇获优秀论文奖。大会期间，山东共签订利用外资项目合同、协议和意向252个，总投资21亿美元，其中外资额

14.7亿美元；国内贸易成交额13.1亿元人民币。

二、第三届APEC中小企业技展会

2004年6月2—5日，第三届APEC中小企业技展会在青岛举行。会议主题为“技术提升经济，合作创造未来”，旨在通过开展展览和技术交流等活动，进一步加强APEC各成员体中小企业的交流与合作，提高中小企业技术水平，改善和优化产业结构，促进各成员体中小企业的不断进步和发展。

本届技展会规模大、内容丰富，共有参展企业674家，室内展位1140个。其中，126家企业来自APEC16个成员体，其他548家企业来自国内19个省（区、市）。参展内容涉及汽车及配件、化工、建材、食品、纺织、医药等9大行业的上万种产品，比较全面地展示了APEC成员体及国内中小企业的最新产品。同时举办了山东半岛制造业交易会，展示了半岛制造业基地的雄厚实力和显著优势。本届技展会共吸引国内外参观者15万人次，其中境外客商超过6000人次；出口成交1.09亿美元，国内贸易成交2.67亿元人民币；签订外资项目102个，项目总投资额3.7亿美元。

论坛是本届技展会主要特色，共组织了财智对话——中小企业创新发展高层论坛、中小企业境外投资政策及环境说明会、投资促进高层对话及融资洽谈会、技术交流洽谈会、中小企业发展与区域经济合作研讨会等近10场技术交流、论坛、研讨会和洽谈会，一些世界知名企业、知名专家到会推介产品和技术，为中小企业开展技术合作搭建了高层次的交流平台。

跨国采购洽谈是会上的成功亮点，共吸引了60个国家和地区的300多家采购商到会采购。其中，30家跨国采购巨头到会设立展位定点采购。其中包括美国沃尔玛、3M、惠而浦、罗克韦尔、中央采购，日本三菱商事，法国家乐福，英国百安居、Tesco等。带来了包括40大类、近500种产品的采购目录。

这次活动是APEC中小企业技展会开办以来规格最高、针对性最强、影响最为广泛的一次盛会，极大提升了APEC技展会的知名度，搭建了一个使APEC成员体广大中小企业全面展示最新产品和技术的平台，成功探索了针对性强的论坛新模式。开办的10大主题板块的论坛与洽谈会，通过立体式、全方位、零距离接触，使参会厂商获取了前沿技术和有价值的商业信息。

第三届APEC中小企业技展会在青岛办展历史上创造了10项纪录：第一次以国际组织名义举办目前为止最高规格会议；第一次集中接待如此众多的高层领导；第一次集中接待如此众多的外国使节；动员志愿者数量最多，超过400人；赞助单位及设备数量最多、规模最大；论坛参会人数最多，超过7200人次；举办了青岛乃至山东规模最大的跨国采购活动，跨国采购额达到7200万美元，参与洽谈的国内供应商近1700家，促成配对洽谈近5500次；第一次将展会与工业旅游相结合，共有30余个团组、340余人参加工业旅游参观；第一次专门为会议设立了与国际接轨、功能完善的“新闻中心”和青岛新闻网“网上信息发布中心”；参与采访报道的新闻媒体数量最多，共150余家、500余名记者，发稿数量最多，达到3400余篇，国内网站第一次参与大会现场直播。

第六节 潍坊国际风筝会

潍坊市举办国际风筝会始于1984年4月1日，来自世界各地的11个国家和地区的风筝代表队以及中外客商几万人云集潍坊，进行风筝放飞表演和有关经贸活动，开创了“风筝牵线、文化搭台、经济唱戏”的新模式，取得巨大成功。从此，每年举办一届。截至2005年，已连续举办22届。20余年来，潍坊先后与60多个国家和地区建立了经贸合作关系，有力促进了交流、开放、合作与发展。潍坊成了国际风筝活动和文化交流的中心，成为举世闻名的“世界风筝都”和国际风筝联合会总部所在地。

1992年4月18日，第9届潍坊国际风筝会开幕。来自英国、法国、丹麦等11个国家和地区的17支代表队以及北京、吉林、青岛等国内86支代表队参加了表演和比赛，926名外宾和3万余名观众出席开幕式。风筝会期间，潍坊同来自23个国家和地区的132名客商签订各种合同30个，合同利用外资3900万美元，国内贸易成交额15.68亿元人民币。

1993年4月20日，第10届潍坊国际风筝会暨第3届全国风筝比赛开幕式在潍坊市体育场举行。来自美国、加拿大、日本等18个国家和地区的41支代表队以及国内的45支代表队参加开幕式。风筝会期间，潍坊市有关部门和企业与来自30余个国家和地区的168家海外厂商进行了商务洽谈，签订利用外资项目合同、协议130项，外资额18178.6万美元，其中合同88份、合同外资额7574万美元。工业产品展览交易会签订经贸合同、协议2405份，交易额9.1亿元人民币。

1994年4月20日，第11届潍坊国际风筝会在潍坊市体育场开幕。来自日本、韩国、美国、加拿大、英国、法国、德国等19个国家和地区的37支代表队以及国内22个省、自治区、直辖市的25支代表队参加开幕式。同时举办了游览大山会暨个体私营业产品展销会，来自全国各地以及潍坊小商品城的3200余家业户、1000余种产品参展。

1995年4月20日，第12届潍坊国际风筝会、第2届中国国际风筝会、第5届全国风筝比赛开幕式在潍坊市体育场举行。来自奥地利、比利时、英国等14个国家和地区的44支代表队和来自国内的40支代表队以及潍坊市12个县（市、区）代表队参加开幕式。此届国际风筝会历时5天，共接待中外来宾2万余人，其中境外来宾2200余人。境外44名记者和国内250余名记者到会进行采访报道。

1996年4月20日，第13届潍坊国际风筝会开幕式在潍坊市体育场举行。来自澳大利亚、德国、美国、日本、法国、马来西亚等19个国家和地区的32支代表队参会。有890余名台商、港商和日本、美国、新加坡、俄罗斯、韩国、比利时的外商参加经贸洽谈。共签订外资项目216个，合同、协议利用外资额6.2亿美元，出口成交额5599万美元。

1997年4月20日，第14届潍坊国际风筝会开幕。来自美国、英国等国家和港台地区的34支代表队和来自北京、天津等国内39支代表队参加开幕式。21日，万人放飞表演在浮烟山放飞场举行。风筝会期间，潍坊科技成果展、农业经济技术洽谈会等多项科技洽谈贸易活动同时启幕。其中，农业经济技术洽谈会转让技术成果2152项，建立合作关系4492项，协议投资2.747亿元人民币。

1998年4月20日，第15届潍坊国际风筝会开幕式在潍坊市体育场举行。来自美国、澳大利亚、英国、加拿大等22个国家和地区的57支代表队和来自北京、天津等国内的73支代表队参加开幕式。2300余人演出了大型歌舞《辉煌的未来》。1000余名中外宾客参加了本届风筝会。潍坊市推出80个重点招商项目。

1999年4月20日，第16届潍坊国际风筝会开幕式在潍坊市体育场举行。来自哥伦比亚、法国、印度尼西亚、日本、韩国、哈萨克斯坦、马来西亚、荷兰、新西兰、巴基斯坦、菲律宾、俄罗斯、新加坡、泰国、乌克兰、英国、美国等国家和中国香港、台湾地区的风筝代表队，来自山东及潍坊市12个县（市、区）和3个开发区的风筝代表队参加开幕式。

2000年4月20日，第17届潍坊国际风筝会在潍坊市体育场开幕。来自美国、澳大利亚、英国、加拿大、丹麦、法国、德国、荷兰等国家的45支代表队，中国台湾、香港、航天体协、北京和东道主潍坊的10支代表队参加开幕式。本届风筝会共签订外商和台商投资项目21项，项目总投资6600万美元，其中合同外资额593.5万美元，协议外资额4574万美元。

2001年4月20—25日，第18届潍坊国际风筝会在潍坊举行。来自美国、德国、韩国、日本等25个国家和地区的56支放飞队的580位风筝爱好者和国内24支代表队的2000余名运动员参加。

2002年4月20—24日，第19届潍坊国际风筝会在潍坊举行。全国政协副主席孙孚凌，副省长蔡秋芳，省政协副主席周鸿兴、张敏，以色列驻华公使欧慕然出席开幕式。本届风筝会突出发展节会经济，与2002年中国（寿光）国际蔬菜科技博览会等一起举办。

2003年4月20日至5月6日，第20届潍坊国际风筝会在潍坊举行。全国政协副主席张思卿、省人大常委会副主任曹学成、副省长陈延明、省政协副主席王久祜出席开幕式。来自25个国家和地区的110支风筝代表队以及5000余名中外来宾出席开幕式。本届风筝会首次由中央电视台、中国足协与潍坊市人民政府联合主办。除风筝放飞外，还举行了经贸洽谈会、旅游工艺品交易会、美食节、民俗游等活动。

2004年4月20日至5月7日，第21届潍坊国际风筝会在潍坊举行。全国政协副主席王忠禹、省人大常委会副主任曹学成、省政协副主席王久祜出席开幕式。副省长孙守璞、联合国教科文组织驻北京文化官员高桥晓女士分别在开幕式上致辞。来自21个国家和地区的114支风筝代表队以及近10万名中外来宾到会。

2005年4月20日，第22届潍坊国际风筝会开幕。来自马来西亚、澳大利亚、波黑、俄罗斯、法国、韩国、加拿大、以色列、日本、美国等20多个国家的代表队参加活动。本届风筝会还成功组织了首届世界风筝锦标赛、2005年全国风筝锦标赛、潍坊风筝大赛三大赛事。安排经贸活动23项，共签订合同项目147个，合同利用外资158亿美元。

第七节 中国（曲阜）国际孔子文化节

中国（曲阜）国际孔子文化节于1989年创办，是融纪念、文化、旅游、学术、经贸于一体的大型国际性节庆活动，旨在纪念孔子对人类文化发展所作的杰出贡献，弘扬中华民族优秀传统文化，加强国际间文化交流与合作。截至2005年，国际孔子文化节由联合国教科文组织、国家旅游局、国家广播电影电视总局、山东省政府、国际儒学联合会、中国孔子基金会、中华民族文化促进会等单位共同主办，济宁市政府、曲阜市政府承办。

1989年，经国家旅游局和山东省人民政府批准，于每年9月下旬在孔子故里曲阜市举办中国（曲阜）国际孔子文化节。孔子文化节以浓郁的儒家文化特色，丰富多彩的文化旅游、经科贸活动，吸引了大批海内外嘉宾，形成了独特的风格和魅力，在海内外产生了广泛而深远的影响，被国家旅游局确定为国家级“旅游节庆精选活动”，被国际节庆协会评为“中国最具国际影响力的十大节庆活动”之一，被中国节庆产业评选活动组委会评为“中国十大人物类节庆活动”和“中国十大节庆活动”之一。

文化节期间，先后举办了全球联合祭孔、世界思想家巅峰论坛、世界儒商联谊大会、海外联谊会、海外孔孟颜曾圣人后裔恳亲联谊、国际儒学研讨会、东亚文化论坛等一系列国际性的文化交流活动，在海内外产生了重大而深远的影响。每年国际孔子文化节期间，都有外国政要和驻华使节、海外孔孟颜曾圣人后裔、港澳台同胞以及美国、德国、法国、日本、韩国、新加坡、澳大利亚等国家和地区的中外嘉宾前来参加。通过恳亲联谊、文化交流、经贸洽谈、观光旅游等，进一步密切了孔孟之乡与海内外的联系，使儒家文化与时代发展同步，与世界文化相互交融。通过举办国际孔子文化节，大大提升了济宁、曲阜以至山东的国际知名度和影响力，带来了越来越多新的经济增长点。

图7－1　2002年9月26日，日本前首相村山富市，山东省委常委、副省长林廷生共同出席在曲阜举行的中国（曲阜）国际孔子文化节系列活动——东亚文化论坛

第三章 民间友好往来

民间友好工作立足于人民，着眼于人民，更寄希望于人民。以世界各国人民为对象，为山东交友，是山东省各级友协组织的首要工作任务。省、市（地）、县三级友协组织积极开展民间对外交往，广交朋友，交好朋友，为配合中央总体外交和推动山东经济社会发展作出了积极贡献。经过长期努力，山东民间对外交往呈现出全方位、宽领域、多渠道开展的态势。在对外友好关系方面，由于地理位置优越，山东省在亚洲地区结成的对外友好关系起步最早、数量最多，友好关系稳固而活跃，交流与合作内容丰富。在欧洲，山东省所结成的友好关系大多数为国家级对华友好协会，层次较高，推动了与部分欧洲国家建立友好省州关系。在北美洲，山东省对外友好关系主要分布在美国。在南美洲，山东省对外友好关系较多，双方交往频繁，省人大领导多次前往拉美国家访问。在大洋洲，山东省对外友好关系主要在澳大利亚、新西兰两国。与非洲地区友好交往，主要是通过全国友协建立起来的。随着对外交流与合作的不断加深，山东省与大批外国友好人士结下了深厚的友谊。为表彰和鼓励在为山东省经济社会发展和对外交流合作等方面作出突出贡献的外国友人，省政府向其授予“山东省荣誉公民”称号，并制定相关的原则、条件、对象、程序、证书颁发等具体规定。各设区市政府也制定了有关规定，向为当地经济社会发展作出突出贡献的外国友人授予“荣誉公民”称号。截至2005年底，“荣誉公民”已遍及世界5大洲19个国家和地区，职业涵盖政治、经济、外交、学术、企业、社团等领域和界别。

第一节 与外国民间国际组织的友好关系

全省各级友协组织积极开展与国外民间组织的友好关系。在亚洲，对外友好关系主要集中在隔海相望的日本和韩国。在欧洲，友好关系多为国家级友好协会，层次较高的有8个。在美洲，友好关系集中在美国、巴西、智利等国，交往较多。在与大洋洲澳大利亚、新西兰友好关系中，较为突出的是青少年之间的交流。与非洲地区一些国家建立了友好关系。国外民间友好组织来访，以日本民间的友好组织和友好人士的来访最为密集。

一、民间对外友好关系

（一）亚洲地区

山东省在亚洲地区对外友好关系数量多，主要集中在日本、韩国，友好关系稳固而活跃。日、韩两国均属发达国家，各种友好组织、友好团体虽为民间性质，但大都具有一定经济实力；山东省与日、韩地区民间交往起步较早，友好关系不断发展。日、韩方面有国家级对华友好组织，如日中友好协会、韩中友好协会；有地区级对华友好组织，如山口县日中友好协会、韩中友协全罗北道支会等；还有各种专门组织，如日中经济交流协会、韩中女性交流协会等。山东在同日、韩民间友好组织交往方面内容丰富，包括：1. 经贸、科技、教育领域的实质性交流，促成外经贸项目、农业合作项目、争取友好捐赠等。2. 青少年、文化、体育交流，旅游观光等。3. 双边及多边民间交流活动。与亚洲其他国家友好关系多为国家级对华友好组织，包括泰国中国友好协会、菲律宾中国了解协会、孟加拉中国友好协会、新加坡中国友好协会、越南中国友好联合会等。

（二）欧洲地区

山东省与欧洲地区友好关系多为国家级友好协会，层次较高的有奥地利中国友好协会、意大利中国友好协会、瑞士中国友好协会、德国中国友好协会、荷兰中国友好协会、挪威中国友好协会、冰岛中国文化交流协会等。欧洲国家对华友好协会会长、名誉会长多为现任、前任政要，与所在国家政府部门、驻华使馆、各种重要民间团体都保持密切联系。通过这部分友好协会，促成欧洲多批重要代表团访问山东，提升了山东省民间对外交往水平，并推动山东同部分欧洲国家建立友好省州关系，如在奥中友协推动下，山东省与奥地利上奥州缔结友好省州关系。同时，欧洲地区众多国家级友好协会也经常邀请山东省人大、政协领导访问欧洲，从高层推动山东省与这些国家之间的民间对外友好工作发展。其他友好关系包括：经济类民间组织，如意大利中国商会、挪威中国商会等；教育研究机构，如欧洲中国关系发展中心，英国龙比亚大学、挪威商学院等。

（三）美洲地区

山东省与北美洲友好关系主要分布在美国，其国家级对华友好组织有美国中国友好协会、美中关系协会以及美中友协洛杉矶分会、纽约分会。山东省友协已与美中友协纽约分会、洛杉矶分会签订友好交流备忘录。在与美洲地区民间交往中，山东方面派出代表团前往访问较多。通过这些友好关系派出政府、人大、政协、经贸、财政、文化等考察团多批，但对方来访较少。北美洲除美国外，省友协已与加拿大中美加文化科技交流协会、墨西哥中国商会正式建立友好关系，但与上述两国的友好关系较少。山东省友协在南美洲友好关系较多，交往频繁。巴西中国友好之家、智利中国文化交流协会、古巴中国友好协会等都曾派团来山东访问，省人大领导也多次前往拉美国家访问。

（四）大洋洲地区

山东省与大洋洲友好关系主要在澳大利亚、新西兰两国，如澳大利亚中国友好协会、澳中友协南澳州分会、澳中友协新南威尔士州分会，新西兰中国友好协会。但与澳大利亚、新西兰未正式签署友好交流与合作关系协议。与澳、新友好关系的交往内容，包括邀请对方重要人士来访，安排山东省领导出访。较为突出的是青少年之间的交流，如省友协曾 3 次组织山东省中学生访问团访问澳大利亚、新西兰。

（五）非洲地区

非洲地区绝大多数国家没有类似友协这样的国家级对华友好组织。在全国友协的帮助下，省友协与乌干达中国友好协会、加纳地方政府协会等对华友好组织建立起联系。

二、外国民间友好组织来访

（一）亚洲

1. 日本

和歌山县日中友协

1989 年 9 月 4 日，由事务局长津田谦率领的和歌山县民间经济界人士访华团一行 4 人来济南访问，商谈经济、文化合作有关事宜。

1996 年 3 月 20—26 日，和歌山县友好代表团一行 13 人访问济南、青岛。省政协主席、省友协会长陆懋曾在济南会见了客人。

1997 年 3 月 28 日至 4 月 6 日，和歌山县日中友协组派少男少女合唱团、芭蕾舞团一行 150 人到济南、上海访问演出。4 月 1 日，省政协主席、省友协会长陆懋曾会见了代表团部分成员并观看了演出。

1997 年 12 月 16—20 日，以和歌山县日中友好协会理事长中西包夫为团长的和歌山县日中友协访华团一行4人访问济南、青岛等地。省政协主席、省友协会长陆懋曾在济南会见了客人。

1998年10月17—21日，和歌山县日中友协组派日本和歌山县日中友协教师访问团一行10人访问济南、曲阜、泰安等地，与有关部门探讨了青少年交流及建立友好小学关系等事宜。

1999年5月12—16日，和歌山县日中友协访华团一行6人访问青岛、济南、曲阜、泰安等地。省友协会长陆懋曾在济南会见了客人。

1999年6月22—25日，和歌山县日中友协代表团一行4人访问山东。省友协会长陆懋曾在济南会见了代表团一行。

1999年6月22—29日，和歌山县文化代表团一行12人访问山东。省委原书记梁步庭、省友协会长陆懋曾会见了代表团一行。

2000年10月17—22日，以和歌山县日中友协会长岩桥延直为顾问，以事务局长中西睦明为团长的和歌山县日中友协代表团一行50人对北京、大连、沈阳、青岛等地进行友好访问。

和歌山县—山东省都市友好协会

1998年10月3—7日，会长山崎利雄率团一行11人访问山东。

山口县日中友好交流协会

1996年3月10—15日，山口县友协访华团一行6人访问济南、青岛。副省长韩寓群在济南会见了代表团一行。

1997年9月27—28日，以宇部市市长藤田忠夫为团长，市议长、山口县日中友协理事长山下胜由为副团长的友好代表团一行6人访问济南、威海等地。省政协主席、省友协会长陆懋曾在济南会见了客人。

1998年7月19—22日，山口县日中友协理事长山下胜由访问济南，与省友协探讨进一步加强交流等有关事宜。省友协会长陆懋曾在济南会见了客人。

2000年6月28日至7月1日，山口县山东省物产展主办人访华团一行5人访问山东。

山口县岩国市日中友好协会

1997年9月16—17日，山口县岩国市日中友协访华团一行12人访问济南。省政协主席、省友协会长陆懋曾会见了代表团一行。

山口县下松市

2000年6月29日至7月2日，下松市组织太极拳访华团一行5人访问山东。

2000年7月9—13日，以山口县议会议员、日中经济交流协会会长石崎幸亮为团长的访华团一行16人访问山东。省人大常委会副主任张瑞凤在济南会见了客人。省友协会长陆懋曾与石崎幸亮一行举行了工作会谈，双方共同签署了两会新的合作交流协议。

西日本经济文化交流协会

1996年2月29日至3月7日，西日本经济文化交流协会友好代表团一行10人访问济南、邹平、泰安、青岛。省政协主席、省友协会长陆懋曾在济南会见了代表团一行。

1996年5月4日，以会长重村嘉信为团长的西日本中国经济文化交流协会访华团访问山东。省政协主席、省友协会长陆懋曾在济南会见了访华团一行。

1997年7月26—31日，西日本经济文化交流协会访华团一行67人访问济南、青岛等地。省政协主席、省友协会长陆懋曾在济南会见了客人。

1998年4月7—9日，西日本经济文化交流协会访鲁团一行6人访问济南，就1998年双方友好交流计划等有关事宜进行协商。

1999年5月14—15日，西日本经济文化交流协会代表团一行9人访问济南、邹平等地。省友协会长陆懋曾在济南会见了客人。

1999年6月29日至7月1日，西日本经济文化交流协会代表团一行4人访问山东，与省友协负责人商谈经济交流项目等事宜。

山口县周南地区日中友协

1997年3月16—21日，山口县周南地区友协团一行2人访问济南及上海、南京等地。省政协主席、省友协会长陆懋曾在济南会见了客人，双方就建立希望工程小学事宜进行了磋商。

1997年4月27—29日，山口县周南地区友协团一行17人访问济南、邹平、曲阜等地，就捐建希望工程小学等有关事宜进行磋商。

1997年9月21—28日，山口县周南地区日中友协组派周南地区太极拳访华团一行12人访问济南及上海、南京、黄山等地。省政协主席、省友协会长陆懋曾在济南会见了代表团一行。

1999年3月26—31日，山口县周南地区友协访华团一行22人访问北京、青岛等地。

2000年11月1—6日，山口县周南地区友协代表团一行5人访问青岛、沂水等地，就在沂水实施“希望工程”事宜进行了探讨。

大阪府友好协会

1997年4月26日至5月3日，大阪府友协代表团一行18人访问济南、青岛、潍坊、曲阜、泰安等地。

千叶县四街道市友好协会

1997年6月5—9日，千叶县四街道市友协代表团一行30人访问济南、泰安、曲阜、邹城等地。省政协主席、省友协会长陆懋曾在济南会见了代表团一行。

东京都日中友好协会

1997年11月17—20日，以会长贯洞哲夫为团长的日本东京都日中友协访华团一行24人访问济南、泰安、曲阜等地。省政协主席、省友协会长陆懋曾在济南会见了代表团成员。

神奈川县日中友协

1998年5月11—15日，神奈川县日中友协组派友好访华团一行11人访问济南、曲阜、泰安等地，与省友协探讨了双方合作事宜。

名古屋妙香园株式会社

1998年5月16—19日，名古屋妙香园株式会社社长田中富治郎一行4人访问济南、单县等地，与单县政府签订了捐建友好学校协议。副省长邵桂芳在济南会见了客人。

1998年9月10—13日，妙香园株式会社社长田中富治郎一行8人访问济南、单县，参加了在单县举行的捐建友好学校奠基仪式。省友协会长陆懋曾在济南会见了代表团一行。

1999年4月7—10日，妙香园株式会社社长田中富治郎一行7人访问济南、单县，与济南市园林局签订了捐资9000万日元建“中日友好弥勒佛园”协议。副省长邵桂芳在济南会见了客人。

1999年6月7—10日，妙香园株式会社一行5人访问济南、单县等地。省友协会长陆懋曾在济南会见了客人。

1999年8月30日至9月2日，妙香园株式会社一行21人访问济南、单县等地，参加了在单县举行的捐建友好学校、公园的竣工仪式。省友协会长陆懋曾在济南会见了代表团一行。

2000年9月16—20日，以妙香园株式会社社长田中富治郎为团长的访华团一行38人访问济南、曲阜、单县，参加了“中日和平友好园”竣工仪式。副省长林廷生、省友协会长陆懋曾在济南分别会见了代表团。副省长邵桂芳为田中富治郎社长颁发了“山东省荣誉公民”证书。

图 7－2　2000 年 9 月 20 日，省对外友协会长陆懋曾与日本妙香园株式会社社长田中富治郎等为千佛山中日和平友好园竣工剪彩

2001 年 10 月 5 日，以妙香园株式会社社长田中富治郎为团长的妙香园职员研修团访问山东。省友协会长陆懋曾在济南会见了客人。

2002 年 9 月 18—20 日，妙香园株式会社社长田中富治郎一行 11 人访问济南、德州、单县等地。济南市授予田中富治郎“荣誉市民”称号。

2003 年 9 月 19—21 日，妙香园株式会社社长田中富治郎一行 15 人访问单县、济南，考察其捐建的学校、公园运作情况。

2004 年 5 月 24—26 日，妙香园株式会社副社长牧信一一行访问济南、青岛、单县。

2005 年 5 月 23—26 日，妙香园株式会社社长田中富治郎一行访问山东。省人大常委会副主任曹学成在济南会见了客人。

名古屋市

1998 年 7 月 12—14 日，名古屋友人一行 4 人访问济南、单县，双方就在单县捐建友好学校事宜进行协商。副省长邵桂芳在济南会见了客人。

横滨友好协会

1999 年 4 月 18—22 日，横滨友好协会组派友好代表团一行 16 人访问济南、曲阜、青岛等地。省友协会长陆懋曾在济南会见了代表团一行。

樱花访问团

1999 年 5 月 6—8 日，日本樱花访问团一行 70 人访问济南、曲阜等地。

省友协会长陆懋曾在济南会见了客人，并与日本友人一起种植了樱花友谊树。

日中友协全国本部

2000年2月18—21日，日中友协全国本部团一行4人访问青岛、青州、济南等地，考察了青州龙兴寺等。

长野县友协

2000年4月13—16日，长野县友协访华团一行7人访问济南、泰安、曲阜。省友协会长陆懋曾在济南会见了客人。

日中友好协会

2000年5月21—22日，日中友好协会会长平山郁夫夫妇一行5人访问济南、青州，重点考察青州龙兴寺出土文物，表示希望联合国教科文组织及日本政府给予捐款，修复龙兴寺出土文物。省友协会长陆懋曾在济南会见了客人。

新潟县代表团

2000年8月27—29日，新潟县代表团一行5人访问济南、泰安，就二战中强抓中国劳工事宜进行调查取证。

2000年9月29—30日，新潟县友好访华团一行8人访问济南、泰安，继续对二战中强抓劳工事件进行调查取证。

日中友好后乐会

2000年9月23—28日，日中友好后乐会访华团一行25人访问济南、青岛、泰安、曲阜等地。

丰中市日中友好协会

2000年10月16—19日，以会长小田定人为团长的丰中市日中友协代表团一行14人访问济南、青岛、泰安、曲阜。

大分县“草根”协会

2001年6月19—24日，以安部哲也为团长的联合国教科文组织日本大分县“草根”协会代表团访问山东。中共中央政治局委员、山东省委书记吴官正在济南会见了客人。日本大分县“草根”协会是联合国教科文组织批准成立的由民间人士组成的基层组织。此次来访，旨在对联合国教科文组织正在实施的识字教育、世界遗产、和平文化等项目进行考察与交流。

大分县民对外友好协会

2002年9月4—9日，大分县民对外友好协会访华团一行2人访问济南、青岛、泰安等地。中共中央政治局委员、山东省委书记吴官正在济南会见了客人。

京都涩谷区日中友好协会

2001 年 10 月 22—26 日，京都涩谷区日中友协代表团一行 35 人访问济南、曲阜、淄博、青岛。

宇部市

2002 年 5 月 16—23 日，宇部市“友好之翼”访华团一行 149 人访问威海市，参加了威海—宇部缔结友好城市 10 周年纪念活动。

德岛县日中友好协会

2003 年 4 月 17 日，以会长加藤高明为团长的日本德岛县日中友好协会代表团访问山东，与省友协签署了关于加强友好合作交流备忘录。省人大常委会副主任曹学成在济南会见了日本客人。

日中经济文化交流协会

2003 年 11 月 21—22 日，以副会长冈村胜二为团长的访华团一行 6 人访问山东，双方签署了友好合作交流协议书。

2. 越南

越南组织联合会

1997 年 9 月 25—30 日，越南组织联合会主席阮光造率团一行 6 人访问济南、曲阜等地。省政协主席、省友协会长陆懋曾在济南会见了代表团一行。

岘港市越中友谊会

2000 年 10 月 6—11 日，岘港市越中友谊会访华团一行 3 人访问济南、青岛、曲阜、泰安等地。

3. 朝鲜

朝鲜中国友好协会

2001 年 7 月 12—13 日，以朝中友协中央委员会副委员长金峰铁为团长的朝中友协代表团一行访问山东。省委副书记陈建国在济南会见了客人。

4. 韩国

韩国中国友好协会

2001 年 10 月 31 日，以韩中友协顾问郑秉学为团长的韩中友协访华团一行访问山东。省友协会长陆懋曾在济南会见了客人。

2002 年 5 月 10 日，韩中友协副会长金东皓率韩中友协代表团访问山东。省委副书记、省政协主席、省友协名誉会长吴爱英在济南会见了代表团一行。

5. 叙利亚

叙利亚行业协会联合会

2005年7月22—24日，叙利亚行业协会联合会主席阿里·阿瓦德率代表团访问山东。省外办主任、省友协会长张伟龄在济南会见了代表团一行。

（二）欧洲

意大利中国友好协会

1990年6月29日，意中友协代表团一行6人访问济南、曲阜。省友协名誉会长梁步庭在济南会见了代表团一行。

奥地利中国友好协会

1998年7月26—30日，罗生特医生家乡友好人士访华团一行31人访问济南、莒南、曲阜等地，与济南及莒南两地文艺界人士进行了友好交流。

1998年10月25—27日，奥中友协代表团一行17人访问济南、曲阜等地。省人大常委会副主任王渭田在济南会见了代表团一行。

瑞士中国友好协会

1998年10月16—19日，瑞中友协访问团一行6人访问青岛、济南、泰安等地。省友协会长陆懋曾在济南会见了代表团一行。

2001年10月10日，瑞中友协主席瓦格纳率瑞中友协代表团一行访问山东。省友协会长陆懋曾在济南会见了客人。瑞中友协创办于1945年，1973年重建。该会是以瑞士政治、经济、文化等各界中上层人士为主组成的民间对华友好组织。

法国中国友好协会

1999年11月1—7日，法中友协联合会代表团一行9人访问曲阜、泰安、济南、潍坊、青岛。

1999年11月3日，法中友协联合会主席阿兰·拉巴特及名誉主席约瑟夫·马纪樵一行访问山东，考察了解山东城乡改善居民住房条件的经验及进展情况。省友协会长陆懋曾在济南会见了客人。

欧中友好协会

2000年4月9日，欧中友好协会访华团一行4人访问山东。

德国斯图加特德中友协

2000年10月30日至11月2日，斯图加特德中友协率环保考察团一行9人访问济南、泰安等地。省政府副秘书长刘长允会见了代表团一行。

德国中国友好协会

2002年10月5—8日，德中友协医生代表团访问山东，与山东医学界进行了友好交流。

挪威中国友好协会

2003年1月12—15日，以挪中友协常务理事雾拉王为团长的挪威经贸考察组一行3人访问山东。省外办主任、省友协会长张伟龄会见了客人。

罗马尼亚中国友好协会

2003年5月15—18日，罗中友协主席杜米特列斯库率罗中友协代表团一行5人访问曲阜、泰安、济南等地。代表团参观访问了山东财政学院和济南轻骑摩托车股份有限公司等。省友协会长张伟龄、常务副会长张先达会见了客人。

葡萄牙中国世代友好联合会

2004年5月23日，葡萄牙中国世代友好联合会理事会主席贡萨维斯率团访问山东。省人大常委会副主任曹学成在济南会见了客人。

俄罗斯国际和平基金会

2004年6月15—21日，俄罗斯国际和平基金会理事长斯拉谢娃女士一行5人访问济南、泰安等地。省友协会长张伟龄在济南会见了客人。

（三）非洲

乌干达中国友好协会

1998年10月1—6日，由乌中友协会长马托武率领的乌干达中国友好协会代表团一行6人访问济南、滨州、潍坊等地。省友协会长陆懋曾在济南会见了代表团。

几内亚和平友好团结理事会

1998年10月22—24日，几内亚和平友好团结理事会主席法西奈·邦古拉、执行秘书恩发莫利·卡巴访问山东。省友协会长陆懋曾在济南会见了客人。

加纳地方政府协会

2005年7月12—18日，加纳地方政府协会会长韦格伯特·波格利率加纳地方政府代表团访问山东。省人大常委会副主任莫振奎在济南会见了客人。

（四）美洲

墨西哥中国商会

2004年9月12—14日，由墨中商会会长罗亚斯率领的墨西哥商务代表团一行访问山东。省人大常委会副主任莫振奎在济南会见了客人。省友协会长张伟龄与罗亚斯共同签署了两协会友好交流议定书。

（五）大洋洲

澳大利亚中国友好协会

1998 年 4 月 28—30 日，澳中友协南澳州分会会长迈克·维利斯夫妇访问山东。省友协会长陆懋曾在济南会见了客人。

2003 年 7 月 25 日，澳中友协会长弗拉沃斯一行访问山东。省人大常委会副主任曹学成在济南会见了客人。

新西兰中国友好协会

1999 年 4 月 18 日至 5 月 3 日，以新西兰新中友协常务副会长大卫·布兰夏德为团长的新中友协代表团一行 21 人访问北京、青岛、烟台、济南、潍坊、泰安、曲阜等地。省友协会长陆懋曾在济南会见了代表团。

第二节　重要活动与交流成果

改革开放初期，山东民间对外友好工作先行一步，为推动地方政府间的对外交往做了大量工作，逐步打开了山东省对外交往局面。随着民间对外交往活动日益活跃和民间交流渠道的日益增多，山东省通过民间对外交往渠道派出的各种团组逐步增加，促进了经贸合作和文化交流，为建立和发展友城、友好关系工作奠定了基础。

一、出访

（一）省级团组

1996 年 5 月 7—20 日，以省政协主席、省友协会长陆懋曾为团长的山东省友协代表团一行 4 人访问日本、韩国。

1997 年 10 月 6—22 日，省政协主席、省友协会长陆懋曾率山东省友好访问团一行 7 人访问德国、意大利。

2001 年 12 月 3—14 日，省友协会长陆懋曾率省友协代表团访问越南和泰国。访越期间，双方签署了《山东省对外友协与越南岘港市越中友协交流协议书》。

2002 年 5 月 7—16 日，副省长赵克志随全国友协组派的第六次中国省长代表团访问日本，拜会了日本政界、经济界、科技界等有关方面高层人士，与日本经济团体联合会中国委员会进行了座谈。

2002 年 11 月 1—10 日，全国政协委员陆懋曾率省农业顾问团访问日本。代表团与日方有关方面探讨了参照国际惯例对山东农户依法予以保护的有效途径，以扩大山东农产品的出口。

2003 年 3 月 4—18 日，省人大常委会副主任何宗贵率山东省人大友好代表团访问希腊、南非、奥地利。代表团拜会了希腊国家议会、南非西开普省议会，会见了希腊议会常务副议长戈托纳斯、希腊欧中关系发展协会主席尼惠明、南非西开普省议长布朗等。

（二）其他团组

1996 年 7 月 15—29 日，以省外办副主任张先达为团长的中国人民对外友好协会代表团一行 9 人访问立陶宛、拉脱维亚、爱沙尼亚。

1996 年 10 月 14—22 日，省外办副主任张先达随中国人民对外友好协会代表团访问俄罗斯，出席俄中地区间合作研讨会。

1998 年 2 月 9—22 日，省友协日本工作组访问日本东京、大阪、山口、和歌山等地。

1998 年 7 月 30 日至 8 月 8 日，省外办副主任、省友协副会长段毅军率山东省友协代表团一行 6 人访问美国。访美期间，拜会了中国驻美大使馆、洛杉矶及纽约总领馆；与美中友协洛杉矶分会、纽约分会进行了友好交流并分别签署了友好交流备忘录；与马里兰大学进行会谈，达成了联合在美举办孔子文化展的意向。

1998 年 10 月 13 日至 11 月 13 日，由省友协组派的杂技代表团赴山口县参加第十七届山东省物产展演出活动。

1999 年 3 月 6—18 日，省友协副会长段毅军一行 3 人访问日本，与山口县、和歌山县友协商谈 1999 年交流计划。

2000 年 3 月 1—15 日，由省友协组派的山东省物产展表演团一行 7 人赴山口县等地进行访问演出。

2000 年 3 月 30 日至 4 月 11 日，省人大友好访问团一行 10 人访问澳大利亚、新西兰，与两国友协、地方议会及政府就经贸合作等事宜进行了探讨。

2000 年 4 月 6—25 日，省友协东南亚访问团一行 4 人对菲律宾、泰国、越南进行工作访问，就进一步发展山东省与菲律宾北伊洛戈省友好关系进行了探讨；与越南越中友谊会签署了友好交流备忘录。

2000 年 11 月 17—29 日，省人大友好代表团一行 8 人访问美国、加拿大。拜会了两国地方政府及议会，与两国友协、山东同乡会等民间组织进行了友好交流。

2000 年 11 月 18 日至 12 月 1 日，由省友协组派的中小城市建设及环保代表团一行14人访问奥地利、德国，参加了奥地利上奥州—中国山东省城建及环保研讨会，对当地有代表性的城建与环保企业进行了实地考察。

2001年3月19—31日，由省友协组织，以济宁市副市长李广生为团长的山东省友城考察团一行5人访问奥地利和德国。

2001年11月24日至12月3日，省友协工作组访问希腊和意大利，分别同希腊欧中关系协会和意大利意中友协、意中协会、贝尔加莫省签署了友好合作交流协议书。

2001年12月11—20日，省友协副会长段毅军率友协工作组一行3人访问日本山口县、和歌山县、福冈县、爱知县。

2003年1月19—20日，省友协常务副会长张先达率代表团访问日本。访问了7个府县、12个城市，拜会了友好团体、经济界、政界等人士。

2003年9月10—28日，聊城杂技团一行6人，随全国友协代表团访问马达加斯加、加蓬等国并进行了友好演出。

2003年10月15—27日，山东省经济友好代表团一行14人随全国友协代表团访问法国，参加了中法文化交流活动并开展了招商引资活动。

2003年11月6—13日，聊城杂技团一行6人访问日本，在福冈县进行了友好演出。

2003年12月11—24日，以省友协常务副会长张先达为团长的山东省经济友好代表团一行11人访问巴西、智利，与巴西中国友好之家、智利中国文化交流协会签订了友好交流协议书。

2004年3月17—30日，省对外友协常务副会长张先达率友协工作组出访日本、韩国，与韩中文化交流协会全罗北道支部共同签署了友好交流协议书。

2005年1月19—25日，省外办主任、省对外友协会长张伟龄率友协工作组访问日本山口县、和歌山县、大阪府、德岛县、福冈县、爱知县等地。

二、重要活动与成果

（一）重要活动

山东物产展 由省友协与山口县日中友协联合，每年在日本举办。1982—2000年，已连续举办了19届21次，入场人次达几十万人，销售额突破21亿日元。每年都组织杂技、歌舞、武术、书画、剪纸、木版年画、烹饪等表演团参会，文化与经济相结合，全面展示山东的风采，提高了山东省在日本的知名度。日方于2001年起取消了该项活动。

中日乒乓球友好邀请赛 1997年8月25—29日在北京举行。山东共有10个代表团参加比赛（其中山东—山口、山东—和歌山合组两队），取得较好成绩。

山东省—奥地利友好活动日 省友协与奥中友协于1998年在济南举行。奥中友协组派农业、经济代表团一行68人前来参加活动，奥地利凯斯卡乐团分别在济南、淄博两地进行了演出。

中美艺术家书画展 1999年1月6—7日，由省友协、省书法家协会、工人日报社等联合在济南举办。美国驻华大使馆文化处官员惠特克出席开幕式。省外办主任、省友协副会长武钟恕为开幕式剪彩。

山东中日友好交流周 1999年9月22—29日，由省友协在济南举办。由与山东省缔结友好关系的日本相关县、市各界友好人士组成的13个友好代表团共312人前来参加友好交流周活动及孔子诞辰2550年大型纪念活动。省委副书记、省长李春亭，副省长韩寓群，省友协会长陆懋曾出席活动。

“孔子—苏格拉底”哲学报告会 2000年4月在曲阜举行。

中日学术交流——环保研讨会 2001年9月25—26日在山东大学举行。中日两国专家就如何利用科学技术，减少环境污染等问题进行了研讨。省友协会长陆懋曾出席研讨会开幕式。

日本井上胜子俳句与中国书画交流展 2002年7月5—8日由全国友协、省友协联合在济南趵突泉公园展出。省人大常委会副主任莫振奎出席开幕式。俳句是日本民族特有的一种文学形式，已有400多年的历史。井上胜子是日本知名俳句作家，受聘为山东师范大学名誉教授。该展览向山东民众介绍了日本传统文化。

纪念中日邦交正常化30周年·中日书法友好交流展 2002年8月9—10日在济南趵突泉公园展出。山口县友协、和歌山县友协代表团参加活动。省人大常委会副主任莫振奎出席开幕式并剪彩。

中日友好围棋赛 2002年10月19日，为纪念山东省与山口县缔结友好省县关系20周年在济南举行。省人大常委会副主任莫振奎会见了山口县围棋代表团一行。

罗生特生平展 2003年4月12日至5月10日，为纪念伟大的国际主义战士罗生特诞辰100周年，省友协会同全国友协、奥地利奥中友协在北京国家博物馆共同举办。

“经济贸易与投资”第九届中俄地区合作研讨会 2004年4月19日，由全国友协和俄罗斯联邦委员会（议会上院）共同组织的“经济贸易与投资”第九届中俄地区合作研讨会在北京举行。省人大常委会副主任李明先出席研讨会。

中日文化节　2004年10月9—10日，由省友协组织在济南举行。来自日本山口、和歌山、福冈、德岛、宫崎县的各界友好人士250余人参加了文化节。副省长蔡秋芳出席开幕式。

纪念山东省与和歌山县缔结友好省县关系20周年水墨画联展暨小川华瓣水墨画展　2004年10月17—18日在省美术馆举行。省委副书记、省长韩寓群致信祝贺。省人大常委会副主任李明先出席开幕式并致辞。

中日韩妇女交流大会　2005年10月17—18日，由省外办、省妇联、省友协联合在济南举办。全国友协副会长陈永昌、省人大常委会副主任时立军出席开幕式。16日，省委副书记赵春兰在济南会见了各代表团主要成员。

图7－3　2005年10月16日，“中日韩妇女交流大会”联欢晚会在济南举行。图为省外办主任张伟龄、省妇联主席赵玉兰在联欢晚会结束后与演员合影

（二）青少年交流

澳大利亚中学生访问团　1994年7月12—24日，澳中友协南澳分会会长迈克·威利斯率18名中学生访问山东，对济南实验中学的学生进行了家访。1998年4月11—24日，澳中友协南澳分会会长迈克·威利斯率领的中学生代表团一行45人访问青岛、烟台、潍坊、邹平等地，与当地中学生进行了友好交流活动。代表团还向邹平聋哑学校捐款。

和歌山少男少女合唱团、芭蕾舞团　1997 年 3 月 28 日至 4 月 6 日，日本和歌山县日中友协会长岩桥延直率少男少女合唱团、芭蕾舞团一行 150 人在济南、上海访问演出。4 月 1 日，省政协主席、省友协会长陆懋曾会见了代表团部分成员并观看了演出。

日本柳井市青少年友好交流团　1998 年 7 月 27—31 日，以山口县柳井市市长河内山哲郎为团长的柳井青少年友好交流团一行 14 人访问山东。

山东省中小学生赴澳大利亚交流团　1998 年 8 月 3—13 日，由省友协组派的山东省中小学生交流团一行 49 人对澳大利亚进行友好访问。

山东省实验中学赴澳大利亚访问团　1999 年 8 月 6—16 日，省实验中学学生代表团一行 51 人对澳大利亚悉尼、布里斯班、堪培拉等市进行友好访问，参观了悉尼市切特伍德中学，与该校师生进行了友好交流。

挪威商学院大学生社会实践考察团　由省友协与挪中友协共同组织，挪中友协主席、挪威商学院副教授扬·埃文思莫 2001—2005 年连续 5 年暑期率该院大学生共 116 人次在山东省进行社会实践考察，涉及经贸、财政、教育、科技等领域。学校每年将学生们的调研报告装订成册，免费向政府有关部门、企业分发。

中日韩青少年友好夏令营　2001 年 8 月在济南举行。日本和歌山县、山口县 4 个代表团 230 余人，韩国庆尚南道、忠清南道 2 个代表团 70 余人，山东师范大学附属中学、附属小学 200 余人，中日韩 3 方共计 500 余名青少年参加。举办了中国武术、韩国跆拳道、日本剑道、书法、绘画、手工艺品等演出与展览，组织了各种体育比赛。3 国青少年共同植下 3 株雪松并立碑纪念。

山东省教师学生赴日、韩交流团　2002 年 7 月 10—23 日，为庆祝中日邦交正常化 30 周年、山东省与山口县缔结友好关系 20 周年，山东省中小学生友好访日团一行 142 人应邀访问日本山口县、和歌山县。2004 年 7 月 12—25 日，山东省中小学生交流团访问日本、韩国。2005 年 7 月 11—24 日，山东省教师学生代表团一行 65 人访问日本、韩国，与两国青少年进行了文体交流。

（三）国外友好捐赠

澳大利亚前总理惠特拉姆　1990 年应全国友协邀请访问山东。山东方面给予其受伤的妻子以很好的照顾。为表示感谢，惠特拉姆派澳驻华使馆参赞前往青岛表示感谢，同时捐赠 1 万澳元用于购买救护设备。

澳大利亚中国友好协会南澳州分会　1994 年 7 月，向邹平县西董小学捐款2200澳元。

日本山口县周南地区日中友好协会　积极发动市民集资募捐，向邹平县和沂水县捐资700万日元，于1997年10月31日建成邹平县西庵中日友好希望小学。2000年启动了在10年内向沂水县贫困地区捐赠1000万日元，用于改善儿童的学习和生活环境的计划。

日本妙香园株式会社　名古屋地区著名企业。1998年中日友好和平条约签订20周年之际，投资7000万日元（约合450万元人民币），在单县兴建中日友好惠光学校和惠光公园。此后每年向该学校和公园分别捐赠100万日元用于管理与修缮。1998年捐资9000万日元（约合590万元人民币）在济南千佛山公园设立“中日和平友好园”，并在园内修造一座高20米，外贴金箔，号称“江北第一大佛”的弥勒佛铜像。

日本大阪府友好协会　1999年4月28日至5月4日，大阪府友好协会一行19人访问青岛、烟台。代表团为青少年基金会捐款3万日元。

日本江津地区狮子会代表团　1999年6月25—29日，江津地区狮子会代表团一行7人访问山东，向希望工程捐款20万日元。省友协会长陆懋曾在济南会见了代表团一行。

第三节　山东省荣誉公民

随着山东省对外交流合作和参与国际化进程的不断加深，各级政府和部门与一些外国友好人士建立了友好联系，并与他们在长期友好合作中结下了深厚的友谊。为表彰和鼓励在为山东省经济社会发展和对外交流与合作等方面作出突出贡献的外国友人，1994年9月，山东省政府首次向日本、奥地利等国的7位友人授予“山东省荣誉公民”称号。同年11月，省政府下发《关于授予外国友人“荣誉公民”称号规定的通知》，规定具备下列条件之一的外国友人可授予“荣誉公民”称号：1. 长期坚持对华友好，同情中国人民的革命事业，支持中国的社会主义现代化建设，积极促进山东与世界的交流与合作；2. 长期坚持与开展经济、科技、文化等领域的合作与交往，为支持山东的经济建设和社会事业发展不懈努力，取得显著成绩；3. 大力支持山东对外开放，在与世界各国人民的友好交流与合作中发挥了重要作用，作出突出贡献；4. 来山东工作的外国专家、技术人员，在科研、教学、生产中作出优异成绩；5. 在本国、本地区、本领域有较高的声誉或影响。

截至2005年，全省共授予“荣誉公民”51人，涉及世界五大洲19个国家和地区，其中亚洲25人，欧洲16人，美洲5人，大洋洲5人，职业涵盖政治、经济、外交、学术、企业、社团等不同界别。来自亚洲的“荣誉公民”集中在东亚，日本有17人，占33.3%；韩国6人，占11.7%；泰国和马来西亚各1人。来自欧洲的“荣誉公民”16人，分别在奥地利、德国、瑞士、瑞典、挪威、荷兰、法国7个国家，其中德国7人，占13.7%；瑞士、瑞典、荷兰各2人；法国、挪威、奥地利各1人；南欧和东欧暂无。来自美洲的“荣誉公民”全部来自美国，有5人，占9.8%。来自大洋洲的“荣誉公民”有5人，占9.8%，其中澳大利亚3人，新西兰2人。截至2005年，山东在非洲地区尚无“荣誉公民”。

图7-4 2003年9月22—24日，日本山口县前知事平井龙率团访问山东。图为省长韩寓群代表省政府向平井龙颁发“山东省荣誉公民”证书

“山东省荣誉公民”一览表

表7-1

序号	中文名	职 务	批准时间	授予时间	国籍
1	椙山敦男	山口县日中友协原副理事长	1994年		日本
2	山下胜由	山口县日中友协理事长	1994年		日本
3	松村章	山口县日中友协代会长	1994年		日本

续表

序号	中文名	职　务	批准时间	授予时间	国籍
4	部谷孝之	山口县日中友协会长	1994 年		日本
5	伊村光	山口县日中经济促进会会长	1994 年		日本
6	山崎利雄	和歌山县日中友好城市交流协会会长	1994 年		日本
7	卡明斯基	奥中友协副主席	1994 年	1996 年	奥地利
8	汉斯·尤·阿曼	瑞士中国协会前会长	1994 年		瑞士
9	邵若泰	德国技术合作公司驻山东粮援项目部负责人	1996.02.29	2001.06	德国
10	罗纳德·米德可夫	美国田纳西州卡森·纽曼学院教育系主任	1996.02.29		美国
11	凯斯·克拉克	陶朗加市市长	1996.02.29	1996.04	新西兰
12	李钟洵	威海威东公司总经理	1996.02.29	1996.04	韩国
13	维尔克	汉斯·赛德尔基金会中国处处长	1996.02.29		德国
14	冷格尔	德国经济部前副部长	1996.02.29	1996.06.18	德国
15	扬·吕德	韦斯特曼省省督	1996.02.29	1996.08.23	瑞典
16	罗斯·詹森	卫生局中部主席	1996.02.29	1996.10	新西兰
17	欧文·毛赛尔	瑞士瑞中协会主席	1996.02.29	1996.11	瑞士
18	郭国照	澳华集团有限公司执行主席	1996.06.05		澳大利亚
19	金浩泰	韩国驻青岛总领事	1996 年		韩国
20	参特·格拉夫	德国杜门斯国际啤酒学院院长	1996.10		德国
21	金弘一	韩国国会议员	1998.04.27		韩国
22	黛安娜	承德国际投资股份有限公司总裁	1998.04.06	1998.06	美国
23	石嘉禄	康州—山东理事会主席	1998.06.12		美国
24	高桥正六	日本中国问题研究会会长 高知县千屋岐病院院长	1998.09		日本
25	迈克·维利斯	澳中友协南澳分会会长	1999.07		澳大利亚

续表

序号	中文名	职　务	批准时间	授予时间	国籍
26	蒋大龙	韦斯特曼省省督顾问	1999.07		瑞典
27	奥托・威斯豪耶	巴伐利亚州经济交通部长	1999.07		德国
28	范・科默纳德	北荷兰省省长	1999.07	2000.03	荷兰
29	矢吹欣一	周南地区日中友协代会长兼理事长	1999.07	1999.09	日本
30	田中富治郎	名古屋妙香园社长	1999.07	2001	日本
31	岩田健	山口县日中友协常任理事、周南地区日中友协事物局长	1999.07		日本
32	岩桥延直	和歌山县日中友协会长	1999.07	1999.09	日本
33	徐平源	烟台瀛海信息产业有限公司董事长	2002.10		韩国
34	平井龙	山口县前知事、山口县国际交流协会会长	2003.09	2003.09.24	日本
35	贵志八郎	和歌山县日中友好协会顾问、关西日中和平友好会顾问	2004.01.14	2004.04.26	日本
36	金东皓	韩国韩中友好协会副会长	2004.01.14	2004.10.19	韩国
37	阿南・普马王	泰国东方大学校友会顾问委员会委员	2004.01.14		泰国
38	鲁兴	法国布列塔尼大区公司驻山东代表处总经理	2004.01.14	2004.02	法国
39	阿尔布莱希特・弗洛尔	德国汉斯・赛德尔基金会驻山东项目专家	2004.01.14	2004.03.23	德国
40	戴小华	马来西亚华人文化协会总会长	2004.01.14	2004.05.12	马来西亚
41	扬・埃文斯莫	挪中友协会长	2004.07.05	2004.08.31	挪威
42	杰・科纳	得克萨斯州州务卿	2004.07.05		美国
43	乔治・冈斯	康涅狄格州参议员	2004.07.05		美国
44	肯・史密斯	维多利亚州议员	2004.07.05	2004.07.15	澳大利亚

续表

序号	中文名	职　务	批准时间	授予时间	国籍
45	中西睦明	和歌山县日中友协副会长兼理事长	2004.07.05		日本
46	金在镛	大宇水泥（山东）有限公司董事长	2004.07.05		韩国
47	倪凯琳	荷兰贸易促进委员会济南代表处首席代表	2004.07.05	2004.09.16	荷兰
48	西田健一	丸红株式会社特别顾问	2004.11.17	2004.11.18	日本
49	沃尔夫冈·布鲁克	德国巴州总理内阁部国际合作处亚太地区合作负责人	2005.07.11		德国
50	门三佐博	日中友好和歌山县议员联盟会长	2005.12.09		日本
51	足立明男	山口县立萩市美术馆·浦上纪念馆馆长	2005.12.09		日本

第四节　知名国际友好人士

随着山东省对外交流合作和参与国际化进程的不断加深，一批国际友好人士长期坚持对华友好，积极宣传山东，努力推动与山东省的交流与合作，成为山东发展对外开放事业的宝贵资源和重要国际力量。

一、日本友好人士

平井龙　日本资深政治家。山东省友城工作的数个“第一”，都与平井龙的名字连在一起。1979 年 5 月，全国人大常委会副委员长廖承志率团访问日本时，向时任山口县知事平井龙提出山东省青岛市与山口县下关市建立和发展友好城市关系的建议，得到平井龙积极响应。当年 10 月，青岛市与下关市结为山东省第一对国际友好城市。1982 年 8 月，山东省与山口县缔结友好关系，成为山东省与国外建立的第一对省级友好关系。在平井龙的推动下，20 世纪 80 年代初开通了山东（青岛）与日本（山口）之间的第一条海上交通线，山口银行率先在青岛设立山东省第一家外资银行。

贵志八郎 日本众议院议员，和歌山县日中友协顾问，曾多次率团访问山东。1990 年 9 月 12 日，率和歌山县日中友好访华团一行 13 人访问山东，中共山东省顾问委员会主任梁步庭会见了客人。1997 年 6 月 25 日至 7 月 1 日，率和歌山县日中友协访华团一行 4 人访问济南、上海。访济期间，省政协主席、省友协会长陆懋曾会见了代表团成员。2001 年 9 月 23 日，率和歌山县日中友好文化交流考察团访问山东。省友协会长陆懋曾在济南会见了考察团一行。2003 年 10 月 9—13 日，率和歌山县社会福利考察团访问山东，与省残联、省老干部局、老年大学进行了交流。2004 年 4 月 24—29 日，率和歌山县友好交流团访问山东。26 日，副省长陈延明在济南会见了日本客人，并代表省政府授予贵志八郎“山东省荣誉公民”称号。2005 年 8 月 9 日，贵志八郎访问山东，与省外办商谈设立非营利性组织和歌山县·山东省经济文化交流中心事宜。同年 9 月 23 日，率和歌山县县民友好访华团访问山东。

山下胜由 日本山口县日中友好协会名誉顾问、山口县宇部市前议长，为促进山东省与山口县民间交流与合作、宇部市和威海市缔结友好关系起到了重要作用。1950 年，山下胜由在中华人民共和国成立之初，国际环境错综复杂的情况下创立了“日中友好协会”，为推动日中友好和促进日中邦交正常化作出了重要贡献。推动山东省与山口县于 1982 年缔结友好省县关系。在山下先生的推动和领导下，山口县日中友协与山东开展了丰富多彩的友好交流活动。其中，山东物产展于 1982 年首次在山口县举办，成为两省县友好交流的成功典范。截至 2000 年，连续举办了 19 届 21 次。1992 年 5 月 18 日，在山下先生的积极推动下，宇部市与威海市缔结友好城市关系。威海市于 1993 年 10 月 24 日正式聘任山下胜由为威海市人民政府经济顾问。1997 年、2002 年以及两市结好 5 周年、10 周年、15 周年时，山下先生均率团来威海出席两市结好活动。1994 年，山下先生成为第一批“山东省荣誉公民”。

胁坂宣尚 山口县宇部市日中友协副会长、宇部市香川环境技术中心所长。2000—2005 年，胁坂宣尚连续 6 年率环保考察团来山东考察环保状况、垃圾处理设施、南四湖水质等情况。组织筹办了 2001 年、2002 年在山东大学举办的中日学术交流——环保研讨会。

宇津彻男 岛根县浜田市长。1996 年 7 月 28 日，宇津彻男率浜田市友好访华团访问山东。

藤田忠夫 宇部市市长。1997 年 9 月 27—28 日，藤田忠夫与市议长、山口县日中友协理事长山下胜由率宇部市友好代表团一行6人访问济南、威海等地。省政协主席、省友协会长陆懋曾在济南会见了代表团一行。

松原靖彦　下关市议会议员、西日本中国经济文化交流协会会长。1998年7月12—21日，松原靖彦率团一行18人访问山东、北京、上海、西安等地。访济期间，与省友协签订了友好交流备忘录。省友协会长陆懋曾会见了访华团全体成员。

田中富治郎　名古屋地区著名企业妙香园社长。1998年中日友好和平条约签订20周年之际，投资7000万日元（约合450万元人民币），在单县兴建中日友好惠光学校和惠光公园。此后，田中富治郎每年向公园和学校分别捐赠100万日元，用于管理与修缮。1998年，田中富治郎捐资9000万日元（约合590万元人民币）在济南千佛山公园设立“中日和平友好园”，并在园内修造一座高20米，外贴金箔，号称“江北第一大佛”的弥勒佛铜像。1999年7月，省政府授予田中富治郎“山东省荣誉公民”称号。

岩桥延直　和歌山县日中友好协会会长，长期从事日中友好工作，曾多次率团访问山东。1985—1997年，4次率和歌山县青少年友好城市亲善访问团访问山东。1999年、2004年，山东省与和歌山县缔结友好关系15、20周年之际，岩桥先生率大型县民访华团访问山东，出席了在济南举办的结好庆典活动。还积极组织接待山东各类赴日访问团，为和歌山县与山东省的友好交流与合作作出了积极贡献。1999年，政府授予他“山东省荣誉公民”称号。

西田健一　日本丸红株式会社（日本五大商社之一、世界500强之一）原专务董事、日本经济贸易中心副会长。积极推动丸红株式会社与山东省开展形式多样的经贸交流与合作，取得丰硕成果。两次在日本主流经济媒体《产经新闻》上发表文章，推介山东，呼吁加强经济合作，扩大相互投资。2003年，西田健一被省政府授予“山东省荣誉公民”称号。日本多家媒体对此进行了专题报道，在日本工商界引起很大反响。2004年11月17—19日，日本关西山东友好协会代表团访问山东。副省长孙守璞在济南会见了代表团一行，并向西田健一颁发“山东省荣誉公民”证书。代表团与省友协签署了《山东省人民对外友好协会与关西山东友好协会友好交流协议书》。2005年8月1—5日，联合日本大阪商工会、日本关西经济联合会、日本东海经贸中心等，组织由关西地区百家中小企业社长、部分大型企业中层人员和记者组成的日本关西经济界山东访问团一行158人，对济南、淄博、东营、日照、青岛等地进行考察访问，代表日本经济贸易中心与山东省签署了全面经贸合作协议。

藤谷光信 山口县议会议员。2004 年 8 月 20—25 日，藤谷光信率岩国市日中文化交流团一行 48 人访问山东。省人大常委会副主任王道玉会见了日本客人。

林义郎 日本前厚生省大臣、日中友好会馆会长。2005 年 5 月 28—31 日，率日中友好会馆代表团一行访问山东。省委书记、省人大常委会主任张高丽，省委副书记、省长韩寓群在济南分别会见了客人。副省长孙守璞参加活动。

秋山喜久 日本关西经济联合会会长、关西电力株式会社会长。2005 年 9 月 11—13 日，率日本关西经济联合会访问团一行 16 人访问山东，考察山东省环渤海经济圈情况。副省长王仁元代表韩寓群省长在山东大厦会见了代表团一行。

矢吹欣一 长期关心山东省欠发达地区教育事业的发展。1999 年，矢吹欣一领导的周南地区日中友协为邹平县西董镇捐建了一所日中友好希望小学。1999—2006 年，又连续为该小学以及另外两所小学成绩优异、家庭困难的学生提供奖学金。

二、其他国家友好人士

乔治·冈斯 美国康涅狄格州前参议员，山东省与康州建立友好省州关系的主要发起人之一，推动两省州于 1986 年 5 月正式建立友好关系。多年来，利用自己在康州的威望和影响力，积极推动山东与康州在议会、教育、经贸等领域的合作。在他的积极推动下，山东省与康州分别互赠了孔子像和马克·吐温像。

格尔德·卡明斯基 奥地利知名学者和社会活动家。自 1972 年以来多次访华，邓小平曾 3 次会见他。在他的倡议下，奥地利早在 1971 年就成立了奥中友协，是西方最早成立的民间对华友好组织之一。在他的积极推动下，山东省与上奥州于 1996 年 9 月缔结了友好关系。还积极穿针引线，促成奥地利国民议会议长、副议长，政府总理等政要先后访问山东。以《他们我全都认识》为书名，整理出版了伟大的国际主义战士罗生特生前手稿；还根据罗生特生前的记载，经过实地寻访，写成一部新著《罗生特与中国》。中国国家主席胡锦涛和奥地利前总统克莱斯蒂尔都为这本书的出版写了贺词。在卡明斯基的积极推动下，1992 年 10 月 5 日，在莒南县原八路军山东军区指挥机关所在地，为罗生特建立了一尊 4 米高的汉白玉全身雕像，莒南县医院被命名为“罗生特医院”。

扬·吕德 瑞典韦斯特曼省省督。不仅积极推动韦斯特曼省与山东省建立友好省际关系，还十分重视发展两省间的经贸往来。在他的全力推动下，世界著名的ABB通用电器公司、沃尔沃汽车公司、萨伯飞机公司、爱立信通讯设备公司等瑞典大企业与山东开展了成功的合作。其中，沃尔沃汽车公司与济南重汽集团合资生产大型载重车项目，投资规模大，效益好，受到国务院领导的高度评价。

倪凯琳 在担任荷兰贸促会济南代表处首席代表期间，积极促成了荷兰博发客车公司与聊城中通客车公司合作生产客车、荷兰DSM公司与淄博化工等重大合作项目。至2005年，荷兰在山东的企业已达30多家，总投资超过5亿欧元。还先后参加在德州、聊城、枣庄、菏泽、滨州等地举行的经贸活动，为促进荷兰与山东省西部欠发达地区经贸合作做了大量工作。2004年7月5日，省政府授予倪凯琳女士“山东省荣誉公民”称号。

邵若泰 1988年4月，到山东担任中德合作山东粮援项目德方项目协调员。项目投资总额1.4亿马克，是德国政府在世界同类项目中规模最大的一个。1988年项目开始实施，1999年完成，共建成饮水工程1146处，涉及沂蒙山区沂水、沂源、沂南等11个县（市、区），解决了105万人和100万头牲畜的饮水困难，治理水土流失面积674平方公里，发展灌溉面积9615公顷，直接受益人口超过150万。项目实施期间，多次到项目区实地考察，夏天蚊叮虫咬，冬天没有取暖设施，野外考察，经常是一瓶矿泉水、两个面包充饥。长期超负荷的工作，使邵若泰本来不好的视力一再下降，但他从不放过对粮援项目各种报表的审核，确保了工程质量。1997年10月，德国经济合作部长施普朗格专程来济南，代表德国政府将“德国最高荣誉勋章”授予邵若泰；省政府授予其“中德合作山东粮援项目特别贡献奖”。1996年2月29日，被省政府授予“山东省荣誉公民”称号。

金东皓 韩中友协副会长，退役空军少将。早在中韩正式建交前，就积极致力于推进韩中经贸合作。1988年以来，多次率团访问山东。在积极推动韩中经贸交流的同时，注重加强在文化、科技、环保等领域的合作。组织韩方积极参与中日韩妇女交流大会、中日韩老年人交流大会、中日韩青少年夏令营等大型交流活动，为促进韩中民间友好交流作出了贡献。2004年1月14日，省政府授予金东皓“山东省荣誉公民”称号。

韩晟昊 旅韩华侨知名人士。1997年3月20—21日，韩晟昊偕夫人访问山东。省委副书记、省长李春亭，省政协主席、省友协会长陆懋曾在济南分别会见了客人。

欧文·毛塞尔 瑞士瑞中友好协会主席，为推动山东与瑞士友好关系，开展环保项目合作作出了积极努力。1996年11月14—16日，欧文·毛塞尔访问山东。省委副书记、副省长宋法棠，省政协主席、省友协会长陆懋曾分别会见了客人。1997年8月31日至9月5日，欧文·毛塞尔再次来访，副省长宋法棠、陈抗甫分别会见了客人。1998年5月6—10日，欧文·毛塞尔来访，就济南市中心广场的规划设计提出建议。中共中央政治局委员、山东省委书记吴官正会见了客人。同年9月2—6日，欧文·毛塞尔来山东进行工作访问，与省建筑设计院、省环保局进行了工作会谈。副省长陈抗甫会见了客人。1999年2月28日至3月6日，欧文·毛塞尔来访，洽谈合作项目，被省政府授予“山东省荣誉公民”称号。省委副书记、副省长宋法棠会见了客人。1999年5月6—16日，欧文·毛塞尔参加了在济南、寿光、龙口举办的环保研讨会及城乡一体文明示范村建设评审会。1999年11月6—10日，欧文·毛塞尔与省环保局就参与省环保总体规划及瑞士政府提供政府混合贷款事宜来山东进行商谈。

哈赛尔·巴赫 奥地利联邦议会议长、奥中友协监事会副主席。2000年4月22—25日，巴赫访问济南、曲阜等地。省人大常委会主任赵志浩会见了代表团一行。省人大常委会副主任王克玉陪同代表团参观了轻骑集团、经五路小学，游览了大明湖、泉城广场和曲阜“三孔”。

普拉玛 奥地利国民议会第二议长、奥中友协监事会副主席。2004年7月18—25日，普拉玛率奥中友协高级人士代表团访问山东。

卡尔·弗莱恩德 奥地利国民议会议员，畜牧、葡萄酿酒专家。1994年8月21日，卡尔·弗莱恩德访问山东，交流畜牧业养殖技术。

贝湖 比利时比中文化中心秘书长。2000年3月21—24日，贝湖偕夫人访问山东。省友协会长陆懋曾在济南会见了客人。

埃文诺洛斯·姆特索普洛斯 雅典大学教授。2000年4月21—24日，率欧中关系发展协会代表团一行7人，由全国友协常务副会长陈昊苏陪同，参加了在曲阜举办的“孔子—苏格拉底”哲学报告会。省友协会长陆懋曾会见了代表团并出席会议。

安德烈奥蒂 意大利前总理、意中经济文化交流协会名誉主席。2000年11月15日，安德烈奥蒂率意中协会代表团一行21人，在全国友协会长陈昊苏、副会长苏光陪同下访问济南。省委副书记、省长李春亭会见了代表团一行。副省长韩寓群参加活动。

多曼　南非西开普省议会议长。2001 年 2 月 14—17 日，率南非西开普省议会代表团一行 9 人访问山东。省委副书记、省长李春亭，省人大常委会主任赵志浩分别会见了南非客人。省人大常委会副主任董凤基参加活动。

扬·埃文思莫　挪中友协会长、挪威商学院副教授。2001—2005 年，连续 5 年暑期率“挪威商学院大学生社会实践考察团”共 116 人次来山东进行社会实践考察。2004 年 7 月 5 日，省政府授予扬·埃文思莫“山东省荣誉公民”称号。

邵黄　古巴国家储备委员会主席、古中友协主席、古中议会友好小组古方主席。2002 年 11 月 10—13 日，邵黄一行 3 人访问济南、烟台等地。省委常委、常务副省长林廷生，省人大常委会副主任董凤基在济南分别会见了邵黄将军。2004 年 5 月 21—23 日，邵黄将军率古中友协代表团访问山东。省委副书记王修智、省人大常委会副主任曹学成在济南分别会见了客人。

范·洛克　比利时前驻华大使。2004 年 9 月 22—23 日，范·洛克率比利时知名人士代表团一行 8 人访问济南、曲阜、泰安。

斯特林格　英国龙比亚大学校长。2005 年 5 月 18—20 日，斯特林格率龙比亚大学代表团一行访问山东，商谈与山东财政学院合作事宜，并提出向山东省外事系统每年提供 1 个免费在龙比亚大学攻读 MBA 名额。副省长王军民在济南会见了客人。

附　　录

1986—2005年山东省因公出访情况统计表

1986—1994年山东省因公出国及办理护照、签证统计表

年　度	出国团组（批数）	出国人数（人次）	护　照（本）	签　证（人次）
1986	763	3653	3804	
1987	967	3735	4261	
1988	1285	5389	5817	1032
1989	2856	4525	5877	3040
1990	3101	5267	6802	4831
1991	2884	8853	11601	6871
1992	9110	38870	24227	18377
1993	8835	36276	29455	25302
1994	7934	29573	24137	30138

1995年山东省因公出国（境）审批统计表

审批单位	批　数	人　数	审批单位	批　数	人　数
省外办	1165	3479	东　营	74	261
省外经贸厅	2079	8640	枣　庄	36	166
省科委	70	250	济　宁	192	636
济　南	428	1317	泰　安	75	200
青　岛	1324	4454	莱　芜	10	23
烟　台	959	3480	临　沂	100	364
威　海	765	1960	德　州	47	173
潍　坊	480	1401	菏　泽	67	165
淄　博	277	843	滨　州	50	189
日　照	124	368	聊　城	52	202

1995 年山东省因公出访国家（地区）统计表

国家（地区）	审批人数（人）	国家（地区）	审批人数（人）
日 本	5723	东欧其他国家	456
新加坡	1365	德 国	1926
泰 国	678	英 国	517
韩 国	3864	法 国	700
亚洲其他国家	5401	瑞 士	278
美 国	4745	意大利	915
加拿大	914	西欧其他国家	1537
美洲其他国家	446	非洲国家	607
独联体国家	932	大洋洲国家	867

1996 年山东省因公出国（境）审批统计表

审批单位	批 数	人 数	审批单位	批 数	人 数
省外办	1265	3620	东 营	98	254
省外经贸厅	2268	11526	枣 庄	39	123
省科委	71	193	济 宁	208	706
济 南	405	1181	泰 安	75	238
青 岛	1581	5402	莱 芜	18	53
烟 台	1060	3894	临 沂	106	313
威 海	1127	2324	德 州	65	216
潍 坊	499	1427	菏 泽	55	179
淄 博	371	1064	滨 州	63	206
日 照	165	452	聊 城	70	180

1996 年山东省因公出访国家（地区）统计表

国家（地区）	审批人数（人）	国家（地区）	审批人数（人）
日　本	5835	东欧其他国家	606
新加坡	1401	德　国	2434
泰　国	638	英　国	611
韩　国	4226	法　国	927
马来西亚	487	瑞　士	389
亚洲其他国家	6402	意大利	1012
美　国	5512	西欧其他国家	1952
加拿大	809	非洲国家	925
美洲其他国家	477	大洋洲国家	1063
独联体国家	1002		

1997 年山东省因公出国（境）审批统计表

审批单位	批　数	人　数	审批单位	批　数	人　数
省外办	1362	3956	东　营	96	287
省外经贸厅	1908	8305	枣　庄	43	135
省科委	73	196	济　宁	107	303
济　南	405	1335	泰　安	75	192
青　岛	1515	5264	莱　芜	17	47
烟　台	1145	4365	临　沂	98	372
威　海	755	3581	德　州	73	215
潍　坊	531	1706	菏　泽	55	135
淄　博	420	1311	滨　州	43	152
日　照	142	470	聊　城	36	116

1997年山东省因公出访国家（地区）统计表

国家（地区）	审批人数（人）	国家（地区）	审批人数（人）
日　本	4123	东欧其他国家	390
新加坡	1174	德　国	2200
泰　国	541	英　国	644
韩　国	4239	法　国	825
马来西亚	505	瑞　士	200
亚洲其他国家	3126	意大利	988
美　国	4599	西欧其他国家	1648
加拿大	779	非洲国家	793
美洲其他国家	729	大洋洲国家	1170
独联体国家	764		

1998年山东省因公出国（境）审批统计表

审批单位	批　数	人　数	审批单位	批　数	人　数
省外办	1867	4520	威　海	478	1489
省外经贸厅	1892	7855	潍　坊	278	748
省科委	66	198	淄　博	197	657
济　南	254	970	日　照	160	427
青　岛	801	4866	东　营	85	218
烟　台	852	2968			

1998 年山东省因公出访国家（地区）统计表

国家（地区）	审批人数（人）	国家（地区）	审批人数（人）
日　本	3992	东欧其他国家	584
新加坡	768	德　国	2378
泰　国	469	英　国	680
韩　国	2190	法　国	1027
马来西亚	286	瑞　士	225
亚洲其他国家	3258	意大利	858
美　国	4173	西欧其他国家	1513
加拿大	755	非洲国家	1141
美洲其他国家	774	大洋洲国家	1340
独联体国家	684		

1999 年山东省因公出国（境）审批统计表

审批单位	批　数	人　数	审批单位	批　数	人　数
省外办	1999	5038	威　海	825	3951
省外经贸厅	1790	7482	潍　坊	253	827
省科委	81	185	淄　博	178	662
济　南	275	605	日　照	158	515
青　岛	1592	5051	东　营	112	429
烟　台	818	2778			

2000 年山东省因公出访国家（地区）统计表

国家（地区）	审批人数（人）	国家（地区）	审批人数（人）
日 本	5080	东欧其他国家	644
新加坡	940	德 国	2816
泰 国	347	英 国	61
韩 国	5056	法 国	190
马来西亚	343	瑞 士	225
亚洲其他国家	2838	意大利	932
美 国	4743	西欧其他国家	2068
加拿大	942	非洲国家	1202
美洲其他国家	892	大洋洲国家	1852
独联体国家	358		

2001 年山东省因公出国（境）审批综合统计表

出访任务 / 人次 / 国别	友好访问	经济贸易	科学技术	文化体育	留学进修	培训	国际会议	劳务	其他	合计
日 本	556	2681			23	186	198	2888	141	6673
韩 国	576	2328			15	99	114	1971	123	5226
亚洲其他国家	392	2159			12	175	99	562	116	3515
英 国	66	364			6	51	5		45	537
法 国	149	630			2	23	37		49	890
德 国	407	1817			34	135	96		98	2587
意大利	44	632			1	30	43		24	774
俄罗斯	76	244				1	7	84	21	433
欧洲其他国家	447	1419			29	153	154	7	145	2354
美 国	698	3253			26	465	159	23	94	4718
加拿大	233	446			3	90	30	20	23	845
美洲其他国家	52	739				9	13	158	39	1010
澳大利亚	361	900			9	131	26	77	97	1601
大洋洲其他国家	137	231				5	7	1	17	398
非洲国家	506	807			8	31	6	493		1851
合 计	4700	18650			168	1584	994	6284	1032	33412

2002 年山东省因公出国（境）审批综合统计表

出访任务 人次 国别	友好访问	经济贸易	科学技术	文化体育	留学进修	培训	国际会议	劳务	其他	合计
日　本	150	3485	65	220	91	90	134	130	180	4545
新加坡	24	451	4	46	4	120		47	45	741
泰　国	23	294	9	39	2	3		7	11	388
韩　国	114	4564	68	466	34	40		74	72	5432
马来西亚	27	343		17				5	7	399
亚洲其他国家	29	2011	16	54	2	15	41	32	28	2228
美　国	59	3202	158	203	44	586		149	174	4575
加拿大	26	773	87	81	18	35		28	88	1136
美洲其他国家	35	928	6	25		19		23	22	1058
独联体国家	6	1097	85	93	4	20		12	30	1347
东欧其他国家		227	15	38	1			1	5	287
德　国	44	2334	59	394	20	261		51	146	3309
英　国	23	812	36	161	16	169		18	38	1273
法　国	36	1152	36	101	9	130		31	74	1569
瑞　士		206	12	6	2	16		9	17	268
意大利	3	726	3	59		25		8	10	834
西欧其他国家	50	1671	90	230	7	155		73	131	2407
非洲国家	31	915	13	22		8		9	84	1082
大洋洲国家	102	2372	88	286	22	395		40	180	3485
合　计	782	27563	850	2541	276	2087	175	747	1342	36363

2003年山东省因公出国（境）审批综合统计表

国别 \ 人次 \ 出访任务	友好访问	经济贸易	科学技术	文化体育	留学进修	培训	国际会议	劳务	其他	合计
日　本	167	3246	22	141	22	130	77	65	167	4037
新加坡	1	470		24	2	142	35		26	700
韩　国	146	4651	152	398	6	50	53		84	5540
印　尼		154		2					4	160
亚洲其他国家	29	1674	13	137	2	22	61		72	2010
美　国	25	2054	57	153	20	492	113		188	3102
加拿大		504	31	88	13	115	44		74	869
美洲其他国家	1	607	5	43		10	12	3	11	692
俄罗斯	8	482	33	19	3	13	11		1	570
独联体其他国家	2	362	28	18		4	1			415
德　国	27	2204	134	128	16	199	86		116	2910
英　国	26	743	15	60	13	81	8		53	999
法　国	27	925	70	96	4	51	22		158	1353
意大利		465	16	10	5	22	7		20	545
欧洲其他国家	38	2003	51	188	6	121	47	3	123	2580
南　非	2	233	2	1		10	15		10	273
非洲其他国家		535	10	1		2	8		113	669
澳大利亚	14	1075	38	82	15	133	41		234	1632
新西兰	10	684	31	43	1	1	5		161	936
大洋洲其他国家		56		4					1	61
合　计	523	23127	708	1636	128	1598	646	71	1616	30053

2004年山东省因公出国（境）审批综合统计表

国别＼人次＼出访任务	友好访问	经济贸易	科学技术	文化体育	留学进修	培训	国际会议	劳务	其他	合计
日　本	124	3928	41	235	49	160	101		165	4803
新加坡	1	410	5	66	25	100	33		230	870
韩　国	211	4880	178	382	144	162	78		189	6224
印　尼	7	184		22	3				3	219
亚洲其他国家	55	1991	44	127	1	28	66		100	2412
美　国	45	2123	86	175	11	597	100		198	3335
加拿大	19	659	26	85	11	135	47		111	1093
美洲其他国家	54	794	33	25	1	33	16		70	1026
俄罗斯	27	230	55	37	20	5	12		28	414
独联体其他国家	13	72	42	41		33	1		5	207
德　国	93	2465	60	234	13	444	52		357	3718
英　国	41	942	16	135	18	186	30		126	1494
法　国	61	1276	29	140	4	200	23		303	2036
意大利	27	492	14	48		12	17		61	671
西欧其他国家	153	2721	115	550	5	178	105		579	4406
南　非	43	295		49		3	11		17	418
非洲其他国家	43	612	9	68			10		39	781
澳大利亚	128	1106	44	120	14	178	59		265	1914
新西兰	90	695	35	48	1	35	19		140	1063
大洋洲其他国家	11	33	3						1	48
合　计	1246	25908	835	2587	320	2489	780		2987	37152

2005年山东省因公出国（境）审批综合统计表

出访任务 人次 国别	友好访问	经济贸易	科学技术	文化体育	留学进修	培训	国际会议	劳务	其他	合计
日　本	319	2853	111	307	49	192	59		224	4114
新加坡	54	590	52	41	3	232	22		234	1228
韩　国	342	4196	264	483	46	110	117		471	6029
印　尼	16	252		44		4	8		53	377
亚洲其他国家	128	2619	56	341	1	25	45	13	140	3368
美　国	200	2395	139	200	50	427	173		457	4041
加拿大	129	814	52	96	26	85	52		170	1424
美洲其他国家	205	1174	34	26	6	5	21		97	1568
俄罗斯	86	223	43	98	2	28	17		77	574
独联体其他国家	8	73	45	6	1			13	30	176
德　国	223	2020	174	148	20	354	99		472	3510
英　国	152	908	58	129	24	57	61		182	1571
法　国	184	992	47	106	7	83	38		317	1774
意大利	18	512	13	40	1	31	10	16	76	717
欧洲其他国家	362	2043	193	198	18	158	75		577	3624
南　非	27	251	15	4	1	3	3		43	347
非洲其他国家	36	551	5	18			5		79	694
澳大利亚	134	435	75	68	2	18	23		170	925
大洋洲其他国家		32	1						1	34
合　计	2623	22933	1377	2353	257	1812	828	42	3870	36095

山东省国际友好关系、友好城市一览表

（1986—2005年）

序号	我方	国别	友城	结好时间
省级友好关系28对				
1	山东省	日本	山口县	1982. 08. 12
2	山东省	日本	和歌山县	1984. 04. 18
3	山东省	朝鲜	黄海南道	1985. 06. 29
4	山东省	法国	布列塔尼大区	1985. 10. 22
5	山东省	澳大利亚	南澳州	1986. 04. 03
6	山东省	美国	康涅狄格州	1986. 05. 27
7	山东省	德国	巴伐利亚州	1987. 07. 09
8	山东省	意大利	马尔凯大区	1992. 07. 08
9	山东省	斯里兰卡	西北省	1993. 02. 05
10	山东省	韩国	庆尚南道	1993. 09. 08
11	山东省	美国	得克萨斯州	1993. 12. 07
12	山东省	荷兰	北荷兰省	1994. 08. 01
13	山东省	瑞典	韦斯特曼省	1995. 06. 07
14	山东省	乌克兰	赫尔松州	1995. 08. 09
15	山东省	越南	广南岘港省	1996. 04. 05
16	山东省	奥地利	上奥州	1996. 09. 15
17	山东省	罗马尼亚	克鲁日县	1997. 11. 10
18	山东省	巴新	东赛皮克省	1998. 06. 15
19	山东省	密克罗尼西亚	科斯雷州	1998. 06. 27
20	山东省	秘鲁	拉利伯塔德省	1998. 11. 02
21	山东省	南非	西开普省	1998. 11. 26
22	山东省	巴西	巴伊亚州	1999. 11. 09
23	山东省	菲律宾	北伊洛戈省	2001. 04. 02

续表

序号	我方	国别	友城	结好时间
24	山东省	古巴	哈瓦那省	2001. 10. 08
25	山东省	委内瑞拉	苏利亚州	2002. 04. 30
26	山东省	突尼斯	苏斯省	2004. 08. 10
27	山东省	委内瑞拉	莫纳加斯州	2005. 08. 20
28	山东省	委内瑞拉	安索阿特吉州	2005. 08. 20
济南市友好城市 13 对（市级 12 对；所辖县级市 1 对）				
29	济南市	日本	和歌山市	1982. 04. 20
30	济南市	英国	考文垂市	1983. 05. 05
31	济南市	美国	萨克拉门托市	1984. 10. 20
32	济南市	加拿大	里贾纳市	1985. 01. 29
33	济南市	日本	山口市	1985. 03. 22
34	济南市	巴新	首都地区	1988. 02. 29
35	济南市	韩国	水原市	1993. 06. 16
36	济南市	俄罗斯	下诺夫哥罗德市	1994. 09. 22
37	济南市	法国	雷恩市	2000. 03. 24
38	济南市	芬兰	万达市	2000. 12. 22
39	济南市	澳大利亚	郡德勒普市	2003. 09. 08
40	济南市	德国	奥格斯堡市	2004. 01. 29
41	章丘市	日本	柳井市	2004. 03. 03
青岛市友好城市 19 对（市级 15 对；所辖县级市 4 对）				
42	青岛市	日本	下关市	1979. 10. 03
43	青岛市	美国	长滩市	1985. 04. 12
44	青岛市	墨西哥	阿卡尔普尔科市	1985. 08. 21
45	青岛市	乌克兰	敖德萨市	1993. 04. 29
46	青岛市	韩国	大邱市	1993. 12. 04
47	青岛市	以色列	耐斯茨奥纳市	1997. 03
48	青岛市	英国	南安普敦市	1998. 12. 26
49	青岛市	荷兰	维尔森市	1998. 12

续表

序号	我方	国别	友城	结好时间
50	青岛市	智利	蒙特港市	1999. 08. 17
51	青岛市	乌拉圭	蒙德维的亚市	2002. 08. 15
52	青岛市	法国	南特市	2003. 07. 04
53	青岛市	西班牙	毕尔巴鄂市	2004. 07. 19
54	青岛市	立陶宛	克莱佩达市	2004. 07. 23
55	青岛市	美国	迈阿密市	2005. 08. 05
56	青岛市	法国	布雷斯特市	2005. 11. 03
57	胶南市	亚美尼亚	阿保夫扬市	1993. 08. 30
58	胶南市	韩国	庆山市	1996. 06. 09
59	平度市	澳大利亚	休斯维尔市	1993. 11. 09
60	平度市	韩国	九老区	1998. 07. 05
淄博市友好城市 8 对				
61	淄博市	美国	伊利市	1983. 09. 09
62	淄博市	法国	拉罗什市	1991. 03. 20
63	淄博市	日本	加茂市	1993. 09. 07
64	淄博市	俄罗斯	诺夫哥罗德市	1995. 09. 28
65	淄博市	格鲁吉亚	巴统市	1997. 02. 14
66	淄博市	菲律宾	万那威市	2001. 11. 09
67	淄博市	南非	新堡市	2002. 09. 23
68	淄博市	韩国	广州市	2003. 11. 12
枣庄市友好城市 4 对				
69	枣庄市	德国	施普洛克赫弗尔	1987. 05. 12
70	枣庄市	日本	美祢市	1993. 04. 26
71	枣庄市	澳大利亚	新英格兰西北区	1993. 12. 15
72	枣庄市	美国	布罗克顿市	2000. 07. 19
东营市友好城市 2 对				
73	东营市	美国	米德兰市	1986. 06. 13
74	东营市	韩国	三陟市	1998. 05. 29

续表

序号	我方	国别	友城	结好时间
烟台市友好城市11对（市级9对；所辖县级市2对）				
75	烟台市	美国	圣迭戈市	1985.07.14
76	烟台市	新西兰	陶朗加市	1986.04.11
77	烟台市	日本	别府市	1986.09.18
78	烟台市	俄罗斯	陶利亚蒂市	1993
79	烟台市	韩国	群山市	1993.04.17
80	烟台市	泰国	普吉府	1997.08.05
81	烟台市	英国	安格斯市	1998.09.15
82	烟台市	瑞典	厄勒布鲁市	2002.10.25
83	烟台市	保加利亚	布尔加斯市	2005.05.10
84	招远市	美国	加州富乐顿市	1994.02
85	莱州市	韩国	北济州郡	2000.03.30
潍坊市友好城市8对（市级7对；所辖县级市1对）				
86	潍坊市	日本	日向市	1986.02.25
87	潍坊市	意大利	皮亚琴察市	1987.01.05
88	潍坊市	德国	弗赖辛地区	1987.10.18
89	潍坊市	美国	普韦布洛市	1991.03.30
90	潍坊市	韩国	安养市	1995.05.08
91	潍坊市	澳大利亚	东吉普斯兰郡	1997.04
92	潍坊市	以色列	贝尔谢巴市	1999.06.04
93	青州市	澳大利亚	斯图亚特市	1999.11.12
济宁市友好城市7对（市级4对；所辖县级市3对）				
94	济宁市	日本	足利市	1984.03
95	济宁市	美国	劳顿郡	1995.05.12
96	济宁市	法国	米卢斯市	1996.06.04
97	济宁市	瑞典	法格什塔市	2001.06.19
98	曲阜市	日本	多久市	1993.01
99	曲阜市	美国	加州戴维斯市	1993.09

续表

序号	我方	国别	友城	结好时间
100	邹城市	瑞典	阿布戈市	1995. 05. 15
泰安市友好城市 7 对（市级 6 对；所辖县级市 1 对）				
101	泰安市	日本	桥本市	1986. 01
102	泰安市	韩国	泰安郡	1996. 11. 20
103	泰安市	德国	巴州施瓦本地区	1998. 02. 28
104	泰安市	澳大利亚	麦克阿瑟地区	1999. 02. 14
105	泰安市	意大利	都灵市	2001. 09. 17
106	泰安市	巴西	永贾伊市	2002. 09. 05
107	肥城市	日本	一宫町市	1993. 06. 02
威海市友好城市 10 对（市级 8 对，所辖县级市 2 对）				
108	威海市	英国	彻特纳姆市	1986. 09. 23
109	威海市	意大利	比拉市	1989. 01. 24
110	威海市	日本	宇部市	1992. 03. 14
111	威海市	美国	圣塔巴巴拉市	1993. 04. 23
112	威海市	俄罗斯	索契市	1993. 06. 21
113	威海市	韩国	丽水市	1994. 03. 23
114	威海市	新西兰	蒂玛鲁市	1996. 06. 30
115	威海市	突尼斯	苏斯市	2004. 08. 23
116	文登市	美国	密苏里市	1994. 08. 26
117	乳山市	韩国	河南市	2005. 10. 09
日照市友好城市 4 对				
118	日照市	土耳其	特拉布松市	1991. 08. 24
119	日照市	新西兰	吉斯本市	1996. 08. 03
120	日照市	日本	室兰市	2002. 02. 20
121	日照市	墨西哥	夸察夸尔科斯市	2005. 11. 09
莱芜市友好城市 1 对				
122	莱芜市	澳大利亚	西托伦斯瑟巴顿市	1998. 05. 12

续表

序号	我方	国别	友城	结好时间
临沂市友好城市 1 对				
123	临沂市	韩国	镇海市	2002. 09. 04
德州市友好城市 2 对				
124	德州市	日本	新居浜市	1997. 01
125	德州市	韩国	始兴市	2005. 02. 16
聊城市友好城市 4 对				
126	聊城市	俄罗斯	谢罗夫市	1993. 12
127	聊城市	韩国	宜宁郡	2001. 04. 02
128	聊城市	柬埔寨	磅清扬省	2001. 08. 14
129	聊城市	澳大利亚	布莱克敦市	2003. 01. 28
菏泽市友好城市 2 对				
130	菏泽市	韩国	金浦市	2005. 05. 24
131	菏泽市	乌拉圭	黑河省弗来宾多市	2005. 06. 02

山东省国际友好合作关系、友好合作城市一览表

（1986—2005 年）

序号	我方	国别	友好合作关系、城市	结好时间
省级友好合作关系 19 对				
1	山东省	马来西亚	澎亨州	1993. 06
2	山东省	韩国	忠清南道	1995. 11
3	山东省	韩国	全罗南道	1996
4	山东省	俄罗斯	奥伦堡州	1999. 04
5	山东省	俄罗斯	彼尔姆州	1999. 04
6	山东省	匈牙利	巴奇基什孔州	1999. 07
7	山东省	西班牙	纳瓦拉省	1999. 07
8	山东省	韩国	京畿道	2000. 04
9	山东省	韩国	忠清北道	2002. 01
10	山东省	印尼	东爪哇省	2002. 09
11	山东省	阿根廷	布宜诺斯艾利斯省	2003. 11
12	山东省	韩国	仁川市	2004. 02
13	山东省	委内瑞拉	拉腊州	2005. 04
14	山东省	西班牙	瓦伦西亚省	2005. 05
15	山东省	马来西亚	沙捞越州	2005. 05
16	山东省	英国	西米德兰大区	2005. 06
17	山东省	墨西哥	韦拉克鲁斯州	2005. 06
18	山东省	荷兰	海尔德兰省	2005. 09
19	山东省	厄瓜多尔	皮钦查省	2005. 09
市、县级友好合作城市 93 对				
20	青岛市	瑞典	哥德堡市	1994
21	青岛市	德国	曼海姆市	1995. 03
22	青岛市	韩国	仁川广域市	1995. 09

续表

序号	我方	国别	友好合作关系、城市	结好时间
23	青岛市	美国	旧金山市	1997.04
24	青岛市	摩尔多瓦	基希纳乌市	1997.05
25	青岛市	苏丹	苏丹港	1998.05
26	青岛市	美国	橙郡	1998.07
27	青岛市	摩洛哥	丹吉尔港	1999.03
28	青岛市	克罗地亚	里耶卡市	1999.07
29	青岛市	韩国	平泽市	1999.08
30	青岛市	日本	鸣门市	1999.08
31	青岛市	越南	岘港	2000.06
32	青岛市	丹麦	斯卡恩市	2001.01
33	青岛市	塞浦路斯	尼科西亚市	2001.02
34	青岛市	澳大利亚	阿德莱德市	2001.03
35	青岛市	美国	奥克兰市	2001.05
36	青岛市	美国	洛杉矶郡	2001.05
37	青岛市	加拿大	埃德蒙顿市	2001.05
38	青岛市	菲律宾	怡郎市	2003.01
39	青岛市	日本	福冈市	2003.02
40	青岛市	日本	神户市	2003.02
41	青岛市	韩国	釜山广域市	2003.03
42	青岛市	韩国	群山市	2003.09
43	青岛市	澳大利亚	凯恩斯市	2003.09
44	青岛市	德国	莱茵内卡三角洲地区	2004.01
45	青岛市	意大利	威乃托市	2004.02
46	青岛市	奥地利	布劳瑙市	2004.07
47	青岛市	美国	圣路易斯市	2004.09
48	青岛市	日本	北九州市	2005.05
49	胶州市	韩国	釜山广域市沙上区	1995.09
50	莱西市	日本	和歌山县葛城町	1995.01

续表

序号	我方	国别	友好合作关系、城市	结好时间
51	莱西市	韩国	金海市	1997.08
52	淄博市	瑞士	弗里堡州	1996.05
53	淄博市	澳大利亚	伍伦贡市	1997.07
54	淄博市	越南	海阳市	1999.01
55	淄博市	菲律宾	拉布拉布市	1999.01
56	淄博市	南非	布拉伯格市	1999.09
57	淄博市	新西兰	汉密尔顿市	2002.01
58	淄博市	美国	克里夫兰市	2005.05
59	枣庄市	美国	新倍尔福德市	1998.03
60	枣庄市	美国	哥伦布市	1998.03
61	枣庄市	德国	诺尔托夫市	1999.07
62	枣庄市	澳大利亚	阿米代尔市	2000.08
63	枣庄市	韩国	高敞郡	2005.01
64	东营市	西班牙	贝拉马德纳市	1997.06
65	东营市	英国	因沃尼斯市	2002.07
66	东营市	德国	巴特基辛根市	2005.07
67	烟台市	日本	宫古市	1993.01
68	烟台市	俄罗斯	符拉迪沃斯托克	1994.07
69	烟台市	韩国	原州市	2000.01
70	烟台市	韩国	蔚山市	2001.11
71	烟台市	法国	坎佩尔市	2005.05
72	烟台市芝罘区	澳大利亚	阿德莱德市	1992
73	烟台市芝罘区	韩国	釜山广域市东区	1995.06
74	莱州市	韩国	北济州	1995.11
75	海阳市	韩国	釜山广域市江西区	1996.05
76	招远市	韩国	汉城市江西区	1998.11
77	潍坊市	日本	东村山市	1986.05
78	潍坊市	日本	八街市	2001.04

续表

序号	我方	国别	友好合作关系、城市	结好时间
79	潍坊市	美国	加州艾满地	2002. 01
80	潍坊市	美国	沃特福德市	2004. 02
81	潍坊市	美国	哈特福德市	2004. 02
82	潍坊市	法国	奥朗日市	2005. 07
83	昌乐县	韩国	涟川郡	2001. 07
84	泗水县	日本	泗水汀	1993. 08
85	曲阜市	韩国	安东市	2001. 12
86	邹城市	韩国	涟川郡	2004. 03
87	泰安市	法国	圣米歇尔山市	2001
88	威海市	韩国	富川市	2000. 02
89	威海市	刚果	布拉柴维尔	2004. 02
90	荣成市	韩国	浜田市	1995. 08
91	荣成市	韩国	莞岛郡	1996. 05
92	荣成市	韩国	统营市	1997. 07
93	威海市环翠区	韩国	仁川市中区	1998. 04
94	荣成市	韩国	沃川郡	1998. 09
95	荣成市	韩国	始兴市	1999. 08
96	荣成市	韩国	平泽市	1999. 08
97	荣成市	韩国	牙山市	2005. 09
98	日照市	德国	舍纳贝克市	2000. 01
99	日照市	韩国	平泽市	2002. 07
100	日照市	法国	洛里昂市	2005. 05
101	莱芜市	韩国	抱川市	2005. 06
102	沂水县	韩国	洪城郡	2002. 04
103	聊城市	韩国	光明市	2005. 05
104	聊城市东昌府区	韩国	仁川广域市中区	2003. 01
105	高唐县	澳大利亚	西澳州天鹅市	2005. 09
106	邹平县	日本	山口县小郡町	1995. 02

续表

序号	我方	国别	友好合作关系、城市	结好时间
107	惠民县	韩国	高阳市一山区	1997.05
108	惠民县	韩国	汉城市钟路区孝子洞	1997.06
109	无棣县	澳大利亚	理斯唐市	1998.06
110	沾化县	韩国	高阳市德阳区	2001.01
111	滨州市滨城区	日本	北海道弟子屈町	2005.01
112	单县	韩国	庆尚南道星州郡	2000.04

山东省国际友好高校一览表

（1986—2005 年）

序号	我方学校	国别	外方学校	结好时间
1	山东大学	美国	华盛顿大学	1980
2	山东大学	美国	加州大学萨克拉门托分校	1981
3	山东大学	美国	哈佛大学	1981
4	山东大学	美国	纽约市立学院	1981
5	山东大学	美国	内布拉斯加－林肯大学	1981
6	山东大学	加拿大	里贾纳大学	1981
7	山东大学	美国	匹兹堡大学	1982
8	山东大学	日本	山口大学	1983
9	山东大学	美国	印第安纳大学	1984
10	山东大学	美国	圣巴巴拉市立学院	1984
11	山东大学	澳大利亚	阿德莱德大学	1985
12	山东大学	美国	得克萨斯奥斯汀大学	1985
13	山东大学	美国	依阿华大学	1985
14	山东大学	新西兰	奥克兰大学	1986
15	山东大学	美国	威斯康星大学	1987
16	山东大学	德国	奥格斯博格大学	1987
17	山东大学	美国	格兰布林大学	1987
18	山东大学	美国	宝灵格林大学	1987
19	山东大学	加拿大	萨斯喀彻温大学	1987
20	山东大学	澳大利亚	纽卡斯尔大学	1988
21	山东大学	韩国	成均馆大学	1993
22	山东大学	苏丹	西尼罗河大学	1994
23	山东大学	美国	耶鲁大学	1994
24	山东大学	美国	圣文森特大学	1994

续表

序号	我方学校	国别	外方学校	结好时间
25	山东大学	加拿大	多伦多大学维多利亚学院	1994
26	山东大学	法国	巴黎第七大学	1995
27	山东大学	韩国	昌原大学	1995
28	山东大学	荷兰	提尔堡学院	1995
29	山东大学	瑞典	宇米欧大学	1996
30	山东大学	德国	爱尔兰根大学	1997
31	山东大学	加拿大	维多利亚大学	1998
32	山东工业大学	英国	考文垂大学	1984
33	山东工业大学	澳大利亚	阿德莱德大学	1986
34	山东工业大学	美国	俄克拉荷马州立大学	1987
35	山东工业大学	美国	得克萨斯大学	1992
36	山东工业大学	法国	国立应用科学院	1992
37	山东工业大学	新加坡	理工大学	1994
38	山东工业大学	美国	俄克拉荷马大学	1994
39	山东工业大学	美国	弗吉尼亚理工研究院及州立大学	1994
40	山东工业大学	美国	肯星顿大学	1994
41	山东工业大学	德国	马格德堡大学	1995
42	山东工业大学	英国	公特克翻译社	1996
43	山东工业大学	英国	雷明顿语言中心	1996
44	山东工业大学	德国	巴伐利亚工业界	1996
45	山东工业大学	日本	山口县工业技术研究中心	1996
46	山东工业大学	加拿大	里贾纳大学	1997
47	山东工业大学	加拿大	纽芬兰密墨里尔大学	1997
48	山东工业大学	加拿大	皇道大学	1997
49	山东工业大学	日本	富山大学	1997
50	山东工业大学	日本	熊本大学工学部	1997
51	山东工业大学	比利时	腐蚀研究中心	1998

续表

序号	我方学校	国别	外方学校	结好时间
52	山东工业大学	澳大利亚	维多利亚理工大学	1998
53	山东工业大学	日本	九州工业大学	2000
54	山东医科大学	日本	和歌山医科大学	1986
55	山东医科大学	澳大利亚	昆士兰大学	1987
56	山东医科大学	美国	犹他大学医学中心	1989
57	山东医科大学	美国	肯塔基大学医学中心	1990
58	山东医科大学	美国	康州哈特福德医院	1992
59	山东师范大学	美国	麦赛德学院	1981
60	山东师范大学	美国	旧金山州立大学	1982
61	山东师范大学	加拿大	圣玛丽大学	1983
62	山东师范大学	英国	考文垂大学	1985
63	山东师范大学	加拿大	麦吉尔大学教育学院	1985
64	山东师范大学	美国	佩思大学	1986
65	山东师范大学	英国	诺丁汉大学	1987
66	山东师范大学	英国	沃里克大学	1987
67	山东师范大学	德国	福德姆大学	1988
68	山东师范大学	日本	北海道教育大学函馆校	1992
69	山东师范大学	美国	伊利诺斯大学芝加哥校区	1992
70	山东师范大学	美国	波莫纳加利福尼亚州立理工大学	1992
71	山东师范大学	美国	拉瓜地亚社区学院	1993
72	山东师范大学	美国	约克学院	1993
73	山东师范大学	美国	麦加艾云士学院	1993
74	山东师范大学	美国	纽约市技术学院	1993
75	山东师范大学	美国	贝休恩库克曼学院	1994
76	山东师范大学	加拿大	芮尔逊理工大学	1994
77	山东师范大学	韩国	同德女子大学	1994
78	山东师范大学	德国	慕尼黑语言与翻译学院	1994

续表

序号	我方学校	国别	外方学校	结好时间
79	山东师范大学	美国	北卡罗来纳州立大学	1994
80	山东师范大学日语系	日本	和歌山日本语学校	1994
81	山东师范大学	朝鲜	金亨稷师范大学	1995
82	山东师范大学	加拿大	高贵林学院	1995
83	山东师范大学	美国	林肯大学	1995
84	山东师范大学	韩国	阿卡戴本外语学院	1996
85	山东师范大学	英国	渥斯特高等教育学院	1996
86	山东师范大学	韩国	蔚山大学	1996
87	山东师范大学	日本	和歌山大学	1998
88	山东师范大学	澳大利亚	墨尔本皇家理工大学	1999
89	山东师范大学	俄罗斯	国立师范大学	2000
90	山东师范大学	韩国	又石大学	2001
91	山东师范大学	俄罗斯	新西伯利亚国立师范大学	2001
92	山东中医药大学	日本	平和学院卫生福利专门学校	1990
93	山东中医药大学	日本	大阪中国整体研究所	1993
94	山东中医药大学	韩国	马山专门大学	1995
95	山东中医药大学	韩国	东义大学	1994
96	山东中医药大学	巴西	贝兹哈·梅内兹医学院	1995
97	山东中医药大学	韩国	庆熙大学韩医科大学	1997
98	济南大学	美国	宾夕法尼亚艾丁堡罗大学	1994
99	济南大学	巴基斯坦	辛德大学	1997
100	济南大学	德国	科隆学院	1999
101	济南大学	俄罗斯	伏尔加格勒工业大学	1999
102	济南大学	韩国	加耶大学	2002
103	山东建材学院	德国	科隆工学院	1999
104	山东建材学院	俄罗斯	伏尔加格勒工业大学	1999

续表

序号	我方学校	国别	外方学校	结好时间
105	山东科技大学	英国	唐卡斯特学院	1985
106	山东科技大学	日本	九州大学	1986
107	山东科技大学	美国	莫海德州立大学	1988
108	山东科技大学	美国	布鲁菲尔德州立学院	1990
109	山东科技大学	俄罗斯	库兹巴国立技术大学	1991
110	山东科技大学	印度	印度矿业学院	1996
111	山东科技大学	俄罗斯	莫斯科测绘大学	1999
112	山东建筑大学	俄罗斯	莫斯科建筑干部管理学院	1992
113	山东建筑大学	法国	国家应用科学学院热能中心	1995
114	山东建筑大学	加拿大	不列颠哥伦比亚大学	1995
115	山东建筑大学	美国	内布拉斯加大学建筑学院	1998
116	山东经济学院	澳大利亚	阳光海岸大学	1997
117	山东经济学院	澳大利亚	亚邦德大学	1997
118	山东经济学院	美国	常青藤大学	1998
119	山东经济学院	美国	阿姆斯壮大学	1998
120	山东财政学院	美国	西卡罗莱纳大学	1988
121	山东财政学院	美国	纽约州立大学奥威西布雷学院	1993
122	山东财政学院	美国	锡拉丘斯大学	1993
123	山东财政学院	美国	肯兴顿大学	1993
124	山东财政学院	美国	西海岸大学	1993
125	山东财政学院	俄罗斯	莫斯科经济统计学院	1995
126	山东财政学院	法国	雷诺大学	1999
127	山东财政学院	澳大利亚	伊迪丝·科文大学	1999
128	山东财政学院	澳大利亚	新南威尔士州南悉尼学院	1999
129	山东财政学院	荷兰	迪玛大学	2001
130	山东财政学院	意大利	佛罗伦萨大学	2001
131	山东财政学院	英国	龙比亚大学	2001
132	山东艺术学院	英国	考文垂市艺术中心	1988

续表

序号	我方学校	国别	外方学校	结好时间
133	山东艺术学院	美国	德克萨斯州立大学	1990
134	山东艺术学院	美国	新墨西哥大学	1991
135	山东艺术学院	澳大利亚	哥利菲斯大学昆士兰音乐学院	1998
136	山东艺术学院	韩国	亚细亚大学	2004
137	山东艺术学院	韩国	檀国大学	2004
138	山东艺术学院	韩国	又松大学	2005
139	山东轻工业学院	德国	巴伐利亚杜门斯酿造学院	1997
140	山东工艺美术学院	俄罗斯	列宾绘画雕刻建筑学院	1991
141	山东体育学院	美国	明尼苏达大学	1993
142	山东体育学院	美国	南伊利诺斯大学	1993
143	山东体育学院	美国	俄克拉荷马大学	1993
144	山东经济管理干部学院	美国	代顿大学	1988
145	山东经济管理干部学院	俄罗斯	门捷列夫化工大学新莫斯科学院	2003
146	山东交通学院	日本	中日本自动车短期大学	1996
147	山东交通学院	加拿大	凯伯瑞应用技术与人文学院	1999
148	山东交通学院	日本	大阪产业大学	2000
149	山东交通学院	美国	莱克星顿社区学院	2001
150	山东交通学院	美国	布瑞恩德学院	2002
151	山东交通学院	丹麦	奥胡斯工程学院	2002
152	山东女子学院	爱沙尼亚	商学院	2001
153	山东女子学院	日本	江之川高等中学	2003
154	山东国际文化交流学院	日本	中京短期大学	2000
155	山东国际文化交流学院	日本	名古屋齿科医疗专门学校	2000
156	山东国际文化交流学院	日本	别府大学	2002
157	山东国际文化交流学院	日本	大乘淑德学园淑德短期大学	2003

续表

序号	我方学校	国别	外方学校	结好时间
158	山东国际文化交流学院	日本	瑞士沙度商学院	2003
159	中国书画装裱工艺学院	英国	诺丁汉新学院	2000
160	中国书画装裱工艺学院	加拿大	泰斯特国际学院	2000
161	中国书画装裱工艺学院	英国	诺丁汉人民学院	2000
162	中国书画装裱工艺学院	新西兰	伊甸思学院	2001
163	中国书画装裱工艺学院	新西兰	爱凡多学院	2001
164	山东医学高等专科学校	日本	岛津制作所	1998
165	山东医学高等专科学校	英国	朴次茅斯大学	1998
166	山东商业职业技术学院	丹麦	奥本罗市商业学校	1988
167	山东省畜牧兽医职业学院	韩国	莲庵畜产园艺专门大学	1995
168	青岛大学	美国	华盛顿大学海洋渔业学院	1983
169	青岛大学	美国	查尔斯顿学院	1985
170	青岛大学	美国	缅因大学	1987
171	青岛大学	美国	南缅因大学	1987
172	青岛大学	美国	加州大学长滩分校	1987
173	青岛大学	美国	康州州立中央大学	1988
174	青岛大学	日本	下关市立大学	1989
175	青岛大学	以色列	希伯来大学	1991
176	青岛大学	韩国	马山大学	1991
177	青岛大学	韩国	东亚大学	1992
178	青岛大学	奥地利	维也纳大学	1992
179	青岛大学	英国	普利茅斯大学	1992
180	青岛大学	韩国	延世大学医科大学	1993
181	青岛大学	韩国	延世大学原州医科大学	1993
182	青岛大学	韩国	京畿道人文学院	1994
183	青岛大学	韩国	庆熙大学	1995
184	青岛大学	英国	格拉摩根大学	1996
185	青岛大学	韩国	江原大学	1997

续表

序号	我方学校	国别	外方学校	结好时间
186	青岛大学	德国	拜洛依特大学	1997
187	青岛大学	德国	慕尼黑翻译学院	1997
188	青岛大学	韩国	庆尚大学	1998
189	青岛大学	韩国	庆南大学	1998
190	青岛大学	日本	鸣门教育大学	1998
191	青岛大学	日本	奈良尖端科技大学	1998
192	青岛大学	美国	佛罗里达中央州立大学	1998
193	青岛大学	日本	鸟取大学	1998
194	青岛大学	美国	佛罗里达中央大学	1999
195	青岛大学	俄罗斯	联邦坦波夫国立大学	1999
196	青岛大学	德国	慕尼黑大学	2000
197	青岛大学	澳大利亚	皇家理工大学	2000
198	青岛大学	德国	慕尼黑科技大学	2003
199	青岛大学	韩国	淑明女子大学	2003
200	青岛大学	澳大利亚	詹姆斯库克大学	2004
201	青岛大学	澳大利亚	纽卡索大学	2004
202	中国海洋大学	美国	俄勒冈大学	1981
203	中国海洋大学	法国	高等师范学院	1984
204	中国海洋大学	日本	新潟大学	1985
205	中国海洋大学	日本	鹿儿岛大学	1986
206	中国海洋大学	德国	汉堡大学	1988
207	中国海洋大学	俄罗斯	列宁格勒水文气象学院	1990
208	中国海洋大学	加拿大	达尔豪斯大学	1990
209	中国海洋大学	加拿大	麦吉尔大学	1990
210	中国海洋大学	日本	东京水产大学	1991
211	中国海洋大学	比利时	根特大学	1991
212	中国海洋大学	日本	长崎大学	1992
213	中国海洋大学	韩国	釜庆大学	1994

续表

序号	我方学校	国别	外方学校	结好时间
214	中国海洋大学	韩国	木浦海洋大学	1995
215	中国海洋大学	日本	高知大学	1996
216	中国海洋大学	韩国	群山大学	1996
217	中国海洋大学	泰国	东方大学	1997
218	中国海洋大学	日本	立正大学经贸学院	1997
219	中国海洋大学	日本	精华大学	1998
220	青岛理工大学	瑞典	皇家工学院	1987
221	青岛理工大学	美国	伊利诺斯工学院	1993
222	青岛理工大学	日本	东和大学	1993
223	青岛高级职业学校	日本	自动车短期大学	1998
224	青岛高级职业学校	美国	瓦伦西亚社区学院	1998
225	青岛远洋船员学院	德国	法兰斯堡工学院	1992
226	淄博学院	美国	爱丁堡罗大学	1986
227	淄博学院	巴基斯坦	辛地大学	1995
228	淄博学院	法国	南特大学企业管理学院	1996
229	山东理工大学	日本	新潟中央短期大学	1992
230	山东理工大学	俄罗斯	卡巴尔达—巴尔卡尔农学院	1993
231	山东理工大学	美国	田纳西理工大学	1995
232	山东理工大学	乌克兰	敖德萨工业学院	1997
233	山东理工大学	美国	宾夕法尼亚州艾丁堡罗大学	2000
234	枣庄学院	美国	塞普尔斯大学	1997
235	枣庄学院	韩国	马山大学	2004
236	中国石油大学（华东）	美国	得克萨斯农机大学	1988
237	中国石油大学（华东）	俄罗斯	立古勃金石油天然气科技大学	1994
238	中国石油大学（华东）	俄罗斯	乌法石油学院	1994
239	中国石油大学（华东）	美国	新墨西哥矿业技术大学	1994
240	中国石油大学（华东）	美国	怀俄明大学	1995
241	中国石油大学（华东）	加拿大	马尼托巴大学	1995

续表

序号	我方学校	国别	外方学校	结好时间
242	中国石油大学（华东）	加拿大	卡尔加里大学	1995
243	中国石油大学（华东）	加拿大	滑铁卢大学	1996
244	中国石油大学（华东）	日本	京都大学	1996
245	中国石油大学（华东）	挪威	科技大学	1997
246	中国石油大学（华东）	韩国	三陟产业大学	1997
247	中国石油大学（华东）	罗马尼亚	普罗耶什蒂石油天然气大学	1998
248	中国石油大学（华东）	美国	东田纳西州立大学	1998
249	中国石油大学（华东）	德国	慕尼黑大学	2000
250	中国石油大学（华东）	英国	赫里欧瓦特大学	2000
251	中国石油大学（华东）	澳大利亚	新南威尔士大学	2001
252	中国石油大学（华东）	澳大利亚	昆士兰大学	2001
253	烟台大学	美国	加州州立大学萨克拉门托分校	1987
254	烟台大学	美国	马里兰大学	1987
255	烟台大学	加拿大	约克大学	1988
256	烟台大学	美国	福曼大学	1989
257	烟台大学	美国	卡森纽曼大学	1990
258	烟台大学	美国	肖特学院	1990
259	烟台大学	美国	麦瑟大学	1990
260	烟台大学	美国	沃希托大学	1990
261	烟台大学	韩国	釜山外国语大学	1994
262	烟台大学	韩国	国立木浦大学	1994
263	烟台大学	美国	圣马科斯大学	1995
264	烟台大学	美国	布鲁菲尔德大学	1995
265	烟台大学	美国	威廉玛丽大学	1995
266	烟台大学	美国	尤尼大学	1995
267	烟台大学	韩国	翰林大学	1996
268	烟台大学	新加坡	理工学院	1994
269	烟台大学	韩国	智山专门大学	1994

续表

序号	我方学校	国别	外方学校	结好时间
270	烟台大学	澳大利亚	澳洲商学院	1995
271	烟台大学	澳大利亚	库万大学	1995
272	烟台大学	美国	俄亥俄州立大学	1996
273	烟台大学	美国	拉夫恩大学	1996
274	烟台大学	加拿大	里贾纳大学	1997
275	烟台大学	英国	苏格兰格拉斯格大学	1997
276	烟台大学	澳大利亚	南澳大学	1997
277	烟台大学	韩国	马山专门大学	1997
278	烟台大学	俄罗斯	新西伯利亚大学	1998
279	烟台大学	意大利	佛罗伦萨大学	1998
280	烟台大学	美国	加州贝克菲尔德大学	1998
281	烟台大学	韩国	海洋大学	1998
282	烟台大学	新西兰	维卡托大学	1998
283	烟台大学	德国	卡斯鲁厄大学	1999
284	烟台大学	德国	卡尔杜伊斯堡公益中心	1999
285	烟台大学	加拿大	哥伦比亚大学	2000
286	烟台大学	韩国	江南大学	2002
287	烟台大学	美国	库兹敦大学	2002
288	烟台大学	韩国	新罗大学	2002
289	烟台师范学院	韩国	西海大学	1998
290	烟台师范学院	丹麦	弗里德利克斯堡大学教育学院	1998
291	烟台师范学院	日本	别府大学	1998
292	烟台师范学院	韩国	群山大学	1999
293	烟台师范学院	韩国	圆光大学	1999
294	烟台师范学院	韩国	丽水工业大学	1999
295	烟台师范学院	韩国	济州汉拿大学	1999
296	烟台师范学院	韩国	晋州保健大学	1999
297	烟台师范学院	韩国	庆南情报大学	1999

续表

序号	我方学校	国别	外方学校	结好时间
298	烟台师范学院	韩国	光州女子大学	1999
299	烟台师范学院	韩国	韩东大学	1999
300	烟台师范学院	美国	怀俄明大学	2000
301	烟台师范学院	奥地利	克勒姆兹国际管理学院	2000
302	烟台师范学院	韩国	庆尚大学人文学院	2000
303	烟台职业学院	韩国	东明情报大学	2004
304	烟台职业学院	英国	安格斯职业学院	2004
305	烟台职业学院	俄罗斯	沃罗涅日高等技术学院	2004
306	山东工商学院	加拿大	辛力佳高等艺术和技术应用学院	1995
307	山东工商学院	澳大利亚	拉特罗布大学	1995
308	潍坊科技学院	乌克兰	卢甘斯国家农业大学	2003
309	潍坊学院	日本	长冈造形大学	2003
310	潍坊学院	韩国	圣洁大学	2003
311	潍坊学院	韩国	湖原大学	2004
312	山东科技职业学院	乌克兰	国立罗彼德罗夫斯克大学	2002
313	山东科技职业学院	韩国	新罗大学	2003
314	山东科技职业学院	乌克兰	赫尔松国立科技大学	2004
315	山东科技职业学院	韩国	启明文化大学	2004
316	山东科技职业学院	韩国	清州大学	2004
317	山东科技职业学院	印度	英迪拉甘地国立大学	2005
318	山东科技职业学院	印度	基督大学	2005
319	山东科技职业学院	马来西亚	科技大学	2005
320	山东科技职业学院	泰国	易三仓大学	2005
321	山东科技职业学院	英国	格拉摩根大学	2005
322	山东科技职业学院	日本	福冈成蹊学院外语专门学校	2005
323	山东科技职业学院	日本	和歌山外国语专门学校	2005
324	潍坊医学院	美国	科罗拉多州州立大学	1988

续表

序号	我方学校	国别	外方学校	结好时间
325	潍坊医学院	乌克兰	第聂罗伯彼德罗夫斯克国立医学院	2002
326	曲阜师范大学	加拿大	麦吉尔大学	1985
327	曲阜师范大学	美国	斯德哥摩学院	1990
328	曲阜师范大学	日本	山口县立大学	1992
329	曲阜师范大学	日本	桐荫学园	1992
330	曲阜师范大学	美国	新百利大学	1993
331	曲阜师范大学	德国	萨尔州富郎霍夫研究院	1994
332	曲阜师范大学	韩国	庆熙大学	1994
333	曲阜师范大学	韩国	平泽大学	1995
334	曲阜师范大学	美国	巴塞迪那学院	1995
335	曲阜师范大学	日本	岩手大学	1996
336	曲阜师范大学	日本	东日本国际大学	1996
337	曲阜师范大学	美国	北基依利诺斯州立大学	1996
338	曲阜师范大学	美国	伍斯特学院	1998
339	山东农业大学	美国	肯德基大学农学院	1982
340	山东农业大学	乌克兰	梅利托波尔农机化学院	1992
341	山东农业大学	乌克兰	达契亚农业工程大学	1993
342	山东农业大学	法国	昂热高等农业学院	1995
343	山东农业大学	日本	共立女子学院	1995
344	山东农业大学	荷兰	万豪农学院	1997
345	山东农业大学	美国	普渡大学	1998
346	山东农业大学	泰国	曼谷肯芒库特技术大学	1998
347	山东农业大学	美国	俄勒冈州立大学	1998
348	山东农业大学	加拿大	奥茨学院	1998
349	山东水利专科学校	日本	大阪市立都岛工业高等学校	1994
350	泰山医学院	日本	爱媛大学	1992

续表

序号	我方学校	国别	外方学校	结好时间
351	泰山医学院	韩国	延世大学	1993
352	泰山医学院	乌克兰	克里米亚国立医科大学	1996
353	泰山医学院	日本	东海医疗工学专门学校	1996
354	泰山医学院	乌克兰	哈尔科夫国立大学	2003
355	泰山学院	马来西亚	史丹福学院	2002
356	泰山学院	韩国	大邱大学	2002
357	泰山学院	美国	河滨加州大学	2005
358	威海外国语进修学院	日本	大阪产业大学	2002
359	威海外国语进修学院	日本	宇部短期大学和开拓者大学	2002
360	威海外国语进修学院	日本	常磐会学园大学	2002
361	威海外国语进修学院	韩国	大庆大学	2002
362	威海明程新日本语专修学校	日本	东京都新日本学院	2004
363	日照市职业技术学院	韩国	金浦大学	2002
364	临沂学院	美国	楚特·莫考诺大学	1997
365	德州学院	俄罗斯	远东国立交通大学	2002
366	德州学院	加拿大	英皇学院	2002
367	德州学院	俄罗斯	符拉迪沃斯托克国立经济与服务大学	2004
368	德州学院	澳大利亚	埃迪斯·科文大学	2005
369	聊城师范学院	美国	新奥尔良大学	1988
370	聊城师范学院	美国	墨塞德学院	1996
371	聊城师范学院	美国	温图拉社区学院	1996
372	聊城师范学院	美国	兰辛社区学院	1996
373	聊城师范学院	加拿大	里贾纳大学	1996
374	聊城师范学院	日本	骏和台大学	2001
375	滨州学院	澳大利亚	本迪戈技术与继续教育学院	2000
376	滨州学院	法国	雷恩高等商务管理学院	2003
377	滨州学院	美国	斯托芬·奥斯汀大学	2004
378	滨州医学院	美国	加州大学圣迭戈医学院	1996
379	菏泽医学专科学校	加拿大	格兰特·麦克伊万学院	2001

山东省国际友好中学一览表

（1986—2005 年）

序号	我方学校	国别	外方学校	结好时间
1	山东省实验中学	英国	考文垂市斯垂格尔中学	1989
2	山东省实验中学	日本	和歌山县那贺高中	1998
3	山东省实验中学	德国	奥格斯堡中学	2004. 11
4	山东省实验中学	德国	霍尔拜因中学	2004. 11
5	济南一中	日本	和歌山县南部高中	2000
6	济南二中	芬兰	万达 Vaskivuori 高级中学	2004. 02
7	济南二十中	英国	彭布罗克郡学院	2001. 06
8	济南市特殊教育中心	韩国	京畿道唱仁障碍人学校	2005. 01
9	济南市第二职业中学	日本	山口县立防府商业高等学校	1983
10	青岛一中	澳大利亚	克西亚帕克中学	1999
11	青岛一中	英国	爱德华七世学校	2005. 05
12	青岛二中	德国	圣布拉辛中学	1997
13	青岛六中	德国	帕森卡尔斯中学	2003. 12
14	青岛十四中	日本	下关商业高等学校	1986
15	青岛十五中	美国	奥兰多菲利普博士高中	1998
16	青岛十五中	日本	九州英数学馆国际语言学院	2002. 04
17	青岛十七中	日本	下关日新中学	1983
18	青岛三十九中	韩国	京畿道利川中学	2005. 12
19	青岛五十八中	德国	巴伐利亚纽伦堡威尔施泰欧洲文理中学	2000. 01
20	青岛育才中学	英国	英国皇家英语学校	2001. 06
21	青岛第一职业中学	日本	下关商业高等学校	1983
22	青岛旅游学校	美国	奥兰多菲利普博士高中	1998. 07
23	胶州第二职专	韩国	岭东专门大学	1998

续表

序号	我方学校	国别	外方学校	结好时间
24	胶州工业职业中专	韩国	岭东专门大学	1998.09
25	胶南一中	美国	北卡罗来纳州恩罗中学	2002.04
26	胶南一中	澳大利亚	东沙利士伯瑞中学	2002
27	胶南职业中专	韩国	柳韩大学	2001.09
28	胶南职业中专	韩国	培根大学	2004.08
29	莱西实验中学	韩国	水原市梅远中学	2005.08
30	青岛城阳实验中学	韩国	首尔始兴中学	2005.12
31	淄博一中	美国	康涅狄格州诺沃克市麦克曼高中	2004
32	淄博一中	英国	海斯廷斯学院	2003
33	淄博一中	日本	关西语言学院	2002
34	淄博实验中学	韩国	京华女子高等学校	2003
35	淄博实验中学	美国	康涅狄格州东布瑞斯托高中	2004
36	淄博六中	澳大利亚	塔拉旺中学	2002
37	淄博六中	韩国	广奇高中学校	2004
38	淄博十八中	澳大利亚	新南威尔士州联合学院	2001
39	淄博师专附属小学	美国	康涅狄格州联合小学	2004
40	淄博张店实验中学	韩国	京畿道中学	2004
41	淄博张店七中	新西兰	国际语言学校	2003
42	桓台一中	韩国	光州综合高等高中	2004
43	淄博博山六中	美国	伊利市西湖中学	2001
44	枣庄三中	澳大利亚	新英格兰女子中学	1994.01
45	枣庄职业中专	澳大利亚	西北区职业教育学院	1994.01
46	枣庄十中	澳大利亚	西北区沙莫赛特学校	1995.05
47	烟台三中	韩国	群山市女子中学	1996
48	烟台一中	澳大利亚	南澳州诺伍德玛瑞塔中学	1997.08
49	烟台二中	美国	纽约皇后区汤逊哈里斯高中	1998.01
50	烟台四中	澳大利亚	南昆国际学院	1999

续表

序号	我方学校	国别	外方学校	结好时间
51	烟台芝罘区实验学校	新西兰	陶郎加蒙格努依山中学	1997
52	烟台芝罘区实验学校	新西兰	塔哈太小学	1997
53	烟台芝罘区业余体校	日本	别府市女子短期大学	1995
54	烟台华侨中学	美国	纽约25中学区189初中	1998.12
55	莱州中华武校	美国	东洋武道大学	2000.07
56	莱山一中	澳大利亚	以马内利中学	2003
57	莱阳龙门职业中专	日本	义塾高等学校	2002.09
58	潍坊一中	澳大利亚	格林南噶国际中学	1997
59	潍坊一中	美国	马里兰州陶森中学	1999
60	潍坊一中	美国	康州布兰福德中学	2005
61	临朐实验中学	美国	康州史密斯中学	2004
62	诸城市繁华中学	美国	康涅狄格州普林威尔中学	2004.04
63	潍坊外国语学校	新加坡	圣玛格中学	2002.05
64	潍坊外国语学校	澳大利亚	肯特学院	2003.07
65	潍坊外国语学校	加拿大	安大略省滑铁卢教区教育中心	2003.02
66	潍坊外国语学校	澳大利亚	吉普斯兰语法学校	2004.04
67	潍坊外国语学校	英国	安格利亚教育培训中心	2005.09
68	潍坊外国语学校	澳大利亚	拜恩斯尔海洋国际中学	2004.07
69	潍坊外国语学校	美国	康考杰大学	2004.07
70	潍坊艺术学校	乌兹别克斯坦	塔什干艺术学校	1992
71	青州一中	新加坡	华侨中学	1999.03
72	青州一中	澳大利亚	海滨中学	2002.01
73	济宁商业学校	日本	足利商业高等学校	1995.06
74	泰安实验学校	日本	桥本市柱本小学	1987
75	泰安卓越外国语学校	澳大利亚	墨尔本市国立凯维学校	2005.08
76	文登一中	韩国	仁川济浦物高等学校	1994
77	威海市体校	韩国	富川市深远高等学校	2001.03

续表

序号	我方学校	国别	外方学校	结好时间
78	日照一中	德国	萨恩州舍讷贝克市卡尔·海尔曼中学	2005.03
79	临沂一中	澳大利亚	塔斯马尼亚州东北区联校	2005.09
80	临沂一中	澳大利亚	塔斯马尼亚州朗塞斯顿中学	2005.09
81	临沂一中	日本	东筑紫学园高等学校	2005.12
82	德州十中	日本	新居浜中萩中学	1992.07
83	邹平一中	澳大利亚	南澳州阿伯芙公园中学	1996.04
84	邹平实验中学	日本	山口县小郡町中学	1997.08
85	滨州北镇中学	澳大利亚	维多利亚州萨丁汉学校	2000.02
86	滨州滨城一中	澳大利亚	维多利亚州布莱班克市中学	1998.01

山东省国际友好小学、幼儿园一览表

（1986—2005 年）

序号	我方学校	国别	外方学校	结好时间
1	济南市胜利大街小学	日本	和歌山市下津小学	1997
2	济南市胜利大街小学	日本	和歌山县吹上小学	1997
3	济南市洪家楼小学	加拿大	里贾纳迪埃普学校	1994
4	山东鲁能泰山足球学校	韩国	安养 LG 幼少年足球团	2000
5	济南德兴街小学	日本	本世田谷区立小学	2005
6	青岛市上清路小学	日本	下关川西小学	1983
7	青岛市上清路小学	日本	和歌山县有田郡汤浅町立汤浅小学	1985
8	青岛市四方区实验小学	英国	悦绿小学	1998
9	青岛市四方区实验小学	英国	菁斯百利中学	1998
10	青岛市台东六路小学	日本	神户小学	1998
11	枣庄市甜蜜幼儿园	波兰	多伦袋鼠幼儿园	2004. 08
12	烟台市毓璜顶小学	日本	和歌山县新宫市王子小学	1985
13	烟台市养正小学	美国	加州圣迭戈市本厅利温伯格小学	1988. 08
14	烟台市工人子女小学	韩国	群山市罗云初等学校	1996. 12
15	烟台市芝罘区南山路小学	韩国	群山米初等学校	2001. 03
16	烟台市芝罘区南通路小学	美国	纽约市皇后区第 29 小学	1998. 08
17	青州市益都师范附属小学	新加坡	四德学校	2005. 11
18	曲阜市实验小学	日本	西市花木小学	2000. 03
19	泰安市实验小学	日本	桥本市柱本小学	1990. 02
20	宁阳县实验小学	英国	芳草谷社区小学	2005. 01
21	德州市实验小学	日本	新居浜中萩小学	1992. 07

山东省国际友好港口一览表

（1986—2005 年）

序号	我方港口	国别	外方港口	结好时间
1	青岛港	日本	和歌山夏津港	1986. 01
2	青岛港	日本	清水港	1989. 03
3	青岛港	德国	威廉港	1991. 09
4	青岛港	澳大利亚	阿德莱德港	1993. 08
5	青岛港	美国	西雅图港	1995. 03
6	青岛港	日本	高知港	1997. 12
7	青岛港	斯里兰卡	科伦坡港	1999. 01
8	青岛港	美国	长滩港	2000. 04
9	烟台港	新西兰	陶朗加港	1992. 07
10	烟台港	美国	坦帕港	1993. 05
11	烟台港	美国	圣迭戈港	1993. 08
12	烟台港	美国	奥林匹亚港	1993. 12
13	烟台港	瑞典	索德泰杰港	1994. 02
14	烟台港	美国	布雷默顿港	2002. 09

山东省国际友好科研机构一览表

（1986—2005 年）

序号	我方机构	国别	外方机构	结好时间
1	省科学院	美国	内华达大学	1992. 03
2	省科学院	加拿大	里贾纳大学	1992. 03
3	省科学院	新加坡	银河集团	1993. 08
4	省农科院	澳大利亚	西澳农业部	1992. 07

山东省国际友好医院一览表

（1986—2005 年）

序号	我方医院	国别	外方医院	结好时间
1	山东省立医院	澳大利亚	南澳州皇家阿德莱德医院	1987. 05
2	山东省立医院	韩国	安养中央医院	1996. 04
3	山东中医学院附院	韩国	安东琉璃韩方病院	1994. 05
4	山东省精神卫生中心	韩国	龙仁精神病院	1995. 07
5	山东省千佛山医院	韩国	釜山浸礼医院	2001. 04
6	济南市中心医院	日本	和歌山市田村医院	1990. 05
7	济南市中心医院	澳大利亚	悉尼大学阿尔法王子医院	2003
8	济南市中心医院	美国	休斯敦荷曼医学中心	2004. 06
9	济南市中心医院	美国	堪萨斯州维基塔州立大学	2005
10	济南市第二人民医院	世卫组织	国际奥比斯眼科飞机医院	1998
11	济南市第二人民医院	德国	KAAD 基金会	1999
12	济南市儿童医院	美国	国际扶轮社	2005
13	济南市儿童医院	日本	中日医学友好协会	2005
14	青岛市人民医院	日本	尾川病院	1989. 01
15	青岛市立医院	日本	下关中央病院	1992
16	青岛市立医院	韩国	檀国大学医学院附属医院	2001. 12
17	青岛市立医院	韩国	延世大学医学院附属医院	2004. 07
18	海慈医疗集团	荷兰	荷兰青白中医学院	1997
19	海慈医疗集团	荷兰	荷兰博士医疗中心	2000
20	海慈医疗集团	新加坡	新加坡中央医院	2000. 05
21	海慈医疗集团	日本	日本桶谷市乳房协会	2001
22	海慈医疗集团	美国	麦山基金会	2001. 02
23	海慈医疗集团	德国	汉堡市妇女联合会	2002. 01
24	青岛第五人民医院	韩国	京畿道议政府市韩方医院	2002. 04

续表

序号	我方医院	国别	外方医院	结好时间
25	胶南市中医院	韩国	京畿道议政府市韩方医院	2003.09
26	胜利石油管理局中心医院	韩国	江原道地方公社三陟医疗院	2000.07
27	泰安市中心医院	韩国	汉城特别市江南医院	2001.04
28	日照市人民医院	德国	舍纳贝克市盐水疗养院	2005.08
29	临沂市人民医院	美国	斯帮医院	1992
30	临沂市人民医院	美国	南卡罗莱纳神经外科中心	1992
31	临沂市人民医院	韩国	巴普蒂斯医院	1992
32	临沂市人民医院	以色列	以色列高级专家组织	1994
33	临沂市人民医院	德国	SES 专家组织	1994
34	临沂市人民医院	美国	孟菲斯 MATHDIST 医院	1996
35	临沂市人民医院	美国	孟菲斯颌面整形中心	1996
36	临沂市人民医院	新加坡	国际管理学院	2001
37	临沂市人民医院	美国	DUKE 大学	2002
38	临沂市人民医院	马来西亚	AMA 大学	2004
39	临沂市人民医院	韩国	华莱士医院	2004
40	临沂市人民医院	新加坡	亚历山大医院	2004
41	临沂市人民医院	以色列	梅伊尔医院	2004
42	临沂市人民医院	以色列	特拉维夫医院	2005
43	临沂市人民医院	日本	关西语言学院	2005

山东省国际友好团体一览表

（1986—2005 年）

序号	我方团体	国别	外方团体	结好时间
1	山东省总工会	日本	山口县劳动者福利协议会	1985. 06
2	山东省总工会	韩国	劳动组合总联盟忠清南道地域本部	1999. 11
3	山东省总工会	西班牙	加里西亚总工会	2002. 11
4	济南市文联	韩国	水原市书法家总联合会	2003. 05
5	济南市文联	韩国	大邱市学演剧协会	2003. 08
6	济南市文联	韩国	杂技家协会	2003
7	青岛市总工会	日本	浜田地区劳动者福祉协议会	1997. 01
8	青岛市总工会	韩国	劳动组合总联盟济州道地域本部	2001. 12
9	青岛市总工会	日本	山口县下关地区劳动者福祉协议会	2002. 01
10	青岛市科协	英国	英国中英科技创业园	2005. 01
11	青岛市红十字会	美国	美国红十字会马赛宁分会	2002. 01
12	青岛市红十字会	韩国	大邱市红十字会	2003. 08
13	青岛市红十字会	韩国	大韩红十字会大邱市分会	2003. 12
14	青岛市妇女联合会	韩国	大邱市妇女协议会	1994
15	青岛市世界语协会	韩国	大邱市世界语协会	1995. 01
16	青岛市文学艺术联合会	韩国	艺术文化团体联合会大邱支会	1995. 07
17	青岛市儿童福利院	日本	神户少年之家	1998. 08
18	青岛企业家促进会	美国	（迈阿密）拉丁美洲商会	2005. 08
19	青岛市崂山区管委会	德国	贝尔希特斯加登国家公园	1999. 01
20	青岛市城阳区贸促会	澳大利亚	澳大利亚（香港）南澳商会	2001. 11
21	威海市残疾人联合会	韩国	安养市肢体障碍人协会	2001. 12
22	青岛市旅游协会	韩国	大邱市观光协会	1995. 07
23	青岛市计划生育协会	韩国	家族计划协会大邱庆尚北道支会	1996

续表

序号	我方团体	国别	外方团体	结好时间
24	青岛市邮电局	日本	下关市邮便局	1995.11
25	全国青少年青岛活动营地	日本	北海道日中青少年交流协会	1997
26	青岛爱乐少年合唱团	日本	德岛少年合唱团	1998
27	潍坊市书法家协会	日本	习字研究社	1986
28	胜利石油管理局	美国	哈里伯顿公司	1994.03
29	泰安市青年联合会	韩国	泰安郡青年会议所	2004.07
30	威海国际服装城	韩国	汉城平和商场	1995.08
31	日照市人民对外友好协会	韩国	平泽市民团体协议会	2002
32	日照市美术家协会	韩国	平泽市书艺协会	2004

山东省国际友好媒体一览表

（1986—2005 年）

序号	我方媒体	国别	外方媒体	批准时间
1	山东电视台	日本	山口电视台	1988. 01
2	山东电视台	美国	56 台	1986
3	山东电视台	德国	巴伐利亚州电视台	1994. 09
4	山东电视台	韩国	马山文化放送	1995. 02
5	山东电视台	法国	电视三台	1996
6	大众日报社	韩国	庆南新闻社	1994. 09
7	大众日报社	美国	国际日报	1997. 12
8	青岛日报社	韩国	大邱市岭南日报社	1994
9	青岛日报社	日本	山口市新闻社	1996
10	青岛日报社	韩国	大邱市文化放送协会	1994
11	青岛日报社	韩国	仁川日报社	2004. 12
12	威海电视台	韩国	丽水文化放送	1995. 04

编 后 记

根据省委、省政府的统一部署和安排，《山东省志·外事志（1986—2005）》（简称《外事志》）由省政府外事办公室承编，省地方史志办公室审查、总纂，经省政府批准后出版。

2003年，省外办成立《外事志》编纂委员会，由党组书记、主任张伟龄任编委会主任，首轮《外事志》主编、综合业务处处长张国梁任主编。综合业务处负责志书编写。2006年9月，省外办全面启动续修工作。《外事志》在篇目设计上，以时间与国别为线索，纵线略写，国别详述，增强了志书的资政性和实用性。2007年5月，省外办召开座谈会，对资料长编工作进行分工，将编写任务落实到具体人员，并向全省17市外办下发征集有关资料的通知。同时，组织人员先行试写志书的“澳大利亚”一章，组织讨论修改，形成样稿，示范引路。2007年6月至2008年6月，在全省外事系统进行全面、系统、广泛、深入的资料搜集，形成60多万字的资料长编。综合业务处对各单位提供的资料长编进行汇总并形成初稿，逐一与有关处室进行研讨，严格把关。2008—2012年，先后举行5次统稿会，对志稿先后进行6次修改，研究解决志稿编写过程中遇到的具体问题，调整完善志稿的篇目结构、体例和文字，在政治观点、资料考证、内容取舍、体例文风的把握等方面进行审改。2012年1月省外办领导班子调整后，及时调整了《外事志》编委会，由党组书记、主任、省友协会长刘渊任新一届编委会主任。新一届编委会十分重视编修工作，要求加快编写进度。经过一个阶段的润色修改，形成《外事志》评议稿。11月初，省外办下发通知，广泛征求各方面对评议稿的意见。12月底，召开《外事志》评议会，邀请省史志办有关领导、省外办老领导、山东大学史学专家及省外办领导和有关处室人员对志稿进行评议。会后，根据评议意见对志稿作了进一步的修改和完善。2014年3月形成送审稿，报省地方史志办公室总纂。

2014年4月，省史志办按照《山东省志》总纂规定及程序要求开始总纂《外事志》。初审主要是进行调整结构、优化体例、补充内容、规范记述、考证资料、统一行文等，2014 年 6 月完成。复审主要是全面审查志稿的观点、体例、内容、资料、行文，着重对政治观点、保密和史实等内容进行审核把关并交省外办核实，至 10 月底完成。11 月，总纂审定后，报主审终审，交付出版。

省外办对《外事志》编纂工作高度重视，工作落实到人，要求树立精品意识，确保志书编写质量。编写工作历时 8 年，先后 7 易其稿，山东大学王学典、李平生两位教授对志稿修改完善提出许多指导意见，负责编纂的同志积极配合省史志办的总纂工作。在此，对给予《外事志》编纂工作指导、协助和支持的单位、个人一并表示诚挚的谢意！

《山东省志·外事志》总纂组

2014 年 11 月